Patricia Steines

# Hunderttausend Steine

Patricia Steines

# Hunderttausend Steine

## Grabstellen großer Österreicher jüdischer Konfession auf dem Wiener Zentralfriedhof Tor I und Tor IV

Mit einem Textbeitrag
von Karl Albrecht-Weinberger

Falter Verlag

ISBN 3-85439-093-9

1011 Wien, Marc-Aurel-Straße 9
Telefon 0222/ 533 46 37-0


Lektorat: Walter Schübler
Zeichnungen: John Meyer
Graphische Gestaltung: Rainer Dempf
Produktion: Susanne Schwameis
Satz: Falter Satz, 1011 Wien
Druck: G. Grasl, 2500 Bad Vöslau

*INHALT*

*Die Drucklegung dieses Buches wurde durch finanzielle Unterstützung folgender Institutionen gefördert:*

*KULTURABTEILUNG DER STADT WIEN*

*BUNDESMINISTERIUM FÜR WISSENSCHAFT UND FORSCHUNG IN WIEN*

*BUNDESMINISTERIUM FÜR UNTERRICHT UND KUNST IN WIEN*

*RONALD S. LAUDER FOUNDATION, VIENNA FUND*

**Patricia Steines**

Fast genau einhunderttausend Grabsteine gibt es auf den Wiener jüdischen Friedhöfen. Bereits in den zwanziger Jahren gab es innerhalb der Wiener Israelitischen Kultusgemeinde (IKG) und innerhalb der «Gesellschaft für Sammlung und Conservierung von Kunst und historischen Denkmälern des Judentums» den Plan, eine Abhandlung über Leben und Wirken und die Grabstellen berühmter Begrabener der beiden jüdischen Abteilungen des Wiener Zentralfriedhofs zu verfassen. Er kam schließlich nie – oder besser: nicht mehr – zur Ausführung.

Die vorliegende Arbeit wurde – unterstützt von einem Wissenschaftsstipendium aus dem Fonds des Kulturamts der Stadt Wien – im Zeitraum 1989–1992 erstellt. Parallel dazu wurde auch der Währinger Israelitische Friedhof mit Hilfe einer Förderung des Hochschuljubiläumsfonds dokumentiert und aufgearbeitet (Drucklegung vorgesehen). Beide Arbeiten sind Pionierarbeiten: Je nach Material- und Dokumentenlage sind die Kurzbiographien in Länge und Qualität unterschiedlich ausgefallen. In beiden Fällen konnte nicht auf einschlägige Literatur und brauchbare Vorarbeiten zurückgegriffen werden. Das Personen-Korpus ist daher nicht als definitiv abgeschlossen, sondern ganz im Gegenteil als erweiterbar anzusehen. Obwohl mit Originalmatrikeln, den IKG-Sterbebüchern und den Karteikarten der Friedhofsverwaltung der IKG gearbeitet wurde, die in einigen Fällen von den in gängigen biographischen Lexika genannten Daten abweichen, können dennoch kleine Fehler passiert sein. Leider war es in der Korrektur-Endphase nicht mehr möglich, die rund 150.000 Karten umfassende IKG-Friedhofskartei zu benutzen. Durch eine unsachgemäße Kopieraktion zwecks EDV-Erfassung geriet die Gesamtkartei unglücklicherweise in größte Unordnung. Die inzwischen erstellte EDV-Datenbank ist auch für wissenschaftliche Anliegen bedauerlicherweise derzeit noch nicht benutzbar.

Was die jahrelangen Recherchen betrifft, gilt es neben den in der nachstehenden Dankadresse Genannten besonders den wissenschaftlichen Beamten des Wiener Stadt- und Landesarchivs (MA 8) und den wissenschaftlichen Angestellten des Österreichisch-Biographischen Lexikons (ÖBL) zu danken. Beide Institutionen haben mich durch die Bereitstellung optimaler Arbeitsmöglichkeiten großzügig unterstützt. Auch den Verantwortlichen des Jüdischen Museums der Stadt Wien, insbesondere Herrn Dir. Dipl.-Ing. Georg Haber und Herrn Kurator Dr. Karl Albrecht-Weinberger, ist für ihre wohlwollende Hilfe zu danken. Sie ermöglichten mir überdies, die Ergebnisse meiner Arbeit mit einer Ausstellung im Jüdischen Museum der Stadt Wien (Frühjahr 1993) zu dokumentieren. Innerhalb der IKG ist Herrn Amtsdirektor Dr. Avshalom Hodik für wertvolle wissenschaftliche Ratschläge herzlich zu danken. Mein besonderer Dank gilt auch Josef Kohut, dem Verwalter des Friedhofsamts der IKG, der ungestörtes Arbeiten an der Friedhofskartei ermöglichte. Nicht nur, daß kein Trauernder seine Kanzlei ohne Trost und aufmunternde Worte verläßt, er machte auch mir stets Mut weiterzuarbeiten. Auch Herr Oberrabbiner Paul Chaim Eisenberg nahm stets Anteil am Fortgang der Arbeit.

Ich hoffe, daß diese Arbeit, die eine Zusammensicht der bei Tor I und Tor IV begrabenen großen jüdischen Persönlichkeiten des 19. und frühen 20. Jahrhunderts ist, dem Nicht-Vergessen dient. Ebenso hoffe ich, daß das Buch als Grundlage für künftige wissenschaftliche Arbeiten benutzt wird.

## Mein besonderer Dank gilt folgenden Personen und Institutionen:

Dr. P. Abel – Toronto / Academia-Romana-Stiftung – Wien / Dr. Karl Albrecht-Weinberger, Jüdisches Museum der Stadt Wien – Wien / Hadassah Assoulim, Zentralarchiv – Jerusalem / Rabbi Backenrot, Tifereth Israel Jeschiwa – Jerusalem / Rabbi Ehud Bandel – Jerusalem / Ben Yakir s. A., Chewra Kadischa – Wien / Trude Berger, Sammlung Max Berger – Wien / Dr. Isolde Charim – Wien / Univ.-Prof. Senatsrat Dr. Peter Csendes – Wien / Dr. Wolfgang Czerny, Bundesdenkmalamt, Abt. Wien – Wien / OR Dr. Wolfgang Duschkowitsch, UB – Wien / Dr. Hubert-Christian Ehalt, Kulturamt der Stadt Wien – Wien / Oberrabbiner Paul Chaim Eisenberg, IKG – Wien / Herbert Exenberger, DÖW – Wien / Dr. Walter Fallend, IWK – Wien / Gerda Feldsberg – Wien / Shalom Fried, Präsident des Vereins «Kadischa» und Repräsentant von «Athra Kadischa» – Bnei Brak – Wien / Dipl. Sozialarbeiterin Elvira Glück, Leiterin der Sozialabteilung der IKG – Wien / Univ.-Ass. Dr. Herbert Gröger, Universität Wien – Wien / Dir. Dipl.-Ing. Georg Haber, Jüdisches Museum der Stadt Wien – Wien / Univ.-Prof. Wolfgang Häusler, Universität Wien – Wien / Prof. Hans Havelka, Bezirksmuseum Simmering – Wien / Amtsdirektor Dr. Avshalom Hodik, IKG – Wien / Dr. Mascha Hoff – Wien / Univ.-Prof. Dr. Karl Holubar, Universität Wien – Wien / Mag. Daliah Karplus-Feuchtwanger – Wien / Dir. Evelyn Friedländer, The Hidden Legacy Foundation – London / Mrs. Philipp Kaufmann – London / Dr. Elisabeth Klamper, DÖW – Wien / Josef Kohut, IKG – Wien / Dr. Elisabeth Koller-Glück – Wien / Dr. Herbert Kritscher, Naturhistorisches Museum – Wien / Dr. Sandra Lang – Wien / Ronald Lauder-Foundation – New York/Wien / Dr. Elisabeth Lebensaft, ÖBL – Wien / Kantor Alexander Lerner, IKG – Wien / Prof. Hanna Lion, Jüdisches Institut für Erwachsenenbildung – Wien / Dr. Jindrich Lion – Wien / Dr. Ruth Lotter, ÖNB-Projekt – Wien / Dir. Dr. Yoram Majorek, Zionistenarchiv – Jerusalem / Dr. Wolfgang Mayer, Wiener Stadt- und Landesarchiv – Wien / Dr. John Meyer – Wien / Julius Müller, Wiener Stadtwerke, Bestattungsmuseum – Wien / Dr. Günther Natter, Österreichische Galerie im Oberen Belvedere – Wien / Silvia Noll, Zentralarchiv – Jerusalem / Luise Papo – Wien / Michaela Pfaffenbichler, Restauratorin – Wien / Dr. Inge Podbrecky, BDA – Wien / Hubert Reiterer,

ÖBL – Wien / Dafna Rix, Migdal David Museum – Jerusalem / Melitta Rix, ehemals: Zionistenarchiv/Jerusalem – Rechovot / OR Dr. Rüdiger Schiferer, ÖNB – Wien / Dipl.-Kfm. Peter Schönwald – Wien / Steinmetzbetrieb Gebrüder Schreiber (Tor IV) – Wien / Dr. Walter Schübler, Lektor des Falter Verlags – Wien / Dr. Herbert Schulz, Kunsthistorisches Museum – Wien / Susanne Schwameis, Falter Verlag – Wien / Rektor Schwarz, Österreichisches Hospiz – Jerusalem / Dr. habil. Bettina Simon s. A., ehemals: Humboldt-Universität – Berlin / Mag. jur. Andrea Steines – Heidelberg / Marcella Stern, ÖBL – Wien / Heinrich-und-Anni-Sussmann-Stiftung – Wien / Prof. Dr. Ulrich Trinks, Generalsekretär der Aktion gegen den Antisemitismus in Österreich – Wien / Hofrat Dr. Eduard Vancsa, BDA – Wien / Dr. Theo Venus, Universität Wien – Wien / OR Dr. Nikolaus Vielmetti, ehemals: Judaistikinstitut der Universität Wien – Wien / Regierungsrat Dr. Otto Vogel, Genealogisch-heraldische Vereinigung Adler – Wien / Dr. Sonia Wachstein – New York / Dina Weinstein, Fotografin – Wien / Mag. Dorit Weinstein – Wien / Frau Heidrun Weis, IKG – Wien / Dr. Erna Wodak – Wien / Dr. Leon Zelman, Jewish Welcome Service – Wien / Dr. Brigitta Zessner-Spitzenberg, ÖNB-Bild- und Portraitarchiv – Wien / Dr. Elisabeth Ziebland-Herzog, ÖNB – Wien.

## Bürgermeister Dr. Helmut Zilk

Vom Judentum und von den jüdischen Mitbürgern sind für Wien viele Anregungen, humanistische Impulse und Leistungen erbracht worden. Vor allem die Wiener Kultur des 19. Jahrhunderts, des Fin de siècle und der Zwischenkriegszeit wurde durch diese Einflüsse entscheidend geprägt. Es waren aber nicht nur Literatur, bildende Kunst und Wissenschaft, die von der jüdischen Kultur wichtige Anregungen erfuhren. Auch das jüdische Alltagsleben mit seinen Traditionen, seinen rituellen und profanen Ausdrucksformen hat das Wienerische sehr stark geprägt und sich in vielfältiger Weise mit dem Wienerischen zu einem untrennbaren Ganzen verbunden. So hat die Vertreibung der Juden durch die Nazis der Kulturstadt Wien, aber auch dem Wienerischen eine schwere Wunde zugefügt.

Im Judentum war die Verbindung zwischen der Schriftweisheit der Tora und der Rabbiner und der Volksweisheit immer sehr eng. Die Begräbnisstätten der jüdischen Mitbürger auf dem Zentralfriedhof sind daher ein wichtiger Ausdruck der jüdischen Kultur in Wien. Sie dokumentieren historische Entwicklungen, und sie zeigen einen wichtigen Teil der Wiener Geschichte in den Namen und Lebensdaten jener Persönlichkeiten, die diese Geschichte mit Leben erfüllt und geprägt haben.

Die Pietät gegenüber den Verstorbenen war und ist nie ein nur rückwärtsgewandter Akt. Sie ist vielmehr Ausdruck von Menschlichkeit in den Beziehungen der Menschen unserer Stadt heute und morgen. Das vorliegende Buch regt zu einer Auseinandersetzung mit der Geschichte der jüdischen Kultur in Wien an. Es zeigt einen Aspekt der Geschichte der jüdischen Kultur in Wien, einer Kultur, die auch in Wien wiederum zu blühen beginnt.

## Oberrabbiner Paul Chaim Eisenberg

Für uns Juden ist ein Friedhof ein geweihter Ort, an dem unsere Toten für ewige Zeiten zur Ruhe gelegt werden sollen. Schon unser erster Urvater, Abraham, hat, als seine geliebte Frau Sara starb, eine würdige Grabstätte für sie erworben, und bis zum heutigen Tag ist dieses Grab in Hebron wie auch das Grab der Rachel in Beth Lehem bekannt. Diese beiden Grabmäler sind die besten Zeugen dafür, daß wir niemals einen Friedhof aufgeben dürfen. Daraus leitet sich auch die Pflicht ab, Friedhöfe und Gräber zu pflegen und zu bewahren. Sicherlich hat in diesem Jahrhundert die Shoa eine tiefe Wunde auch in dieser Frage gerissen:

– Millionen Juden wurden vergast und verbrannt. Sie bekamen niemals eine eigene Grabstätte.
– Viele Friedhöfe wurden von den Nazis zerstört und entweiht.
– Auch wo Friedhöfe weiterbestehen, sind oft keine Nachkommen da, die die Gräber ihrer Verwandten pflegen und bewahren.

Umso wichtiger ist es, daß die Aufgabe der Betreuung von Friedhöfen von Gemeinden und Organisationen (jüdischen und nichtjüdischen) übernommen wird.

Die Gräber von bedeutenden Persönlichkeiten zu dokumentieren ist eine historisch wichtige und pietätvolle Aufgabe.

Deshalb freuen wir uns, daß dieses Buch jetzt erscheinen kann, welches sich den Wiener jüdischen Friedhöfen im allgemeinen und den Gräbern jüdischer Persönlichkeiten am Wiener Zentralfriedhof im besonderen widmet.

Wir danken Frau Patricia Steines für diese Arbeit.

**Dr. Leon Zelman**
*Leiter des Jewish Welcome Service*

Steinerne Zeugen bringt dieses Buch zum Sprechen, Grabsteine, die stumm, aber unzerstörbar von Leben und Wirken derer künden, deren Andenken sie auf ewig bewahren sollen.

Die in Stein gemeißelten lakonischen Inschriften (Name, Geburts- und Sterbedatum) hat Patricia Steines in Lebensbeschreibungen, Lebensbilder verwandelt, sie hat jahrelang die Spuren jener jüdischen Frauen und Männer verfolgt, denen das kulturelle, politische und wissenschaftliche Leben dieser Stadt, dieses Landes wesentliche Impulse verdankt.

Mühselige Recherchearbeit in Archiven, Museen und Bibliotheken verdichtet sich hier zu einem reichen Panorama jüdischen Lebens im Wien der letzten Jahrzehnte und Jahrhunderte.

Vergessen wir über all jenen, denen Grabsteine gesetzt wurden, die nicht, die niemals eine eigene Grabstätte bekamen: die Opfer des Holocaust. Ein Mensch ist für uns so lange nicht tot, als wir sein Andenken pflegen, wir uns seiner erinnern.

Patricia Steines hat Hunderte Menschen dem Vergessen entrissen. Dieser Blick in die Vergangenheit eröffnet Perspektiven für die Zukunft. Ich wünsche diesem so wichtigen Buch viele interessierte – vor allem auch junge – Leser, die die hier präsentierten Biographien als Teil ihrer eigenen Geschichte verstehen, annehmen und bewahren mögen.

**Amtsdirektor Dr. Avshalom Hodik**

Friedhof. Welche Gefühle ruft dieses Wort in uns Menschen hervor, die wir mitten im Leben stehen und den Gedanken an das Tote aus unserem Leben weitgehend zu verbannen trachten? Furcht vor dem Unbekannten? Trauer ob der Unabwendbarkeit des Ablebens? Sorge um das eigene Schicksal? Unser Zaudern davor, eine klare, eindeutige Antwort auf diese Frage zu suchen, gründet sich auf die Scheu vor dem mit unserer Ratio nicht erfaßbaren Phänomen des den Charakter des Endgültigen tragenden Todes in unserer Welt, die wir nur schwer abzulegen vermögen.

Es sind die Aussprüche unserer Weisen, die uns diese Schwellenangst zu nehmen vermögen, die den Tod als notwendig für den Fortbestand der Menschheit erachten und daher positiv einstufen (Rambam, Moreh Newuchim 3:10), von der ausgleichenden Gerechtigkeit im Tode sprechen (Schabbat 30b, Sifre Numeri 112) und auf die «t'chijjat ha-metim» (die Wiederauferstehung der Toten) hinweisen (Brachot 17a). Der Tod muß in diesem Licht viel von seinem Schrecken verlieren, wird er doch in direkten Bezug zum Leben gesehen.

Die hebräischen Bezeichnungen «Bejt almin» (Haus der Ewigkeit, Talmud Jeruschalmi, MK 80b), «Bejt mo'ed le-chol chaj» (das für alle Lebenden bestimmte Haus, Hiob 30:23) oder einfach «Bejt ha-chajjim» (Haus der Lebenden) deuten auf die eminente Bedeutung hin, die alle, die uns im Tod vorangegangen und der wahren, zur Gänze guten Welt (Kidduschin 39b) teilhaftig geworden sind, für unser Leben haben. Der Tote bleibt nach jüdischer Auffassung Rechtspersönlichkeit, über die sich die Lebenden nicht hinwegzusetzen haben. Gräber und Friedhöfe auf Dauer zu erhalten ist daher kommenden Generationen bindend aufgetragen. Und alle, die schon zu Lebzeiten im Wege der Tora gewandelt sind und zweifellos ihren Lohn in der künftigen Welt erhalten haben, sind für uns Vorbilder und Fürbitter angesichts unserer eigenen menschlichen Unzulänglichkeiten.

Wir verstehen nun, daß es jeder jüdischen Gemeinde eine Herzensangelegenheit bedeuten muß, das Andenken der Hingeschiedenen mit dem Erhalt der Friedhöfe hochzuhalten. Daß die religiöse Motivation mit historischen Gründen dabei Hand in

Hand gehen kann, tut der Erhabenheit der halachischen Forderung keinen Abbruch. Denn oft genug sind die Leistungen unserer Dahingeschiedenen für die Gesellschaft ihrer Tage und für die Nachwelt von der Umwelt verkannt und absichtlich aus ihrem geschichtlichen Kontext gerissen worden und verdienen es um der geschichtlichen Wahrheit willen, der Vergessenheit entrissen zu werden.

Wenn uns nun die Autorin dieses Buches mit diesem ihrem Werk an die Leistungen unserer Ahnen für diese Stadt erinnert – die eines Mannheimer, Sulzer, Fischhof, Schwarz, Schnitzler und der vielen anderen, die auf rabbinischem, politischem, wissenschaftlichem oder künstlerischem Gebiet unauslöschliche Spuren hinterlassen haben –, so erhält ihr wissenschaftliches Wirken quasi auch eine religiöse Bedeutung.

Unsere Anerkennung hat jedenfalls ihrem unermüdlichen Eifer und ihrer Hingabe für die heikle Arbeit zu gelten. Möge dieses Buch einen großen Benützerkreis finden – es verdient ihn!

## Shalom Fried

*Mitteleuropa-Repräsentant von Athra Kadischa und Präsident des Vereins Kadischa. Verein zur Pflege und Erhaltung heiliger jüdischer Stätten in Österreich*

Die Problematik von Schändung und Entweihung jüdischer Begräbnisstätten und Gräber ist allbekannt. «Der Mensch sorgt sich für seine Toten», sagten unsere Weisen. Seit jeher haben Juden alles getan, um die Ruhe der Verstorbenen zu schützen. Als die Juden vor 500 Jahren Spanien verlassen mußten, gingen sie noch einmal an die Gräber ihrer Angehörigen und ihrer Großen. Und so wurde auch bei der Vertreibung der Juden aus Wien im Jahre 1670/1671 der Betrag von 4.000 Gulden zum ewigen Erhalt des Friedhofsareals in der Seegasse im 9. Wiener Gemeindebezirk an den Magistrat der Stadt Wien bezahlt. Dieser Vertrag hat heute noch Gültigkeit. Der Friedhof selbst hat eine wechselvolle und schlimme Geschichte überstanden, und er hat nun – nach dem auf die Initiative von Athra Kadischa hin erfolgten Abriß einer über das Friedhofsareal führenden Promenade – seit dem Frühjahr 1992 wiederum seine alte Fläche.

Jüdische Friedhöfe und Mahnmale für die Ermordeten der Shoa werden aus uns allen unverständlichen Gründen immer wieder geschändet. Seit jeher hat jede Nachricht über die Schändung von Gräbern Juden wie eine Meldung über ein Unglück erschüttert. So ist es bis heute geblieben: Jede Schändung jüdischer Grabstätten, wo auch immer, ruft einen Aufschrei und Protest aus jüdischen Gemeinden in aller Welt hervor.

Das vorliegende Buch zeigt das Leben, die Werke und die großen kulturellen Beiträge vieler berühmter Personen der Wiener jüdischen Gemeinde und ist ein entscheidender Beitrag zur wissenschaftlichen Aufarbeitung der Geschichte der Wiener jüdischen Gemeinde.

*Kadischa. Verein zur Pflege und Erhaltung heiliger jüdischer Stätten in Österreich*
*Postfach 788*
*1010 Wien*

**Dr. Hubert-Christian Ehalt**
*Leiter des Kulturamts der Stadt Wien (MA 7)*

Der Tod war in früheren Epochen der Geschichte eine durch Riten gebändigte Passage zwischen einem kurzen und beschwerlichen irdischen Leben und einem ewigen Leben nach dem Tod in Verdammnis oder ewiger Seligkeit. In den letzten 200 Jahren wurde in der westlichen Welt die Spanne des irdischen Lebens vergrößert, zugleich ging die Perspektive auf ein Leben nach dem Tode in wachsendem Maße verloren. Die sozialen und technischen Errungenschaften haben ebenso wie die Erfolge der medizinischen Wissenschaften den Tod zu einem verdrängten Thema werden lassen. Über die Verlängerung des Lebens und das Hinausschieben des Todes gibt es in den westlichen Gesellschaften einen breiten Diskurs; das Sterben als integraler Bestandteil des Lebens, als Übergang zwischen dem irdischen Leben und einer Weiterexistenz in einer anderen Weise wird tabuisiert.

Tod und Leben sind nach jüdischer Auffassung gleichrangige und einander ergänzende Bestandteile des göttlichen Schöpfungsplanes. Geborenwerden und Sterben werden im Judentum bis heute als Einheit betrachtet. Nach jüdischer Tradition gelten Grabstelle und Erde und der zu einem späteren Zeitpunkt gesetzte Grabstein als persönliches Eigentum des Toten. Der Pflege des Andenkens kommt daher eine ganz besondere Bedeutung zu; die hier vorgelegte genaue wissenschaftliche Dokumentation ist ein wichtiger Akt der Spurensicherung, der Erinnerungsarbeit, damit aber auch des Gedenkens und des Bedenkens.

Die Grabstellen sind die Wohnungen der Toten, sie sind Erinnerungsstätte, sie verknüpfen ebenso wie in anderen Kulturen nicht nur das Schicksal der lebenden und der verstorbenen Familienangehörigen, Liebenden, Freunde, sondern auch die gegenwärtige mit der verflossenen Kultur. Die Friedhöfe erinnern an einzelne herausragende Persönlichkeiten, aber auch an die vielen individuellen Einzelschicksale; sie machen den Fluß des Lebens bewußt und die Verantwortung der jetzigen Menschen für ein Klima der Humanität: Das bedeutet gegenüber den Verstorbenen Pietät, gegenüber den Lebenden Solidarität.

Patricia Steines hat mit der in diesem Buch veröffentlichten Dokumentation eine nicht nur für die Geschichtsforschung im allgemeinen und die Wiener Stadtgeschichte im besonderen wichtige Arbeit geleistet. Die in jedem Detail genau recherchierte Arbeit erzählt über die Geschichte jüdischer Mitbürger, die das Leben und die Kultur dieser Stadt geprägt haben; sie macht aber auch deutlich, wie sehr das Wienerische von den religiösen und profanen Traditionen des Judentums mitgeformt wurde.

Es ist in den letzten Jahren schick geworden, das «Projekt der Aufklärung», die Möglichkeit einer Beeinflussung zum Guten durch Bildung, in Frage zu stellen. Ich halte diese Entwicklung für fragwürdig und gefährlich, relativiert sie doch alle von Humanität und Solidarität getragenen Anstrengungen, die soziale Wirklichkeit zu gestalten. Das Buch ist wohl jenes kulturelle Medium, dem im weitaus stärksten Maß die Eigenschaft der Nachhaltigkeit zugeordnet werden kann. Das nun vorliegende Buch von Patricia Steines ist das Ergebnis langer, intensiver und genauer Quellen- und Literaturstudien; so bin ich davon überzeugt, daß von dieser Publikation nachhaltige Impulse für die Wissenschaft ausgehen werden. Zugleich gingen aber bereits im Prozeß des Entstehens dieses Buches für viele Bereiche des kulturellen Lebens in Wien wichtige volksbildnerische Impulse und Diskussionsanstöße aus, die nun in Gestalt des vorliegenden Buches eine breitere Öffentlichkeit erreichen und eine Verstärkung erfahren können.

## WIENER JÜDISCHE BEGRÄBNISSTÄTTEN VOR 1879

Die Existenz eines jüdischen Friedhofs in Wien, der zentrale Begräbnisstätte eines größeren Einzugsgebietes war, läßt sich aus der Judenordnung Friedrichs II. von 1244 belegen. Damals befand sich ein – in seinen Anfängen insgesamt früher zu datierender – jüdischer Friedhof im sogenannten Greut vor dem Kärntnertor, auf der Höhe der heutigen Adresse Opernring 10/Albrechtgasse. Belegt ist, daß dieser Friedhof in der Zeit der Pestepidemie 1349 erweitert wurde. Die große Zäsur ist die Wiener G'serah 1421, als die letzten aus Wien nicht vertriebenen und nicht zum Christentum zwangsbekehrten Juden auf der Erdberger Lände verbrannt wurden.

Sigmund Husserl, um die Jahrhundertwende Archivar der Wiener Israelitischen Kultusgemeinde und in dieser Funktion im Jahr 1909 Verfasser eines nicht veröffentlichten Manuskripts über die Vertrags- und Quellenlage der Wiener jüdischen Friedhöfe, verfügte über Quellenmaterial, nach dem dieser Freythof demoliert und zu Baumaterial umfunktioniert wurde. In Hausmauern verbaute Grabsteine dieses Friedhofs fanden sich ab dem 16. Jahrhundert, vor allem aber im 19. und frühen 20. Jahrhundert, oftmals bei Umbauten und beim Abriß von Häusern in Wien-Gumpendorf. Auch beim Bau der Neuen Hofburg wurden Grabsteine dieses ältesten belegten jüdischen Friedhofs entdeckt.

Interessant ist auch der Bestand des Historischen Museums der Stadt Wien, den der verstorbene Univ.-Prof. Zwi Avneri bearbeitet hat. Zu diesem Bestand gehört auch jener an seinem Fundort im Zugang zur U-Bahn-Station «Nestroyplatz/U1» belassene Grabstein des Kindes Aaron Sohn des Herrn Baruch von 1349, der 1895 beim Umbau des Leopoldbades (ehemaliges Liechtenstein-Schlössl) Ecke Obere Donaustraße und Untere Augartenstraße gefunden wurde.

### Der alte Judenfriedhof in der Roßau

Der jüdische Friedhof in der Seegasse im 9. Wiener Gemeindebezirk ist der älteste heute erhaltene jüdische Friedhof Wiens. Trotz umfangreicher Bemühungen von Ignaz Schwarz für seine Publikation «Das Wiener Ghetto und seine Bewohner» (1909), von Sigmund Husserl für das bereits genannte Kultusgemeinde-interne Manuskript und des Bibliothekars der Wiener Kultusgemeinde Bernhard Wachstein für sein im Auftrag verfaßtes zweibändiges Werk «Die Inschriften des Alten Judenfriedhofs in Wien» (1912) ließ sich das Datum der Errichtung des Friedhofs bis heute nicht feststellen. Sigmund Husserl geht jedoch von der Annahme aus, daß der Friedhof bald nach der ersten Wiederansiedlung Zurückgekehrter errichtet wurde. Der älteste datierbare Grabstein ist der Stein des Märtyrers Mordechai ben Gerson Menzl vom 9. Ab 300/2. August 1540 (Wachstein – Nr. 1). Der letzte vor der Friedhofsschließung datierbare Stein ist der des Ascher Anschel ben Josef aus Rechnitz vom 15. Kislew 544/3. Dez. 1783 (Wachstein – Nr. 1050).

### *Vertreibung 1671 und das Engagement der Brüder Isak und Koppel Levi Fränkl*

Am 10. Juli 1669 erging die Entschließung Kaiser Leopolds I., der zufolge alle Juden 1671 Wien verlassen mußten. Die Stadtgemeinde Wien erstand alle Liegenschaften – den sogenannten ALTEN JUDENFRIEDHOF IN DER ROSSAU eingeschlossen – für den Betrag von 110.000 Gulden. Verhandlungen mit dem Wiener Magistrat zur Sicherung des Fortbestandes des Friedhofs blieben zunächst ergebnislos. Erst als die Brüder ISAK und KOPPEL (JAKOB) LEVI FRÄNKL (sie wurden nach der Vertreibung in Fürth/Bayern ansässig) beim damaligen Vizestatthalter PAUL SIXT TRAUTSOHN GRAF ZU FALKENSTEIN intervenierten, konnte gegen den Erlag von 4.000 Gulden der Fortbestand des Friedhofs auf ewige Zeiten erwirkt werden. Ob diese 4.000 Gulden einzig aus dem Fränkelschen Vermögen stammten oder von allen in Wien befindlichen Juden aufgebracht wurde, läßt sich aufgrund der Quellenlage nicht mehr eindeutig klären. Abschriften der am 12. Juli 1671 ausgestellten Urkunde des PAUL SIXT TRAUTSOHN GRAF ZU FALKENSTEIN und das betreffende Dokument der Stadtgemeinde Wien vom 12. Juli 1671 sowie weiteres Urkunden- und Quellenmaterial gibt SIGMUND HUSSERL wieder.

Nach der Vertreibung wurde der Friedhof von dem «Gärtner und Wirt» BALTHASAR OSTERHAMMER beaufsichtigt. In einer in Nikolsburg am 7. September 1671 ausgestellten «Erklärung» des ehemaligen Wiener Judenrichters und mit der Zustimmung der beiden Brüder FRÄNKL vom 18. Dezember 1672 erhielt BALTHASAR OSTERHAMMER die Zusicherung, «das von ihm und seinem Vater auf dem Friedhofe befindlichen Haus bis an sein Lebensende benützen zu dürfen».

### *Schenkung an Rabbiner Israel Levi Fränkl (1695) und Verkauf an Samuel Oppenheim (1696)*

Die Söhne KOPPEL LEVI FRÄNKLS waren DAVID ISAK SEKEL und ISRAEL LEVI. 1695 überließen die drei Söhne des DAVID ISAK SEKEL, ARON LEVI, ISACHAR BERMANN (nach anderen Quellen BENJAMIN LEVI) und ZACHARIA LEVI, ihre Anteilsrechte am Besitz des Friedhofs dem Bruder ihres Vaters, dem in Ungarisch-Brod tätigen Rabbiner ISRAEL LEVI FRÄNKL, als Schenkung. In der Schenkungsurkunde wird wiederum die unwiderrufliche Unauflöslichkeit des Friedhofs und das Verbot einer Umwidmung des Areals verfügt. 1696 erfolgte der Verkauf des Friedhofs seitens ISRAEL FRÄNKLS – die Verkaufsurkunde ist mit «Montag im Monat Kislew 5456» (28. Dezember 1696) datiert – an den in Wien lebenden Hoffaktor SAMUEL OPPENHEIM.

Die Familie OPPENHEIM erhob für Beerdigungen auf dem sich mehr oder weniger in ihrem Besitz befindlichen Friedhof Beerdigungstaxen, wie etwa das Beispiel des 1741 verstorbenen Hofjuden ABRAHAM BEN MOSES HA-LEVI SPITZ zeigt. Als Pfand für die nach dem Begräbnis zu entrichtenden Begräbniskosten kann ein für den rituellen Gebrauch bestimmtes silbernes Waschgeschirr belegt werden: «ein rundes Lavoir und eine Gießkanne» sowie zwei silberne Becher, die zusammen einen Wert von «134 Gulden und 12 Kreuzer» (Wachstein – Nr. 847) darstellten.

*Berühmte Begrabene*

In Auswahl seien hier genannt: der berühmte, 1677 zum «Kaiserlichen Kriegsfaktor» ernannte Samuel ben Simeon Wolf Oppenheim (gest. 1703), der als erster Jude nach der Verteibung durch Kaisers Leopold I. wieder in Wien Fuß faßte (Wachstein – Nr. 7001); R. Simson b. Josef Josel Wertheim (gest. 1724) den Wachstein mit dem Schlagwort «eine talmudische Kapazität, ein Gaon und ein Mann der Tat in einer Person» charakterisierte; Ahron Isak ben Nathan Arnstein (gest. 1744), Großvater des Adam Nathan Freiherr von Arnstein, des Gatten der berühmten Fanny von Arnstein, der als einziger jüdischer Finanzmann des 18. Jahrhunderts seine Stellung auf seine Kinder vererbte (Wachstein – Nr. 863); R. Ischar Berusch b. R. Gabriel Eskeles (gest. 1753) ist als Rabbiner von Mainz 1717 belegt, wurde nach dem Tod seines Vaters mährischer Landesrabbiner und im Jahr 1725 Ober- und Landesrabbiner von Ungarn (Wachstein – Nr. 906).

*Schließung und Dokumentation und Renovierung*

1782 ist das Jahr des Toleranzpatents. Belegt wurde der Friedhof bis ins Jahr 1783, dem Jahr der josephinischen Hofentschließung, die das Verbot aussprach, Tote «innerhalb der Linien» zu bestatten. Wichtig für den Friedhof in der Seegasse ist auch ein Hofdekret Josephs II. vom 17. Mai 1784, das Erhaltung und Schutz des Friedhofs verspricht.

Nach seiner «Schließung» wurde der Friedhof sozusagen der freien Natur preisgegeben. Die Kranken des vorgelagerten jüdischen Spitals und Siechenhauses nutzten den Friedhof als Garten und Erholungsmöglichkeit. 1844 ließen Vertreter der Wiener Kultusgemeinde auf Antrag des Spitalsverwalters Abraham Hermann den Friedhof von Gestrüpp, Gebüsch und vor allem Holundersträuchern befreien, eingesunkene Steine aufrichten, unleserlich gewordene Schriften von Moos befreien und reinigen und «auf die Gräber einige hundert Rosenbäume pflanzen». Das wichtigste jedoch: Man beauftragte Moritz Gottlieb Stern mit der fachkundigen Abschrift der Grabsteine. Diese Handschrift ist dem Werk «Der alte Freithof» (1855) von Ludwig August Fränkl und dem bereits genannten Werk von Bernhard Wachstein grundgelegt.

*Die Jahre 1941/1942*

Das Jahr 1941 war für alle bestehenden Wiener jüdischen Friedhöfe das große Schicksalsjahr. Am 8. Januar 1941 fand eine öffentliche Sitzung der Wiener Ratsherren unter dem Vorsitz des damaligen Bürgermeisters Ph. W. Jung statt. Das Protokoll dieser Sitzung ist zwar im Wiener Stadt- und Landesarchiv nicht mehr vorhanden, die Beschlußfassung der Sitzung ist jedoch im Völkischen Beobachter eruierbar: Die Wiener jüdischen Friedhöfe wurden aufgelassen. Der Währinger Israelitische Friedhof wurde als Grünanlage und Vogelschutzgebiet umgewidmet. Die jüdischen Friedhöfe in Floridsdorf und Großenzersdorf wurden von der Stadt Wien ebenfalls «käuflich erwor-

*Ein Fragment eines Grabsteines vom nicht mehr erhaltenen ältesten jüdischen Friedhof im sogenannten «Greut» vor dem Kärntnertor aus dem Bestand des Historischen Museums der Stadt Wien (Foto: Historisches Museum der Stadt Wien)*

*Der «alte Judenfriedhof in der Roßau» – Ansicht um 1905 (Foto: Historisches Museum der Stadt Wien)*

*Der nicht mehr erhaltene Sarkophag des berühmten Samuel ben Simeon Wolf Oppenheim (gest. 1703)*

*Noch heute wird der 1660 verstorbene berühmte Rabbiner Sabbatai Scheftel ben Rabbi Jesia ha-Levi Horowitz verehrt*

*Neue Grabtafeln bezeichnen die Grabstelle der beiden großen Rabbiner Issachar Berusch b. R. Gabriel Eskeles (gest. 1753) links und R. Simson b. Josef Josel Wertheim (gest. 1724) rechts*

*Der berühmte Fisch der Seegasse, um den sich eine überall bekannte Legende rankt, war wohl ein Wasserspeier von einem Brunnen am Friedhofsausgang*

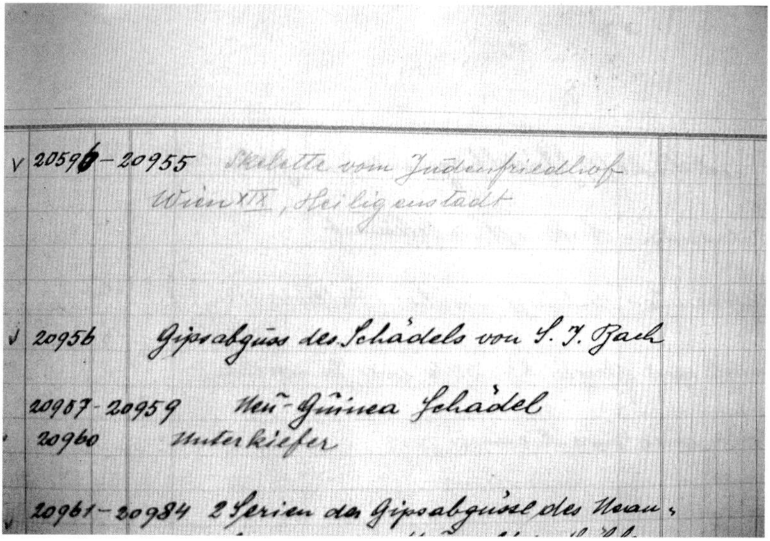

20954–20955 Skelette vom Judenfriedhof Wien XIX, Heiligenstadt

20956 Gipsabguss des Schädels von J. S. Bach

20957–20959 Neu-Guinea Schädel

20960 Unterkiefer

20961–20984 2 Serien der Gipsabgüsse des Nean-

*Aus dem Inventarbuch der Bestände des Naturhistorischen Museums Wien*

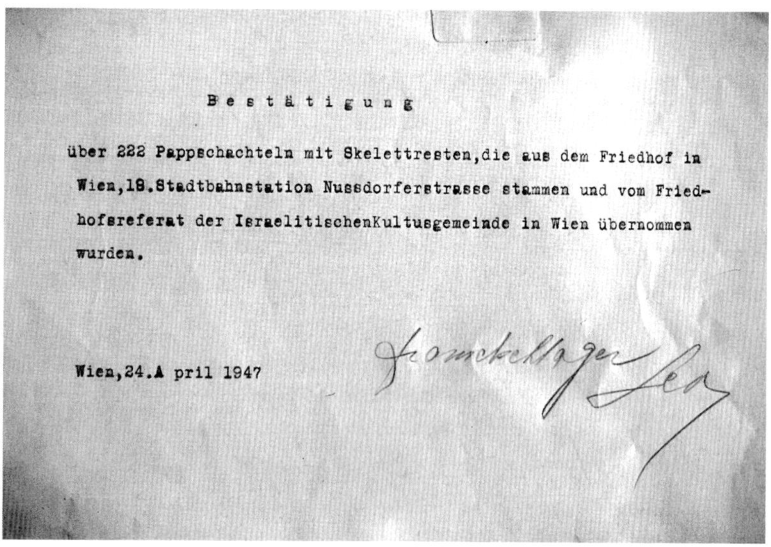

B e s t ä t i g u n g

über 222 Pappschachteln mit Skelettresten,die aus dem Friedhof in Wien,19.Stadtbahnstation Nussdorferstrasse stammen und vom Friedhofsreferat der IsraelitischenKultusgemeinde in Wien übernommen wurden.

Wien,24.A pril 1947

Frankeltager Leo

*Rückstellungsbeleg von 222 Pappschachteln vom 24. 4. 1947*

ben» und sollten noch zehn Jahre im damaligen Zustand erhalten werden. Nicht mehr gestattet wurden jedoch weitere Beerdigungen und Beilegungen. Der Vertrag zwischen der Kultusgemeinde und der Stadt Wien betreffend Wiener Zentralfriedhof/Tor I – Israelit. Abt. in der Fassung 1891 wurde aufgelöst. Das Areal sollte jedoch vorläufig noch als Totenstätte belassen werden.

Die Wiener Kultusgemeinde hatte nach dieser Sitzung konkret mit der Schleifung des Friedhofs in der Seegasse oder zumindest mit einem Zerschlagen der Steine zu rechnen (vgl. die von den Nazis fein säuberlich in vier Teile zerschlagenen und heute noch als Mahnung zu besichtigenden Grabsteine auf dem Friedhof Battonstraße/Frankfurt a. M.). Einigen frommen Männern gelang damals das schier Unmögliche: Trotz der Bedrohung durch die Nationalsozialisten und in einer Zeit, in der es in Wien kein Benzin und keine frei verfügbaren Lastwagen mehr gab, konnten sie eine Anzahl von Steinen des Friedhofs in der Seegasse zum Wiener Zentralfriedhof/Tor IV transportieren und die Steine dort unter einer Erdschicht verstecken. Es ist anzunehmen, daß sie für sie nicht transportierbare, übergroße Steine direkt im Erdreich des Friedhofs Seegasse vergruben. Mit modernen archäologischen Verfahren wie Infrarot-Technik und Geometriemessung wäre es heute möglich, ohne Störung der Totenruhe das zu verifizieren, was sich damals zugetragen hat. Durch dankenswerte Mitteilung von Herrn Bernhard Almogi-Sandel ist wenigstens einer dieser frommen Männer bekannt: der bereits verstorbene Josef Leitner.

Vor einigen Jahren wurden die bei Tor IV versteckten Steine eher zufällig wiederentdeckt und aufgrund des von Bernhard Wachstein erstellten und in seinem Werk publizierten Friedhofsplans möglichst ortsgenau wieder aufgestellt. Um die Geschichte des Friedhofs in der Seegasse und um die Vorgänge in den Jahren 1941–1945 bemühte sich in den letzten Jahren die Wiener Publizistin Elisabeth Koller-Glück, die ihre Forschungsergebnisse in den Wiener Geschichtsblättern publizierte. Im September 1992 wurden im Nachlaß von Leopold Moses im Wiener Stadt- und Landesarchiv (MA 8) Fotos jener Grabsteine aus dem Besitz des früheren Jüdischen Museums in der Malzgasse, 1020 Wien, aufgefunden. Die betreffenden Steine wurden zu einem nicht eruierbaren Datum Anfang dieses Jahrhunderts in die Mauer des Friedhofs eingemauert.

## Der Währinger Israelitische Friedhof

Der Währinger Israelitische Friedhof, der in Archiven sowohl unter den Bezirken Währing (Wien 18) und Oberdöbling (Wien 19) sowie unter drei Straßenadressen geführt wird, wurde im Zeitraum 1784–1879 belegt (Nachbelegungen in bestehende Familiengräber und -grüfte erfolgten bis zum Jahr 1884). Der Währinger Israelitische Friedhof ist das jüdische Pendant zum Wiener St. Marxer Friedhof und zeigt in seiner Anlage und Architektur die Spannung und das Schwanken zwischen Aufrechterhaltung jüdischer Tradition und fortschreitender Assimilation.

Die Zeitspanne, in der dieser jüdische Friedhof belegt wurde, ist zunächst durch das 1782 erlangte Toleranzpatent bestimmt. 1792 wählte die Wiener Judenschaft erstmals «Vertreter», die als ihre «Organe» anerkannt werden. 1826 wurde der Stadttempel erbaut und eingeweiht. An der Märzrevolution 1848 nahmen bedeutende jüdische Persönlichkeiten politisch aktiv teil. 1849 garantierte § 1 der Verfassung: «Der Genuß der bürgerlichen und politischen Rechte ist von dem Religionsbekenntnisse unabhängig.» In diesem Jahr verwendete Kaiser Franz Joseph erstmals den Begriff Israelitische Gemeinde von Wien. Die Konstituierung der Israelitischen Cultusgemeinde erfolgte 1852. Die vollkommene Gleichberechtigung gewährte das Staatsgrundgesetz 1867.

### *Die Nazi-Greuel der Jahre 1941/1942*

Namen und Lebensgeschichten der hier begrabenen bedeutenden Personen zeichnen ein lebendiges Bild dieser Zeit. Die Ereignisse der Jahre 1941/42 konnten aufgrund von sich in Jerusalem befindenden Akten und mit freundlicher Unterstützung der Anthropologie-Abteilung des Wiener Naturhistorischen Museums geklärt werden. Unter dem Druck der im Sommer 1942 teilweise vorgenommenen Zerstörung des Friedhofs durch die Nazis, die auf der Fläche des heutigen Gemeindebaus Schnitzlerhof einen «Löschwasserteich» anlegten, exhumierten einerseits Familien und die Kultusgemeinde selbst Personen vom Währinger Israelitischen Friedhof. Diese wurden in Ehrenreihen auf dem Wiener Zentralfriedhof/Tor IV, Gruppe 14A wiederbestattet.

Gleichzeitig exhumierten die Nazis auf diesem Friedhof Angehörige großer Wiener jüdischer Familien: Familienweise wurden zwischen 220 und 500 Tote zu «Pseudovermessungszwecken» ins Wiener Naturhistorische Museum geschafft. Erst 1947 wurden eruierbare 220 Exhumierte, die in Pappkartons aufbewahrt worden waren, der Kultusgemeinde wiedergegeben und bei Tor IV, Gruppe 14A wiederbeerdigt. Aus einem Nachlaßmanuskript des ehemaligen IKG-Präsidenten Ernst Feldsberg, das sich im Besitz des Bestattungsmuseums der Wiener Stadtwerke befindet, geht die Tragik und Irrationalität dieser Pseudovermessungsaktion hervor: Gezeigt werden sollte – und dieses Ergebnis war den Wissenschaftlern vorgeschrieben! –, daß das Knochengerüst jüdischer Familien von Generation zu Generation dünner werde und «der jüdische Mensch nicht lebensfähig» sei.

Bei der Suche nach Dokumenten und Aktenmaterial wurden im Frühsommer 1991 28 Schädel und Totenmasken jüdischer KZ-Opfer entdeckt, die als «anthropologische Präparate» seit 1943 in der Anthropologie-Abteilung des Naturhistorischen Museums lagerten. Nur die Herkunft ist geklärt: es war ein Ankauf von der Universität Posen. Die Schädel wurden im Dezember 1991 in Gruppe 3 bei Tor IV bestattet. Die Totenmasken befinden sich seither im Besitz des Jüdischen Museums der Stadt Wien.

### *Abgeschlossene Dokumentation und Aufarbeitung*

Im Jahr 1981 stellte der Hochschuljubiläumsfonds Gelder in Höhe von 40.000 Schilling für Material- und Arbeitskosten zur wissenschaftlichen Aufarbeitung dieses Friedhofs zur Verfügung. Die Forschungs- und Quellenlage war insgesamt mehr als trostlos: Es gab das im Jerusalemer Zentralarchiv für die Geschichte des jüdischen Volkes aufbewahrte Sterbe- und Grabstellenverzeichnis, das aufgrund des nicht mehr existenten Gräber- und Belegplans des Friedhofs das Auffinden von Grabstellen nicht mehr ermöglichte, eine dünne, nach dem Urteil der Historischen Kommission der Kultusgemeinde unter Vorsitz von Rabbiner Taglicht und Bernhard Wachstein fehlerhafte Dokumentation alter Inschriften von Max Grunwald aus dem Jahr 1936 sowie einen völlig unbrauchbaren Zettelkasten anonymer Herkunft mit Abschriften nichthebräischer Inschriften, der auf ungeklärte Weise 1911 in den Besitz der Handschriftensammlung der Österreichischen Nationalbibliothek gelangt war.

Die mittlerweile abgeschlossene historische Aufarbeitung des Friedhofs (i. e. Arealankauf und Erweiterungskäufe, Rekonstruktion der gartenbaulichen Umgestaltungsmaßnahmen zwischen 1905 und 1910, durch die auf IKG-Beschluß dem Friedhof ganz im Stil der damaligen Zeit «Parkcharakter» (!) verliehen werden sollte, Dokumentation der Nazi-Greuel von 1941/42 sowie Rekonstruktion des verlorengegangenen Friedhofsplans, allgemeine Fotodokumentation, Bearbeitung der wichtigsten Grabstellen, Katalogisierung und Interpretation der verwendeten Symbolik auf den Grabsteinen, Grüften und Mausoleen, Suche nach eventuell vorhandenem Planmaterial zu einzelnen Grabmälern sowie Erstellung von Kurzbiographien) wurde im Zeitraum 1989–1991 parallel zu der hier vorliegenden Arbeit zu den beiden jüdischen Abteilungen des Wiener Zentralfriedhofs geleistet.

### *Vierzehn Kartons mit Inschriften*

Die größte und überraschendste Entdeckung wurde in Jerusalem gemacht: Hinter einer Archivsignatur, die vierzehn Faszikel erwarten ließ, verbargen sich vierzehn große Kartons, die alphabetisch geordnete, fachkundig angefertigte Abschriften fast aller Inschriften des Währinger Israelitischen Friedhofs enthielten, die um 1889/1890 erstellt wurden. Im September 1992 wurden zudem rund 30 Blätter dieses Bestands im Nachlaß von Leopold Moses im Wiener Stadt- und Landesarchiv (MA 8) entdeckt. Die Epitaphe, die etwa als Pendant-Werk zu den beiden bereits erwähnten Wachstein-Bänden zum Alten Judenfriedhof in der Rossau mehr als wert gewesen wären, veröffentlicht zu werden, waren bereits in den dreißiger Jahren innerhalb der Wiener Kultusgemeinde – nachweisbar sogar Bernhard Wachstein, Rabbiner Taglicht und Max Grunwald – unbekannt!

Das gesamte im Zuge der Recherchen von der Verfasserin zusammengetragene Dokumentarmaterial ist mittlerweile in den Besitz der Stadt Wien übergegangen und der Topographischen Sammlung des Wiener Stadt- und Landesarchivs angegliedert. Nach erfolgter Buch-Publikation sind alle Materialien der Öffentlichkeit frei zugänglich.

## Der Jüdische Friedhof in Wien-Floridsdorf

Am 1. Januar 1909 übernahm die Wiener Israelitische Kultusgemeinde die Verwaltung des 1877 vom Floridsdorfer Minjan-Verein errichteten Friedhofs. Der Floridsdorfer Minjan-Verein, der 1905 in die Wiener Kultusgemeinde integriert wurde, wurde 1858 gegründet und 1860 behördlich genehmigt.

Bis zum Ankauf eines Friedhofsareals und zur Anlage des Friedhofs im Jahr 1877 in Floridsdorf gab es zwei Begräbnisplätze, die im Sterbefall in Anspruch genommen werden konnten. Zumeist wurden die Verstorbenen auf dem der Wiener Israelitischen Kultusgemeinde gehörenden Währinger Israelitischen Friedhof bestattet. Seit 1869 existierte jedoch auch in Deutsch-Wagram ein vom dort ansässigen Kaufmann Moritz Grünwald angekauftes und dem Floridsdorfer Minjan-Verein geschenktes Friedhofsareal, das als Begräbnisort allerdings wenig attraktiv war, da die Einholung der behördlichen Genehmigung zur Überführung der Leichen mit erheblichem Aufwand und Kosten verbunden war.

Im Januar 1877 brachte der Floridsdorfer Minjan-Verein rund 950 Gulden auf, mit denen ein in unmittelbarer Nähe zu Floridsdorf gelegenes, damals zur Gemeinde Alt-Leopoldau gehörendes, etwas mehr als 1.100 $m^2$ großes Grundstück in der heutigen Ruthnergasse angekauft wurde. Die Bau-Auflage, eine «ordentlich gemauerte Leichenkammer» zu errichten, wurde unverzüglich erfüllt. 1881 erfolgte ein erweiternder Arealzukauf. Der Einzugsbereich für den Friedhof wurde auf Verstorbene der Kommunen Floridsdorf, Jedlersdorf, Jedlesee, Stammersdorf und Gerasdorf festgelegt.

Der Floridsdorfer jüdische Friedhof ist – abgesehen von dem Grabstein des professionellen Motorradfahrers Hans Jakob Grünwald (gest. 1927; Berufssymbol: «eine schwere Maschine») – nur lokalhistorisch bedeutsam.

## Die Israelitische Abteilung des Döblinger Friedhofs

Im Jahr 1885 wurde der Döblinger Friedhof errichtet, der sich zu einem Nobelfriedhof entwickelte. Trotz eingerichteter Israelitischer Abteilung, die ohne auch nur die kleinste Abtrennung vom übrigen Friedhofsareal angelegt wurde, sahen die jüdischen Familien, die hier ihre Toten bestatten ließen, auch darüber hinweg, daß die hier gekauften Grabstellen anders als auf den rituell geführten Wiener jüdischen Friedhöfen nicht auf ewige Zeiten bestehen würden. Ja, man überführte sogar Begrabene vom Währinger Israelitischen Friedhof und vom Wiener Zentralfriedhof, Tor I/Israelit. Abt. in die hier neuerrichteten Nobel-Familiengrüfte.

Mit einer gewissen Nonchalance setzte man sich auch über die traditionellen Grabsteinformen und traditionellen Symbole, besonders über das Verbot, Porträts oder gar Rundplastiken auf Grabsteinen anzubringen, hinweg. Das wichtigste schien ihnen wohl, sich und ihren Familien möglichst repräsentative und teure Gruftbauten von berühmten Architekten und Kunstschaffenden errichten zu lassen.

Dafür einige Beispiele: die von JOSEF MARIA OLBRICH entworfene Gruft mit einem Relief von ARTHUR KAAN für den Chefredakteur und Mitherausgeber des FREMDENBLATTS ISIDOR RITTER VON KLARWILL (gest. 1898) (Isr. Abt. I/1/Gruft 27), die eine Blumen bringende Mädchenfigur (Relief) trägt; das Grabmal der Fabrikantenfamilie FRIEDRICH GOLDSCHNEIDER (gest. 1897) (Isr. Abt. I/1/Gruft 22) von PAOLO TESTI FLORENZ zeigt eine rundplastische Frauengestalt im Trauerhabitus; die Grabstelle des Großindustriellen HEINRICH MUNK (gest. 1903) (Isr. Abt. I/1/Gruft 31) porträtiert den Verstorbenen als lebensgroße sitzende Statue. Insgesamt gesehen ist es auch nicht verwunderlich, daß das von CARL WOLLEK entworfene Grabmal des vor einigen Jahren eingeebneten Grabes der Architektengattin ADRIENE NEUMANN (gest. 1911) schließlich seinen Platz im Garten des HISTORISCHEN MUSEUMS DER STADT WIEN fand.

Einige Grabstellen sind jedoch einer Erwähnung unter kunstgeschichtlichem Aspekt wert: das Grabmal des Politikers, Nationalökonomen und Unternehmers RUDOLF AUSPITZ (1837–1913) (Isr. Abt. I/1/Gruft 13), dessen um 1900 errichteter Gruftüberbau mit einem schmiedeeisernen Baldachin abgeschlossen wird, der in der Lünette einen Davidstern zeigt; die Gruft der Familie KANITZ-THALBERG (Isr. Abt. I/1/15); der von MAX FLEISCHER errichtete Gruftbau des Ottakringer Bierbrauers WILHELM KUFFNER (1846–1923) (Isr. Abt. I/1/Gruft 16) sowie die ebenso von MAX FLEISCHER signierte Gruft des kaiserlich-ottomanischen Rats JOSEF THALBERG (1838–1902) (Isr. Abt. I/1/Gruft 18); die Grabstelle von ALOIS SCHÖNBERG (1851–1892) mit einer Bronzefigur von CARL WOLLEK von 1927 (Isr. Abt. II/8/4); die von E. HAUSER entworfene und mit einem Relief von HERMANN KLOTZ versehene Grabstelle des Hofschauspielers und Spielleiters des Burgtheaters ADOLF VON SONNENTHAL (1834–1909) (Isr. Abt. I/1/Gruft 44); das um 1905 geschaffene, eindrucksvoll secessionistisch gestaltete Grabmal des ALBERT SPEYER (1836–1905) (Isr. Abt. I/1/Gruft 48); das Grabmal des Medailleurs und Elfenbeinschneiders CARL WASCHMANN (1848–1905) (Isr. Abt. I/1/Gruft 56).

### *Berühmte Begrabene*

In Auswahl seien hier genannt: THEODOR GOMPERZ (1832–1912), Univ.-Prof. für Philologie an der Universität Wien (Isr. Abt. VII/6); KARL GRÜNHUT (1844–1929), Univ.-Prof. für Handelsrecht an der Wiener Universität, war zweimal Rektor der Universität (Isr. Abt. I/1/Gruft 15); MAX CONSTANTIN HERZ (1846–1895), Herausgeber der Zeitschrift HYGIEIA sowie Mitarbeiter des SALONBLATTES (Isr. Abt. IV/1/8); WILHELM JERUSALEM (1854–1923), Univ.-Prof. für Philosophie, trat für die Einführung des Faches Soziologie an den Hochschulen ein (Isr. Abt. VI/19); LILLY KAROLY (1885–1971), Kammerschauspielerin (Isr. Abt. III/1A/1); MAX KASSOWITZ (1867–1913), Pädiater, Leiter des ersten öffentlichen Kinderinstitutes (Isr. Abt. V/2/61); LEOPOLD VON LIEBEN

(1835–1915), Bankier und Präsident der Börsenkammer (Isr. Abt. I/1/Gruft 3); Moritz von Todesco (1816–1873), Bankier (Isr. Abt. I/1/Gruft 2); Familie Leopold von Wertheimstein (1801–1883), Bankier und Gatte der Salondame Josephine (1820–1891), sowie deren Kinder Franziska (1844–1907), die eng mit Ferdinand von Saar befreundet war und die ihren Besitz, darunter die berühmte Villa Wertheimstein, Döblinger Hauptstraße 96, im 19. Wiener Gemeindebezirk der Stadt Wien hinterließ, und Carl (1847–1866), Bildhauer (alle: Isr. Abt. I/1/Gruft 1); Emil Zuckerkandl (1849–1910), Univ.-Prof. für Anatomie (Isr. Abt. I/2/Gruft 11).

Die eigentliche Bedeutung dieses Friedhofs liegt aber darin, daß Theodor Herzl (1860–1904) bis zu seiner Umbettung nach Jerusalem hier begraben war (Isr. Abt. I/1/Gruft 30). An seinem Grab fanden übrigens in den zwanziger Jahren jährliche Zionistenaufmärsche statt.

Für speziell an diesem Friedhof Interessierte sei auf den ausgezeichneten, hervorragend bebilderten Friedhofsführer «Menschen – Schicksale – Monumente» von Inge Podrecky und Markus Kristan (1990) hingewiesen.

*Ansicht des Währinger Israelitischen Friedhofs. Im Hintergrund (links) der Schnitzlerhof*

*Das Tahara-Haus des Währinger Israelitischen Friedhofs. Über der Eingangstüre symbolisiert ein geflügeltes Stundenglas die Flüchtigkeit menschlichen Lebens.*

*Der berühmte Grabstein des Hans Jakob Grünwald (gest. 1925). In guter aschkenasischer Tradition zeigt er als Berufssymbol eines Motorradfahrers eine «schwere Maschine»*

*Das kleine Tahara-Häuschen des Floridsdorfer jüdischen Friedhofs*

*Familiengruft der Familie Herzl. Theodor Herzl (1860–1904), der Vater des Staates Israel, war hier bis zu seiner Überführung nach Israel (1948) begraben*

*Der Sarkophag Theodor Herzls (1860–1904) auf dem Mount Herzl in Jerusalem*

*Im Garten des Historischen Museums der Stadt Wien befindet sich heute der von Carl Wollek entworfene Sarkophag der Adrienne Neumann (gest. 1911)*

## WIENER ZENTRALFRIEDHOF, TOR I / ISRAELITISCHE ABTEILUNG

Die ersten institutionellen Gespräche zwischen der Wiener Israelitischen Kultusgemeinde und der Stadt Wien zwecks Schaffung einer Israelitischen Abteilung auf dem neuanzulegenden Wiener Zentralfriedhof erfolgten im Jahr 1868. Am Widerstand des Wiener Gemeinderats scheiterte die Absicht der Wiener Kultusgemeinde, einen Teil des für den neuen Zentralfriedhof vorgesehenen Areals zu erwerben, um so die Existenz der Gräber auf ewige Zeiten definitiv zu sichern. Es kam schließlich zu einer Art «Pachtvertrag» zwischen der Stadt Wien und der Wiener Kultusgemeinde, der eine Sicherstellung der Existenz der Gräber auf Friedhofsdauer sichert. Die Vertragsverhandlungen dokumentiert Sigmund Husserl in seinem bereits mehrfach erwähnten Kultusgemeinde-internen Manuskript.

Am 24. 11. 1863 beschloß der Wiener Gemeinderat, einen Friedhof auf Gemeindekosten und mit interkonfessionellem Charakter zu errichten. Wichtig für die Vorgespräche zwischen dem Wiener Gemeinderat und der Wiener Kultusgemeinde ist das Protokoll der Gemeinderatssitzung vom 26. 1. 1872 (Punkt 17). Interessant ist die anteilsmäßige Flächenaufteilung auf dem sich im Planungsstadium befindenden Wiener Zentralfriedhof aus den Jahren 1871–1873:

«Nach den Einwohnerzahl von beiläufig 548.000 Katholiken, 41.000 Israeliten und 20.000 Evangelischen fand die Eintheilung sowohl des ganzen Friedhofes, als des für den ersten Bedarf verwendenden Raumes statt. Für die erste Zeit der Benützung wurde ein Raum von 46 Joch 300° für die Katholiken, 10 Joch 480° für die Israeliten und 4 Joch 132° für die Protestanten in Aussicht genommen» (S. 366).

«Die Bestimmung der von der israelitischen Kultusgemeinde für die Benützung der ihr zu überlassenden Friedhofsfläche zu zahlenden Gebühr wird einer besonderen Verhandlung vorbehalten» (S. 371).

(Aus: «Die Gemeindeverwaltung der Reichshaupt- und Residenzstadt Wien in den Jahren 1871 bis 1873». Wien 1874).

Proteststürme brachen aber schließlich los, als per Gemeinderatsbeschluß vom 27. 10. 1874 der Israelitischen Kultusgemeinde Wien gegen die Ablösezahlung von 60.000 Gulden 30 Joch in «Eigenverwaltung im Sinne der jüdischen Tradition» überlassen wurden. Am 30. 10. 1874 überließ die Stadt Wien der Israelitischen Kultusgemeinde 30 Joch Grundfläche unter folgenden Bedingungen (vom Wiener Gemeinderat am 20. 7. 1877 genehmigt):

«Die Gemeinde Wien nimmt hierfür nur den Selbstkostenpreis der Erwerbung der Grundfläche in Anspruch. Die israelitische Kultusgemeinde trägt zu den Kosten der Baulichkeiten auf dem Zentral-Friedhof, insoferne diese nichtkonfessionellen Charakter haben, und zu den allgemeinen Verwaltungskosten nach dem Verhältnisse des Raumes des ihr vorbehaltenen Theiles zum ganzen Friedhof bei. Die nach den Anforderungen des Kultus zu errichtenden Bauten auf ihrem Friedhofstheile hat die israelitische Gemeinde auf ihre Kosten zu führen. Die äußere Anordnung und die innere

Eintheilung des Raumes ist nach einem von der Gemeinde Wien zu genehmigenden Plan durchzuführen. (...) Es bleibt jedoch die Widmung des ihr [i. e. der IKG] überlassenen Grundes als Ruhestätte der Todten solange aufrecht, als nicht der Zentral-Friedhof seiner Bestimmung als Ruhestätte der Todten überhaupt entfremdet wird. Eine theilweise Auflassung des Zentral-Friedhofs alterirt aber nicht das Recht der Kultusgemeinde auf die fernere Benützung ihres Friedhofsantheiles.»

Nach den gedruckten Jahresberichten «Die Gemeindeverwaltung der Reichshaupt- und Residenzstadt Wien in den Jahren 1874 bis 1876» wurden der Kultusgemeinde per Gemeinderatsbeschluß vom 12. 2. 1875 21½ Joch Fläche für 230 Einfach-, 30 Doppelgrüfte, 7150 Einzelgräber und 20.748 Grabstellen in gemeinsamen Gräbern überlassen.

Am 16. Oktober 1877 erfolgte die Unterzeichnung des Vertrages zwischen der Stadtgemeinde Wien und der Israelitischen Kultusgemeinde. Wichtig ist § 14, wo es heißt:

«Es wird hiemit ausdrücklich festgelegt, daß mit dem gegenwärtigen Vertrag der israelit. Kultusgemeinde kein Eigentums- oder Servitutsrecht und überhaupt kein den Gegenstand einer Einverleibung, Vormerkung oder Anmerkung in einem öffentlichen Buche bildendes Recht eingeräumt wird.»

Es war also damit zwar nicht das juridische Grundstücksrecht, aber das Bestehen der Gräber auf Friedhofsdauer gesichert.

Adolf Jellinek beginnt 1879 seine Rede auf der Generalversammlung der Chewra Kadischa mit den folgenden Worten:

«Drei Friedhöfe besitzt unsere Gemeinde, die uns drei Phasen unserer Geschichte vergegenwärtigen. Der älteste Friedhof in der Roßau erinnert an die Zeit tiefer Erniedrigung und unsäglicher Leiden (...).

Der Währinger Friedhof gehört den Tagen des Ringens und Kämpfens, da man begann für eine gesicherte Rechtsstellung, und fortfuhr, für das volle, ungeschmälerte Bürgerrecht im Staate in Wort und Schrift öffentlich aufzutreten. (...)

Der Centralfriedhof bezeichnet die moderne Zeit, unsere Siege auf der ganzen Linie des staatlichen Lebens.»

Im Jahr 1879 wurde mit der Belegung des Areals Tor I/Israelitische Abteilung begonnen. Die von Architekt Wilhelm Stiassny entworfene und ausgeführte Zeremonienhalle wurde im gleichen Jahr fertiggestellt und ihrer Funktion übergeben. Aus dem Protokoll der Gemeinderatssitzung vom 7. 1. 1880 (Punkt 18) geht hervor, daß die Anpflanzung des Baumbestandes in der Israelitischen Abteilung seitens des Wiener Magistrats getätigt wurde. 1891 kommt es zu einem neuerlichen Vertrag zwischen der Stadt Wien und der Israelitischen Kultusgemeinde, der in der öffentlichen Sitzung der Wiener Ratsherren am 8. 1. 1941 (Vorsitz: Bürgermeister Ph. W. Jung) außer Kraft gesetzt wurde.

Am 18. Mai 1955 schließt die Stadt Wien mit der IKG-Wien eine Vereinbarung, bei der Tor I/Israelit. Abt. «wie bisher unentgeltlich zur dauernden Nutzung überlassen» wird. Es wird hierin auch festgehalten, daß die Erhaltung der jüdischen Kriegsgräber aus dem Ersten Weltkrieg in Gruppe 76b aus Bundesmitteln erfolgt und durch die Stadt Wien besorgt wird.

*Erweiterungen*

In den Jahren 1889, 1891, 1912 und 1915 kommt es zu Grundstückserweiterungen. In der «Kristallnacht» wird am Morgen des 10. November gegen 4 Uhr die Zeremonienhalle bei Tor I gesprengt. Die endgültige Schleifung der Ruine wurde 1978 verfügt.

*Daten*

Fläche: 2.384.734 $m^2$
Grabstellen: 52.253 – ca. 100.000 Bestattete

**Belegungsstatistiken 1879–1912**

Unentgeltliche Gräber:
Kinder – 3.822
Erwachsene – 24.787

Eigene Gräber:
Kinder – 976
Erwachsene – 19.065
Türkische Abteilung – 456

Grüfte für 3 Leichen – 534
Grüfte für 6 Leichen – 281
Grüfte für 9 Leichen – 109
Mausoleen – 6

Beilegungen in Gräbern – 10.740
Beilegungen in Gräbern der türkischen Abt. – 25
(Aus: Zentralarchiv für die Geschichte des Jüdischen Volkes/Jerusalem, A/W 1475)

Freie Gräber am Stichtag 1. 12. 1907
Eigene Gräber – 5.200
Gratisgräber – 8.300
– Nach Einschätzung des Friedhofsamtes ist der Bedarf auf 10 Jahre gedeckt.
(Aus: Zentralarchiv für die Geschichte des Jüdischen Volkes/Jerusalem, A/W 1463)

Belegungsstatistik des Zeitraums 5. 3. 1879 – 31. 12. 1909

| | |
|---|---|
| 1879 – 1.178 | 1895 – 2.031 |
| 1880 – 1.481 | 1896 – 2.004 |
| 1881 – 1.498 | 1897 – 2.021 |
| 1882 – 1.586 | 1898 – 1.990 |
| 1883 – 1.553 | 1899 – 2.194 |
| 1884 – 1.586 | 1900 – 2.094 |
| 1885 – 1.715 | 1901 – 2.177 |
| 1886 – 1.709 | 1902 – 2.225 |
| 1887 – 1.695 | 1903 – 2.108 |
| 1888 – 1.689 | 1904 – 2.212 |
| 1889 – 1.640 | 1905 – 2.306 |
| 1890 – 1.823 | 1906 – 2.278 |
| 1891 – 1.910 | 1907 – 2.301 |
| 1892 – 1.927 | 1908 – 2.393 |
| 1893 – 2.036 | 1909 – 2.398 |
| 1894 – 2.005 | Summe: 59.773 |

(Aus: Zentralarchiv für die Geschichte des Jüdischen Volkes/Jerusalem, A/W 1463)

Belegungsstatistik des Zeitraums 5. 3. 1879 – 31. 12. 1911

| | |
|---|---|
| Grüfte für 3 Leichen | 358 |
| Grüfte für 6 Leichen | 229 |
| Grüfte für 9 Leichen | 94 |
| Grüfte für mehr als 9 Leichen | 5 |
| Summe | 686 |

(Aus: Zentralarchiv für die Geschichte des Jüdischen Volkes/Jerusalem, A/W 1463)

Detaillierte Belegungsstatistik vom 19. 1. 1912

| Jahr | unentgeltliche Gräber | | bezahlte Gräber | | Beilegungen |
|---|---|---|---|---|---|
| | Kinder | Erwachsene | Kinder | Erwachsene | |
| 1879 | 123 | 409 | 48 | 111 | 9 |
| 1880 | 126 | 469 | 48 | 237 | 11 |
| 1881 | 110 | 452 | 45 | 241 | 14 |
| 1882 | 132 | 465 | 39 | 296 | 15 |
| 1883 | 117 | 447 | 41 | 287 | 32 |
| 1884 | 109 | 494 | 26 | 326 | 25 |
| 1885 | 121 | 482 | 37 | 368 | 36 |
| 1886 | 129 | 481 | 38 | 363 | 38 |
| 1887 | 120 | 478 | 21 | 362 | 43 |
| 1888 | 114 | 488 | 42 | 361 | 65 |

| | | | | | |
|---|---|---|---|---|---|
| 1889 | 98 | 491 | 30 | 398 | 51 |
| 1890 | 115 | 500 | 27 | 425 | 69 |
| 1891 | 114 | 521 | 45 | 426 | 75 |
| 1892 | 108 | 516 | 25 | 470 | 106 |
| 1893 | 110 | 599 | 58 | 446 | 121 |
| 1894 | 108 | 574 | 46 | 474 | 116 |
| 1895 | 105 | 643 | 34 | 417 | 153 |
| 1896 | 95 | 635 | 23 | 433 | 152 |
| 1897 | 93 | 616 | 27 | 416 | 184 |
| 1898 | 88 | 598 | 22 | 418 | 181 |
| 1899 | 91 | 612 | 30 | 489 | 268 |
| 1900 | 89 | 522 | 22 | 489 | 270 |
| 1901 | 82 | 514 | 28 | 512 | 366 |
| 1902 | 83 | 550 | 34 | 499 | 402 |
| 1903 | 72 | 514 | 24 | 527 | 332 |
| 1904 | 81 | 624 | 31 | 526 | 307 |
| 1905 | 93 | 775 | 22 | 489 | 335 |
| 1906 | 91 | 726 | 7 | 490 | 348 |
| 1907 | 80 | 827 | 8 | 425 | 375 |
| 1908 | 81 | 900 | 11 | 403 | 432 |
| 1909 | 82 | 884 | 7 | 494 | 415 |
| 1910 | 82 | 834 | 3 | 484 | 458 |
| 1911 | 66 | 925 | 4 | 545 | 476 |

(Aus: Zentralarchiv für die Geschichte des Jüdischen Volkes/Jerusalem, A/W 1463)

## Stimmen zur Eröffnung von Tor I / Israelitische Abteilung

*Max Fleischer*

«Als seinerzeit der Wiener Central-Friedhof eröffnet wurde, herrschte in einem großen Theile der Wiener Bevölkerung eine eigenthümliche, man könnte sagen, abwehrende Haltung gegen denselben. Vielen war der Ort, wenn man so sprechen darf, nicht sympathisch und besser situirte oder sagen wir die besser bemittelten Bürger wollten ihre Ruhestätten dort gar nicht haben, so dass mancher sich den Platz lieber auf einem der kleineren Friedhöfe der weiter liegenden Ortschaften in der Umgebung Wiens erwarb. Allerdings machte das anfänglich noch kahle ausgedehnte Leichenfeld keinen günstigen Eindruck.

Im Laufe der Jahre hat sich das sehr wesentlich geändert, denn die Todtenstadt, man kann sie aus allen Gründen mit Fug und Recht heute so nennen, macht nicht mehr den traurigen Eindruck. Der Wiener Gemeinderath hat übrigens dieser Institution seine besondere Fürsorge zugewendet. Schattige Alleen, schöne Anlagen und reichliche Bepflanzung, die er bewilligt hat und ausführen ließ, im Vereine mit dem bereits reichlich vorhandenen künstlerischen Schmuck der Grabstätten und Grüfte machen diesen ausgedehnten Wiener campo santo bereits zu einer Sehenswürdigkeit und verwischen beinahe den schwermütigen Eindruck, den sonst ein Friedhof hervorruft.

Anfangs kam man bei der Gestaltung der Grabdenkmäler allerdings nicht über das Hergebrachte, Alltägliche hinweg; doch bald, nachdem nur einige Werke von künstlerischer Bedeutung entstanden waren, hielt die Kunst im reichen Maße hier ihren veredelnden Einzug und bewährte und gediegene Architekten und Bildhauer schufen hier ganz bedeutende Kunstwerke.

Eine Wanderung durch den Wiener Central-Friedhof ist für den Künstler und Kunstfreund anregend und lohnend. Wiederholt hat die Publizistik des In- und Auslandes sich eingefunden und die hervorragenden Werke besprochen, manche auch mit Illustrationen veröffentlicht. (...)

Bekanntlich dient dieser Friedhof der gesammten hauptstädtischen Bevölkerung und wenn auch nicht interkonfessionell, besteht zwischen dem katholischen und jüdischen Theile (die Protestanten benützen noch ihren alten Friedhof) die Trennung nur in einer Allee, die sich zwischen beiden Theilen hinzieht. (...)

Wir erwähnen dies, weil wir daran die Bemerkung knüpfen wollen, daß das oben Gesagte bezüglich der Anlagen und der künstlerischen Ausführung der Monumente auch auf die israelitische Abtheilung des Central-Friedhofes bezogen werden kann.

Das Wort ‹Mausoleum› stammt vom Grabmal des Mausolus König von Karien, der 353 v. d. Z. in Athen starb. Seine Gemahlin Artemisia ließ ihm das von 36 korinthischen Säulen umgebene Grabmal zu Halikarness errichten und wegen seiner Pracht rechnete man dasselbe zu den sieben Wunderwerken der alten Welt.»

*(Aus: Mausoleum am Centralfriedhofe in Wien. In: Der Bautechniker, 14. 10 1892, S. 789 f.)*

*Dr. Adolf Jellinek*

«Drei Friedhöfe besitzt unsere Gemeinde, die uns drei Phasen unserer Geschichte vergegenwärtigen. Der älteste Friedhof in der Roßau erinnert an die Zeit tiefer Erniedrigung und unsäglicher Leiden, da Israel, nach dem Worte des Dichters, nichts sein Eigen nennen konnte, als – die Gruft! Freuen wir uns, daß dieses Blatt unserer Geschichte zu verwittern und unleserlich zu werden beginnt, wie die Denksteine in der Roßau.

Der Währinger Friedhof gehört den Tagen des Ringens und Kämpfens, da man begann für eine gesicherte Rechtsstellung, und fortfuhr, für das volle, ungeschmälerte Bürgerrecht im Staate in Wort und Schrift öffentlich aufzutreten. Dort, auf jenem Friedhofe, der übermorgen geschlossen werden wird, ruht ein wackerer, muthiger und beredter Kämpfer, der in Ihrem Herzen fortlebt, ein furchtloser «Chewra-Mann», der manches Erstarrte und Erstorbene in das Grab der Geschichte sandte: *Mannheimer!*

Der Central-Friedhof bezeichnet die moderne Zeit, unsere Siege auf der ganzen Linie des staatlichen Lebens. Mit seinen stummen Leichensteinen wird er den Beginn einer neuen Geschichtsphase verkünden. Denn wer hielt es noch vor einem Vierteljahrhundert für möglich, daß ein einziger Friedhof in der Residenz Oesterreichs den Entschlafenen aller Confessionen eine einzige Ruhestätte bieten würde? Mögen die Empfindungen und die Gefühle der Einzelnen über die Centralisation der Gräber in einer Stadt noch so sehr von einander sich scheiden – die Thatsache läßt sich nicht in Abrede stellen, daß ein Central-Friedhof nur im modernen Rechtsstaate, wo das politische Leben keine Gesetzesschranken zwischen Confessionen aufrichtet, geplant und verwirklicht werden konnte, derselbe daher den Triumph der modernen Staatsideen proclamirt!»

*(Aus: Toast auf die Mitglieder der Chewra Kadischa. In: Zur Erinnerung an die General-Versammlung des Vereines für fromme und wohltätige Werke: «Chewra-Kadischa» am 7. Adar 5639/2. März 1879. Wien 1879, S. 26–28)*

*Dr. Moritz Güdemann*

«Der neue Friedhof, dessen Eröffnung in diesen Tagen bevorsteht, ist neu auch insofern, als er einen Theil der allgemeinen Begräbnißstätte des Centralfriedhofes bildet. Man wird zugeben, daß diese bisher unerhörte Einrichtung erst in der neuesten Zeit möglich gewesen ist. Es mußten erst die confessionellen Gruppen im Leben friedlich nebeneinander bestehen lernen, ehe daran gedacht werden konnte, ihre Grabstätten durch eine Umfassungsmauer zu vereinigen. Nachdem die Scheidewand zwischen den Lebenden gefallen, mochte auch die Annäherung der Todten, soweit sie bei der Verschiedenheit der Riten natürlich ist, erfolgen. Insoferne ist der neue Friedhof ein monumentales Zeugniß von dem Geiste unserer Zeit und seine Eröffnung, ob sie gleich ein trauriger Akt ist, mag immerhin mit einem heiteren Festmahle gefeiert werden.

Indessen glaube ich bei einem so vieldeutigen Begriffe, wie es der Geist der Zeit ist, angeben zu sollen, wie ich ihn aus der gegenwärtigen Gestaltung der politischen und socialen Verhältnisse, die seine sichtbare Schöpfung ist, mir abkläre und erkläre. Das charakteristische Symptom des Geistes unserer Zeit ist der Gedanke der Gleichberechtigung. Dieser Gedanke ist so bewältigend, daß er selbst die festesten Bollwerke, die ihm entgegenstehen, durchbricht, ja sogar jenes vielberufene Fürstenthum, das sich am längsten dem Gedanken der Gleichberechtigung verschlossen hatte und von den vereinigten Allianzen oft genug vergebens bestürmt wurde, muß jetzt vor ihm kapituliren.»
*(Aus: Toast auf die Regierung und die beiden Häuser des Reichsrathes. In: Zur Erinnerung an die General-Versammlung des Vereines für fromme und wohltätige Werke: «Chewra-Kadischa» am 7. Adar 5639/2. März 1879. Wien 1879, S. 28–31)*

MEYER/92

Die Texte zu den einzelnen Personen sind so konzipiert, daß sie dreierlei Informationsbedürfnis entgegenkommen: Die biographischen Rumpfdaten vermitteln einen groben, gedrängten Überblick (das erklärt Angaben wie «Philanthrop», «Kaiserlicher Rat», «Direktor des Carltheaters», «Oberrabbiner von Lemberg» oder «Dr. phil.» unter *Beruf*).

Die im Telegrammstil gehaltene ausführliche Lebensbeschreibung füllt den Rahmen der Grunddaten mit Detailinformationen.

Die Literaturhinweise sollen schließlich zu einer vertieften Beschäftigung mit Leben und Werk der jeweiligen Person anregen.

Die Angabe «unbekannt» besagt, daß keine Daten ermittelt werden konnten. «Fehlen» Standarddaten (etwa genaues Geburts-, Sterbe- oder Begräbnisdatum, Geburts- oder Sterbeort), so heißt das ebenfalls, daß diese nicht mehr eruierbar sind. Auf den Umstand, daß Matrikel-Eintragungen und Archivmaterial und bereits publizierte biographische Angaben häufig nicht übereinstimmen (das geht bis zur Schreibung der Namen), wird (sehr sparsam) mit «nach anderen Angaben» hingewiesen.

Auch bei prominenten Schriftstellern (etwa Arthur Schnitzler oder Friedrich Torberg) liegt die Gewichtung auf knapp und stichwortartig präsentierten biographischen Fakten, eine ausführliche Darstellung literaturkritischer Aspekte schien im Rahmen dieser Arbeit nicht sinnvoll.

ABELES, ARNIM *geboren* 2. 4. 1872 Ödenburg/Ungarn *gestorben* 12. 10. 1930 Wien *begraben* 16. 10. 1930 *Beruf* Rabbiner im 3. und im 20. Wiener Gemeindebezirk *Grabstelle* 5b-0-6 – Ehrengrab
*Werke:* «Sind wir Juden oder Israeliten?» (1914).

ABELES, JEHUDA LEOPOLD *geboren* unbekannt *gestorben* 11. 7. 1914 *begraben* 13. 7. 1914 *Beruf* Rabbiner *Familie* Sohn von ARNIM ABELES *Grabstelle* 51-11-90
*Werke:* «Gottesdienstliche Reden, gehalten im Tempel der israel. Cultus-Gemeinde zu Privigye (Neutrater Comitat)» (1890).

ADLER, EMIL ISRAEL *geboren* 1871 *gestorben* unbekannt – 76 Jahre *begraben* 20. 8. 1947 *Beruf* Reg.-Rat, Amtsdirektor der IKG *Grabstelle* 6-19A-9A

ADLER, MAX *geboren* 15. 1. 1873 Wien *gestorben* 28. 6. 1937 *begraben* 1. 7. 1937 *Beruf* Univ.-Prof. für Soziologie/Gesellschaftslehre an der Universität Wien *Grabstelle* 6-19A-21

Jurastudium in Wien. 1896 Promotion. Führender Theoretiker des Austromarxismus. 1920 Habilitation für Soziologie sowie für Theorie und Geschichte des Sozialismus an der Universität Wien, a. o. Prof. an der Wiener Universität. 1920–1923 Abgeordneter des Bezirks Floridsdorf im Parlament. Umfangreiche Tätigkeit im WIENER BILDUNGSVEREIN DER ARBEITER und in den WIENER VOLKSHOCHSCHULEN. Sein Hauptanliegen: «Mit Marx und Kant das Gebäude der kritischen Soziologie aufzubauen.»
*Werke:* «Kausalität und Teleologie im Streite um die Wissenschaft» (1904); «Marx als Denker» (1908); «Wegweiser. Studien zur Geschichte des Sozialismus» (1914); «Engels als Denker» (1919).
*Literatur:* Liga / NDB

ADLERSBERG, HERMANN *geboren* unbekannt *gestorben* unbekannt – 67 Jahre *begraben* 21. 10. 1923 *Beruf* Industrieller *Grabstelle* 8-62-13 – Gruft für 3 Leichen vis-à-vis der kath. Abt.
HINWEIS: *Im teilweise bald zur Veröffentlichung kommenden Nachlaß des Archivars der Wiener IKG* LEOPOLD MOSES *(Wiener Stadt- und Landesbibliothek) befindet sich auch die genealogische Abfolge der Familie* ADLERSBERG.

**ADOLFI (=HIRSCH), ADOLF** *geboren* unbekannt *gestorben* unbekannt *begraben* 22. 4. 1931 *Beruf* Komponist *Grabstelle* 52-45-78

**ADOLFI-LÖBL, HEINRICH** *geboren* unbekannt *gestorben* unbekannt – 75 Jahre *begraben* unbekannt *Beruf* Sänger *Grabstelle* 50-58-4A – am Wege

**ADUTT, LICCO** *geboren* unbekannt *gestorben* unbekannt – 77 Jahre *begraben* 6. 2. 1916 *Beruf* Großhändler, Präsident der türkisch-sephardischen Gemeinde *Grabstelle* 52A-6A-2 – türk. Abt.

**ALT, DAVID** *geboren* 1856 *gestorben* 3. 6. 1937 *begraben* 6. 6. 1937 *Beruf* Journalist und Herausgeber der Allgemeinen Presse *Grabstelle* 19-47-12A

*Literatur:* Eisenberg

**ALT, FERDINAND** *geboren* 26. 12. 1864 Wischau/Mähren *gestorben* 8. 1. 1923 Wien *begraben* unbekannt *Beruf* Univ.-Prof. für Ohrenheilkunde *Grabstelle* 20-1-22 – Gruft für 9 Leichen in der Zeremonienallee

*Werke:* «Die Taubheit infolge von Meningitis cerebrospinalis epidemica» (1908); «Über Melodientaubheit und musikalisches Falschhören» (1906).

**ALTSCHUL, IGNAZ** *Pseudonym* J. Alt(en)burg, J. Burg, Georg, Georgine *geboren* 26. 1. 1841 Prag *gestorben* 16. 7. 1915 Wien *begraben* 18. 7. 1915 *Beruf* Hof- u. Gerichtsadvokat, Schriftsteller *Grabstelle* 52-54-43

Jurastudium in Wien. Nach der Promotion zunächst Angestellter in einer Advokatenkanzlei, 1881 Hof- und Gerichtsadvokat. 1863 brachte ihn sein erster vollendeter Roman mit dem Dichter Alfred Meissner in engeren Kontakt, der ihn wiederum an Adalbert Stifter wies. Nähere Freundschaft verband ihn auch mit Leopold Kompert und Ignaz Kuranda. Mitarbeiter verschiedener Zeitungen: Presse, Neues Fremdenblatt, Wiener Figaro, Tagesbote aus Mähren mit wöchentlichen Wiener Briefen sowie bei Zelners Blättern für Theater, Musik und Kunst.

*Werke:* «Bewegte Herzen» (1898); «Einer für alle» (1902); «Eine an alle. Aus dem Tagebuch eines Übermädchens, von

Georgine» (1902); «Pietätlose Briefe, die sie nicht erreichten» (1904).

*Literatur:* BLBL / Giebisch – Gugitz / Jaksch / Kürschner / Wininger

**AMSTER, MORITZ** *Pseudonym* M. v. Buchland *geboren* 13. 2. 1831 Czernowitz *gestorben* 22. 9. 1903 Wien *begraben* 24. 9. 1903 *Beruf* Journalist, Redakteur, Schriftsteller, Dramatiker, Lyriker *Grabstelle* 49-9-27

Zunächst Tätigkeit im Bankwesen. Pachtete ein Gut in der Nähe von Toporoutz/Galizien, sah in der Landwirtschaft die entscheidende Chance für die arme jüdische Bevölkerung in Galizien. 1846 Übersiedlung nach Wien. 1853 Rückkehr nach Czernowitz. Mitarbeiter an der BUKOWINA, später der CZERNOWITZER ZEITUNG für finanzwirtschaftliche Berichterstattung und Analysen. 1872 erneute Übersiedlung nach Wien, Mitarbeiter an BÄUERLES THEATERZEITUNG und dem WIENER MODESPIEGEL. 1875 Aufnahme in die Loge HUMANITAS in Neudörfel und Chefredakteur des 1871 gegründeten Blattes DER ZIRKEL. Ab 1875 literarisch tätig, Schriftsteller in Wien. Verfaßte vor allem Poesien und prosaische Aufsätze. 1876 Herausgeber des POETISCHEN GEDENKBUCHS. Acht Jahre Leiter der HEIMAT.

*Werke:* «Die verkaufte Leibrente» (Lustspiel, Uraufführung 1865); [zusammen mit L. A. Stauffe] «Poetisches Gedenkbuch» (Anthologie zur Feier der Inauguration der Universität Czernowitz) (1876).

*Literatur:* Brümmer / Eisenberg / Giebisch – Gugitz / Lennhofer – Posner / ÖBL / Wininger

**ASCHER, ANTON** *geboren* 15. 7. 1820 Dresden *gestorben* 21. 4. 1884 Meran *begraben* 25. 4. 1884 *Beruf* Schauspieler, Direktor des CARLSTHEATERS *Grabstelle* 6-29-56 – Gruft für 6 Leichen an der Mauer

1839 Engagement am Hoftheater in Wien. 1840–1844 am HOFTHEATER in Dresden, bis 1848 Engagements am STADTTHEATER in Hamburg, danach am Theater in Königsberg. Politische Zusammenarbeit mit JOHANN JACOBI und LUDWIG WALERRODE. Mitglied des DEMOKRATISCHEN KONGRESSES in Berlin und Frankfurt. 1848/1849 Engagement am HOFTHEATER in Kassel. Danach bis 1860 Oberregisseur am FRIEDRICH-WILHELM-THEATER in Berlin. 1860 bis Juni 1863

Regisseur und Schauspieler am QUAITHEATER in Wien. Wechsel ans CARLSTHEATER. 1866 ebenda Direktor.
*Werke:* «Zwei Ehen. Lustspiel nach Locroy» (1872); «Gesetze und Instructionen für das k.k. priv. Carl-Theater» (1868).
*Literatur:* Eisenberg / Kohut / Liga / ÖBL / Wininger / Wurzbach

**ASCHER, ARNOLD** *Pseudonym* Arnold Raesch *geboren* 29. 8. 1867 Triesch/Mähren *gestorben* 9. 4. 1938 im Wiener Landesgericht, ca. einen Monat nach der Verhaftung durch die Nazis *begraben* 13. 4. 1938 *Beruf* Rechtsanwalt, Sekretär der BARON-HIRSCH-STIFTUNG *Grabstelle* 53b-1-5 – am Wege

Studium an der Universität Wien. Während des Studiums Teilnahme an freiheitlichen und sozialen Bestrebungen. 1884 Dr. jur., später Kaiserlicher Rat. Verfaßte Schriften über Sozialpolitik, Gewerbewesen und Statistik.
*Werke:* «Das Schirmmachergewerbe in Wien» (1896); «Der Hausierhandel in Österreich» (² 1896); «Statistik der Juden in Wien» (1897); «Die Creditnoth des jüdischen Handwerkers und Kleingewerbetreibenden» (1900).
*Literatur:* Degener / Gold (1929) / Hermann / Kosel / Kürschner / Safrian – Wittek

**AUERBACH, JULIUS** *geboren* 6. 3. 1836 Budapest *gestorben* 30. 7. 1909 Wien *begraben* 1. 8. 1909 *Beruf* Redakteur *Grabstelle* 19-26-77A

**BACH, EMILIE,** geb. Kohn *geboren* 2. 7. 1840 Neuschloß/Böhmen *gestorben* 30. 4. 1890 Wien *begraben* 2. 5. 1890 *Beruf* Pädagogin, Kunstgewerblerin *Grabstelle* 6-30-36 – am Wege

Erwarb sich Verdienste um die Wiederbelebung der Kunststickerei. 1873 gründete sie mit Unterstützung des Handelsministers BANHANS die K.K. FACHSCHULE FÜR KUNSTSTICKEREI in Wien, deren Direktorin sie war und die der Staat übernahm. Ferner gründete sie gleichartige Fachschulen in Agram, Graz, Laibach, Prag und Brünn. Umfangreiche Vortragstätigkeit zu kunstgewerblichen Themen und Frauenhandarbeiten. Führte die Restauration des Prachtbettes von Kaiserin Maria Theresia aus. Mitarbeiterin der NEUEN FREIEN PRESSE, der HEIMAT, der WIENER ALLGEMEINEN ZEITUNG u. a. Hielt großteils im Druck erschienene Vorträge über kunstgeschichtliche Themen und Handarbeiten.

*Werke:* «Die weibliche Handarbeit. Vortrag» (1880); «Special Ausstellung weiblicher Handarbeiten im k.k. österreichischen Museum für Kunst und Industrie [März/April 1886]» (1886); «Muster stilechter Handarbeiten für Schule und Haus», 2 Bde. (1883); «Neue Muster in altem Styl» (o. J.).

*Literatur:* BLBL / Eisenberg / ÖBL / Wininger / Neue Freie Presse (Morgenblatt), 1. 5. 1890

**BACHER, EDUARD** *geboren* 7. 3. 1846 Postelberg (Postoloprty)/Böhmen *gestorben* 16. 1. 1908 Wien *begraben* 19. 1. 1908 *Beruf* Stenograph, Journalist, Chefredakteur und Herausgeber der NEUEN FREIEN PRESSE *Grabstelle* 50-1-101

Jurastudium in Prag und Wien. Zunächst Kammerstenograph im Parlament, ab 1872 Parlamentsberichterstatter der 1864 gegründeten, deutsch-liberalen NEUEN FREIEN PRESSE. 1879 Chefredakteur der NEUEN FREIEN PRESSE. 1880 wurde er Miteigentümer und stand der Zeitung später gemeinsam mit MORITZ BENEDIKT bis zu seinem Tode vor. Er schrieb innenpolitische Leitartikel, bekämpfte zudem die tschechische Politik in Böhmen, stand in schroffem Gegensatz zur nationalen und föderalistischen Verständigungs- und Versöhnungspolitik des Ministerpräsidenten GRAF TAAFEE. Stand THEODOR HERZL und dem Zionismus ablehnend gegenüber und genehmigte in der NEUEN FREIEN PRESSE keine Berichte über die zionistische Bewegung und zionistische Kongresse. Korrespondierendes Mitglied der GESELLSCHAFT ZUR FÖRDERUNG DER WISSENSCHAFTEN, KUNST UND LITERATUR IN BÖHMEN. Jahrelange Ausschußtätigkeit im Journalisten- und Schriftstellerverein CONCORDIA, zu dessen Gründern er gehörte. Berater und literarischer Ratgeber von ERZHERZOG RUDOLF.

*Werke:* «Über das Wesen der Zeitung». In: Neue Freie Presse, 22. 4. 1902.

*Literatur:* BLBL / Brümmer / Degener / EJ (D) / Eisenberg / Jaksch / JL / Kohut / Kosel / Kürschner / NDB / ÖBL / Ögg / Pemmer – Englisch / Stern / Unsere Heimat / Wininger / Neue Freie Presse, 16., 17., 18., 19. 1. 1908

**BACHRICH, SIGMUND** *geboren* 23. 1. 1841 Zsambokreth/Ungarn *gestorben* 16. 7. 1913 Wien *begraben* 18. 7. 1913 *Beruf* Musiker, k. u. k Professor, Komponist, Philharmoniker *Grabstelle* 52-7-32

1851–1857 Studium in Wien. Danach Kapellmeister in Wien, ab 1866 Kapellmeister in Paris. 1869 Rückkehr nach Wien und Professor am Wiener Konservatorium und Solobratschist der Philharmoniker und des Hofopernorchesters. Ab 1869 Mitglied des Hellmesberger- und später des Roséquartetts. Schrieb Violinstücke, Kammermusik, Lieder, die komischen Opern «Muzzdin» (1883), «Heini von Steier» (1884), die Operette «Der Fuchsmajor» (1889) sowie das Ballett «Sakuntala».

*Werke:* «Aus verklungenen Zeiten. Erinnerungen eines alten Musikers» (1914 posthum erschienen).

*Literatur:* Altmann-Frank / Degener / Eisenberg / Kosel / Jansa / Kohut / ÖBL / Planer / Riemann

**BAUMGARTEN, EMANUEL MENDEL** *geboren* 15. 1. 1828 Kremsier *gestorben* 21. 5. 1908 Wien *begraben* 22. 5. 1908 *Beruf* Schriftsteller, Wirtschaftswissenschaftler, IKG-Funktionär, Vorsitzender der Schulsektion, Hebräist *Grabstelle* 20-1-1 – Ehrengrab in der Zeremonienallee

Besuchte die Jeschiwa des Rabbi Oppenheim in Eisenberg und die Jeschiwoth in Boskowitz und Preßburg. Wurde in Buschs Zentralorgan, in den Wiener Blättern, dem Orient, der Neuzeit, der Allgemeinen Zeitung des Judentums und anderen Blättern journalistisch tätig. Mitherausgeber des nationalökonomischen Blattes Der Fortschritt. 1873 Mitbegründer der Wiener Israelitischen Allianz. Mitinitiator der Wiener Israelitisch-Theologischen Lehranstalt; veranlaßte außerdem Schulgründungen in Galizien. Regte als erster Jugendgottesdienste in Wien an. Mitglied des Bezirks- und Landesschulrats, Vorstandsmitglied der Kultusgemeinde, Gemeinderat der Stadt Wien. Autor hebräischer Gedichte und wissenschaftlicher Aufsätze. Wurde durch sein hebräisches Dank-Gedicht anläßlich der Errettung Kaiser Franz Josephs vor einem Attentat 1853 weithin bekannt.

*Werke:* «Ruth» [mit einer Einleitung von Abraham Geiger] (1845); «Dankgebet für die wunderbare Errettung [...] Franz Joseph I. – gesprochen bei dem feierlichen Gottesdienste am

20. Februar 1853 im israelitischen Bethause zu Kremsier von J. H. Werner. Ins Hebräische übers., eingel., hrsg. von E. M. B.» (1853); «Blutbeschuldigungen gegen die Juden, von christlicher Seite beurteilt» (²1883); «Megillat S'dorim» (1905); «Jeschuoth Jisroel» (1905); «Zur Geschichte der Juden in der Steiermark. Eine historische Skizze» (1905).

*Literatur:* EJ (E) / EJ (D) / Rosenblit / Wininger

**BENEDIKT, MORITZ** *geboren* 6. 7. 1835 Eisenstadt *gestorben* 14. 4. 1920 Wien *begraben* 16. 4. 1920 *Beruf* Elektrotherapeut, Pathologe, Professor *Grabstelle* 8-60-74 – am Wege

1853 Inskription an der philosophischen Fakultät, mathematische und physikalische Studien. Ab 1854 Medizinstudium an der Universität Wien. Publizierte bereits als Student zwei dramaturgische Stücke sowie zwei physikalische Abhandlungen. Entdecker des später von Siemens fundierten Gesetzes, nach dem die Änderung des elektrischen Leitungswiderstandes von der Größe und Dauer des galvanischen Stromes abhängig ist. 1859 Dr. med. und Dr. chir., 1862 Dozent für Elektrotherapie und Nervenpathologie an der Universität Wien. 1875 Vorstand der Abt. für Elektropathologie und Neuropathologie an der Poliklinik. Beschäftigte sich auch mit der Erforschung und Anwendung der Hypnose. 1885 gab er dem jungen Freud ein Empfehlungsschreiben an den Pariser Nervenarzt Charcot. 1886 (nach anderen Quellen 1889) Ordinarius. Bahnbrechend in der Elektrodiagnose und Elektrotherapie. Als Vorläufer von Cesare Lombroso Mitbegründer der Kriminalanthropologie.

*Werke:* «Aus meinem Leben. Erinnerungen und Erörterungen» (1906); «Studien über österreichische Dramatiker» (o. J.); «Elektrotherapie» (1868); «Nervenpathologie und Elektrotherapie» (1874–1875).

*Literatur:* Degener / Eisenberg / EJ (D) / I. Fischer / John / Kohut / Kosel / Kürschner / Lesky / Liga / Lohrmann / ÖBL / Osborne / Pagel / Poggendorf / Wininger / Klinische Rundschau 29 (1915), S. 213

**BENEDIKT, MORITZ** *geboren* 27. 5. 1848 Kwassitz/Mähren *gestorben* 18. 3. 1920 *begraben* unbekannt *Beruf* Publizist, Herausgeber der Neuen Freien Presse, Mitglied des Herrenhauses *Grabstelle* 20-1-1

Ab 1872 Mitarbeiter der Neuen Freien Presse. 1879 Mitredakteur des wirtschaftlichen Teils, 1881 Herausgeber. 1908 alleiniger Herausgeber der Neuen Freien Presse. 1917 Mitglied des Herrenhauses; Trat erfolgreich für die Verstaatlichung der Eisenbahnen und für die Goldwährung ein. Bekämpfte den politischen Zionismus Theodor Herzls.

*Literatur:* Degener / Eisenberg / EJ (D) / EJ (E) / Jaksch / JL / Kohut / Kosel / Kürschner / ÖBL / Stock – Heilinger – Stock / Walter / Wininger

**BENEDIKT, RUDOLF** *geboren* 12. 7. 1852 Wien *gestorben* 7. 2. 1896 Wien *begraben* 9. 2. 1896 *Beruf* Chemiker, Professor für analytische Chemie an der Technischen Hochschule Wien *Grabstelle* 5b-35-74 – vis-à-vis der kath. Abt.

Fachmann für die Chemie der Fette, o. Prof. für analytische Chemie an der Technischen Hochschule Wien, Dekan. Mitglied der Kaiserlich Leopoldinisch-Carolinisch Deutschen Akademie der Naturforscher in Halle. 1892 Ruf nach Schweden, 1894 nach England.

*Werke:* «Über die Analyse der Fette und Wachsarten» (o. J.); «Über künstliche Farbstoffe» (o. J.).

*Literatur:* Bamberger – Maier-Bruck / Bettelheim / Eisenberg / ÖBL / Ögg / Unsere Heimat / Wininger / Wiener Zeitung, 8. 2. 1896 / Neue Freie Presse, 8., 10. 2. 1896 / Chemische Revue 1896, Heft 35

**BIACCHI-SULZER, HENRIETTE** *geboren* unbekannt *gestorben* unbekannt – 75 Jahre *begraben* 15. 11. 1907 *Beruf* Opernsängerin *Familie* Tochter von Salomon Sulzer *Grabstelle* 19-56-78 – vis-à-vis der kath. Abt.

**BING, ALBERT** *geboren* 20. 9. 1844 Nikolsburg *gestorben* 6. 11. 1922 Wien *begraben* 7. 11. 1922 *Beruf* Privatdozent, Otologe *Grabstelle* 8-15-29

Medizinstudium an der Universität Wien, 1871 Dr. med., 1872 Dr. chir., 1871–1873 Aspirant und Sekundararzt im k.k. Allgemeinen Krankenhaus. 1873–1876 Assistent an der Klinik für Ohrenkranke. Ab 1878 im Spital der Barmherzigen Schwestern in Gumpendorf. 1881 Habilitation für Ohrenheilkunde und Professor an der Universität Wien.

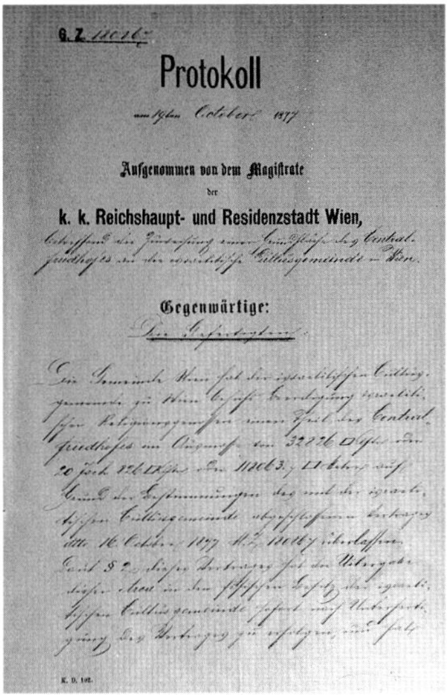

Protokoll

am 19ten October 1877

Aufgenommen von dem Magistrate

der

k. k. Reichshaupt- und Residenzstadt Wien,

Gegenwärtige:

«Protokoll betreffend die Zuweisung eines Grundstücks des Centralfriedhofes an die israelitische Cultusgemeinde in Wien» vom 19. Oktober 1877

Wie viele andere zum Christentum Übergetretene ließ sich Karl Kraus bei Tor 1 in allernächster Nähe zur Israelitischen Abteilung beisetzen

Historische Aufnahme der Ehrengräber am Anfang der Zeremonienallee. Von Architekt Max Fleischer errichtete Grabstellen von Salomon Sulzer (gest. 1890), Adolf Jellinek (gest. 1893), Adolf Fischhof (gest. 1893) und Josef Goldstein (gest. 1899). Grabstellen 5b-1-1/2/3/4

Ansicht des Seitenweges («Weg an der Mauer»), der parallel zur Zeremonienallee verläuft

*Das früher offene Seitentor der Israelitischen Abteilung (Foto: Historisches Museum der Stadt Wien)*

*Ansicht des 1926 vom jüdischen Architekten Leopold Ponzen errichtetet Kriegerdenkmals für gefallene jüdische Soldaten und Offiziere des Ersten Weltkriegs. Im Inneren befinden sich fünf Tafeln mit Namen Gefallener.*

*Werke:* «Vorlesungen über Ohrenheilkunde» (1890); «Die otologische diagnostische Verwerthung der Stimmgabel» (1903); «Ohrenheilkunde. Zwölf Vorlesungen» (1908).

*Literatur:* BLBL / Fuierer / Kosel / Stock – Heilinger – Stock / Wininger

**BORKENAU, MORITZ RITTER VON** *geboren* 24. 12. 1827 Wien *gestorben* 20. 8. 1904 Wien *begraben* 23. 8. 1904 *Beruf* Hofrat, Bankdirektor, Industrieller, Gemeinderat, Großhändler, Präsident der Wiener Kultusgemeinde 1884–1885 *Grabstelle* 6-1-1 – Gruft für 6 Leichen

Eigentlicher Nachname: Pollak. Namensänderung 1895. 1850/1851 Übernahme der väterlichen Großhandlung in Borkenau: Fa. H. Pollak's Sohn. Fellexportgeschäfte nach Frankreich, Handel mit Lederartikeln und Seide. 1861 Wahl in den Wiener Gemeinderat, wo er Budgetreferent wird. 1858 Komiteemitglied, später Vizepräsident des Verwaltungsrats. 1885 Direktor, später Generaldirektor der NÖ Escompté-Gesellschaft. Funktionär der Wiener Handelskammer, Direktor der Wiener Kaufmannschaft sowie Bethausvorstand der Kultusgemeinde. Bekam für seine Mitwirkung an der Wiener Weltausstellung den Orden der Eisernen Krone III. Klasse und wurde 1874 in den Ritterstand mit dem Prädikat «von Borkenau» erhoben.

*Literatur:* Bermann – Even / Feldec / Granichstädten-Cerva – Mentschl – Otruba / Kyffhäuser / Jäger – Sunstenau / Wurzbach

**BOSCHAN, ERNST RITTER VON** *geboren* 3. 1. 1853 *gestorben* 17. 10. 1913 *begraben* 19. 10. 1913 *Beruf* Kaiserlicher Rat (Handelskammerrat), Großindustrieller *Grabstelle* 8-1-43 – Gruft für 3 Leichen in der Zeremonienallee

1899–1913 Besitzer der Spinnerei Weigeldorfer mechanische Weberei Boschan in Götzendorf.

HINWEIS: *Das Gemeindearchiv der Marktgemeinde A-2434 Götzendorf a. d. Leitha, Hauptplatz 1, arbeitet an einer Fabrikschronik.*

**BOSEL, SIGMUND** *geboren* 10. 1. 1893 Wien *gestorben* 1942 *begraben* unbekannt *Beruf* Großindustrieller, Kommerzialrat, Bankier *Grabstelle* Gedenkstein im Familienmausoleum 5b-1-1 – Gruft für 12 Leichen

1922 Gründung des Bankhauses Bosel, das später die österreichische Union-Bank kaufte. Im gleichen Jahr Kauf der Hammerbrotwerke. 1923 Präsident der Union-Bank. Das Familienvermögen bestand 1924 neben der Union-Bank und der Laurahütte vor allem aus Veitscher-Magnesit-Aktien, Staatsbahn-, Dampfschiff- und Bodencredit-Aktien, dennoch kam es in der zweiten Jahreshälfte 1924 zu großen finanziellen Verlusten und Immobilität. 1925 Liquidation der Bank, die 1926 aus dem Handelsregister gelöscht wurde. Hauptgläubiger der Union-Bank war das österreichische Postsparkassenamt. Der Rechtsstreit um die Zahlungsverpflichtungen endete mit einem definitiven Verlust von 110 Mrd. Schilling zu Lasten des österreichischen Postsparkassenamts. 1933 kam es zum gerichtlichen Ausgleich, bei dem Sigmund Bosel 10 Prozent der ausstehenden Summe an die österreichische Postsparkasse zurückerstatten mußte. Bereits Ende der zwanziger Jahre gab es zahlreiche Spottreime zur Person Bosels. 1936 wurde Sigmund Bosel von der österreichischen Wirtschaftspolizei wegen fahrlässiger Krida verhaftet und zu einer zusätzlichen Nachzahlung von 3 Mio. Schilling verurteilt. 1937 wurde Bosel zu 18 Monaten schweren Kerkers verurteilt. Er mußte jedoch diese Strafe nicht antreten. Anfang März 1937 wurde die umfangreiche Boselsche Kunstsammlung im Dorotheum versteigert (insgesamt 570 Katalog-Nummern!). Nach dem «Anschluß» wurde Sigmund Bosel von der Gestapo in die Haftanstalt Stein eingeliefert. Die Deutsche Reichspost brachte eine Klage beim Wiener Landesgericht für Zivilrechtssachen ein, in der die Unwirksamkeit des Schiedsspruchs von 1933 verlangt wurde. Nach seiner Deportation nach Theresienstadt wurde Sigmund Bosel im Februar 1942 mit einem Transport nach Riga gebracht. Von Augenzeugen wird übermittelt, daß er auf dem Transport von SS-Leuten grausam ermordet wurde. Am 10. 6. 1948 wurde die Todeserklärung ausgesprochen.

*Literatur:* Der Abend, 22. 10. 1923, 12. 5. 1924, 14. 12. 1925, 10. 2. 1926, 3. 3. 1926, 23. 9. 1926, 24. 9. 1926, 18. 10. 1926, 19. 10. 1926, 26. 10. 1926, 20. 11. 1926, 12. 4. 1936, 20. 5. 1948 / Neues Wiener Tagblatt, 27. 10. 1925, 20.

11. 1926, 19. 1. 1927, 3. 2. 1927, 2. 7. 1936, 17. 8. 1936, 9. 6. 1937, 22. 6. 1937, 29. 6. 1937, 2. 7. 1937, 6. 7. 1937 / Neues Wiener Abendblatt, 18. 1. 1923, 18. 12. 1926 / Salzburger Volksblatt, 9. 8. 1935 / Innsbrucker Nachrichten, 21. 12. 1936 / Arbeiterzeitung, 1. 2. 1917, 7. 10. 1923, 22. 12. 1923, 15. 6. 1924, 29. 6. 1924, 6. 8. 1926, 24. 10. 1926, 27. 5. 1927, 14. 10. 1930, 9. 4. 1932 / Das Tribunal, 21. 4. 1926, 2. 6. 1927 / Neuigkeits-Welt-Blatt, 27. 1. 1937 / Der Turm, 23. 5. 1927, 30. 5. 1927, 3. 6. 1927, 7. 6. 1927, 20. 6. 1927 / Freiheit!, 4. 11. 1927, 5. 12. 1927, 7. 1. 1928, 13. 1. 1928, 17. 1. 1928, 25. 10. 1929, 13. 10. 1930 / Wiener Neueste Nachrichten, 4. 11. 1927 / Die Börse, 12. 7. 1923, 21. 10. 1926 / Der Deutsche Arbeiter, 3. 6.1 927 / Die Reichspost, 27. 11. 1929 / Der Neue Sozialdemokrat, 25. 10. 1929 / Arbeiterwille, 4. 7. 1928 / Neue Freie Presse, 19. 1. 1924, 13. 4. 1926, 25. 5. 1927, 1. 6. 1927, 20. 7. 1927, 4. 11. 1927, 10. 6. 1937 / Neue Wirtschaft, 21. 10. 1926 / Neues Wiener Journal, 14. 4. 1925 (Tod von Julie Bosel) / Wiener Zeitung, 20. 2. 1937, 24. 6. 1937, 29. 6. 1937, 7. 7. 1937, 8. 7. 1937, 9. 7. 1937, 11. 7. 1937, 13. 7. 1937, 14.7.1937, 15. 7. 1937, 16. 7. 1937, 18. 7. 1937 / Völkischer Beobachter, 23. 11. 1938

BRANDEIS, JAKOB (JACQUES) *geboren* unbekannt *gestorben* unbekannt – Sterbeort: Marienbad *begraben* 11. 7. 1900 *Beruf* Privatier *Grabstelle* 19-1-132 – Gruft für 3 Leichen in der Zeremonienallee

BRAUDES, REUBEN ASCHER *geboren* 25. Elul 1851 Wilna *gestorben* 11. Tischri 1902 Wien *begraben* 20. 10. 1902 *Beruf* Autor, Privatlehrer, schrieb vor allem hebräisch und war einer der führenden hebräischen Novellisten, Herausgeber hebräischer und jiddischer Zeitschriften, zeitweise Herausgeber der jiddischen Fassung der zionistischen Zeitung DIE WELT *Grabstelle* B 49-5-99

Autor zahlreicher Aufsätze für die hebräischsprachige Zeitschrift LWANON. Ab 1868 zahlreiche talmudische Aufsätze, publiziert in HAMELIZ und HAKARMEL. Mitarbeiter am Lemberger HABOKER OR sowie in verschiedenen jiddischen Zeitschriften. Freundschaft mit A. B. GOTTLOBER. 1881 Übersiedlung nach Wilna. Im gleichen Jahr publizierte er einen aufsehenerregenden Aufsatz in HASAPHA BICHWODO UWAZMA, in dem er für die Erweiterung der hebräischen Sprache eintrat. 1882–1884 Aufenthalt in Rumänien. 1884 wiederum Übersiedlung nach Lemberg, wo er bis 1898 blieb. 1900 redigierte er die zionistische Wochenschrift DIE WELT.

*Werke:* «Kulturbilder aus dem jüdischen Leben in Rußland», 2 Bde. (1888).

*Literatur:* Wininger

**BRAUN, JOSEPH** *geboren* 5. 5. 1840 Budapest *gestorben* 26. 9. 1902 Wien *begraben* 28. 9. 1902 *Beruf* Schriftsteller, Autor, Lehrer *Grabstelle* 19-23-45

Medizinstudium an der Universität Wien. Ab 1860 Journalist. 1860 Redakteur der von Isidor Heller gegründeten Zeitschrift Fortschritt, dann beim Wanderer, der Morgenpost und der Debatte. 1869 verantwortlicher Redakteur bei der Tagespresse. 1869/1870 redigierte er den Floh. 1871 Begründer und bis 1881 Eigentümer der Zeitschrift Die Bombe. 1881 gründete er die Zeitschrift Wiener Caricaturen. Schrieb Bühnenstücke, Schwänke, Lustspiele, Possen, Unterhaltungsromane.

*Werke:* «Antonius und Kleopatra» (1863); «Sieben Wochen verheiratet» (o. J.); «Emporkömmling» [Roman, 1874 in der «Bombe» abgedruckt]; «Wiener Caricaturen-Bibliothek» (1890).

*Literatur:* BLBL / Eisenberg / Giebisch – Gugitz

**BREITENSTEIN, MAX** *geboren* 10. 11. 1855 Iglau *gestorben* unbekannt *begraben* 22. 9. 1926 *Beruf* Schriftsteller, Journalist, Herausgeber, Verlagsbuchhändler *Grabstelle* 8-61-52 – am Wege

Dr. jur., seit 1876 journalistische Tätigkeit. Herausgeber der Wiener Correspondenz. Hatte Interesse an allen akademischen Belangen. 1877 Gründung der Wochenschrift Alma Mater, die vier Jahre bestand. Redigierte den Akademischen Kalender der österreichischen Hochschulen und verfaßte 1880 das Commersbuch der Wiener Studenten. Ab 1889 redigierte er die Allgemeine Juristenzeitung. Herausgeber einer Sammlung der besten Reden des österreichischen Parlaments. Herausgeber und Redakteur der Gerichtshalle. Chefredakteur der Wiener Illustrierten Frauen Zeitung sowie Geschäftsleiter der Litterarischen Gesellschaft.

*Werke:* «Die Zukunft der Prager Universität» (1879); «Commersbuch der Wiener Studenten» (1880); «Einige principielle Bedenken gegen den Strafgesetzentwurf für Österreich» (1890); «Breitensteins Repetitorium für Studierende aller



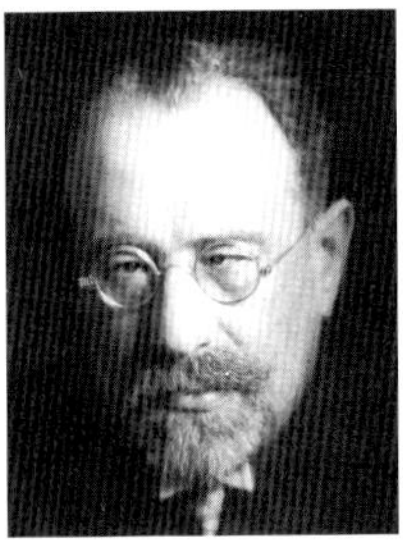

Fakultäten» (o. J.); «Zur Reform der Hochschule(n) in Österreich» (1884); «Die Kriegsgesetze Österreichs» (1915).

*Literatur:* Eisenberg / Jaksch / Kosel / Pemmer – Lackner / Wininger

**BRILL, ARTHUR** *geboren* unbekannt *gestorben* unbekannt – 35 Jahre *begraben* 26. 3. 1909 *Beruf* Direktor des ETABLISSEMENT RONACHER *Grabstelle* 51-10-96

**BRÜLL, IGNAZ** *geboren* 7. 11. 1846 Proßnitz/Mähren *gestorben* 17. 9. 1907 Wien *begraben* 19. 9. 1907 *Beruf* Tonkünstler, Pianist *Grabstelle* 20-1-23 – Ehrengrab in der Zeremonienallee

Kam 1848 zweijährig nach Wien. Klavierunterricht bei JULIUS EPSTEIN, Kompositionsunterricht bei OTTO DESSOFF. Ausgedehnte Konzertreisen. Freund von BRAHMS, der seine sämtlichen Kompositionen zunächst Brüll gab und von dem der Ausspruch überliefert ist: «Erst wenn es der Brüll gespielt hat, weiß ich, wie es klingt.» 1864 Debüt mit der Oper «Die Bettler von Samarkand». Darauf folgten die Oper «Das goldene Kreuz» (1890), die Musikdramen «Der Landfriede» (1877), die komische Oper «Der Husar» (1897) u. a. Komponierte zudem Sonaten und Suiten für Klavier und Violine.

*Literatur:* A. Ehrlich / Eisenberg / EJ (E) / Kohut / JL / Kosel / NDB / H. Schwarz / Olmützer Blätter 1982

**BRUNNER, MORITZ** *geboren* 30. 8. 1846 Pohrlitz/Mähren *gestorben* 3. 12. 1908 Wien *begraben* 6. 12. 1908 *Beruf* Direktor des ALLGEMEINEN ÖSTERREICHISCH-ISRAELITISCHEN TAUBSTUMMENINSTITUTS, Pädagoge, Kaiserlicher Rat *Grabstelle* 20-3-1c

Studium in Wien und Breslau. 1880 Staatsexamen. 1887 Dr. phil., 1881–1885 Gymnasiallehrer am k. k. Gymnasium in Wien III. 1885 Lehrer an der ALLGEMEINEN ÖSTERREICHISCH-ISRAELITISCHEN TAUBSTUMMENANSTALT. 1888–1908 Leiter der ÖSTERREICH-ISRAELITISCHEN TAUBSTUMMENANSTALT. Mitherausgeber der Zeitschrift EOS.

*Werke:* «Beiträge zur Geschichte der letzten Karolinger in Frankreich» (1882/1883); «Die Entstehung und Entwicklung des allgemeinen österreichisch-israelitischen Taubstummen-Instituts in Wien» (o. J.); «Die psychologische Lehre von der Reproduction und Apperception mit besonderer Rücksicht auf Taubstummenausbildung» (o. J.); «Die deutsche Methode

des Taubstummenunterrichts und ihre Gegner» (o. J.); «Die methodischen Hörübungen in der Taubstummenschule» (o. J.).
*Literatur:* BLBL / Kosel / Gold (1929)

**BRUNNER, PHILIPP** *geboren* 3. 11. 1839 Pohrlitz/Mähren gestorben 25. 1. 1904 Wien *begraben* 27. 1. 1904 *Beruf* Schriftsteller, Oberlehrer *Familie* Vater von Armin Brunner (begraben bei Tor IV) *Grabstelle* 51-5-19

Leiter der jüdischen Schule in Piesling. 1869 Übersiedlung nach Wien und Lehrtätigkeit an einer Privatschule. Danach eröffnete er ein Knabenpensionat mit Nachhilfeunterricht für Mittelschüler im 1. Wiener Gemeindebezirk. 1871 Lehrer an der Mädchenschule Ober-Döbling. Um 1900 Ernennung zum Oberlehrer an der großen Mädchenschule in der Werdertorgasse, Wien I, wo er bis zu seinem Lebensende wirkte. War mit pädagogischen Größen seiner Zeit wie Deinhardt, Dittel, Bobies, Jordan, Simon Heller, A. S. Fischer befreundet. Gab in jungen Jahren u. a. in der Unterrichtszeitung der Neuen Freien Presse pädagogische und soziale Anregungen und war Initiator der Schulkinderausspeisung, der Schularztversorgung und eines Schulmuseums. Er entwickelte sich mehr und mehr zum pädagogischen Schriftsteller. Verfaßte mehrere Bände Kindertheater, publizierte viele Referate und Beiträge in Lehrerzeitungen. Mitbegründer der Ethischen Gesellschaft, die unter dem Vorsitz von Wilhelm Börne fortgeführt wurde. Gab mit den bekannten Vorkämpfern der Kindergartenbewegung A. S. Fischer, und Josef Kraft die Kindergarten-Zeitung, mit M. Th. May das Österreichische illustrierte Jugendalbum, mit A. S. Fischer ein Erzählbuch für Kindergärten und Haus und Schule heraus. Redakteur des Lehrerkalenders und der Wiener Kindermode. War Prüfungsmitglied der Kommission für Deutsche Sprache und Literatur an der Israelitisch-Theologischen Lehranstalt Wien, wo er Probepredigten und Probelektionen von Rabbinats- und Religionslehrerkandidaten prüfte. Die Inschrift auf seinem Grabmal stammt von Rektor Prof. Dr. Büchler.
*Werke:* «Schulreden und Ansprachen bei festlichen Gelegenheiten» (1883–1889); «Erzählbuch für Kindergärten» (1886); «Durch Wald und Flur» (1887); «Buntes Jahr» (1889/1890);

«Ich kann schon lesen» (1895); «Ich kann schon singen. Kindertheater» (1899); Herausgeber des «Ausführlichen orthographischen Wörterbuchs der deutschen Sprache» (o. J.).

*Literatur:* Eisenberg / Jaksch / Kosel / Gold (1929)

**BUM, ANTON** *geboren* 9. 8. oder 2. 7. 1856 Brünn *gestorben* 18. 8. 1925 Wien *begraben* 21. 8. 1925 *Beruf* Chirurg, Regierungsrat *Grabstelle* 51-10-68

Medizinstudium an der Wiener Universität. Assistenzarzt bei MOSETIG, auf dessen Rat er sich in Schweden unter THURE-BRANDT in Heilgymnastik ausbilden ließ. Gründer und Leiter des INSTITUTS FÜR HEILGYMNASTIK in Wien. 1904 Dozent für Chirurgie an der Wiener Universität. Verfertigte wissenschaftliche Spezialuntersuchungen über Massage und Gymnastiktherapie. Seit 1887 Schriftleiter der WIENER MEDIZINISCHEN PRESSE und der WIENER KLINIK.

*Werke:* «Handbuch der Massage und Heilgymnastik» (1896); «Physiologie und Technik der Massage» (1906); «Vorlesungen über ärztliche Unfallkunde» (1909); «Therapeutisches Lexikon» (1896); «Lexikon für physikalische Therapie» (1904); «Handbuch der Krankenpflege» (1917).

*Literatur:* BLBL / Eisenberg / I. Fischer / Pagel / Stock – Heilinger – Stock / Wininger

**BYK, MORITZ** *geboren* 6. 7. 1845 Lemberg *gestorben* 15. 3. 1928 Wien *begraben* 18. 3. 1928 *Beruf* Redakteur, Privatier *Grabstelle* 20-10-23

Medizinstudium an der Universität Wien. Ab 1875 Redakteur beim NEUEN WIENER TAGBLATT , wo er den volkswirtschaftlichen Teil betreute. 1919 Versetzung in den Ruhestand.

*Literatur:* Neues Wiener Tagblatt, 20. 3. 1928

**BYK, MORITZ** *geboren* unbekannt *gestorben* unbekannt – 23 Jahre *begraben* 19. 5. 1897 *Beruf* akad. Maler *Grabstelle* 19-55-84

**CARO, JECHESKEL (EZECHIEL)** *geboren* 26. 11. 1844 Pinne/Posen *gestorben* 24. 12. 1915 *begraben* 27.12. 1915 *Beruf* Oberrabbiner von Lemberg *Grabstelle* überführt nach Lemberg

Sohn des Rabbiners CARA VON WLOLAWEK, der sich 1863 am polnischen Aufstand beteiligte. Studium am Jüdisch-

Theologischen Seminar in Breslau und in Heidelberg. Hervorragender Kanzelredner. 1870–1879 Rabbiner in Dirschau. Freiwillige Meldung als Feldrabbiner im deutsch-französischen Krieg. 1879–1882 Rabbiner in Erfurt, 1882–1891 in Pilsen. Ab 1891 Oberrabbiner von Lemberg. Verfaßte zahlreiche pädagogische Schriften für die Schuljugend. Befand sich im Ersten Weltkrieg in Wien und nahm sich in seiner Funktion als Inspektor der galizischen Flüchtlingsschulen mit großer Sorgfalt der Flüchtlingskinder an.
*Werke:* «Ausgewählte Gelegenheitsreden» (1874); «Ein Vierteljahrhundert städtische Verwaltung» (1880); «Geschichte der Juden in Lemberg bis zur Teilung Polens» (1894).

*Literatur:* Wininger

**CHAJES, HIRSCH (ZWI) PEREZ** *geboren* 13. 10. 1876 Brody/Galizien *gestorben* 13. 12. 1927 Wien *begraben* 16. 12. 1927 *Beruf* Rabbiner *Grabstelle* 5b-0-1 Ehrengrab – am 8. 11. 1950 nach Israel überführt und in Tel Aviv beigesetzt – leere Grabstelle!

Studierte bei seinem Vater Solomon und seinem Onkel Isaac Chajes, erhielt zudem eine profane Erziehung. Studium an der Israelitischen Lehranstalt in Wien und an der Wiener Universität, u. a. bei David Heinrich von Müller. 1899 Dissertation über das neutestamentliche (!) Thema Markus-Studien. 1899 Veröffentlichung der «Proverbia Studien», 1900 «Beiträge zur Nordsemitischen Onomatologie». Bereits vor 1902 Religionslehrer in Lemberg, Tätigkeit als Bibliothekar (nach anderen Quellen: Sekretär) am Orientalischen Seminar an der Universität Wien. 1902 Vorlesungen in Jüdischer Geschichte und Bibelexegese am Collegio Rabbinico Italiano in Florenz. 1903 Veröffentlichung der «Jüdischen und jüdisch-indischen Grabinschriften aus Aden». 1904 Vorlesungen über die hebräische Sprache an der Universität in Florenz. 1906 kritischer Kommentar zu «Amos». 1907 kritischer Kommentar zu den Psalmen. 1909 Veröffentlichung des Kommentars des mittelalterlichen Gelehrten Solomon ben Ha-Yatmos «Perush Massekhet Mashikin». 1912 Rabbiner in Triest, wo er die Zeitschrift Il Messagero Israelitico gründete. 1918 Übersiedlung nach Wien, Assistent von Oberrabbiner Moritz Güdemann. Am 3. August 1918 Ernennung zum Oberrabbiner (Nachfolge Güdemann). In den neun Jah-

*Dach und Dachstuhl des Fleischer-Mausoleums waren schwerst beschädigt und vor der Renovierung vom Einsturz bedroht*

*Tür, Fenster und Außenfront des Fleischer-Mausoleums vor der Renovierung*

*Restaurierungs- und Montagearbeiten am Fleischer-Mausoleum. Im Vordergrund Teile der restaurierten Deckenbemalung. Die Vorderfront des Mausoleums ist ergänzt, der Giebel ist hochgemauert, das Dach renoviert*

*Abmontierte Teile der Deckenbemalung des Fleischer-Mausoleums in der Restaurierungswerkstatt Pfaffenbichler*

*Die junge und im Denkmalschutz engagierte Restauratorin Michaela Pfaffenbichler restaurierte im Zeitraum Juli bis November 1992 die Innenbemalung des Fleischer-Mausoleums*

*Detail der Deckenbemalung des Fleischer-Mausoleums während der Restaurierung*

*Über dem Eingangstor des Mausoleums sind die Initialen Max Fleischers (MF), Zirkel und Zeichengerät sowie ein Lineal angebracht. Für den kundigen Betrachter wird in dieser Anordnung die Parallele zum «Dreifisch», der Elijahu ha-Navi und die beiden Messiasvorstellungen (aaronidisch und dewidisch) symbolisiert, offensichtlich.*

*Glasfenster des Fleischer-Mausoleums*

*Reste des Innenfreskos des Fleischer-Mausoleums*

*Vom jüdischen Architekten Wilhelm Stiassny wurde die Familiengruft des Wiener Zweiges der Familie Rothschild errichtet. Grabstelle 6-29-49/51*

*Als Pianist, Komponist und enger Brahms-Freund ist Ignaz Brüll (gest. 1907) heute noch bekannt. Grabstelle 20-1-23*

*Das Grabmal von Rabbiner Adolf Schwarz, dem ersten Rektor der Wiener Israelitisch-Theologischen Lehranstalt, hat die Form der Gebotstafeln, Architekt war Oskar Wlach. Grabstelle 5b-0-2*

*Die bunten Glasfenster im von Architekt Max Fleischer errichteten Mausoleum der Familie Gutmann sind noch original erhalten und unzerstört geblieben. Grabstelle 5b-1-1*

Mit «Wollek» signiert ist das Grabmal der Familie Spessl, über die biographisch nichts eruierbar war. Grabstelle 19-58-107

Der unsignierte markante Stein des berühmten Porträtmalers Leopold Horowitz (gest. 1917). Grabstelle 52A-1-17

*Die Prominenten-Gräber Torbergs und Schnitzlers sind leicht auffindbar (6-0-3/4)*

*Dem Taj Mahal nachempfunden ist das Grab von Jacques Elias (gest. 1923); signiert: «Stefan Fayans». Grabstelle 52A-5-19*

*Eine «Grabkapelle», deren Architekt nicht eruierbar ist, ließ Sigmund Bosel errichten, der 1942 von SS-Leuten auf dem Transport nach Riga totgetreten wurde*

*Das Mausoleum der Familie Wilhelm von Gutmann (gest. 1895) und das Grab von Moritz Hirsch (gest. 1906) errichtete der jüdische Architekt*

*Mausoleum der Familie Wiener von Welten (Architekt: Max Fleischer). Grabstelle 6-29-43*

*Durch private Initiative wurde das Grab des ehemaligen Direktors des Theaters an der Wien Maximilian Steiner (gest. 1890) 1991/92 restauriert. Grabstelle 6-13-2*

*Grabmal des Oberrabbiners David Feuchtwang (gest. 1936). Grabstelle 5b-0-3*

*Siegerkranz und gebrochene Säule zieren das Grab des Komponisten des Fiaker-Liedes Gustav Pick (gest. 1921). Grabstelle 8-60-105*

*Reich verziert und mit Symbolen versehen ist das Grab von Ludwig August Frankl (gest. 1914); signiert: «J. Benk». Grabstelle 5b-35-60*

*Kein einziger hebräischer Buchstabe ist am Grab von Josef Popper-Lynkeus (gest. 1921) angebracht; signiert: «Ernst Lindner». Grabstelle 52A-1-20*

*Einer Sefer-Tora-Box, wie sie bei den Sephardim üblich ist, ist der Grabstein des Orientalisten David Heinrich von Müller (gest. 1912) nachempfunden. Grabstelle 20-1-31*

*Ein Jugendstiljuwel ist das Grabmal von Oskar Marmorek (gest. 1909). Grabstelle 20-17b-5*

ren seiner Amtszeit war Wien die zweitgrößte jüdische Gemeinde in Europa. Obwohl Chajes mit seinem zionistischen Anspruch für weitgehend assimilierte Kreise unpopulär war und auch Orthodoxe ihn wegen seiner zionistischen Einstellung und seiner «liberalen» Gelehrsamkeit kritisierten, war er unumstritten die einflußreichste Persönlichkeit und der einflußreichste Gelehrte in Österreich. Gründete zwei jüdische Volksschulen und ein jüdisches Gymnasium in der Castellezgasse im 2. Wiener Gemeindebezirk, das nach seinem Tod nach ihm benannt und unter Oberrabbiner EISENBERG 1984 wieder eingerichtet wurde. Gründete auch das PÄDAGOGICUM, an dem er Bibelexegese unterrichtete. Lehrtätigkeit auch an der ISRAELITISCH-THEOLOGISCHEN LEHRANSTALT. Pflegte umfangreiche Beziehungen zu jüdischen Gelehrten und Zionistenführern in den USA. War in späteren Jahren Mitglied im Kuratorium der HEBRÄISCHEN UNIVERSITÄT. 1921–1925 Vorsitzender des AKTIONSKOMITEES DER ZIONISTISCHEN ORGANISATION. 1923 Organisator der ersten JEWISH LEAGUE OF NATIONS ASSOCIATION, deren Präsident er bis zu seinem Tod war. Am 17. März 1926 Festrede zur Hundertjahrfeier des Seitenstettentempels. Auf seinen ausdrücklichen Wunsch erhielt die HEBRÄISCHE UNIVERSITÄT JERUSALEM seine Bibliothek.

*Werke:* Posthum erschienen folgende Publikationen: V. Aptowitzer, A. Z. Schwarz (Hgg.): «Abhandlungen zur Erinnerung an H. P. Chajes» (1933); «Reden und Vorträge» (1933); «Im heroischen Zeitalter. Reden und Vorträge» (1935); «Neumim Ve-Harza'Ot» (1953); «Be-Sod Ammi» (1950).

HINWEIS: *Umbettungen sind entsprechend der Halacha, dem «jüdischen Religionsgesetz», nur nach Israel zulässig! Die leere Grabstelle darf nicht mehr als Grabstelle für einen anderen Toten verwendet werden und muß leer bleiben!*

*Literatur:* Abhandlungen zur Erinnerung an H. P. Chajes / EJ (D) / EJ (E) / Fraenkel / Gold (1966) / JE / JL / Kosel / ÖBL / Wininger

**COHN, ARMINO** *geboren* unbekannt *gestorben* unbekannt *begraben* 22. 4. 1891 *Beruf* Kaiserlicher Rat, Großhändler, Seidenhändler, Präsident der WIENER KULTUSGEMEINDE 1886–1890, Zensor der ERSTEN ÖSTERREICHISCHEN SPARKASSE *Grabstelle* 6-1-4 – Ehrengrab in der Zeremonienallee

**DAVID, ELIESER** *geboren* unbekannt *gestorben* unbekannt – 53 Jahre *begraben* 5. 9. 1910 *Beruf* Rabbiner der IKG am Leopoldstädter Tempel *Grabstelle* 20-1-27 – Ehrengrab in der Zeremonienallee

**DE MAJO, HAIM DAVID** *geboren* unbekannt *gestorben* unbekannt *begraben* 13. 4. 1919 *Grabstelle* 7-3-29 – türk. Abt.

**DE MAJO, MOSCO** *geboren* unbekannt *gestorben* 8. 7. 1938 – 77 Jahre *begraben* 11. 6. 1939 – vermutlich Urne *Beruf* Besitzer des CENTRALBADES, Wien 1, Präsident der türkisch-israelit. Gemeinde Wien

**DESSAUER, ADOLF** *Pseudonym* Erwin Balder *geboren* 12. 9. 1849 Frankfurt/Main *gestorben* 2. 1. 1916 Wien *begraben* 5. 1. 1916 *Beruf* Bankdirektor, Schriftsteller *Grabstelle* 50-58-1 – am Wege

Seine Bedeutung liegt im Genre der Wiener Schlüsselromane und Humoresken. War Bankdirektor, Schriftsteller, Erzähler. Verheiratet mit der Opernsängerin ANTONIE LINK. *Werke:* «Leonie» (1888); «Wahre Liebe» (1891); «Götzendienst» (1899); «Jochwind» (1902); «Mit krummer Feder auf grünem Hut» (1905); «Das Totenwannerl» (1910); «Wenn Bauern Komödie spielen und andere lustige Bosheiten» (1912); «Großstadtjuden» (1919).

*Literatur:* Eisenberg / Giebisch – Gugitz / Ögg

**DEUTSCH, IGNAZ** *geboren* unbekannt *gestorben* unbekannt *begraben* 13. 11. 1911 *Beruf* akad. Maler *Grabstelle* 19-45-56A

**DEUTSCH, JOEL** *geboren* 20. 3. 1813 Nikolsburg *gestorben* 1. 5. 1899 Wien *begraben* 4. 5. 1899 *Beruf* Direktor des ISRAELITISCHEN TAUBSTUMMENINSTITUTS *Grabstelle* 7-29-1 – am Wege

Ab 1844 Lehrer am ALLGEMEINEN ÖSTERREICHISCH-ISRAELITISCHEN TAUBSTUMMEN-INSTITUT in Nikolsburg. Nach der Übersiedlung der Anstalt nach Wien wurde er 1853 Direktor der Anstalt. Unterrichtete Lehramtskandidaten in Taubstummenpädagogik. Schüler von ihm wurden Lehrer an Taubstummeninstituten in Budapest, London und New York. 1869 Kaiserlicher Rat.

*Werke:* «Vorlageblätter zur Einleitung der unentbehrlichsten grammatischen Formen» (1877); «Wörtersammlung zur Gedächtnisübung für den ersten Anschauungsunterricht taubstummer Kinder» (1881); «Wörter- und Aufgabensammlung für den ersten Unterricht taubstummer Kinder» (1881).

*Literatur:* Kohut / Wininger

**DEUTSCH, MORITZ (MOSES)** *geboren* 21. 10. 1836 Janosás *gestorben* 14. 1. 1904 Wien *begraben* 17. 1. 1904 *Beruf* Redakteur *Grabstelle* 49-10-21

Redakteur des ILLUSTRIERTEN ÖSTERREICHISCHEN JOURNALS. Verfaßte Artikel und Reportagen zu volkswirtschaftlichen Themen wie auch Belletristisches.

*Literatur:* Eisenberg / Kosel

**DUSCHAK, MORITZ** *geboren* 14. 11. 1815 Triesch/Mähren *gestorben* 21. 7. 1890 Wien *begraben* 23. 7. 1890 *Beruf* Rabbiner *Grabstelle* 6-30-30 – am Wege

Nach Jeschiwah-Ausbildung bei CHATAM SOFER in Preßburg zunächst Rabbiner in Bad Aussee und Gaya/Mähren, wo er als einer der ersten die deutsche Predigt einführte. Seit 1877 Rabbiner in Krakau. Mitarbeiter des MORGENBLATTS. EIN CENTRALORGAN FÜR SYNAGOGE UND SCHULE, WIE AUCH FÜR KRITIK, GESCHICHTE UND LITERATUR DES JUDENTHUMS sowie der renommierten Blätter HANESCHER, HANAGID, HAIVRI, KOCHBE JIZCHAK, BEN CHANANJA.

*Werke:* «Josephus Flavius und die Tradition» (1864); «Gideon Brecher» (1865); «Geschichte und Darstellung des Jüdischen Kultus» (1866); «Das mosaisch-talmudische Strafrecht» (1869); «Zur Botanik des Talmud» (1870); «Schulgesetzgebung und Methodik der alten Israeliten» (1872); «Die Moral der Evangelien und des Talmuds» (1875); «Geschichte der Verfassung» (1877); «Yerushalayim Habenuah» (1880).

*Literatur:* EJ (D) / EJ (E) / Gold (1929) / Lohrmann / Wachstein – Taglicht – Kristianopoler / Wininger

**EGER, LEOPOLD** *geboren* 15. 11. 1837 Kremsier *gestorben* 11. 7. 1904 Wien *begraben* 14. 7. 1904 *Beruf* Mineraloge *Grabstelle* 20-4-41

**EHRLICH, SIGMUND** *geboren* 23. 12. 1852 Groß-Beranau/Mähren *gestorben* 12. 2. 1932 Wien *begraben* 14. 2. 1932 *Beruf* Nationalökonom, Präsident der Concordia, Schriftsteller, Jurist *Grabstelle* 19-56-23 – vis-à-vis der kath. Abt.

Jurastudium und Dr. jur. an der Universität Wien. 1872–1898 im Redaktionsverband der Neuen Freien Presse, zunächst Parlamentsberichterstatter, 1890–1898 Leiter des volkswirtschaftlichen Teils. Danach freier Schriftsteller. Ab 1890 im Vorstand des Schriftsteller- und Journalistenverbands Concordia, 1909–1919 Präsident. Auf seine Initiative hin wurde 1902 eine Krankenkasse für Vereinsmitglieder eingerichtet. Beeideter Sachverständiger für Pressefragen und Mitglied des Sachverständigenkollegiums des literarischen Urheberrechts.
*Werke:* Spezialwerke zur Nationalökonomie.

*Literatur:* Eisenberg / ÖBL / Planer / Wininger

**EHRMANN, SALOMON** *geboren* 19. 12. 1854 Ostrovetz/Böhmen *gestorben* 24. 10. 1926 Wien *begraben* 27. 10. 1926 *Beruf* Universitätsprofessor, Dermatologe, Philosoph *Grabstelle* 52A-1-22A – Ehrengrab in der Zeremonienallee

Galt in Jugendjahren als begabter Maler und sah seine Berufung in der Absolvierung der Kunstakademie. Diese Neigung und seine Fähigkeit, künstlerisch hochwertige Aquarelle anzufertigen, wurden später zur Grundlage seiner Hauptwerks «Vergleichend-diagnostischer Atlas der Hautkrankheiten und Syphiliden» (Jena 1912). Zunächst Beschäftigung mit Kunstgeschichte. Ab 1874 Medizinstudium an der Universität Wien. 1880 Dr. med., Assistent bei Kaposi und Hebra. 1884–1888 Assistent an der Klinik Neumann. 1887 Priv.-Doz., 1888 Habilitation. Übernahm nach seinem Austritt aus der Klinik Neumann als Facharzt das Ambulatorium der Bezirks- und Arbeiterkasse, dem er bis 1904 vorstand.

1897 Präsident der B'NAI BRITH, 1911 Großpräsident der Loge. 1900 a. o. Prof., 1904 Primarius am AKH (Nachfolge LANGER), 1917 o. Prof. für Dermatologie. Sein Verdienst ist der Nachweis der Spirochaetae pallidae in der Nervensubstanz. Wissenschaftlich erfolgreich auch bei der Bekämpfung von Geschlechtskrankheiten. Arbeiten über Farbstoffe in der Haut, mikroskopische Hautveränderungen bei inneren Krankheiten und über die Syphilis. Vorstandsmitglied der DEUTSCHEN DERMATOLOGISCHEN GESELLSCHAFT. War Zionist und Präsident der Wiener FREUNDE DES PALÄSTINA-AUFBAUES. Vorsteher der Wiener Israelitischen Kultusgemeinde. Verfaßte Artikel jüdischen Inhalts unter dem Pseudonym SALOMON BEN MEIR.

*Werke:* «Kompendium der Histopathologie der Haut» (1906); «Hautkrankheiten und Syphilide» (1912); «Beziehungen der ektamatösen Erkrankungen zum inneren Leiden» (1924); (Schriftenverzeichnis in: Wiener medizinische Wochenschrift Bd. 74., Sp. 2770).

*Literatur:* Bamberger – Maier-Bruck / I. Fischer / Fraenkel / Hecht / Jaksch / JL / NDB / ÖBL / Stock – Heilinger – Stock / Unsere Heimat / Wininger / Neue Freie Presse, 26. 4. 1918, 25. 10. 1929 / Wiener Zeitung, 26. 10. 1926 / Wiener klinische Wochenschrift, 37. Jg., Nr. 51 (18. 12. 1924), Sp. 1318

**EIBENSCHÜTZ, SIGMUND** *geboren* unbekannt *gestorben* unbekannt *begraben* 1. 3. 1925 *Beruf* Redakteur *Grabstelle* 5b-4-35/I. Abt.

Herausgeber der ILLUSTRIERTEN GEMEINDEZEITUNG sowie der belletristischen Beilage DIE LAUBHÜTTE.

*Literatur:* Toury

**EISLER, IGNAZ EDLER VON TERRAMARE** *geboren* unbekannt *gestorben* unbekannt – 80 Jahre *begraben* 29. 1. 1902 *Beruf* Großindustrieller *Grabstelle* 6-29-32 – Mausoleum für 9 Leichen an der Mauer

**EISLER, JOSEF HERMANN** *geboren* 18. 4. 1835 Boskowitz/Mähren *gestorben* unbekannt *begraben* unbekannt *Beruf* Redakteur *Grabstelle* 5b-35-17 – vis-à-vis der kath. Abt.

Bereits in frühen Jahren Anerkennung als dramatischer Schriftsteller. Sekretär und Mitarbeiter MORITZ GOTTLIEB SAPHIRS, persönlich bekannt mit GRILLPARZER. Mitarbeiter bei der Ostdeutschen Post, dem Wanderer, dem Freien Blatt. Volkswirtschaftlicher Berichterstatter bei der Neuen Freien Presse. 1872 Redakteur bei der Neuen freien Presse.

*Literatur:* Eisenberg

**EISLER, MICHAEL** *geboren* 26. 2. 1845 Nikolsburg/Mähren *gestorben* 30. 11. 1909 Wien *begraben* 2. 12. 1909 *Beruf* Journalist *Grabstelle* 5b-16-44/II. Abt.

Mitredakteur der Wiener Allgemeinen Zeitung.

*Literatur:* Eisenberg

**ELIAS, JACQUES** *geboren* 1844 Bukarest *gestorben* 13. 5. 1923 Bukarest *begraben* unbekannt – nach Wien überführt *Beruf* Großindustrieller, Bankier, Gelehrter, Philanthrop *Grabstelle* 52A-5-19

Entstammte einer sephardischen Großhändler-Familie, die sich in die Türkei zurückverfolgen läßt. Zentral für sein Leben war sein Vater Menahem Elias, von dem ein Großhändler-Patent nachweisbar ist. Studium in Wien, Berlin, Brüssel und London. Zählte zu seinem Freundeskreis Wissenschaftler und große Künstler Rumäniens. Wurde schließlich zum Begründer der Zuckerindustrie in Rumänien. Da er ohne direkte Nachkommenschaft starb, hinterließ er sein Vermögen über eine Stiftung zum Andenken an seinen Vater Menahem Elias der Rumänischen Akademie. Zweck der Stiftung der Familie Menahem H. Elias: Unterstützung kultureller Institutionen, insbesondere der Rumänischen Akademie, und Durchführung von humanitären Wohltätigkeitsaktionen, u. a. permanente Unterstützung von Alten- und Behindertenheimen. Der Wiener Zweig dieser Stiftung und die Vermögensmasse bestehen durchgängig seit 1925.

*Quelle:* biographische Mitteilungen der Academia-Romana-Stiftung im Angedenken an Menahem Elias, Wien

**ENGEL, MARCUS** *geboren* unbekannt *gestorben* unbekannt – 84 Jahre *begraben* 19. 4. 1909 *Beruf* Kaufmann, Industrieller *Grabstelle* 7-1-11 – Mausoleum in der Zeremonienallee – Gruft für 9 Leichen

**ENGEL, MORITZ** *Pseudonym* Moritz Pau *geboren* 1846 Budapest *gestorben* unbekannt – 52 Jahre *begraben* 31. 5. 1897 *Beruf* Herausgeber des Salonblattes *Grabstelle* 20-8-6

Seit 1870 Herausgeber des Wiener Salonblattes. Korrespondent verschiedener Wiener Zeitungen und u. a. Berichterstatter für die Presse. Begründer der Wiener Zeitungscorrespondenz (später Correspondenz Wilhelm).

*Literatur:* Eisenberg

**EPSTEIN, ABRAHAM** *geboren* 19. 12. 1841 Staro Constantinow *gestorben* 4. 4. 1918 Wien *begraben* 5. 4. 1918 *Beruf* Landwirt, Privatgelehrter *Grabstelle* 52A-1-18 – Ehrengrab in der Zeremonienallee

Pachtete 1865 nahe Kozmin Land und bewirtschaftete es. Sah in der Landbewirtschaftung die entscheidende Möglichkeit für arme galizische Juden, sich eine Existenzgrundlage zu schaffen. Nach dem Tod seines Vaters verließ er seine Landwirtschaft und widmete sich fortan Familiengeschäften. 1861 traf er auf einer Westeuropareise J. L. Rappaport, Z. Fraenkel und M. Sachs, die sein Interesse für Jüdische Studien weckten. 1876 Übersiedlung nach Wien. Verfaßte Artikel für hebräische Periodica. Hinterließ seine Bibliothek der Wiener Israelitisch-Theologischen Lehranstalt.

*Werke:* «Mi-Kadmoniyot ha-Yehudim» (1887).

*Literatur:* EJ (E)

**FALL, MORITZ (MAURICE)** *geboren* 5. 8. 1848 Olmütz *gestorben* 22. 7. 1922 Wien *begraben* 23. 7. 1922 *Beruf* Komponist, Militärkapellmeister *Familie* Vater des Operettenkomponisten Leo Fall (begraben bei Tor IV) *Grabstelle* 52-60-10 – im Rondeau

*Literatur:* ÖBL / NDB / Herz (1987)

**FEIBELSOHN, EMMA** *Pseudonym* Elit Felson *geboren* 7. 4. 1861 Schildberg/Posen *gestorben* 28. 4. 1900 Wien *begraben* 11. 5. 1900 *Beruf* Schriftstellerin *Grabstelle* 50-14-26

**FEIN, LEO** *geboren* unbekannt *gestorben* unbekannt – 55 Jahre *begraben* 18. 4. 1900 *Beruf* Herausgeber jüdischer Zeitschriften, Journalist *Grabstelle* 50-14-9

1866 Kriegsreporter für österreichische Zeitungen. Danach Mitarbeiter von Wiener und Provinz-Journalen. Redakteur der Österreichischen allgemeinen Correspondenz. Reporter für kommunale Angelegenheiten der Wiener Vororte. Korrespondent mehrerer in- und ausländischer Journale. Herausgeber der Humoristischen Theaterzettel für die Wiener Theater und der Zeitschrift Der Badefreund.

*Literatur:* Eisenberg

**FEITLER, SIGMUND** *geboren* unbekannt *gestorben* unbekannt *begraben* 20. 5. 1920 *Beruf* Hofrat, Prof. an der Hochschule für Bodenkultur *Grabstelle* 5b-5-24 – I. Abt. – Urne aus Reichenberg

*Werke:* «Leichtfaßlicher Leitfaden der Technologie der landwirtschaftlichen Gewerbe» (1894); «Einiges über bosnisch-herzegowinische Industrie» (1909); «Das Zelluloid und seine Ersatzstoffe» (1912); «Die Stärke und die Stärkeindustrie» (1913); «Die Zuckerfabrikation. Kurzgefaßtes Lehrbuch für Studierende, Beamte und Praktiker» (1913); «Gärungstechnik» [Teil I: Die Bierbrauerei; Teil II: Die Spiritusindustrie] (1914–1915).

**FEUCHTWANG, DAVID** *geboren* 26. 11. 1864 Nikolsburg *gestorben* 5. 7. 1936 Wien *begraben* 7. 7. 1936 *Beruf* Oberrabbiner *Grabstelle* am 31. 12 1937 enterdigt aus 51-17-82 und verlegt nach 5b-0-3 – Ehrengrab in der Anlage

Besuch des Gymnasiums wie auch der Talmud-Tora-Schule in Nikolsburg/Mähren. Studium in Wien (Altphilologie und orientalische Sprachen bei David Heinrich Müller und Büdinger) und Berlin. 1892 Nachfolger seines Vaters Rabbi Meyer Feuchtwang in Nikolsburg. 1889 Mitarbeiter der Zeitschrift für Assyrologie. 1902 Kurator der Israelitsch-theologischen Lehranstalt und des jüdischen Lehrerseminars. 1903 in Wien als Rabbiner im 18. und 19. Bezirk und Inspektor des Religionsunterrichts an Mittelschulen. Ab 1912 Herausgabe und wissenschaftliche Redaktion der von W. Breuer geleiteten Monatsschrift Freie Jüdische Lehrerstimme. Mitarbeiter der Monatsschrift für Geschichte und Wissenschaft des Judentums, Mitredakteur der Monumenta Judaica. Im Dezember 1927 wurde er Oberrabbiner und Nachfolger von Zwi Perez Chajes. Man kann ihn mit dem Schlagwort «orthodox im Ritus, liberal und Zionist in seiner Weltanschauung» charakterisieren. Hervorzuheben ist sein bis heute berühmter Artikel in der MGWJ «Das Wasseropfer und die damit verbundenen Zeremonien» (1911) und seine Arbeit «Der Tierkreis in der synagogalen Poesie» (1913). Außerdem verfaßte er eine Arbeit über die Grabstein-

*Das nicht mehr erhaltene Grab (Archivbild) von Zwi Perez Chajes (gest. 1927) wurde von Oskar Strnad errichtet. Grabstelle vormals 5b-0-1*

*Grabstelle von Rabbiner Armin Abeles (gest. 1930), Architekt war Walther Sobotka. Grabstelle 5b-0-6*

*Das Grabmal der Familie Bettelheim entwarf Max Fleischer. Grabstelle 7-30-125*

*Das Grabmal des berühmten Dermatologen Salomon Ehrmann (gest. 1926) ist mit «Arch. Leopold Ehrmann» signiert. Grabstelle 52A-1-22A*

*Detail des monumentalen Mausoleums der Kaufmann- und Industriellen-Familie Engel. Grabstelle 7-1-11*

*Das Mausoleum der Kaufmann- und Industriellen-Familie Engel wurde von Max Fleischer errichtet und ist das größte Mausoleum bie Tor I. Grabstelle 7-1-11*

*Kanne und Waschbecken als Zeichen eines Levis zeichnen das Grab von Rabbiner Aron Leiser Mandl (gest. 1929). Architekt der Grabstelle war Josef Frank (Foto: Bildersammlung des alten Jüdischen Museums in der Malzgasse, derzeit Kartensammlung der ÖNB). Grabstelle 5b-0-7*

inschriften des jüdischen Friedhofs in Nikolsburg. Etliche seiner Kanzelreden und Vorträge sind im Druck erschienen. Er publizierte darüber hinaus eine Vielzahl kleinerer und größerer Artikel in jüdischen und nichtjüdischen Zeitschriften.
HINWEIS: *Der Nachlaß des Archivars der Wiener IKG* Leopold Moses *(Wiener Stadt- und Landesbibliothek) enthält u. a. eine Aufstellung der genealogischen Abfolge der Familie* Feuchtwang/Feuchtwanger.

*Literatur:* BLBL / EJ (D) / EJ (E) / Fraenkel / Heilige Gemeinde Wien / Jaksch / JL / ÖBL / Planer / Rosenkranz / Toury / Wininger / Neue Freie Presse, 27. 11. 1934, 26. 7. 1936 / Wiener Zeitung, 7. 7. 1936 / mündliche Mitteilungen von Frau Mag. Daliah Karplus-Feuchtwanger, Wien

**FISCHEL, AMSEL EUGEN** *geboren* unbekannt *gestorben* 13. 11. 1939 *begraben* 10. 12. 1939 – Urne *Beruf* Sänger *Grabstelle* 5b-9-17A

**FISCHER, ADOLF** *geboren* unbekannt *gestorben* unbekannt *begraben* 28. 2. 1888 *Beruf* Kantor *Grabstelle* 6-25-9 – vis-à-vis der Mauer

**FISCHER, ALBERT SAMUEL** *geboren* 5. 11. 1830 Triesch/Mähren *gestorben* 11. 12. 1913 Wien *begraben* 14. 12. 1913 *Beruf* Pädagoge, Direktor der Israelitischen Kinderbewahranstalt *Familie* Vater des Medizinhistorikers Isidor Fischer (20. 9. 1868 Wien – 13. 1. 1943 Bristol) *Grabstelle* 20-5-35

Volksschullehrertätigkeit in Lundenburg (Breclar) und Nikolsburg. 1863 Leiter der Israelitischen Kinderbewahranstalt in Wien (gegründet 1843). Schuf 1868 den ersten Bildungskurs (Bildungsanstalt) für Kindergärtnerinnen nach Fröbelschen Grundsätzen in Wien. Direktor der privaten Bildungsanstalt für Kindergärtnerinnen in Wien. Beteiligt an der Schaffung der ministeriellen Kindergartenverordnung von 1872. 1873 Experte des Unterrichtsministeriums und Hauptmitarbeiter für den Weltausstellungspavillon des Kleinen Kindes. 1879 (Mit-)Gründung des Vereins für Kindergärtnerinnen in Österreich, den er bis 1886 leitete.
*Werke:* «Der Kindergarten» (1873); «Poetisches Schatzkästlein» (1876); «Friedrich Fröbel» (1882); «Deutsches Lesebuch» (1882); «Erzählbuch» (1886).

*Literatur:* Bamberger – Maier-Bruck / BLBL / Jaksch / NDB / ÖBL / Neue Freie Presse, 12., 13. 12. 1913 / Zeitschrift für das Kindergartenwesen 1914, S. 1

**FISCHHOF, ADOLF (EPHRAIM)** *geboren* 18. 12. 1816 Ofen *gestorben* 23. 3. 1893 Emmersdorf/Klagenfurt *begraben* 28. 3. 1893 *Beruf* Arzt, Politiker der 1848er Revolution *Grabstelle* 5b-1-3

Ab 1836 Medizinstudium in Budapest und Wien. 1845 Promotion. 1846 Magister der Geburtshilfe. 1848 Eintritt in das Wiener Allgemeine Krankenhaus als Sekundararzt. 1848 neben Spitzer, Hartmann, Frankl, Kompert und Jellinek mit an der Spitze der Freiheitskämpfer der Märzrevolution. 13. 3. 1848: Fischhofs berühmte Rede im Hof des Landhauses in der Wiener Herrengasse, in der er vor allem Pressefreiheit forderte. Die anderen Forderungen waren: Repräsentativ-Verfassung, Schwurgericht, Gewissens- und Lehrfreiheit. Vom Bezirk Matzleinsdorf als Abgeordneter zum konstituierenden Reichstag gewählt, wo er für die Abschaffung der Todesstrafe kämpfte. 2. 7. – 20. 12. 1848: Leitung des Sanitätsreferats des Innenministeriums (Ministerialrat). 7. 3. 1849: Auflösung des Reichstags und Verhaftung unter der Anklage Aufruhr und Hochverrat (Freispruch nach neun Monaten Haft). Volle Rehabilitierung 1867. Ab 1872 (nach anderen Quellen 1875) Tätigkeit als praktischer Arzt in Wien, dann Rückzug von seiner ärztlichen Praxis und Übersiedlung nach Emmersdorf bei Klagenfurt. Reiche publizistische Tätigkeit (Bücher, Flugschriften, Artikel, Memoranden, Gesetzesentwürfe). Beschäftigung vor allem mit dem Nationalitätenproblem.

*Werke:* «Ein Blick auf Österreichs Lage» (1866); «Österreich und die Bürgschaften seines Bestandes» (1869); «Die Sprachenrechte in den Staaten gemischter Nationalität» (1865); «Der österreichische Sprachenzwist» (1888); «Zur Erweiterung der Municipal-Autonomie» (1869); «Reduction der continentalen Heere» (1875).

*Literatur:* EJ (D) / EJ (E) / JL / Kohut / Lohrmann / ÖBL / Stern

**FISCHL, HENRIETTE** *geboren* unbekannt *gestorben* unbekannt *begraben* 9. 11. 1911 *Familie* Tochter von I. N. Mannheimer *Grabstelle* 7-29-9 – am Wege

**FISCHL, LIPPMANN SALOMON** *geboren* unbekannt *gestorben* unbekannt – 67 Jahre *begraben* 20. 10. 1889 *Beruf* Börsensensal *Familie* Schwiegersohn von I. N. Mannheimer *Grabstelle* 7-29-9 – am Wege

FLEISCHER, MAX *geboren* 29. 3. 1841 Proßnitz/Mähren *gestorben* 19. 12. 1905 Wien *begraben* 21. 12. 1905 *Beruf* Architekt, k. u. k Baurat *Grabstelle* 5b-35-85 – Gruft für 6 Leichen vis-à-vis der kath. Abt.

Oberrealschule in Olmütz. 1859 Beginn des Architekturstudiums an der Technischen Universität Wien (Werkstudent). 1863 Beginn an der Hochschule für angewandte Kunst, wo EDUARD VAN DER NÜLL, JOSEF STORCK, C. RÖSSNER und DOMBAUMEISTER FREIHERR VON SCHMIDT zu seinen Lehrern zählten. Gewann bereits während seines Studiums zwei Preise. 1868 Eintritt in das Atelier von SCHMIDT. Hier Tätigkeit bis 1887. 1868–1887 für den Bau des neuen Wiener Rathauses zuständig. Seine Büste steht bis heute in der Turmhalle am Rathauseingang. Ab 1887 selbständiger Architekt in Wien. Spezialisierte sich schließlich auf den Bau von Synagogen. Bauten in Wien VI (Schmalzhofgasse 3) und IX (Synagoge im AKH), in Budweis, Pilgram, Krems, Hohenau, Lundenburg etc.), Mausoleen am Wiener Zentralfriedhof (Mausoleum WILHELM RITTER VON GUTMANN, WIENER VON WELTEN, HOFRAT VON HAHN, MORITZ HIRSCH ENGEL, MORITZ BAUER u. a.) und Grüfte ( MAX FREIHERR VON SPRINGER, RITTER VON GUTTMANN, RITTER VON LEON, VON PFEIFFER, VON KALLIER) sowie auch Grabdenkmäler ( FISCHHOF, SULZER, JELLINEK u. a.). Erbaute auch das Mädchenwaisenhaus im 19. Bezirk. Bevorzugte neogotische Formen, machte auch kunstgewerbliche Entwürfe und malte Genrebilder. Ehrenbürger der Stadt Wien.

HINWEIS zum Mausoleum: *Außen: Außenfront auf den ersten Blick als Anlehnung an die* ALT-NEU-SCHUL *in Prag erkennbar. Dach: absolut wertvolle Spenglerarbeit in altem Stil und althergebrachter Technik. Außenmauern waren bemalt. Emblem aus drei Kreisen und Wappen über dem Eingang: oben: Initialen «M» und «F» sind ineinander verflochten, links: Lineal, rechts: Zirkel-Zeichengerät. Innen: bemalte Holzdecke (ganz in Manier polnischer Holzsynagogen) mit Zunftzeichen aller Zünfte, die zum Bau eines Hauses notwendig sind. Die Entschlüsselung des Programms der Malereien: Trennung zwischen dem Rohbau eines Hauses und den Innenarbeiten. Zwischen der linken und der rechten Seite, also zwischen den beiden Ausbildungen Architektur (Technische Universität) und Malerei (Hochschule für angewandte Kunst), die Fleischer erhielt, ist zu trennen. Die Architek-*

*tur korrespondiert mit: Bildhauerei, Baukunst, Steinmetzerei, Zimmerei. Die Malerei korrespondiert mit: Kupferstecherei, Tischlerei, Schlosserei, Spenglerei. Erwähnenswert sind auch die Reste des Innenfreskos in diesem Mausoleum.*
*Werke:* «Über Synagogenbauten. Vortrag» (1894); «Friedrich Freiherr von Schmidt als Mensch, Lehrer, Chef» (1891); diverse Fachartikel.

*Literatur:* BLBL / Eisenberg / Fraenkel / Heller / Hevesi / JL / Kohut / Kortz / Kosel / ÖBL / Paul / Rotter / Schmidt (1951) / Thieme – Becker / Wagner-Rieger / Wininger / Neue Freie Presse, 20. 12. 1905

FLEISCHL VON MARXOW, ERNST *geboren* 5. 8. 1846 *gestorben* 22. 10. 1891 *begraben* unbekannt *Beruf* k. k. Univ.-Prof. *Grabstelle* am 9. 10. 1892 enterdigt aus 5b-35-35 und verlegt nach 6-29-89 – Gruft für 6 Leichen an der Mauer

Bereits als Gymnasiast faßte er den Entschluß, Mediziner und insbesondere Physiologe zu werden. Wurde zunächst Assistent bei Rotansky, später bei Ernst Wilhelm Brücke. Während seiner Zeit bei Rotansky verletzte er sich während einer Obduktion an einer verstorbenen Wöchnerin und zog sich eine schwere Infektion durch die Leichengifte zu, durch die er schließlich einen Daumen verlor. 1873 Habilitation, 1880 a. o. Prof. an der Wiener Universität. Forschungstätigkeit zunächst auf dem Gebiet der Nerven- und Muskelphysiologie, danach physiologisch-optische Arbeiten. 1883 gelang ihm als erstem die Ableitung und die Entdeckung der elektrischen Ströme des Gehirns. Er glaubte daran, daß in der Zukunft «die durch verschiedene psychische Akte am eigenen Gehirn entstehenden Ströme» meßbar sein würden. 1885 Konstruktion des Hämometers, eines Geräts, mit dem das Hämoglobin des Bluts bestimmt werden kann.
*Werke:* zahlreiche Fachwerke; «Gesammelte Abhandlungen. Mit [...] einer biographischen Skizze von Sigmund Exner». Hg. von Otto Fleischl von Marxorow (1913).

*Literatur:* Haberling – Hübotter – Vierordt

FLEISCHL VON MARXOW, KARL *geboren* 1818 *gestorben* unbekannt – Sterbeort: St. Gilgen *begraben* 15. 6. 1893 *Beruf* Privatier, Handelsmann, Börsenrat *Grabstelle* 6-29-89 – Gruft für 6 Leichen an der Mauer

*Literatur:* Kyffhäuser

**FLEISSIG, JAKOB** *geboren* unbekannt *gestorben* unbekannt – 82 Jahre *begraben* 11. 11. 1900 *Beruf* Rabbiner *Grabstelle* 20-19B-19

**FRAENKL, WILHELM** *geboren* 1. 4. 1844 *gestorben* 5. 3. 1916 Wien *begraben* 8. 3. 1916 *Beruf* Architekt, Stadtbaumeister *Grabstelle* 49-16-25 – Gruft für 3 Leichen am Wege

**FRANKEL, HEINRICH** *Pseudonym* Harry Felden, homo fides *geboren* 12. 11. 1874 Wien *gestorben* 19. 5. 1901 Wien *begraben* 22. 5. 1901 *Beruf* Berichterstatter *Grabstelle* 50-46-18

*Werke:* «Vierundzwanzig kritische Stunden und andere Erzählungen und Humoresken» (1898).

**FRANKFURTER, ALBERT** *geboren* unbekannt *gestorben* unbekannt – 75 Jahre *begraben* 10. 5. 1880 *Beruf* Kantor *Grabstelle* 7-14-45

**FRANKL, KATHARINA** *Pseudonym* Kathi Frank *geboren* 11. 10. 1852 Bösing/Preßburg *gestorben* 1. 1. 1918 Wien *begraben* 4. 1. 1918 *Beruf* Schauspielerin *Grabstelle* 6-29-65 – Gruft für 3 Leichen an der Mauer

1871 Engagement am Berliner VIKTORIA-THEATER, danach Engagements in Potsdam, Bremen und schließlich, gefördert durch LAUBE, am STADTTHEATER in Wien. 1875 Gastspiel am Wiener BURGTHEATER. Nach dem Brand des STADTTHEATERS Engagements in Hamburg, Riga und Stuttgart. Im Zeitraum 1887–1899 festes Engagement in Frankfurt/Main. Danach Rückkehr nach Wien, wo sie ohne festes Engagement am VOLKSTHEATER auftrat. 1901 ans IRVING PLACE THEATER, New York, verpflichtet. Trotz erfolgreicher Karriere starb sie in großer Armut.

**FRANKL, LOTHAR AMADEUS RITTER VON HOCHWARTH** *geboren* 12. 6. 1862 Wien *gestorben* 19. 12. 1914 Gainfarn *begraben* 22. 12. 1914 *Beruf* Universitätsprofessor, Neurologe *Grabstelle* 5b-35-60 – vis-à-vis der kath. Abt.

1886 Dr. med. an der Wiener Universität. Schüler NOTHNAGELS und gleichzeitig an der Klinik MEYNERS in der Neurologie. 1891 Habilitierung für Neurologie und Psychologie; Privatdozent. Dann Leiter der Nervenambulanz an der Ersten Medizinischen Klinik. Januar 1911 o. Professor, 1. 12. 1911

Vorstand der 2. neurologischen Abteilung der Poliklinik. Schrieb grundlegende Arbeiten über Rückenmarkserkrankungen und Gehirnerkrankungen. Umfangreiche Studienreisen durch Europa, nach Indien, China, Japan und Nordamerika. *Werke:* zahlreiche Fachpublikationen.

*Literatur:* EJ (D) / ÖBL / Wininger

**FRANKL, LUDWIG AUGUST RITTER VON HOCHWARTH** *geboren* 3. 2. 1810 Chrast/Böhmen *gestorben* 12. 3. 1894 Wien *begraben* 14. 3. 1894 *Beruf* Arzt, Dichter, Autor, Philanthrop *Grabstelle* 5b-35-58 – vis-à-vis der kath. Abt.

1823 Piaristengymnasium in Prag, wo er die Gedichte von Klopstock, Goethe, Schiller, Uhland u.a. kennenlernt. 1828 Studien in Wien und Padua und Veröffentlichung von Gedichtbänden (bes. 1832–1834). 1832 Das Habsburgerlied, durch dessen Erfolg er mit Hammer-Purgstall, Karoline Pichler (und deren Salon), Ferdinand Raimund, Gabriel Seidl, Anastasius Grün u.a. in Kontakt kam. 1837 (nach anderen Quellen 1838) Promotion zum Dr. med. in Padua, danach Rückkehr nach Wien und Eröffnung einer Praxis. 1838 Archivar und Sekretär der Wiener Israelitischen Kultusgemeinde. 1838–1841 Redakteur des Österreichischen Wochenblatts. 1842–1848 Herausgabe der Sonntagsblätter. Zeitschrift für soziales Leben, Literatur und Kunst, in der Autoren wie Lenau, Grün, Hammer-Purgstall, Bauernfeld, Hebbel, Seidl, Moritz Hartmann, L. Kompert schrieben. 1846 Veröffentlichung seines Heldenlieds «Don Juan d'Austria», das er seinem Freund Anastasius Grün widmete. 1848 Mitkämpfer der Studentenlegion; Verwundung. 1848 revolutionäres Gedicht «Die Universität»; erstes zensurfreies Flugblatt in Österreich (wurde 27mal vertont). 1849 Ehrenbürger von Wien. 1850 Aufnahme in den Vorstand der Wiener Israelitischen Kultusgemeinde. 1851 Direktor des Wiener Musikvereins. 1856 Reise ins damalige Palästina (siehe Palme auf dem Grabstein links). 1857 Gründung der Lämel-Schule in Jerusalem (für Kinder «österreichischer Untertanen») im Auftrag von Elise Herz von Lämel (die Schule besteht heute noch). 1. 12. 1872 Eröffnung des jüdischen Blindeninstituts auf der Hohen Warte (Architekt des Gebäudes: Wilhelm Stiassny). 1871: Der Wiener

Gemeinderat beruft ihn zum Schulrat der Haupt- und Residenzstadt. 1873 Einberufung des ERSTEN BLINDENLEHRERKONGRESSES, dessen Präsident er wurde. 1875 Vorsitzender des Vorstands der ISRAELITISCHEN KULTUSGEMEINDE WIEN. 1876 aufgrund seiner «philanthropischen Verdienste» in den erblichen Adelsstand erhoben. Er wählte seinen Beinamen nach dem Blindeninstitut auf der Hohen Warte. Gründete und unterstützte mit großem Einsatz verschiedene Bibliotheken. Hinterließ ein breitgefächertes Werk: Neben umfangreichen Dichtungen (jüdische Themen entnahm er der Haggada und Midraschim) sind vor allem seine Biographien zeitgenössischer Dichter und Künstler, die Beschreibung seiner Palästinareise («Nach Jerusalem», 1858) wie auch Abhandlungen zur jüdischen Kulturgeschichte zu erwähnen. Hinzuweisen ist auch auf seine Arbeit «Inschriften des alten jüdischen Freithofs in Wien» zum jüdischen Friedhof in der Seegasse, Wien 9.

HINWEIS zum Grabmal: *Rand links: Palme als Symbol der Palästinareise; Rand rechts: Schlange und Becher als Symbol des medizinischen Standes; darüber: Ritterhelme als Zeichen des Adelsstandes; oberer Abschluß: Lyra, aufgeschlagenes Buch und Lorbeerzweig für Dichtkunst.*

*Literatur:* Dollar / EJ (D) / EJ (E) / Jäger-Sunstenau / JL / ÖBL / Wachstein – Taglicht – Kristianopoler / Wininger

**FRIEDMANN, JITZCHAQ VON BOIAN** *geboren* 1850 *gestorben* 11. 3. 1917 Wien *begraben* unbekannt *Beruf* erster Boianer Rebbe *Grabstelle* 52A-14-40A – Rabbiner-Häuschen

Ältester Sohn von ABRAHAM JAKOV VON SADAGORA und der Tochter von AARON VON KARLIN und älterer Bruder von ISRAEL VON SADAGORA, dem er die Nachfolge auf ABRAHAM JAKOV VON SADAGORA überließ. So wurde er der erste und berühmteste Boianer Rebbe. Hatte viele Anhänger, und sein Name ist bis heute sehr berühmt und respektiert. Sein jüngster Sohn starb 1975 in New York.

*Werke:* «Sepher dibhre mnachem me'eth» (1913).

*Quelle:* mündliche Mitteilungen eines ungenannt bleiben wollenden Wiener Rabbiners

**FRIEDMANN, JUDA LEOPOLD** *geboren* unbekannt *gestorben* unbekannt – 47 Jahre *begraben* 22. 5. 1888 *Beruf* Schächter *Grabstelle* 8-50-70

**FRIEDMANN, MENACHEM NACHUM DOV** *geboren* um 1868 *gestorben* unbekannt *begraben* unbekannt *Beruf* Rabbiner *Grabstelle* 52A-14-40A – Rabbiner-Häuschen

Ältester Sohn des ersten Boianer Rebben Jitzchaq. War im Ersten Weltkrieg in Wien, kehrte aber nach Sadagora zurück. 1936 kam er krank nach Wien und starb hier an einer Lungenentzündung.

*Werke:* «Tifereth Menachem» (Sammlung von Ansprachen in Jiddisch) (o. J.); «Tifereth Menachem» (Sammlung von hebräischsprachigen Ansprachen) (o. J.).

**FRIEDMANN, MEYER** (genannt «Isch Shalom») *geboren* 15. 6. 1831 Horati (nach anderen Angaben Kraszna) bei Kaschau *gestorben* 26. 11. 1908 Wien *begraben* unbekannt *Beruf* Lektor am Wiener Beth ha-Midrasch und an der Israelitisch-Theologischen Lehranstalt in Wien *Grabstelle* 31-17-16

Ausbildung in der Jeschiwah von Horati/Ungarn. Danach sieben Jahre Prediger und Talmudlehrer in Miskolecz. 1858 von Mannheimer und Jellinek nach Wien berufen. Privatlehrer in den besten jüdischen Häusern. Ab 1864 44jährige Lektorentätigkeit an dem neuerrichteten, von Jonas Königswarter gespendeten Beth ha-Midrasch. Ab 1892 Dozent an der Israelitisch-Theologischen Lehranstalt. 1881–1886 Mitherausgeber der Monatsschrift Beth Talmud. Seine Midrascheditionen machen seinen Namen auch in der heutigen Wissenschaft unvergessen. Ein Teil seines Nachlasses sowie private Gegenstände wurden Anfang der neunziger Jahre dem Jüdischen Museum der Stadt Wien von einer Enkelin übergeben.

*Werke:* «Vortrag zur Feier des 100. Geburtstages des seligen Isak Noa Mannheimer» (1893); «Onkelos und Akylos» (1896); «Pseudo-Seder Elijahu Zuta» (1904).

*Literatur:* EJ (D) / EJ (E) / Wininger

**FRIEDMANN, NECHEMJA** *geboren* unbekannt *gestorben* unbekannt *begraben* 22. 8. 1928 *Beruf* Rabbiner *Grabstelle* 52-50-9A

**FRIEDMANN, NUCHIM BEER «GROSSRABBINER VON SADAGORA»** *geboren* unbekannt *gestorben* unbekannt – 38 Jahre *begraben* 31. 8. 1883 *Beruf* designierter Großrabbiner *Grabstelle* 7-30-95 – Mausoleum an der Mauer

Ältester Sohn von ISRAEL VON RUZHIN. Sein Schwiegervater war der berühmte und gelehrte Rabbiner ABRAHAM JAKOV VON SADAGORA. Um sich von einer schweren Erkrankung zu erholen, kam Nuchim Beer Friedmann nach Wien, wo er zwei Wochen vor seinem Schwiegervater, dem er als Rabbiner nachfolgen sollte, in einem Wiener Hotel starb. Er hatte in Sadagora die berühmteste Büchersammlung seiner Zeit. Seine Kinder verkauften die Bibliothek einige Zeit nach seinem Tod. Ein Teil der Bibliothek befindet sich heute in Jerusalem (Mosada Rav Kook).

*Quelle:* mündliche Mitteilungen eines ungenannt bleiben wollenden Wiener Rabbiners

**FRIEDMANN, OSKAR** *geboren* 13. 7. 1872 Wien *gestorben* 3. 11. 1929 Wien *begraben* 6. 11. 1929 *Beruf* Redakteur *Familie* Bruder EGON FRIEDELLS und mit der Dichterin KAMILLA FRYDAN verheiratet *Grabstelle* 6-29-44 – Gruft für 6 Leichen MACCES UND MORITZ FRIEDMANN

Gründete den WIENER VERLAG und zusammen mit FELIX FISCHER das INTIME THEATER in der Praterstraße, dessen Direktor er eine Zeitlang war. Übersetzte Schwänke aus dem Französischen bzw. dichtete sie nach und schrieb selbst welche. Diverse Operettenlibretti in Gemeinschaftsarbeit mit anderen Schriftstellern.

*Werke:* «Drahtlose Telegraphie» (1908); [zusammen mit Fritz Lunzer] «Das Dreieck. Ein Stück in 3 Akten» (1913); «Fürstin Tanagra. Komische Oper in 3 Akten» (1924); «Der Husaren-General. Operette» (1911); [zusammen mit Fritz Lunzer] «Das süße Geheimnis» (1911); diverse andere Operetten und Schauspiele.

*Literatur:* Arbeiterzeitung, 24. 4. 1908 / Wiener Zeitung, 5. 11. 1929

**FRIEDMANN, RUBIN** *geboren* unbekannt *gestorben* unbekannt – 48 Jahre *begraben* 22. 3. 1897 *Beruf* Rabbiner *Grabstelle* 50-37-88

**FRYDMANN, MARCELL RITTER VON PRAWY** *geboren* 24. 3. 1848 Jaslo/Galizien *gestorben* 13. 11. 1906 Wien *begraben* 15. 11. 1906 *Beruf* k.k. Hofrat, Jurist, Redakteur *Grabstelle* 50-1-66 – Gruft für 3 Leichen in der Zeremonienallee

Jurastudium in Wien. Zunächst bei der Tagespresse, während des Krieges 1870/1871 deren Pariser Korrespondent. Danach bei der Wahrheit und später Leitartikler beim Fremdenblatt. Unterhielt neben seinen journalistischen Tätigkeiten eine Rechtsanwaltskanzlei. War k.k. Regierungsrat.

*Literatur:* Eisenberg / Kosel / Wininger / Frankfurter Israelit. Familienblatt, 29. 11. 1906

**FUCHS, MORITZ** *geboren* 27. 9. 1860 Wien *gestorben* 10. 5. 1930 Wien *begraben* 13. 5. 1928 *Beruf* Redakteur der Neuen Freien Presse *Grabstelle* 6-28-36 – an der Mauer

**FUNK, SALOMON** *geboren* 3. 3. 1866 oder 1867 Szölgyen/Ungarn *gestorben* unbekannt *begraben* 1. 6. 1928 *Beruf* Rabbiner *Grabstelle* 5b-0-8 – Ehrengrab in der Anlage

Studium am orthodoxen Rabbinerseminar in Berlin sowie an der Berliner Universität (Dr. phil). Rabbiner in Sarajewo, 1894–1915 Rabbiner und Landesrabbinerstellvertreter in Boskowitz. 1915 Rabbiner in Wien. Zahlreiche Artikel in verschiedensten Zeitschriften, u. a. auch in MGWJ (Monatszeitschrift für Geschichte und Wissenschaft des Judentums). Erwähnenswert ist auch sein prozionistisches Traktat «Der Kampf um Zion» (1921).

*Werke:* «Die haggadischen Elemente in den Homilien des Aphraates» (1901); «Die Juden in Babylonien 200–500», 2 Bde. (1902); «Das Grundprinzip des biblischen Strafrechts nach Maimonides» (1904); «Für den Kaiser» (1909); «Die Entstehung des Talmuds» (Sammlung Göschen Bd. 479) (1910); Beitrag «Babel und Bibel» in Wilhelm Anton Neumann und August Wünsche (Hgg.): «Monumenta Talmudica» (1907).

*Literatur:* EJ (E) / Gold (1929) / JL / ÖBL / Neue Freie Presse, 1. 6. 1928

**GASTFREUND, ISAK** *geboren* 1845 Lemberg *gestorben* 28. 5. 1884 Wien *begraben* 1. 6. 1884 *Beruf* Rabbiner, Schriftsteller *Grabstelle* 8-20-46

*Werke:* «Toledot R. Akiba ha-Tanna» (1871); «Mohammed

nach Talmud und Midrasch kritisch bearbeitet», 3 Hefte (1875–1880); «Äußere Einflüsse nach Sage und Sitte in Israel» (1877); «Toledot Bet Königswarter» (1877); «Ansche Schem. Biographien von Jonathan Eibenschütz und Salomon Munk» (1879); «Die Wiener Rabbiner seit den ältesten Zeiten» (1879).

*Literatur:* EJ (D) / Wininger

**GEIRINGER, LEOPOLD** *Pseudonym* Leo Gerhard *geboren* 4. 8. 1851 Wien *gestorben* 29. 5. 1900 Wien *begraben* 31. 5. 1900 *Beruf* Schriftsteller *Grabstelle* 20-18A-2

Philosophiestudium. Danach Journalist in Hamburg, Berlin und Paris. Ab 1889 Dramaturg am DEUTSCHEN VOLKSTHEATER IN WIEN und Beirat des DEUTSCHEN VOLKSTHEATERS. Bühnenschriftsteller. Übersetzer und Bearbeiter MAUPASSANTS.

*Werke:* «Ein Abenteuer» (1890); «Ein berühmter Mann» (1895); «Der Procurist» (1897); «Die Taube von Bajae» (1897).

*Literatur:* Eisenberg / Giebisch – Gugitz / Ögg / Stern

**GELBER, ADOLF (ARON)** *geboren* 15. 5. 1856 Podhajce/Galizien *gestorben* 7. 2. 1923 Wien *begraben* 9. 2. 1923 *Beruf* Schriftsteller, Literaturkritiker, Erzähler, Publizist, Shakespeare-Forscher *Grabstelle* 51-3-48

Philosophie- und Jurastudium in Lemberg, Czernowitz und Wien. Seit 1841 Redakteur des NEUEN WIENER TAGBLATTS, Shakespeare-Forscher. Freund von POPPER-LYNKEUS.

*Werke:* «An der Grenze zweier Zeiten» (1902); «Moses» (1905); «Abrechnung» (1910); «Auf griechischer Erde» (1912); verschiedene Schriften über Shakespeare.

*Literatur:* Eisenberg / Giebisch – Gugitz / Kosel / Kürschner / ÖBL / Ögg / Wininger

**GERNGROSS, ALFRED** *geboren* 30. 1. 1844 Fürth (Bayern) *gestorben* 7. 1. 1908 Wien *begraben* 9. 1. 1908 *Beruf* Warenhausbesitzer *Grabstelle* am 29. 12. 1908 enterdigt aus 50-1-70 und verlegt nach 51-1-40 – Gruft für 9 Leichen in der Zeremonienallee

Kaufmann, Warenhausbesitzer; gründete 1881 zusammen mit seinem Bruder HUGO zunächst ein kleines Tuchgeschäft in der Mariahilfer Straße. Nachdem sich die Mariahilfer Straße zur Einkaufsstraße wandelte und Gerngroß in der Branche Gemischtwarenhandel erfolgreich war, wurden insgesamt 13 Häuser erworben, die 1903 zum Warenhaus Gerngroß zusammengelegt wurden.

**GERNGROSS, HUGO** *geboren* 11. 3. 1837 *gestorben* 16. 6. 1929 Wien *begraben* 16. 6. 1929 *Beruf* Warenhausbesitzer *Grabstelle* 51-1-40 – Gruft für 9 Leichen in der Zeremonienallee

**GOLDENBERG, JULIUS** *geboren* 17. 6. 1840 Boleschow/Galizien *gestorben* 5. 10. 1889 Wien *begraben* 8. 10. 1889 *Beruf* Hof- und Gerichtsadvokat, *Grabstelle* 7-29-7 – am Wege

Rechtsanwalt, Schriftsteller. Trat 1871 der Loge Humanitas bei. Gründete 1874 in Preßburg die Loge Zukunft und bestimmte deren dem Fortschritt zugewandtes Programm mit. Gründete die Allgemeine österreichische Freimaurer Zeitung.

*Werke:* «Staat, Kirche und Freimaurer» (1878).

*Literatur:* Zirkel und Winkelmaß

**GOLDMARK, KARL** *geboren* 18. 5. 1830 Keszthely/Ungarn *gestorben* 2. 1. 1915 Wien *begraben* 4. 1. 1915 *Beruf* Komponist *Grabstelle* 52A-1-13 – Ehrengrab in der Zeremonienallee

Kam als Kind mit der Familie (Vater: Kantor) nach Deutschkreuz/Burgenland. Erster offizieller Musikunterricht in Ödenburg. 1844 Übersiedlung nach Wien; lebte und wurde unterhalten durch seinen Bruder Dr. Josef Goldmark. Violinunterricht bei Professor Leopold Jansa. 1847 am Konservatorium Schüler von Josef Böhm und Gottfried Preyer (damaliger Domkapellmeister von St. Stephan). Auf Wunsch der Familie Eintritt ins Technikum. Nachdem sein Bruder Dr. Josef Goldmark im März 1848 zu Unrecht verdächtigt und angeklagt wird, Kriegsminister Latour ermordet zu haben, flieht dieser, und Goldmark ist nun finanziell auf sich alleine gestellt (erteilt Musikunterricht, Orchesterstellen). 1849–1857 Geiger und Orchestermitglied an den Theatern in Raab, Ödenburg, Ofen und dann am Carltheater in Wien. Selbststudium von Kompositionstheorie. Trat 1857 mit einer Ouvertüre (beeinflußt durch Mendelsohn), einem Klavierquintett, der Ballade «Der Trompeter an der Katzbach» und einem Psalm für Soli, Chor und Orchester mit dem Hofopernorchester erstmals und gleich sehr erfolgreich vor die Öffentlichkeit. Danach Rückzug zum Komponieren. 1858 allgemeine und breite Anerkennung durch ein eigenes großes Kompositionskonzert in Wien. 1858 Übersiedlung nach Pest, wo er besonders Kontrapunkt studierte. Großen Eindruck machten auf ihn die Werke Bachs, die letzten Werke Beethovens, Schumann und Wagners Lohengrin. 1859 eigenes großes Kompositionskonzert in Pest. Ende 1859 Umzug zurück nach Wien; Tätigkeit als Klavierlehrer; Kompositionstätigkeit. 10. 3. 1815: Aufführung seiner erfolgreichsten großen vieraktigen Oper «Die Königin von Saba» (Text von S. H. Mosenthal) am Hofoperntheater mit enormem Erfolg. Übersetzung der Oper in andere Sprachen. 1886–1908 mehrere Opern. 1876 Symphonie «Ländliche Hochzeit», von der Brahms sagte, sie sei «direkt dem Haupt der Minerva» entsprungen. 1887 Ritterkreuz des Leopoldordens. 1910 anläßlich seines 80. Geburtstags Verleihung des Ehrenzeichens für Kunst und Wissenschaft. 1910 von der Budapester Akademie zum Ehrendoktor der philosophischen Fakultät ernannt. Ehrenmitglied der k. u. k. Gesellschaft der Musikfreunde und Ehrenmitglied zahlreicher Musikgesellschaften in und außerhalb Österreichs.

*Literatur:* Bergauer (1946) / Eisenberg / Javorsky / Kosel / Markl (1961) / NÖB / ÖBL / Riemann

**GOLDSCHMIDT, GUIDO** *geboren* 29. 5. 1850 Triest *gestorben* 6. 8. 1915 Gainfarn *begraben* 9. 8. 1915 *Beruf* Universitätsprofessor *Grabstelle* 52-54-53 – am Wege

Handelshochschule in Frankfurt/Main. Ab 1869 Chemiestudium an den Universitäten Heidelberg und Wien. 1872 Promotion in Heidelberg. 1872–1874 Berufstätigkeit in Straßburg. 1874 an der Universität Wien, 1875 Priv.-Doz., 1880 Adjunkt am I. Chem. Universitätslaboratorium. 1891 o. Prof. an der

Hochschule Bonn. 1891 o. Prof. an der Deutschen Universität in Prag. 1907 als erster Jude zum Rektor an der Prager Deutschen Universität gewählt. Goldschmidt nahm die Wahl nicht an, um antisemitische Ausschreitungen zu vermeiden. Er verfaßte wesentliche Arbeiten zur Chemie der Fette und Fettsäuren sowie zu den Opiumalkaloiden. 1892 Lieben-Preis der Akademie der Wissenschaften in Wien. 1911 Rückkehr an die Wiener Universität. Am 8. 12. 1922 wurde sein Denkmal in den Arkaden der Wiener Universität enthüllt (Bildhauer: Seifert).
*Werke:* zahlreiche Abhandlungen in den Sitzungsberichten der Wiener Akademie der Wissenschaften und in wissenschaftlichen Journalen.

*Literatur:* EJ (E) / NDB / ÖBL / Wininger

GOLDSCHMIDT, SIG(IS)MUND *geboren* 28. 9. 1815 Prag *gestorben* 26. 9. 1887 Wien *begraben* 16. 3. 1887 *Beruf* Privatier, Komponist, Pianist, Bankier *Grabstelle* 5b-3-27 – I. Abt.

Ausbildung an der Musikakademie in Wien. Konzertreisen in ganz Europa. Zuletzt Bankier.

*Literatur:* Riemann / Wininger / Wurzbach

GOLDSTEIN, JOSEF *geboren* 27. 3. 1838 (nach anderen Angaben 1837) Kecskemet *gestorben* 17. 6. 1899 Wien *begraben* 20. 6. 1899 *Beruf* Kantor *Familie* Sohn von Shmelke Chassan, Neutra/Ungarn *Grabstelle* 5b-1-4 – Ehrengrab in der Zeremonienallee

13jährig Kantor der Gemeinde Neutra/Ungarn. Bis zu seinem 18. Lebensjahr Tätigkeit in Ungarn und in der Polnischen Synagoge in Wien. Musikstudien in Prag, Florenz und Padua. Gab Konzerte in Budapest und anderen Städten. 18jährig Berufung als Oberkantor an den Leopoldstädter Tempel, wo er diese Funktion 41 Jahre lang ausübte. 1862 erschien sein synagogales Gesangswerk «Schire Jeshurun». Komponierte auch ein Requiem für Chor, Soli und Orgel neben einer Anzahl gottesdienstlicher Gesänge sowie die komische Oper «Studenten am Rhein».
HINWEIS: *«Das Denkmal des Ober-Cantors Josef Goldstein (...) erhebt sich über dem eigenen Grabe desselben, ist in den Formen des romantischen Styles aus Karstmarmor (Repentabor), die Inschriftentafel aus schwarzem schwedischen Granit ganz geschliffen und poliert von der Firma M. Sonnenschein ausge-*

*führt worden. Die Höhe des Denkmals bis zur äußersten Spitze beträgt 4,75 m« (Max Fleischer: Grabdenkmale auf dem Wiener Centralfriedhofe. In: Der Bautechniker, 4. 10. 1901, S. 918 f.).*

*Literatur:* Eisenberg / EJ (D) / EJ (E) / JE / JL

**GOMPERZ, BENJAMIN** *geboren* 6. 10. 1861 Wien *gestorben* 4. 4. 1935 *begraben* 7. 4. 1935 *Beruf* Professor für Ohrenheilkunde *Grabstelle* 19-58-104 – am Wege

1885 Dr. med., 1893 Habilitation, Dozent, 1886–1892 Assistent an der Wiener Klinik für Ohrenheilkunde. Ab 1892 42 Jahre Tätigkeit als Leiter der Ohrenabteilung des ERSTEN ÖFFENTLICHEN KINDERKRANKENHAUSES in der Steindlgasse. 1907 a. o. Prof. für Ohrenheilkunde. Mitglied zahlreicher Ärztevereinigungen, u. a. der ÖSTERREICHISCHEN OTOLOGISCHEN GESELLSCHAFT und der REICHSDEUTSCHEN HALS-, NASEN-UND-OHREN-ÄRZTEGESELLSCHAFT.

*Werke:* zahlreiche wissenschaftliche Arbeiten zur Ohrenheilkunde. Monographien über pathologische Histologie des Gehörgangs und Therapie der Mittelohrentzündung im Säuglingsalter.

*Literatur:* I. Fischer / Eisenberg / Lesky / Ögg / Planer / Wiener Zeitung, 6. 4. 1935

**GROAG, CAROLA (CHARLOTTE) BELMONTE** *Pseudonym* Carola Belmonte-Groag, Carola Buchheim *geboren* 2. 10. 1851 Eiwanowitz bzw. Loschitz/Mähren *gestorben* 17. 1. 1928 Mauer/Wien *begraben* 23. 1. 1928 – Urne *Beruf* Autorin *Familie* Tochter des Rabbiners ELIAS KARPELES *Grabstelle* 5b-36-45 – am Wege

Schrieb biographische Romane und Novellen.

*Werke:* «Mozart-Novellen» (1895); «Aus bangen Tagen» (1901); «Über alles geht die Liebe» (1902); «Gräfin Dubary» (o. J.); «Berühmte Liebespaare» (1924); «Die Frauen im Leben Mozarts» (1906).

*Literatur:* Lexikon der Frauen / Olmützer Blätter 27 (1979), Nr. 1, S. 13

**GROSS, FERDINAND** *Pseudonym* Piccolo *geboren* 18. 4. 1847 Wien *gestorben* 21. 12. 1900 Kaltenleutgeben/Wien *begraben* 23. 12. 1900 *Beruf* Redakteur, Schriftsteller, Dramatiker, Lyriker *Grabstelle* 8-62-66 – vis-à-vis der kath. Abt.

Trat bereits 15jährig als Schriftsteller an die Öffentlichkeit. Zunächst Bahnbeamter, 1877 Gewinner des Feuilletonpreises des Berliner literarischen Centralbureaus mit dem Preisfeuilleton «Literarische Zukunftsmusik». 1870–1872 ständiger Mitarbeiter der Vorstadtzeitung, Miteigentümer der Wochenschrift Aus der Gesellschaft. 1871 in der Redaktion des Wiener Illustrierten Extrablattes, kurze Zeit beim Pester Journal und Prager Tagblatt. 1872 in der Gründungsredaktion des Illustrierten Wiener Extrablattes. 1879–1881 Feuilletonredakteur der Frankfurter Zeitung. 1881–1886 Chefredakteur der Wiener Allgemeinen Zeitung, dann beim Fremdenblatt. Kurze Zeit Herausgeber der Monatszeitschrift Der Frauenfeind. Redakteur der Wiener Mode und des Monatsblattes Extrapost bis 1891. Feuilletonist des Neuen Wiener Tagblattes. Zuletzt Lokalredakteur und Feuilletonist des Fremdenblattes. Schriftsteller- und Übersetzertätigkeit. 1897–1898 Präsident des Schriftsteller- und Journalistenverbands Concordia.

*Werke:* «Gedichte» (1879); «Lieder aus dem Gebirge» (1888); «Momentbilder in Versen» (1894) sowie Geschichten, Skizzen, Studien, Lustspiele.

*Literatur:* Brümmer / Eisenberg / EJ (D) / Giebisch – Gugitz / Kohut / Kossdorff / Kürschner / ÖBL / Ögg / Stern / Wininger / Wurzbach / Zohn (1986) / Fremdenblatt, 21. 12. 1900 / Neue Freie Presse, 22., 24., 31. 12. 1900

**GROSS, KARL** *Pseudonym* Carlo Dolce *geboren* 24. 5. 1838 Budapest *gestorben* 28. 8. 1916 Baden bei Wien *begraben* 30. 8. 1916 *Beruf* Kaiserlicher Rat, Redakteur der Wiener Zeitung, Jurist, Schriftsteller *Grabstelle* 50-58-52 – am Wege

Jurastudium in Pest. 1870–1874 Direktionssekretär der Königlich-Ungarischen Staatseisenbahnen. 1874 Sekretär des Theaters an der Wien. 1876 Theaterreferent des Illustrierten Wiener Extrablattes. Fast 30 Jahre Redakteur der Wiener Zeitung. Mitglied der Concordia. Übersetzer von Shakespeare, Bearbeiter französischer und ungarischer Werke. Bühnenschriftsteller.

*Werke:* «Eine kleine Cur» (o. J.); «Zahnschmerzen» (o. J.); «König Koloman» (o. J.).

*Literatur:* Eisenberg / Kosel / Kossdorff / Pemmer – Lackner / ÖBL / Wininger

**GROSSMANN, LEO** *geboren* unbekannt *gestorben* unbekannt *begraben* 5. 12. 1892 *Beruf* Orchester-Direktor *Grabstelle* 19-41-85

**GRUBER, JOSEF** *geboren* 4. 8. 1827 Kosolup/Böhmen *gestorben* 31. 3. 1900 Wien *begraben* 2. 4. 1900 *Beruf* k.k. Universitätsprofessor für Ohrenheilkunde *Grabstelle* am 19. 3. 1901 enterdigt aus 19-1-37 (Gruft) und verlegt nach 7-1-27 – Gruft für 3 Leichen in der Zeremonienallee

1855 Promotion an der Universität Wien. Bis 1860 Sekundararzt am AKH. 1863 Priv.-Doz. für theoretische und praktische Ohrenheilkunde. 1870 a. o. Prof., 1873 Gründung der Ohrenklinik an der Univ. Wien gemeinsam mit ADAM POLITZER (1835–1920). 1875 Mitbegründer der MONATSSCHRIFT FÜR OHRENHEILKUNDE. 1892 Gründung der ÖSTERREICHISCH-OTOLOGISCHEN GESELLSCHAFT gemeinsam mit ADAM POLITZER.

*Werke:* «Lehrbuch der Ohrenheilkunde» (1870).

*Literatur:* BLBL / Eisenberg / Fraenkel / I. Fischer / Kohut / Kürschner / Lesky / Lohrmann / ÖBL / Ögg / Wininger

**GRÜNEBAUM, CHARLOTTE VON** *geboren* 27. 2. 1849 Wien *gestorben* 14. 10. 1941 Wien *begraben* 17.10.1941 *Beruf* «Pflegling» (so die Karteikarte des IKG-Friedhofsamtes) *Grabstelle* 19-56-72 – vis-à-vis der kath. Abt.

*Werke:* «Was Großmama den Kindern erzählt» (1914); «Aus der Kriegszeit. Märchen und Erzählungen» (1915).

**GÜDEMANN, MORITZ** *geboren* 19. 2. 1835 Wien *gestorben* 5. 8. 1918 Baden/Wien *begraben* 9. 8. 1918 *Beruf* Oberrabbiner *Grabstelle* 20-1-33 – Gruft für 3 Leichen in der Zeremonienallee – Ehrengrab

Studium am JÜDISCH-THEOLOGISCHEN SEMINAR in Breslau und an der Breslauer Universität. 1862 Rabbiner in Magdeburg, ab 1867 Rabbiner am Leopoldstädter Tempel in Wien. Nach dem Tod des orthodoxen Rabbiners LAZAR HORWITZ übernahm er die provisorische Leitung des BETH DIN.

1894–1918 Oberrabbiner von Wien (Jellinek-Nachfolge). Übte auf das Leben der jüdischen Gemeinde in Wien einen starken Einfluß aus. Auf seine Initiative hin wurde die Israelitisch-Theologische Lehranstalt in Wien begründet. Förderte den Versuch, einen «Jüdischen Gemeindebund in Österreich» zu gründen. Stand in Verbindung mit Theodor Herzl, dessen Manuskript «Der Judenstaat» er las und billigte. 1898, nach dem Erscheinen von Herzls «Judenstaat», änderte er seine Meinung und bekämpfte das Buch mit der Broschüre «Nationaljudentum» heftig. Bis zu seinem Tod blieb er entschiedener Gegner der zionistischen Bewegung. Seine wissenschaftliche Betätigung und seine Publikationen umfassen ein breites Spektrum: von vergleichender Religionsgeschichte bis hin zur jüdischen Kulturgeschichte. Er publizierte in den renommierten Zeitschriften Mittheilungen der Gesellschaft der Wissenschaft des Judentums, Revue des Études Juives und Jewish Quarterly

*Werke:* «Das jüdische Unterrichtswesen während der spanisch-arabischen Periode» (1873); «Geschichte des Erziehungswesens und der Kultur der abendländischen Juden während des Mittelalters und der neueren Zeit», 3 Bde. (1880–1888); «Quellenschriften zur Geschichte des Unterrichts und der Erziehung bei den deutschen Juden» (1892).

*Literatur:* EJ (D) / EJ (E) / Fraenkel / Heilige Gemeinde Wien / NDB / ÖBL

**GUTMANN, DAVID** *geboren* 2. 12. 1834 *gestorben* 14. 5. 1912 *begraben* unbekannt *Beruf* Philanthrop, Großindustrieller *Grabstelle* 5b-1-1 – enterdigt und wiederbestattet auf dem Döblinger Friedhof

Gründete 1834 zusammen mit seinem Bruder Wilhelm die Firma Gebrüder Gutmann. Er errichtete zusammen mit seinem Bruder Wilhelm das Israelitische Mädchenwaisenhaus im 19. Wiener Gemeindebezirk. Erster Präsident der Israelitischen Allianz in Wien und Vorsitzender der Baron-Hirsch-Stiftung für das galizische jüdische Schulwesen. Nobilitierung 1879.

*Literatur:* Kohut / Lohrmann / Wininger

*Rabbinerhäuschen des ersten Boianer Rebben Jitzchaq Friedmann und seines Sohnes Menachem Nachum Dov Friedmann. Grabstelle 52A-14-40A*

*Innentafel im Rabbinerhäuschen des Nuchim Beer Friedmann, Großrabbiner von Sadagora. Grabstelle 52A-14-40A*

*Grabmal des Oberrabbiners David Feuchtwang (gest. 1936). Grabstelle 5b-0-3*

*Einer Gartenlaube, die müde Wanderer zum Verschnaufen einlädt, gleicht das Grab der Brüder Gerngross; signiert: «Zelezny Fec. 1908». Grabstelle 51-1-40*

*Grabstelle der Familie Fried (Architekt: Max Fleischer) Grabstelle 5b-35-74*

**GUTMANN, MAX RITTER VON** *geboren* 18. 11. 1857 Wien *gestorben* 2. 4. 1930 Wien *begraben* 4. 4. 1930 *Beruf* Industrieller, Bergrat, Dr. techn. u. mont. h.c. *Familie* Sohn von Wilhelm Ritter von Gutmann *Grabstelle* 5b-1-1 – Gruft Mausoleum für 16 Leichen am Wege

**GUTMANN, WILHELM RITTER VON** *geboren* 18. 8. 1826 Leipnik (Lipnik)/Mähren *gestorben* 17. 5. 1895 Wien *begraben* 19. 5. 1895 *Beruf* Industrieller, Realitätenbesitzer, Philanthrop, Präsident der Wiener Kultusgemeinde 1891–1892 *Grabstelle* 5b-1-1 – Gruft Mausoleum am Wege – enterdigt am 9. 9. 1931 und wiederbestattet im Döblinger Mausoleum von Max Fleischer

Gründete 1853 zusammen mit seinem Bruder David die Firma Gebrüder Gutmann, die schließlich den österreichisch-ungarischen Kohlenhandel kontrollierte. Begründer des Österreichischen Industriellenclubs. Nobilitierung 1878. 1891–1892 Präsident der Wiener Israelitischen Kultusgemeinde. Beide Brüder waren Mitbegründer der Israelitisch-theologischen Lehranstalt. Beide begründeten und unterstützten zudem das Mädchenwaisenhaus in Döbling, ein Kinderkrankenhaus in Wien, eine Siechenanstalt in Krems und ein Elternheim (=jüdisches Altersheim) in Lipnik. Sie übernahmen die Kosten für Rabbiner Bloch im Bloch-Rohling-Verfahren: 1883 erklärte der katholische Theologieprofessor (Universität Prag) August Rohling unter Eid, der Talmud enthalte Stellen, die den Ritualmord und feindliches Verhalten gegen Christen vorschrieben. Der Floridsdorfer Rabbiner Dr. Josef Bloch, Reichstagsabgeordneter eines galizischen Wahlkreises, griff Rohling in Zeitungsartikeln an und warf diesem vor, daß er nicht genug Hebräisch könne, um den Talmud zu übersetzen. Rohling klagte Boch wegen Ehrenbeleidigung. Nach dem großes Aufsehen erregenden Beweisverfahren durch Sachverständige zog Rohling seine Klage zurück und verlor daraufhin seine Professur in Prag. (Rabbiner Bloch ist bei Tor IV begraben.)

HINWEIS: *«Das (...) Mausoleum befindet sich auf einem schön situirten Platz in der Nähe des Ceremoniengebäudes der israelitischen Abtheilung. Die Area für vier Grüfte wurden zusammengelegt, um den Raum zu gewinnen, damit in 16 Zellen Särge untergebracht werden.*

*Eine nach zwei verschiedenen Gängen hinabführende steinerne doppelarmige Stiege gewährt den Abgang und den Zugang zu den Zellen. Entsprechend ist weiters der Gruftbelag für den Abgang und für das Versenken der Särge an den verschiedenen Orten abnehmbar. Der untere Gruftraum ist in seinem Inneren in Ziegelrohbau und die Zellen sind durch Traversen und stark geripptes Eisenblech erzeugt. Der Gruftbelag besteht aus einer Graniteinfassung, während die Deckel aus Karstein hergestellt sind. Am Oberbau sehen wir an seiner Langseite drei Arcadenöffnungen, welche der unteren Grufteinteilung entsprechen. An den Stirnseiten sind große Maßwerksfenster angebracht, welche mit reich bemalter, bunter Bleiverglasung verschlossen sind. Die lange Rückwand ist ganz in Stein und hat nur im oberen Theile zwei runde vergitterte Luftöffnungen.*

*An den drei Seitenflächen sind daher im Inneren bis zur Fenstersohlbankhöhe die plattgeschlossenen Wände geeignet zur Aufnahme der anzubringenden Epitaphien. Der Aufbau wurde entsprechend der Gliederung und der Function der einzelnen Theile aus verschiedenen Steingattungen ausgeführt. Die Säulenschäfte der freistehenden Säulen aus mattgeschliffenem Granit, die Sockel rings um das Gebäude aus Karstein, die tragenden Steine, Capitäle, Widerlager, die Pfeiler und der übrige Bau bis zur Sohlbankhöhe, der Fenster, sowie die ganze Rückwand aus Mannersdorferstein (Leithagebirge), alles Sonstige von feinem und hartem Margaretherstein.*

*Der Dachstuhl wurde nach dem Raum zu reingehobelt, theilweise mit gehobelten Laden verkleidet, so dass er gleichzeitig die Decke bildet, welche auch reich polychrom und stylgemäß bemalt worden ist.*

*Das Dach ist mit grauem englischen Schifer horizontal und mit Kupferhaften gedeckt, Rinnen und Firstbekrönung sind von Kupfer. Wie (...) ersichtlich, sind die Formen die des bereits entwickelten gothischen Styles« (Max Fleischer: Mausoleum der Familie Wilhelm Ritter von Gutmann auf dem Wiener Centralfriedhofe. In: Der Bautechniker, 21. 7. 1893).*

*Literatur:* Granichstätten-Cerva – Mentschl – Otruba / Kyffhäuser / Lohrmann / Planer / Wininger

**GUTTMANN, BELA** *geboren* 1872 *gestorben* unbekannt – Sterbeort: Tulln *begraben* 8. 9. 1911 *Beruf* Oberkantor der IKG *Grabstelle* 52-1-5 – in der Zeremonienallee

**GUTTMANN, MORITZ RITTER VON** *geboren* 7. 2. 1872 Vöslau/Wien *gestorben* 13. 7. 1934 *begraben* 16. 7. 1934 *Beruf* Kaufmann, Schriftsteller *Grabstelle* 5b-1-1 – Gruft Mausoleum am Wege

Schon in frühen Jahren zeigte sich seine schriftstellerische Begabung. Verfasser von Trauerspielen sowie einer Gedichtesammlung.

**GUTTMANN, RICHARD** *geboren* 20. 10. 1884 Wien *gestorben* 4. 2. 1920 *begraben* 7. 2. 1920 *Beruf* Schriftsteller, Essayist, Satiriker, Redakteur *Grabstelle* 50-23-21

Redigierte die ÖSTERREICHISCHE REISEZEITUNG. Verfaßte feuilletonistische Beiträge und Gedichte für die Zeitungen DER MORGEN, NEUE FREIE PRESSE, NEUES WIENER TAGBLATT, DIE MUSKETE.

*Werke:* «Die Kinomenschen» (o. J.); «Der Anfänger» (1913).

*Literatur:* Wininger

**HAHN, MORITZ** *geboren* unbekannt *gestorben* unbekannt – 56 Jahre *begraben* 19. 1. 1903 *Beruf* Redakteur *Grabstelle* 49-6-89

**HAHN, RICHARD** *geboren* unbekannt *gestorben* unbekannt – 28 Jahre *begraben* unbekannt *Beruf* Schriftsteller *Grabstelle* 49-5-51

**HAHN, SALOMON RITTER VON** *geboren* unbekannt *gestorben* unbekannt *begraben* 10. 12. 1915 *Beruf* k.k. Hofrat, Direktor der LÄNDERBANK *Grabstelle* 7-1-20 – Gruft für 9 Leichen in der Zeremonienallee

HINWEIS: *«Das Grabmal der Familie S. Ritter von Hahn (...) erhebt sich über der Gruft in einer Breite von 3,00 m und in einer Länge von 4,42 m. An der breiten Hauptallee gelegen, kehrt es dieser die Hauptfront zu. Auf Wunsch der Familie wurden römische Architekturformen mit einer Giebelfaçade an der Alleeseite zur Ausführung gebracht (...). Über drei Stufen erhöht liegt der Gruftbelag und derselbe ist ganz eben, um kein Hindernis beim Betreten des Mausoleums zu bilden, ebenso sind die Hebringe in den Gruftdeckeln versenkt. Die Gruft selbst unterscheidet sich nicht von den übrigen Grüften und bietet Raum für sechs Leichen.*

*Die Sockelschichten mit dem Belag sind aus Mauthausener Granit. Der Aufbau bis zur Hängeplatte ist aus St. Stefano (Karstein) – von der Hängeplatte aufwärts ist alles inclusive Dach aus Repen Tabor (Karstein) hergestellt. Alle sichtbaren Theile sind geschliffen und polirt worden« (Max Fleischer: Zwei Grabdenkmale auf dem Centralfriedhofe zu Wien. In: Der Bautechniker, 9. 11. 1900, S. 1025 f.).*

**HAMMERSCHLAG, SAMUEL** *geboren* 4. 1. 1826 Böhmisch-Leipa *gestorben* 7. 11. 1904 Wien begraben 10. 11. 1904 *Beruf* Religionslehrer *Grabstelle* 20-1-84 – in der Zeremonienallee

Religionslehrer von Sigmund Freud. Vorgänger von Bernhard Münz in der Bibliothek der Wiener Israelitischen Kultusgemeinde.

*Literatur:* Freud / Dauerausstellung Freud-Museum, Wien

**HATSCHEK, BERTHOLD** *geboren* 3. 4. 1854 Kirwein/Mähren *gestorben* 18. 1. 1941 Wien *begraben* 23. 1. 1941 *Beruf* Arzt, Univ.-Prof., Zoologe, Hofrat *Grabstelle* 19-1-104 – Gruft für 3 Leichen in der Zeremonienallee

Studium (Med. u. Nat.-Wiss.) in Wien und Leipzig. 1886–1895 o. Prof. der Zoologie an der Deutschen Universität Prag. 1896–1925 o. Prof. an der Universität Wien und Leiter des 2. Zoologisch vergleichenden Instituts. 1896 korrespondierendes Mitglied der mathemat.-naturwiss. Klasse der Akademie der Wissenschaften, 1932 wirkliches Mitglied. Mitglied der Leopoldina in Halle. Arbeiten zum Bauplanschema der Wirbeltiere und zu phylogenetischen Zusammenhängen. Entscheidend für die Grundlagenbildung des heutigen zoologischen Systems.

*Werke:* «Lehrbuch der Zoologie» (1888); «Das neue zoologische System» (o. J.).

*Literatur:* Dictionary of Scientific Biography / EJ (E) / Liga / Meister / ÖBL

**HELLER, JOSEF** *geboren* unbekannt *gestorben* 24. 5. 1936 *begraben* 26. 5. 1936 *Beruf* Oberkantor in Brünn *Grabstelle* 52-2-18

**HELLER, SAMUEL** *geboren* 8. 7. 1839 Raudnitz/Böhmen *gestorben* 6. 3. 1906 Wien *begraben* 8. 3. 1906 *Beruf* Journalist, Redakteur *Grabstelle* 19-56-38 – vis-à-vis der kath. Abt.

1866–1872 Theaterreferent der Prager Bohemia. Danach in Wien Feuilletonist und Theaterkritiker der Deutschen Zeitung. Redakteur der Wochenschrift Der Kompass und des Tresors (Organ der Österreichisch-Ungarischen Bank).

*Literatur:* BLBL / Stern / Wiener Zeitung, 8. 3. 1906

**HELLER, SELIGMAN(N)** *geboren* 8. 7. 1831 Raudnitz (Roudnice) *gestorben* 8. 1. 1890 Wien *begraben* 10. 1. 1890 *Beruf* Professor der Prager und Wiener Handelsakademie, Schriftsteller, Lyriker, Epiker, Dramatiker *Grabstelle* 5b-35-16 – vis-à-vis der kath. Abt.

Kam 1844 nach Prag, wo er unter R. Rappaport eine traditionelle Ausbildung erhielt. 1853 Übersiedlung nach Wien. 1853–1856 Studium der klass. Philologie, Philosophie und Geschichte an der Universität Wien. 1858 Übersiedlung nach Leitmeritz, 1863–1866 Leiter eines Pensionats ebenda, Lehrer an der dortigen Talmud-Tora-Schule. 1866 Lehrer für Literaturgeschichte an der Prager Handelsakademie. 1866–1872 Theaterkritiker der Bohemia in Prag. 1872 Übersiedlung nach Wien und dort kurze Zeit Redakteur der Deutschen Zeitung, danach Professor an der Wiener Handelsakademie. Übersetzer aus europäischen Sprachen ins Hebräische. Seine poetischen Arbeiten waren zu seiner Zeit wohlbekannt.

*Werke:* «Die letzten Hasmonäer» (1868); «Die Wanderungen des Ahasver» (1863); «Gedichte» (1872).

*Literatur:* EJ (D) / EJ (E) / Giebisch – Gugitz / Gold (1929) / JL / Kohut / H. J. Landau / ÖBL / Wininger / Zohn (1986)

**HELLER, SIGMUND** *geboren* unbekannt *gestorben* unbekannt *begraben* 22. 2. 1932 *Beruf* Kabarett-Sänger *Grabstelle* 2-2-1932

**HELLER, SIMON** *geboren* 25. 10. 1843 Tachau (Tachov)/Böhmen *gestorben* 4. 5. 1922 Wien *begraben* 5. 1922 *Beruf* Direktor des Israelitischen Blindeninstituts auf der Hohen Warte, Blindenlehrer, Pädagoge *Grabstelle* 52A-1-21 – Ehrengrab in der Zeremonienallee

Absolvierte die Lehrerbildungsanstalt in Olmütz. Privatlehrer in Tachau. Danach Volksschul- und Fortbildungslehrer

in Wien. 1873 Direktor des Israelitschen Blindeninstituts auf der Hohen Warte. Zahlreiche Vorträge auf Fachkongressen wie etwa auf dem 2., 4. und 13. Blindenlehrerkongreß (1876 ff.), führte an der Blindenschule den Modellier- und Zeichenunterricht ein.

*Werke:* «Lehrbücher für blinde Schüler» (1883 ff.); «Modellieren und Zeichnen in der Blindenschule» (1890); «Lesebuch für Blindenschulen» (1884); «Die soziale Stellung der Blinden» (1909); «Erfolge von pädagogischen Sehübungen bei Sehstörungen» (1906).

*Literatur:* BLBL / ÖBL / Wininger

**HERNFELD, FRIEDRICH** *geboren* 17. 4. 1850 Wien *gestorben* 23. 7. 1909 Wien *begraben* 25. 7. 1909 *Beruf* Journalist, Redakteur *Grabstelle* 50-58-44 – am Wege

**HERZBERG-FRÄNKEL, SIGMUND** *geboren* 7. 3. 1857 Brody/Galizien *gestorben* 19. 9. 1913 Wien *begraben* 21. 9. 1913 *Beruf* k.k Univ.-Prof. für mittlere und neuere Geschichte in Czernowitz, Historiker *Grabstelle* 49A-21-25

Sohn des Historikers Leo Herzberg-Fränkel. Ab 1874 Jurastudium in Wien, dann Geschichtsstudium in Leipzig, Göttingen, Berlin und Wien, wandte sich dann der Geschichtswissenschaft zu. 1880 Dr. phil. 1879–1891 ordentliches Mitglied des Instituts für Österreichische Geschichtsforschung in Wien. 1887 Priv.-Doz. für Mittelalter und historische Hilfswissenschaften an der Universität Wien, 1893 a. o. Prof., 1895 o. Prof. für allgemeine Geschichte an der Universität Czernowitz. 1900–1901 Dekan der philosophischen Fakultät. 1905/1906 Abgeordneter im Landtag der Bukowina. 1905/1906 Rektor der Universität Czernowitz. 1887–1899 unter der Chiffre Dr. D.L. Feuilletonist und Rezensent der Wiener Zeitung.

*Werke:* «Beiträge zur Geschichte der Reichskanzlei und der Kaiserurkunden im 13. und 14. Jahrhundert» (1885); «Polnische Juden – Geschichten und Bilder» (1867).

*Literatur:* Bamberger – Maier-Bruck / EJ (E) / EJ (D) / Kohut / JL / ÖBL / Weber / Wininger

**HERZFELD, EDMUND RITTER VON** *Pseudonym* Edmund von Hallegk *geboren* 22. 11. 1857 Preßburg *gestorben* 10. 3. 1901 Wien *begraben* 12. 3. 1901 *Beruf* Hof- und Gerichtsadvokat, Direktionsstellvertreter der Versicherung Anker *Grabstelle* 19-56-2 – vis-à-vis der kath. Abt.

*Werke:* «Österreichisches BGB» (o. J.); «Österreichische Zivilprozeßordnung» (o. J.); «Österreichische Exekutionsordnung» (o. J.).

*Literatur:* Jaksch

**HERZL, SIEGMUND** *Pseudonym* Alfred Ten(n)iers, Idmun, Franz Emil v. Rudolf *geboren* 26. 5. 1830 Lackenbach/Ungarn *gestorben* 10. 2. 1889 Wien *begraben* 12. 2. 1889 *Beruf* Lyriker *Grabstelle* 8-60-60 – am Wege

Zuerst Kaufmann, dann Beamter. Studium in Brünn, Graz, Wien (Chemie, Nationalökonomie, Literatur und Geschichte). 1862 Eintritt in die Redaktion der Ostdeutschen Post bis zu deren Einstellung. Kurz in der Redaktion des Neuen Wiener Fremdenblatts. 1870 Mitbegründer und bis zu seinem Tod Leiter der Montagsrevue.

*Werke:* «Liederbuch des Dorfpoeten» (1853); «Sonette an Madame (Julie) Rettich, geborene Sley» (um 1860); «Petöfi. Lebensbild» (1866); «Lieder eines Gefangenen» (1874); «Prager Elegien» (1880); «Gesammelte Dichtungen» ([2]1895); Übersetzungen aus dem Ungarischen.

*Literatur:* Jaksch / ÖBL / Pemmer – Englisch / Ögg / Zohn (1986) / Montagsrevue, 3. 5. 1915

**HERZOG, JAKOB** *geboren* 17. 5. 1842 Mißlitz (Miroslav)/Mähren gestorben 10. 4. 1915 Wien *begraben* 12. 4. 1915 *Beruf* Dramatiker, Schriftsteller, Journalist, Redakteur *Grabstelle* 5b-36-32

Zunächst Chemiestudium, dann Nationalökonomie in Brünn, Graz und Wien. Schrieb bereits siebzehnjährig für Kurandas Ostdeutsche Rundschau, 1862–1866 Redaktionsmitglied ebenda. Später wurde er Redaktionsmitglied der Neuen Freien Presse. 1861 Sekretär der Wiener Israelitischen Kultusgemeinde. Ab 1870 edierte er die Montagsrevue. Autor anerkannter Bühnenwerke.

*Werke:* «Der Fischer von Helgoland» (1885); «Die Rose» (1899); «Der Kaufmann aus Tirol» (1892); «Der Prinz von Asturien» (1894).

*Literatur:* Brümmer / Eisenberg / Kosel / ÖBL / Wininger / Zohn (1986)

**HERZOG, WILHELM** *geboren* 25. 8. 1846 Mißlitz/Mähren *gestorben* 30. 8. 1911 Wien *begraben* 1. 9. 1911 *Beruf* Schriftsteller, Herausgeber der KORRESPONDENZ WILHELM *Grabstelle* 52-38-11

*Literatur:* Abend-Presse, 30. 8. 1911

**HIELDBURGHÄUSSER, JOSEF** *geboren* unbekannt *gestorben* unbekannt – 79 Jahre Baden *begraben* 5. 8. 1898 *Beruf* Privatier, Vorstand der IKG *Grabstelle* 6-28-51 – an der Mauer

**HIRSCH, ADOLF** *Pseudonym* Adolfi *geboren* 15. 2. 1866 München *gestorben* 19. 4. 1931 Wien *begraben* 22. 4. 1931 *Beruf* Komponist, Unterhaltungskünstler, Varietédirektor *Grabstelle* 52-45-78

Spitzname «Der dumme Kerl von Wien». BRUCKNER-Schüler in Wien. Eigentliches Berufsziel: Operndirigent. Komponierte Wienerlieder und heitere Couplets. Der Großteil seiner Werke wurde durch die Nazis vernichtet.

*Werke:* Lieder: «Wienerwald»; «Zauberischer Klang»; «Mei Schatzerl»; «Wia si der Weana 'n Himmel vorstellt»; «Geh sei g'scheit»; «Wann s' die Geigen hamlich streicheln»; «Praterleben»; «Wann i a saubers Madl siech»; «Mit einem Mäderl im Separedl»; «Dirndl am Kirtag»; «Hausfreund-Polka»; «A Weindl, a Weiberl, a G'sangl»; «Mei Wien siech i wieder»; «Der letzte Mistbauer»; «Mauer du herzliebes Nesterl».

*Literatur:* Koller

**HIRSCH, ALBERT** *geboren* 29. 6. 1841 Wien *gestorben* 11. 8. 1927 Wien *begraben* 12. 1. 1928 (!) – Urne *Beruf* Volkssänger *Grabstelle* 52-45-78

Ursprünglich Volksschullehrer. Ab 1870 als Episodist am THEATER AN DER WIEN. Später Engagement in der JOSEFSTADT, dann größere Rollen am THEATER UNTER DEN TUCHLAUBEN. Machte sich als Volkssänger, Komiker, Regisseur und Hausdichter und mit seiner Familie als Volkssänger-Ensemble selbständig.

*Literatur:* Hauenstein / Koller

**HIRSCH, JULIUS** *geboren* 1820 (nach anderen Angaben 1821) Eidlitz/Böhmen *gestorben* 9. 10. 1881 Wien *begraben* IKG-Friedhofsamt-Karteikarte: «Eintragungen unauffindbar» *Beruf* Journalist, Schriftsteller *Grabstelle* 1888 enterdigt aus 6-12-14 – leere Grabstelle

Mathematik- und Physikstudium in Prag. 1848 Redakteur bei der DEUTSCHEN ZEITUNG in Prag. 1848 Übersiedlung nach Wien. Mitarbeiter beim FREMDENBLATT. Einer der populärsten Journalisten in Wien. Mitinhaber der Wochenschrift NEUESTE ERFINDUNGEN, NEUE-FREIE-PRESSE-Redakteur bis zu seinem Tod. Führte literarische Feldzüge gegen die Nordbahn und die Gasbeleuchtungsgesellschaft und erhielt den Spitznamen «Gas-Hirsch». 1871–1877 Gemeinderat. Gründer der Asylhäuser in Wien. 1871 Berufung in die Weltausstellungskommission. 1873 Sekretär bei der Wiener Weltausstellung.

*Literatur:* BLBL / S. Mayer (1918) / ÖBL-Karte / Stern / Wurzbach

**HIRSCH, MORITZ** *geboren* 1839 *gestorben* 15. 5. 1906 *begraben* unbekannt *Beruf* Kaufmann, Kaiserlicher Rat, Vizepräsident der ISRAELITISCHEN KULTUSGEMEINDE *Grabstelle* 5b-1-2

Spediteur (Fa. KARPELES UND HIRSCH) und SCHENKER UND COMPANION, Zensor der Österreich-Ungarischen Bank.

*Quelle:* Archivmaterial

**HITSCHMANN, FRITZ** *geboren* 19. 2. 1870 Diwischau/Böhmen *gestorben* 18. 11. 1926 Wien *begraben* 21. 11. 1926 *Beruf* Professor der Medizin, Gynäkologe *Grabstelle* 52a-11-9

Studium an der Universität Wien. 1894 Dr. med., Assistent am pathologisch-anatomischen Institut. Danach an der Frauenklinik. 1907 Priv.-Doz., 1916 o. Prof. für Geburtshilfe und Gynäkologie an der Universität Wien. Hauptforschungsgebiet: Drüsen und Hormone.

*Literatur:* BLBL / Fraenkel / ÖBL / Neue Freie Presse, 24. 12. 1924, 20. 11. 1926

**HOFMANNSTHAL, IGNATZ EDLER VON** *geboren* 22. 3. 1807 Wien *gestorben* unbekannt *begraben* 13. 5. 1886 *Beruf* Arzt *Familie* Sohn von Isak Löw *Grabstelle* 5b-1-18 – Gruft für 6 Leichen in der Zeremonienallee

Arbeitete jahrelang freiwillig und ohne Bezahlung im Wiener Allgemeinen Krankenhaus, dem k.k. Mädchenpensionat, dem k.k. Findelhaus. Stiftete in fünfzehn Spitälern Bibliotheken, «welche den Rekonvalenszenten Erbauung, Belehrung und Erheiterung bieten sollten». Zwanzig Jahre Arzt im Israelitischen Spital. Vorsteher des Allgemeinen österreichischen Taubstummeninstituts und der Armenanstalt. Förderte wie sein Vater Maulbeerpflanzungen und die Seidenindustrie.

*Werke:* diverse medizinische Fachpublikationen.

*Literatur:* I. Fischer / Wininger / Wurzbach

**HOR(O)WITZ, (E)L(E)AZAR** *geboren* 1804 Ploß/Bayern *gestorben* 11. 4. 1868 Vöslau *begraben* unbekannt *Beruf* Rabbiner *Grabstelle* ursprünglich Währinger Friedhof (Gruppe 5-91) – am 30. 12. 1941 wiederbeerdigt in 6-0-9 – Ehrengrab

Kam als Kind mit seinem Vater nach Frauenkirchen/Burgenland. Studium in der berühmten Jeschiwah des Chatam Sofer in Preßburg. Leitete eine Jeschiwah in Deutschkreuz/Burgenland, nachdem er die Nachfolge der Rabbinerstelle seines Vaters in Frauenkirchen abgelehnt hatte. 1828 wurde ihm durch Isaac Loew Hofman von Hofmannsthal eine Rabbinatsstelle in Wien als orthodoxer Gegenspieler zu Isak Noah Mannheimer angeboten. Ab 1829 Rabbinerstellvertreter in der Polnischen Betstube im Lazzenhof. Da in Wien noch keine Gemeindegründung zugestanden worden war, trug er bis zu seinem Tod die Berufsbezeichnung «Ritualien-» oder «Koscherfleischaufseher». Gründete eine Talmud-Tora-Schule in Wien. Ab 1836 Rabbiner im Polnisch-deutschen Bethaus. 1863 bewirkte er mit Einverständnis seines Lehrers Chatam Sofer eine kleine technische Änderung beim Vollzug der Brith Mila (Beschneidung). 1864 Gründung der Schiffschul, Horowitz wird dort Rabbiner.

HINWEIS: *Nach seinem Tod wird das Amt des Wiener Oberrabbiners geschaffen und schließlich erstmals* Dr. Moritz Güdemann *verliehen. 1941 Umbettung (samt Stein), als die*

*Nazis auf einem Teil des alten Währinger Friedhofs einen «Löschwasserteich» anlegten. Die Hauptinitiative dieser damals sehr schwierigen und halbillegalen Überführungsakton (immerhin waren 1941 noch in Wien lebende Juden mehr als «gefährdet»; bis heute ist vollkommen unklar, wer damals die Lastwagen zum Transport der Steine besorgte und wie man das damals in Wien mehr als knappe Benzin organisieren konnte) trug damals der spätere IKG-Präsident* DR. ERNST FELDSBERG.

HINWEIS zum Grabmal: *Levi-Kanne und Namensakrostichon auf dem Stein.*

*Werke:* Einleitung zur Responsensammlung «Cheker Halacha» des Kölner Rabbiners Elieser Kali (1828); Responsensammlung «Yad Elieser» (1870 posthum von seinen Söhnen veröffentlicht); zahlreiche Beiträge für hebräische Zeitschriften und Sammelwerke.

*Literatur:* Drabek – Häusler – Schubert – Stuhlpfarrer – Vielmetti / EJ (E) / EJ (D) / JE / JL / Lohrmann / Wininger

**HOROWITZ, JOHANNES** *geboren* 1848 Podgarce/Galizien *gestorben* 25. 1. 1916 Wien *begraben* 27. 1. 1916 *Beruf* Redakteur, Schriftsteller *Grabstelle* 8-18-13

Jurastudium in Krakau und Wien. Danach Rechtsanwalt. 1871 Journalist im Redaktionsverband der NEUEN FREIEN PRESSE sowie Mitarbeit im politischen Teil des Blattes. Danach Redakteur bei der PRESSE. Korrespondent diverser Blätter, u. a. der CZAS. Mitarbeiter bei den englischen Blättern STATIST und BULLETONIST, daneben Tätigkeit für die NEW YORK TIMES, den SYDNEY MORNING, den HERALD u. a. War erster österreichischer Korrespondent des DAILY CHRONICLE. Präsident des Syndikats der auswärtigen Presse.

*Literatur:* Eisenberg / Kosel

**HOROWITZ (HOROVITZ), LEOPOLD (LIPÓT)** *geboren* 11. 1. 1838 Rozgony *gestorben* 16. 11. 1917 Wien *begraben* 19. 11. 1917 *Beruf* Porträtmaler *Grabstelle* 52A-1-17

Gymnasium in Kaschau, wo seine hohe künstlerische Begabung bald erkannt wurde. Seine Eltern ermöglichten ihm gegen ihren Willen – er sollte ursprünglich eine Universitätslaufbahn einschlagen – Zeichenunterricht bei einem Lehrer in Kaschau. 1853–1854 und 1856–1859 Schüler der WIENER

Akademie. Gewann bereits während des Studiums Preise. 1859–1863 Spezialisierung auf Porträts und zahlreiche Porträtaufträge in Warschau. 1863 Übersiedlung nach Paris, wo er Porträts und Genrebilder schuf, deren Motive er dem Kinderleben entnahm. Auf der Wiener Weltausstellung wurde sein aus dieser Zeit stammendes Kinderporträt «Eggly» berühmt. 1870/1871 Warschau-Aufenthalt, wo er sich der Darstellung jüdischen Lebens und vor allem jüdischen Alltagslebens widmete. In dieser Zeit begann er mit der Arbeit an seinem schließlich 1873 auf der Wiener Weltausstellung preisgekrönten Bild «Gedenktag der Zerstörung Jerusalems». Nach einem kurzen erneuten Parisaufenthalt erhielt er ab 1873 zahlreiche Porträtaufträge vom polnischen Hochadel. Nach kurzen Aufenthalten in Dresden (1888), München (1891), Budapest (1893) erfolgte 1893 die Übersiedlung nach Wien, wo er «Jahrzehnte der Portraitist der vornehmen Gesellschaft [war], die er (...) durch solide Ehrlichkeit seiner Kunst fesselte. Die Mittel, die er anwendet, sind fast immer die einfachsten; alltägliche Posen, einfärbige Hintergründe, nüchterne und sorgfältige Technik. (...) Seine Portraits zeigen den Charakter der exklusiv aristokratischen und vornehmen bürgerlichen Gesellschaft» (Thieme – Becker). Eine Gedächtnisausstellung fand 1918 im Künstlerhaus in Wien statt.
Dreimal malte er Kaiser Franz-Joseph (als Kommandant seines englischen Leib-Dragoner-Regiments; in österreichischer Marschallsuniform; in schlichter Haustracht). Er erstellte zudem posthume Bildnisse von Erzherzog Wilhelm und Kaiserin Elisabeth.

*Literatur:* Eisenberg / EJ (E) / Heuer / Kosel / ÖBL / Thieme – Becker

**JELINEK, EMIL** *geboren* 2. 2. 1860 Wien *gestorben* 25. 9. 1918 Wien *begraben* 28. 9. 1918 *Beruf* Schriftsteller *Grabstelle* 6-15-37

**JELLINEK, ADOLF** *geboren* 26. 6. 1821 Druslowitz/Mähren *gestorben* 28. 12. 1893 Wien *begraben* 31. 12. 1893 *Beruf* Oberrabbiner und «Prediger», Orientalist *Grabstelle* 5b-1-2 – Ehrengrab in der Zeremonienallee

Galt bereits als Kind als hochbegabt, Ausbildung bei Rabbiner Moses Katz Wannefried in Proßnitz/Mähren, wo er auch Italienisch und Französisch lernte und schließlich unterrichtete; später Gymnasium in Prag. 1842 Übersiedlung nach Leipzig. Ablegung der «Maturantenprüfung». Studium und Promotion an der Universität Leipzig (Philosophie und Orientalistik inkl. klassische Sprachen). Mitwirkung bei der Gründung der DEUTSCH-MORGENLÄNDISCHEN GESELLSCHAFT und Redaktionsmitarbeit. 1844 Gründung einer eigenen Wochenzeitschrift, die allerdings nur drei Jahre bestand. An Rosch ha-Schanah 1845 erste Predigt in der Leipzig-Berliner Synagoge. 1845 «Prediger» der Israelitischen Gemeinde Leipzig. 7. 9. 1854 Grundsteinlegung zu einem prachtvollen Tempel in Leipzig, der trotz der relativ kleinen Gemeinde von nur 30 Familien auf Bestreben Jellineks in Angriff genommen wurde. 6. 9. 1885 Einweihung dieses Tempels in Leipzig; Jellineks Eröffnungsrede wurde auch von vielen nichtjüdischen Besuchern gehört, was seinen Ruf in nichtjüdischen Kreisen begründete. 1857 «Prediger» am Leopoldstädter Tempel in Wien (Wahl 1856). Von 1864 bis zu seinem Tod «Prediger» im Tempel in der Seitenstettengasse (MANNHEIMER-Nachfolge). Gründete die ISRAELITISCHE ALLIANZ, eine Mädchen-Erziehungsanstalt und das Waisenhaus.

*Werke:* «Auswahl kabbalistischer Mystik» (1853); «Beiträge zur Geschichte der Kabbala» (1852); «Das Beth-ha-Midrasch» (o. J.); «Des Flavius Josephus Werk» (1871); «Einleitung in die Thora» (1866); «Franzosen über Juden» (1880); «Predigten» (1862); »Reden bei verschiedenen Gelegenheiten» (1874); «Abraham Abulafia's Sendschreiben über Philosophie und Kabbala» (1854); «Thomas von Aquino in der jüdischen Literatur» (1853); «Trennung der Kirche vom Staat» (1848); «Über das Buch der Jubiläen und das Noah-Buch» (1855); «Das Weib in Israel» (1866); «Zur Geschichte der Kreuzzüge» (1884); «Quntras ha-Rambam» (1893).

EXKURS in die Familiengeschichte der JELLINEKS: *Zwar nicht hier begraben, aber von Interesse ist auch der Bruder Adolf Jellineks,* HERMANN JELLINEK: *Am 22. 1. 1822 in Drsalavice/Mähren geboren, am 23. 11. 1848 standrechtliche Hinrichtung in Wien (zusammen mit* ROBERT BLUM, WENZEL MESSENHAUSEN UND ALFRED JULIUS BECHER). *Lebte seit 1847 in Wien. Schrieb im Revolutionsjahr 1848 Leitartikel für die* ÖSTERREICHISCHE ALLGEMEINE ZEITUNG *sowie Artikel für* ALFRED BECHERS *Blatt* DER RADIKALE. *War Offizier, Journalist, Schrift-*

*steller, Revolutionär in der 1848er Revolution, schloß sich unter dem Einfluß der Junghegelianer den radikalen Bewegungen des Vormärz an. Herausgeber der Hefte* Kritischer Sprechsaal für die Hauptfragen der österreichischen Politik. *Werke: «Kritische Geschichte der Wiener Revolution» (1848); «Kritisch-philosophische Schriften» (posthum 1849).*

*Ein Sohn Adolf Jellineks war Gründer der* Automobilfabrik Mercedes *(Benennung des Autos nach dem Vornamen seiner Tochter Mercedes).*

*Literatur:* EJ (D) / EJ (E) / Fraenkel / Heilige Gemeinde Wien / JE / JL / Lohrmann / NDB / ÖBL / Ögg / Rosemann / Tietze / Wurzbach / Wiener Zeitung, 9. 12. 1893

**KAFKA, HEINRICH** *geboren* 25. 4. 1844 Strazowitz *gestorben* 2. 4. 1917 Wien *begraben* 5. 4. 1917 *Beruf* Komponist *Grabstelle* 8-31-39A

Entstammte einer Gelehrtenfamilie. Ausbildung an der Prager Orgelschule bei J. Krejci (1821–1888), später bei den Violinpädagogen M. Mildner und A. Bennewitz. Ab 1875 Musiklehrer und Komponist in Wien.

*Werke:* vier Opern, eine symphonische Dichtung, Sonaten, Balladen, Lieder.

*Literatur:* BLBL / Eisenberg / Löwenbach / ÖBL / Riemann

**KAFKA JAKOB** *geboren* 1817 *gestorben* 16. 11. 1887 Wien *begraben* 18. 11. 1887 *Beruf* Journalist, Redakteur *Grabstelle* 6-3-45

**KAHN, LEOPOLD** *geboren* 17. 2. 1859 Suczawa/Bukowina *gestorben* 22. 1. 1909 Wien *begraben* 24. 1. 1909 *Beruf* Hof- und Gerichtsadvokat *Grabstelle* 51-15-30

Jurastudium an der Universität Wien. Schloß sich 1896/1897 Theodor Herzl an. 1898–1905 gehörte er vom 2. bis zum 7. Zionistenkongreß dem Aktionskomitee an. Ab 1905 Herausgeber der Welt. 1899 Mitbegründer des Allgemeinen hebräischen Sprachvereins in Wien. 1902 und 1904 Kandidat bei den Wahlen der Wiener Kultusgemeinde. Zahlreiche prozionistische Vorträge in Niederösterreich, Böhmen und Mähren. Guter Propaganda-Redner. Seine Frau Sidonie Kahn war Gründerin und Präsidentin des Ersten Zionistischen Frauenvereins in Wien und eine Pionierin der zionistischen Frauenbewegung Zisleithaniens.

*Literatur:* Gaisbauer (1988)

**KAPLAN ABRAHAM** *geboren* 25. 7. 1839 Wilke *gestorben* 2. 2. 1897 Wien *begraben* 4. 2. 1897 *Beruf* Schriftsteller *Grabstelle* 50-37-9

**KAPPELMACHER, ALFRED** *geboren* 14. 5. 1876 Wien *gestorben* 28. 12. 1932 Wien *begraben* 1. 1. 1933 *Beruf* Universitätsprofessor für klassische Philologie *Grabstelle* 51-16A-8

Studium an der Universität Wien. 1900 Lehramtsprüfung in Latein und Griechisch. 1901 Gymnasiallehrer in Nikolsburg, ab 1904 in Wien. 1918 Habilitation und Privatdozent für klassische Philologie an der Universität Wien. 1924 a. o. Prof., 1931 o. Prof. Erbrachte hervorragende Leistungen auf dem Gebiet der streng philologischen Textkritik, Interpretation und Literaturforschung. Galt als Fachmann auf dem Gebiet der Literaturdenkmäler des römischen Altertums. Mitarbeiter an der Real-Enzyklopädie des klassischen Altertums. Mitarbeiter mehrerer Fachzeitschriften.

*Werke:* «Die Literatur der Römer bis zur Karolingerzeit» (1923); «Katalog der Huemerbibliothek» (1916); «Untersuchungen zur Enzyklopädie des A. Cornelius Celsus» (o. J.).

*Literatur:* Planer / ÖBL / Wininger / Wiener Zeitung, 30. 12. 1932

**KAPRALIK, ADOLF** *geboren* 4. 2. 1857 Czernowitz *gestorben* 25. 11. 1937 Wien *begraben* 28. 11. 1937 *Beruf* Philosoph *Grabstelle* 6-13-41

Studium der romanischen Philologie und der deutschen Literatur an der Universität Wien. Seit 1866 schriftstellerisch tätig. Verfaßte literarische und kulturhistorische Essays sowie Feuilletons im Neuen Wiener Tagblatt, der Neuen Freien Presse und in diversen ausländischen Zeitungen.

*Literatur:* Eisenberg

**KARPELES, ELIAS** *geboren* 13. 6. 1822 Austerlitz *gestorben* 7. 7. 1889 Wien *begraben* unbekannt *Beruf* Rabbiner *Familie* Vater von Gustav Karpeles und Carola Groag *Grabstelle* 5b-36-45

Bekannter Prediger und Rabbiner in Loschitz und Wien-Wieden.

*Werke:* «Asiphath'imrim. Eine Sammlung von Predigten, gehalten in der Synagoge zu Eiwanowitz» (1853); «Sabbath-Reden für die israelitische Jugend» (1887).

*Literatur:* BLBL / Wininger

**KARY, SAMUEL** *geboren* unbekannt *gestorben* unbekannt – 60 Jahre *begraben* 21. 12. 1899 *Beruf* Großindustrieller *Grabstelle* 20-1-1 – Mausoleum Gruft für 9 Leichen in der Zeremonienallee

**KAUDERS, SIEGMUND** *geboren* unbekannt *gestorben* 18. 3. 1938 *begraben* 20. 3. 1938 *Beruf* Weingroßhändler, Obmann des Israelitischen Tempelvereins Simmering *Grabstelle* 6-25-62 – vis-à-vis der Mauer

Führender Funktionär in jüdischen Vereinen in Wien-Simmering und in der Wiener Kultusgemeinde. Ab 1896 Obmann des Simmeringer Israelitischen Tempelvereins. Ab 1902 im Vorstand der Wiener Kultusgemeinde, wo er u. a. ab 1910 Obmann der Friedhofskommission war.

*Literatur:* Exenberger

**KAUDERS, SIGMUND** *geboren* unbekannt *gestorben* unbekannt *begraben* 9. 11. 1919 *Beruf* Privatier *Grabstelle* 8-1-22 – Gruft für 3 Leichen in der Zeremonienallee

**KAUFMANN, ISIDOR** *geboren* 22. 3. 1853 Arad *gestorben* 14. 11. 1921 Wien *begraben* 17. 11. 1921 *Beruf* akad. Maler *Familie* Vater von Philipp Kaufmann *Grabstelle* 52A-1-64 – in der Zeremonienallee

Zunächst im kaufmännischen Beruf. 1875/1876 Landeszeichenschule in Budapest. 1876 Übersiedlung nach Wien. Nachdem sein Bemühen, in die Akademie der bildenden Künste aufgenommen zu werden, fehlgeschlagen war, wurde er Zögling des Porträtmalers Aigner. Danach Schüler der allgemeinen Malerschule der k.k. Akademie der bildenden Künste in Wien und Spezialschüler von Prof. Trenkwald. Jeden Sommer Studienreisen nach Galizien, Polen und Oberungarn. Bevorzugte Themen: Szenen aus dem Leben der polnischen und galizischen Juden. Bilder in der Landesgalerie Budapest, im Museum der Stadt Wien, im Besitz des Fürsten

Liechtenstein etc. sowie im Hofmuseum in Wien. Preise: BARON-KÖNIGSWARTER-KÜNSTLERPREIS, vom deutschen Kaiser die goldene Medaille für Kunst sowie Preise in München und Paris.

*Literatur:* Eisenberg / EJ (E) / Fraenkel / Heilige Gemeinde Wien / Jansa / Kohut / Kosel / Kult und Kultur / ÖBL / Neue Freie Presse, 24. 3. 1903 / Ost-West 3 (1903)

**KAUFMANN, PHILIPP** *geboren* 21. 6. 1888 Wien *gestorben* 2. 3. 1969 London *begraben* unbekannt – Urne *Beruf* Maler *Familie* Sohn von ISIDOR KAUFMANN *Grabstelle* 52A-1-64

Bereits als Kind außerordentliche künstlerische Begabung. Zeichen- und Malunterricht bei seinem Vater ISIDOR KAUFMANN. Kunststudium in Wien, München und Paris. Studienreisen nach Belgien, in die Niederlande, nach Dänemark und Schweden. Übersiedlung nach London zu einem nicht mehr eruierbaren Zeitpunkt. Sein Frühwerk ist stark von den französischen Impressionisten beeinflußt. Bevorzugte Motive in dieser Zeit: Landschaften und Licht der Provence und Südfrankreichs. Sein Spätwerk umfaßt vor allem Porträts. Zahlreiche Ausstellungen, u. a. in der ROYAL ACADEMY, London.

*Quelle:* mündliche Mitteilungen und privates biographisches Material von Mrs. Philipp Kaufmann, London

**KETSCHENDORF, SIGWART VON** *geboren* 10. 5. 1864 Coburg *gestorben* 2. 9. 1929 Baden bei Wien *begraben* unbekannt *Beruf* Großindustrieller *Grabstelle* 5b-1-6 – Ehrengrab in der Zeremonienallee

*Literatur:* Wininger

**KIRSCHNER, SAMUEL** *geboren* 17. 1. 1852 Battelau/Iglau *gestorben* 24. 10. 1905 *begraben* 26. 10. 1905 *Beruf* Redakteur *Grabstelle* 6-23-49

Chefredakteur der GEMEINDEZEITUNG in Wien. Herausgeber des «Allgemeinen österreichisch-ungarischen Nachschlagebuches». Redakteur des NEUIGKEITS-WELT-BLATTS für Nationalökonomie.

*Literatur:* BLBL / Jaksch / Neuigkeits-Welt-Blatt, 26. 10. 1905

**KLANG, HEINRICH** *geboren* 15. 4. 1875 Wien *gestorben* 22. 1. 1954 Wien *begraben* 28. 1. 1954 *Beruf* Jurist, Senatspräsident, Universitätsprofessor *Grabstelle* 49-16-2

Jurastudium in Wien. 1897 Promotion. 1901 Richter. Ab 1903 schriftstellerisch tätig. 1914–1916 Leutnant der Reserve, 1916–1918 Untersuchungsrichter und Verhandlungsleiter beim Landwehr-Divisionsgericht. 1917 Landesgerichtsrat. 1918–1925 am Landesgericht Wien. 1919 Oberlandesgerichtsrat. 1921 Hofrat. 1923 Habilitation, Privatdozent für österreichisches Privatrecht an der Universität Wien. 1925 a. o. Prof. 1926–1930 Rat des Oberlandesgerichts Wien. 1938 von den Nazis seines Amts enthoben und zwangspensioniert. 1942–1945 im KZ Theresienstadt. 1945 Honorarprofessor für bürgerliches Recht und Reorganisation der juridischen Fakultät an der Universität Wien. 1945–1949 Richter am Obersten Gerichtshof, Senatspräsident, Vorsitz der Obersten Rückstellungskommission und der Obersten Rückgabekommission. 1949 Versetzung in den Ruhestand. 1951 Würdigungspreis für Geisteswissenschaften der Stadt Wien. Hielt bis 1951 Vorlesungen an der Universität Wien. Vorsitzender der Wiener juristischen Gesellschaft, Ehrenmitglied der Deutschen Gesellschaft für Rechtsvergleich.

*Werke:* Beiträge in den «Juristischen Blättern»; Hg. des «Kommentars zum Allgemeinen Bürgerlichen Gesetzbuch» (1927–1935, ²1946).

*Literatur:* Bamberger – Maier-Bruck / Liga / NÖB / Wer ist wer in Österreich / Wiener Zeitung, 24. 1. 1954

**KLANG, MICHAEL** *Pseudonym* Tannhäuser der Ältere *geboren* 15. 2. 1834 Prag *gestorben* 26. 2. 1850 Wien *begraben* unbekannt *Beruf* Schriftsteller *Grabstelle* 5b-35-2 – vis-à-vis der kath. Abt.

**KLEBINDER, FERDINAND** *geboren* 30. 12. 1847 Teschein/Schlesien *gestorben* 28. 1. 1910 Wien *begraben* 30. 1. 1910 *Beruf* Redakteur, Gemeinderat *Grabstelle* 50-58-74 – am Wege

Ab 1869 Redakteur des Neuen Fremdenblatts. 1875 Gründer der Wiener Bürgerzeitung und im Redaktionsverband des Wiener Tagblattes als Fachreferent für Wiener Angelegenheiten und für den Lokalteil. Herausgeber der Leopoldstädter Zeitung.

*Literatur:* BLBL / Eisenberg / Jaksch

*Grabstelle von Rabbiner Salomon Funk (gest. 1928), Architekt war Hugo George. Grabstelle 5b-0-8*

*Das Grab des großen Kantors Josef Goldstein (gest. 1899) wurde von Max Fleischer gestaltet. Grabstelle 5b-1-4*

*Grabmal des Komponisten Karl Goldmark (gest. 1915); signiert: «Hegenbarth Fec. 1925». Grabstelle 52A-1-13*

*Außenansicht des Gutmann-Mausoleums. Grabstelle 5b-1-1 (Foto: Sammlung Max Berger)*

Siegmund Wertheimerstein zu den ersten Vorstehern des Tempels in der Seitenstettengasse. 1868–1871 Präsident der Israelitischen Kultusgemeinde Wien.

*Literatur:* EJ (E) / JL / Lohrmann / ÖBL / Wininger

**KOHN, GUSTAV** *geboren* 30. 3. 1840 Prag *gestorben* 8. 10. 1915 Wien *begraben* 10. 10. 1915 *Beruf* Hof- und Gerichtsadvokat, Vizepräsident der Israelit. Kultusgemeinde *Grabstelle* 52A-1-12 – Ehrengrab in der Zeremonienallee

1864 Dr. jur. an der Universität Wien. Kurze Konzipiententätigkeit in Prag, danach Hof- und Gerichtsadvokat in Wien. 1891 Mitglied des niederösterreichischen Landesschulrates. Seit 1887 im Vorstand der IKG, 1897 Vizepräsident. Trat für die Gleichstellung des jüdischen Religionsunterrichts ein. Förderte humanitäre Einrichtungen.

*Literatur:* BLBL / L. Hirsch / ÖBL / Wininger / Neue Freie Presse, 8. 10. 1915 / Wiener Zeitung (Abendpost), 8. 10. 1915

**KOHN, GUSTAV** *geboren* 22. 5. 1859 Reichenau (Rychnov)/Böhmen *gestorben* 15. 12. 1921 Wien *begraben* unbekannt *Beruf* Universitätsprofessor für Mathematik *Grabstelle* 19-56-53 – vis-à-vis der kath. Abt.

1877–1881 Mathematik- und Physikstudium an der Universität Wien. 1881 Dr. phil., 1882 Lehramtsprüfung. 1883 Übersiedlung nach Straßburg. 1884 Privatdozent für Mathematik an der Universität Straßburg. 1894 a. o. Prof. an der Universität Wien (unbesoldet; ab 1899 besoldet). 1912 o. Prof. für Mathematik. Entdecker der Kontrajektivität, Beschäftigung vor allem mit projektiver, analytischer und Differentialgeometrie. 1919 Mitglied der Königlich Leopoldinisch-Karolinischen Deutschen Akademie der Naturforscher in Halle.

*Werke:* zahlreiche Arbeiten zu Differential- und Integralrechnung, Zahlentheorie und historischer Entwicklung der wichtigsten mathematischen Theorien.

*Literatur:* BLBL / ÖBL / Wininger

**KOHN, GUSTAV** *geboren* unbekannt *gestorben* unbekannt – 24 Jahre *begraben* 17. 1. 1898 *Beruf* Kunstmaler *Grabstelle* 50-43-11

**KOHN, IGNAZ** 1883 amtliche Namensänderung in **KONTA, IGNAZ** *geboren* 17. 3. 1838 Proßnitz (Prostějov)/Mähren *gestorben* 10. 7. 1921 Wien *begraben* 12. 7. 1921 *Beruf* Eisenbahnfachmann, Südbahnbeamter *Grabstelle* 52b-3-23

Jurastudium. 1858–1884 bei verschiedenen Privatbahnen. 1883 Namensänderung. Ab 1884 im Staatseisenbahndienst. 1886 Hofrat. Bis 1910 Leitung des ÖSTERREICHISCHEN EISENBAHNMUSEUMS. Verdienste um die österreichische Eisenbahnforschung. Mitarbeiter an RÖLLS «Enzyklopädie des Eisenbahnwesens» und CZEDINS «Geschichte der Eisenbahnen».

*Werke:* «Beschreibender Katalog der historischen Museen der österreichischen Eisenbahnen» (1902); «Zur Genesis der Orientbahnen» (1914).

*Literatur:* BLBL / ÖBL / Neue Freie Presse, 13. 12. 1909, 4. 1. 1910

**KOHN, JAKOB** *geboren* 24. 12. 1848 Papa/Ungarn *gestorben* 20. 1. 1902 Wien *begraben* 22. 1. 1902 *Beruf* Jüdischer Ratssekretär und k. u. k. Landesgerichtsrat *Grabstelle* 20-19b-15

Jurastudium in Wien. 1893 erster Präsident der KADIMAH. Forderte in seiner 1893 erschienenen Broschüre «Assimilation, Antisemitismus und Nationaljudentum» die Gleichsetzung von Palästina und der Diaspora. Zahlreiche zionistisch motivierte Vortragsreisen nach Galizien. 1893 Wahl ins Exekutivkomitee der JÜDISCH-NATIONALEN PARTEI Österreichs. Nach innerzionistischen Konflikten 1897 Mitbegründer des JÜDISCHEN VOLKSVEREINS. 1901 Zulassung als Advokat in Wien.

*Literatur:* Gaisbauer (1988) / Toury

**KOHN, MORITZ** *Pseudonym* M. S. Gohn *geboren* 10. 6. 1824 Wien *gestorben* 24. 8. 1892 Wien *begraben* 26. 8. 1892 *Beruf* Schriftsteller *Grabstelle* 19-8-47

*Werke:* «Ja, so sind die Herren von der Börse» (1880).

**KOKESCH, OSER (OSKAR)** *geboren* 28. 7. 1859 Brody/Galizien *gestorben* 21. 10. 1905 Wien *begraben* unbekannt *Beruf* Hof- und Gerichtsadvokat, Politiker *Grabstelle* 51-15-29

Studium an der Universität Wien mit Abschluß Dr. jur. Gründete 1882 gemeinsam mit SMOLENSKI, BIRNBAUM und

Bierer die erste jüdische Studentenverbindung, Kadimah, 1890 den ersten zionistischen Kolonisationsverein, Admath Jeschurun. Gehörte 1885–1890 dem Vorstand an, 1891–1894 Vizepräsident. Wurde von Herzl mit der Vorbereitung des Baseler 1. Zionistenkongresses betraut. Gehörte 1897–1905 dem engeren Aktionskomitee an. Bekämpfte die Uganda-Pläne. Förderer der Vorarbeiten zur Gründung des Jüdischen Nationalfonds («KKL»).

*Literatur:* EJ (D) / EJ (E) / Gaisbauer (1988) / ÖBL / Rosenblit / Wininger

**KOLISCH, IGNAZ FREIHERR VON** *Pseudonym* Ideko, Ideka, *geboren* 6. 4. 1837 Preßburg *gestorben* 30. 4. 1889 Wien *begraben* 2. 5. 1889 *Beruf* Politiker, Redakteur und Herausgeber der Wiener Allgemeinen Zeitung, Realitätenbesitzer am Kahlenberg, Bankier *Grabstelle* 5b-35-10 – vis-à-vis der kath. Abteilung

Kindheit in Wien. Mehrere Jahre Begleiter des russischen Grafen Kuschelew. Danach Journalist. Gewann 1867 den Schachwettbewerb Grand Prix Impérial, Karriere als angesehener Schachturnierspieler. 1869 Gründung der Wiener Allgemeinen Zeitung. Übersiedlung nach Paris und Errichtung eines «Börse-Commissions-Geschäfts». 1881 Sachsen-meiningischer Freiherr. Da seine Nobilitierung ohne Erlaubnis des Kaisers (Kolisch war ungarischer Untertan!) vonstatten gegangen war, war er nicht berechtigt, seinen Titel in der österreichisch-ungarischen Monarchie zu benutzen. 1884, im Jahr der Erwerbung der Wiener Allgemeinen Zeitung, die er 1888 abstieß, trat Kolisch aus dem ungarischen Staatsverband aus und wurde herzoglich-sachsen-meiningischer Staatsangehöriger, wodurch er nun in Österreich-Ungarn den Barontitel führen konnte. Bekannt machten ihn seine feuilletonistischen Betätigungen. In späteren Jahren Mäzen der österreichischen Schachbewegung.

*Literatur:* Eisenberg / Kyffhäuser / ÖBL / Rotter – Schmieger

**KOMPERT, LEOPOLD** *geboren* 15. 5. 1822 Münchengrätz/Böhmen *gestorben* 23. 11. 1886 Wien *begraben* 25. 11. 1886 *Beruf* k.k. Regierungsrat, Novellist, Schriftsteller *Grabstelle* 6-1-2 – Ehrengrab in der Zeremonienallee

Ab 1838 Studium an der Universität Prag. Studienabbruch, als sein Vater das ganze Vermögen verlor. Erzieher der Kinder des Grafen Andrassy in Preßburg. 1840 erste Beiträge

zur Pressburger Zeitung und den Wiener Sonntagsblättern. 1848–1852 Feuilletonredakteur des Österreichischen Lloyd. 1852–1857 Erzieher der Kinder des preußischen Konsuls und Rothschild-Prokuristen Goldschmidt in Pest. Nahm in dieser Zeit mit den großen Literaten seiner Zeit in Deutschland und in Pest Kontakt auf. Dann Studium der Geschichte und Literaturwissenschaft. 1857 kurze Anstellung bei der Creditanstalt. Nach seiner Hochzeit mit der Tochter des Vorstands der Pester Kultusgemeinde widmete er sich ganz der Schriftstellerei. Galt als «Großmeister der Ghettonovelle». Inhalte seiner Werke: Ghettobilder und Liebe zu jener «böhmischen Ghettowelt», die er erlebt hatte, Kampf gegen Unterdrückung, Ausgleich der religiösen Gebote mit den Anforderungen der allgemeinen Menschlichkeit, der Versuch, den assimilierten Juden den Alltag und das Leben der «Ostjuden» näherzubringen, sowie das Problem der «Mischehen». 1868 Regierungsrat. 1873 Vorstandsmitglied der Israelitischen Kultusgemeinde Wien-Schulsektion. 1881 Gemeinderat der Stadt Wien, 1876 Landesschulrat für Österreich. Viele Jahre Mitglied im Ehrengericht der Concordia.

*Werke:* «Zwischen den Ruinen» (1873); «Geschichten aus dem Ghetto» (1848); zahlreiche weitere Erzähl- und Romanbände.

*Literatur:* BLBL / EJ (D) / EJ (E) / Fiala / Fraenkel / Giebisch – Gugitz / Heilige Gemeinde Wien / Javorsky / JL / Lohrmann / Stern / Unsere Heimat / Zohn (1969) / Zohn (1986)

**KOMPERT, MARIE** geborene Löwy *geboren* 4. 11. 1821 Pest *gestorben* 29. 3. 1892 Wien *begraben* 31. 3. 1892 *Beruf* Sozialarbeiterin *Familie* Gattin von Leopold Kompert *Grabstelle* 6-1-2 – Ehrengrab in der Zeremonienallee

Heirat 1857. Ab 1867 Mitglied des Wiener Frauenerwerbvereins, später Vorstandsmitglied und in der Schulkommission, Verantwortliche für Kunststickerei und künstlerische Malfächer der gewerblichen Zeichenschule. Sie unterstützte vielfältig die Ziele des Wiener Frauenvereins, nämlich Mädchen durch Schulbildung zu höherer gesellschaftlicher Stellung zu verhelfen.

*Literatur:* ÖBL

**KORNFELD, IGNAZ** *geboren* 18. 11. 1846 Galtschjenikau (Göltsch Jenikau)/Galizien *gestorben* 30. 10. 1921 Wien *begraben* 1. 11. 1921 *Beruf* Rechtsanwalt *Grabstelle* 51-18-58/60 – Gruft für 6 Leichen an der Mauer

**KORNFELD, SI(E)GMUND** *geboren* 21. 4. 1859 Galtschjenikau/Galizien *gestorben* 16. 4. 1927 Wien *begraben* 19. 4. 1927 *Beruf* Privatdozent für physiologische Psychologie und Ethik *Grabstelle* 52A-10-15

Sohn des Rabbiners Salomon (Salme) Kornfeld, der das Salzmonopol für Böhmen gepachtet hatte und ein kleines Handels- und Speditionsimperium besaß. 1879–1884 Studium an den Universitäten Prag und Wien. Schloß sich bereits vor seiner Übersiedlung nach Wien der zionistischen Bewegung an. Mitbegründer der Zionistischen Partei. 1885 Dr. med., 1886 Assistent von Kraft-Ebbing in Graz und Wien. 1893–1899 Primarius der Landesirrenanstalt Brünn. 1896 Privatdozent für Grundlehren der Anatomie und Physiologie an der Technischen Hochschule Brünn. Danach Psychiater in Wien. 1913 gewann er den Preis der Kant-Gesellschaft für seine Bearbeitung des Preisthemas «Das Rechtsgefühl» (Abdruck in : Zeitschrift für Rechtsphilosophie, 1913). 1915 Dr. phil. an der Universität Wien. Eine enge private Freundschaft verband ihn nicht nur mit Theodor Herzl, sondern auch mit Josef Popper-Lynkeus. Bekannt ist auch seine Mitarbeit im Arbeiter-Volksbildungsheim, wo er Psychologie lehrte.

*Werke:* zahlreiche Werke und Beiträge in Fachzeitschriften, u. a. über Blutkreislauf und Blutdruck, Pathologie der Angst, Geschichte der Psychiatrie.

*Literatur:* BLBL / EJ (D) / I. Fischer / Gold (1929) / Kürschner / Lesky / ÖBL / Wininger / Wiener Morgenzeitung, 6. 5. 1927

**KRANZ, GERSON** *geboren* unbekannt *gestorben* unbekannt – 72 Jahre *begraben* 5. 6. 1872 *Beruf* Kreisrabbiner, Hof- und Gerichtsadvokat *Grabstelle* am 14. 9. 1892 aus 7-28-73 – vis-à-vis der Mauer enterdigt und verlegt nach 20-24-146

**KRAUS, LEOPOLD GOTTLIEB** *geboren* 22. 12. 1822 Kolin/Böhmen *gestorben* 1. 3. 1901 Wien *begraben* 3. 3. 1901 *Beruf* Neurologe, Verfasser medizinischer Kompendien *Grabstelle* 20-14-94

**KRAUSS, FRIEDRICH SALOMO** *Pseudonym* Suljo Serhatlija *geboren* 14. 10. 1859

Pozega/Slowenien *gestorben* 30. 5. 1938 Wien *begraben* 1. 6. 1938 *Beruf* Ethnologe, Ethnograph, Begründer der Urtriebsforschung, Autor *Grabstelle* 19-26-34

Ab 1877/78 Studium der klassischen Philologie und vergleichenden Sprachwissenschaft. 1881 Studienabschluß, 1882 Dr. phil. Bereiste 1884/1885 im Auftrag von KRONPRINZ RUDOLF und der WIENER ANTHROPOLOGISCHEN GESELLSCHAFT 14 Monate Bosnien, Herzegowina sowie Teile Dalmatiens und Slawoniens. Nach seiner Rückkehr nach Wien Tätigkeit als Schriftsteller und Gerichtsdolmetscher (Slowenisch, Kroatisch, Serbisch, Bulgarisch). Bearbeiter des Gesamtkomplexes der südslawischen Ethnologie und Folklore, Übersetzer und Herausgeber von Märchen und Sagen. 1891–1901 Sekretär der ISRAELITISCHEN ALLIANZ in Wien. 1914–1919 Lehrer und Direktor der Wiener Kriegsinvalidenschule. Übersetzer serbischer Autoren, Begründer der Urtriebsforschung, Publikationen auf sexual-ethnologischem Gebiet, Herausgeber der ANTHROPOPHYTHEIA. JAHRBÜCHER FÜR FOLKLORISTISCHE ERHEBUNGEN UND FORSCHUNGEN ZUR ENTWICKLUNGSGESCHICHTE DER GESELLSCHAFTLICHEN MORAL (1904 ff.). Mitglied der CONCORDIA, Ehrenmitglied mehrerer Akademien und folkloristischer Gesellschaften. Vorsitzender der HERMANN-BARTH-GESELLSCHAFT FÜR GEISTIGE VÖLKERANNÄHERUNG UND VÖLKERGEISTFORSCHUNG in Berlin. Mitglied im Wiener VEREIN ZUR ABWEHR DES ANTISEMITISMUS, zahlreiche Artikel im FREIEN BLATT.

*Werke:* Herausgeber der Monatsschrift «Am Urquell» und der «Anthropophytheia»; «Südslawische Hexensagen» (1884); «Guslarenlieder» (1897); «Sagen und Märchen der Südslawen» (1883); «Böhmische Korallen aus der Götterwelt» (1892); «Die vereinigten Königreiche Kroatien und Slawonien» (1889); «Die Braut muß billig sein» (1903); «Die Anmuth des Frauenleibes» (1904); zahlreiche Fachpublikationen.

*Literatur:* EJ (D) / EJ (E) / Eisenberg / Kohut / Kosel / Morad (1989) / NDB / Planer / Wininger

**KRAUSZ, SIGMUND** *Pseudonym* Ludwig Anton *geboren* 26. 7. 1872 Wien *gestorben* 8. 12. 1941 Wien *begraben* unbekannt – Urne *Beruf* Arzt *Grabstelle* 20-22-38

**KREMENETZKY, JOHANN** *geboren* 15. 2. 1850 Odessa *gestorben* 25. 10. 1934 Wien *begraben* 28. 10. 1934 *Beruf* Industrieller *Grabstelle* 52A-14-57 – Gruft für 6 Leichen an der Mauer

KKL
KEREN KAYEMETH LEISRAEL

Begründer der Glühlampenindustrie in Österreich. Nach technischen Studien in Westeuropa zunächst als Ingenieur im Schwachstromwesen tätig. Ab 1874 Studium an der Technischen Hochschule Berlin-Charlottenburg mit Abschluß Dipl.-Ing., gleichzeitig Arbeit bei Siemens und Halske. Danach Arbeit bei der Pariser Société Générale d'Eléctricité, wo er sich als Chefingenieur der praktischen Einführung der Jablochkoff-Kerze widmete. 1879/1880 Übersiedlung nach Wien, wo er vom mittellosen Techniker zum Fabrikanten (Pionier der Glühlampenfabrikation) avancierte. 1880 Gründer der ersten Glühlampenfabrik Österreichs, Eröffnung eines Dynamomaschinenwerks, in das 1882 der Begründer der Vereinigten Elektrizitäts-AG B. Egger eintrat. In diesem Jahr Volksgartenbeleuchtung unter Anwendung der Jablochkoff-Kerze. Die Erste Österreichisch-Ungarische Fabrik für elektrische Beleuchtung und Kraftübertragung Egger, Kremenetzky und Co. entwickelte sich zum führenden Unternehmen für Starkstrom und elektrische Glühlampen in Österreich. 1886 Konzession für die Erste Elektrische Zentrale in Wien, die im gleichen Jahr in die Österreichische Siemens-Schuckert-Wien übergeht, deren technischer Direktor er bis 1899 blieb. Im selben Jahr Eigentümer der Glühlampenabteilung, in der elektrische Apparate und Batterien erzeugt wurden. Ab 1923 ebenda Erzeugung von Radiolampen. Gehörte vom 1. bis zum 3. Zionistenkongreß (1897–1904) dem engeren Aktionskomitee an. Eigentlicher Begründer des Jüdischen Nationalfonds (Keren Kayemeth Leisrael KKL), den er bis 1907 leitete. 1913 Ehrenmitglied des Elektrotechnischen Vereins. Nach 1918 Gründung einer Fabrik für elektrische Artikel sowie Gründung eines Ziegelwerks im damaligen Palästina. 1929 Bürger der Stadt Wien. 1930 Ehrenbürger der Stadt Wien. Inhaber zahlreicher Patente. Ehrendoktor der Technischen Universität Wien.

*Werke:* «Die Geschichte der elektrischen Glühlampe» (1917).
*Literatur:* EJ (D) / EJ (E) / JE / JL / Gaisbauer (1988) / Heilige Gemeinde Wien / Javorsky / Kortz / Liga / ÖBL / Wininger / Neue Freie Presse, 26. 10. 1934 / Großindustrie in Österreich

**KRÜGER, BERTA** *geboren* unbekannt *gestorben* 3. 4. 1907 *begraben* unbekannt *Beruf* Begründerin und erste Präsidentin des KAISERIN-ELISABETH-LEHRMÄDCHEN-UND-ARBEITERINNEN-HEIMS *Grabstelle* 51-1-11 – in der Zeremonienallee

**KUH, ANGELO RITTER VON** *geboren* unbekannt *gestorben* unbekannt – Sterbeort: Baden *begraben* 11. 7. 1898 *Beruf* Generalsekretär der böhmischen Westbahn *Familie* Bruder des Dichters EMIL KUH, Neffe HEINRICH VON SICHROWSKYS *Grabstelle* 6-1-17/18

Generalsekretär der böhmischen Westbahn und k.k. Regierungsrat. 20. 9. 1874 Nobilitierung.
*Literatur:* Kyffhäuser

**KUNWALD, GOTTFRIED** *geboren* 13. 9. 1869 Baden/Wien *gestorben* 14. 3. 1938 Wien (Suizid) *begraben* 18. 3. 1938 *Beruf* Jurist, Finanzfachmann *Grabstelle* 51-1-62 – in der Zeremonienallee

Studium in Wien. 1895 Dr. jur., befaßte sich hauptsächlich mit Volkswirtschaftslehre und Staatswissenschaften. 1909 zusammen mit BATHA, HEVESY und SPECHT Herausgabe der Musik- und Theaterzeitschrift DER MERKER, die er bis 1922 herausgab. Bis 1926 Rechtskonsulent der ANGLO-BANK. Finanzberater von I. SEIPEL, beeinflußte die Gründung der NOTENBANK entscheidend mit. Kunwald beging nach dem «Anschluß» Selbstmord.
*Werke:* «Über den eigentlichen Grundgedanken des proportionellen Wahlsystems» (1906); «Denkschrift über das Wohnungsproblem in Wien» (1928).
*Literatur:* Goldinger / Heilige Gemeinde Wien / Liga / ÖBL / Planer

**KURANDA, ERNST** *geboren* unbekannt *gestorben* unbekannt *begraben* 27. 1. 1916 *Beruf* Journalist *Grabstelle* 49-16-19 – Gruft für 3 Leichen am Wege

**KURANDA, IGNAZ** *geboren* 8. 5. 1811 Prag *gestorben* 3. 4. 1884 Wien *begraben* 6. 4. 1884 *Beruf* Präsident der Wiener Kultusgemeinde 1872–1884, Reichsrats- und niederösterreichischer Landtagsabgeordneter, Politiker, Schriftsteller, Journalist, Dichter, Ehrenbürger von Wien *Grabstelle* 6-1-1 – Gruft für 6 Leichen – Ehrengrab

Ausbildung zum Antiquariatsbuchhändler. 1834 Beginn des Philosophiestudiums an der Universität Wien. Ab 1835 Mitarbeiter der Prager Bohemia und des Wiener Telegraphen. Verkehrte mit Lenau, Grillparzer, Anastasius Grün u. a. Nach dem Erfolg seiner Tragödie «Die weiße Rose» (unter angegebener Benutzung von Schillers Bruchstück «Warbeck» in Stuttgart, Karlsruhe und Frankfurt und deren Aufführung 1844 in Wien (Inhalt: Ideale der Freiheit und des wahren Friedens) weitere Studien in Stuttgart und Tübingen. Gründung eines Internationalen Büros der Liberalen in Paris. 1841 Gründung des Wochenblatts Die Grenzboten in Brüssel, das das Medium österreichischer Patrioten und jener wurde, die für die 1848er Revolution kämpften und deren Artikel durch die Zensur in Deutschland und Österreich verboten waren. Später Verlegung der Redaktion nach Leipzig. Die Hefte wurden nach Österreich geschmuggelt. Verleihung des Ehrendoktors der Universität Leipzig aufgrund seiner 1846 in Leipzig erschienenen Arbeit «Belgien seit der Revolution», die in mehreren Sprachen erschien. Rückkehr nach Österreich nach der Märzrevolution 1848. Mai 1848 Abgeordneter der Deutschen der Stadt Teplitz für die deutsche Nationalversammlung in Frankfurt/Main. September 1848 Gründung und bis 1866 Herausgabe des täglich erscheinenden Blattes Die ostdeutsche Post. 28. 1. 1860: Kuranda reagierte in seinem Blatt Die ostdeutsche Post auf die antisemitischen Angriffe und Ausfälle des Redakteurs der Wiener Kirchenzeitung Pfarrer Sebastian Brunner, der nach einem Ehrenbeleidigungsprozeß schließlich zurücktrat. 1860 (nach anderen Quellen 1867) Reichstagsabgeordneter (bis zu seinem Tod und mit mehrfacher Wiederwahl) und ständiger Referent für das Budget des Außenministeriums. Ab 1861 im niederösterreichischen Landtag. 1861–1872 Gemeinderat der Stadt Wien. 15. 2. 1866 Kurandas berühmte Rede (im niederösterreichischen

Landtag) gegen KARDINAL RAUSCHER, der beantragt hatte, daß jüdische Findelkinder zwangsgetauft werden. Der Antrag wurde schließlich zurückgezogen. 1867 Vizepräsident und 1871 (nach anderen Quellen 1872) –1884 Präsident der ISRAELITISCHEN KULTUSGEMEINDE WIEN (Nachfolge von JONAS FREIHERR VON KÖNIGSWARTER). Sein Nachfolger wurde MORITZ POLLAK VON BORKENAU. Vizepräsident der ISRAELITISCHEN ALLIANZ und Vorsitzender der historischen Sektion. Bruder des Journalisten und Buchhändlers ADOLF KURANDA (1826–1901). Vater des Reichstagsabgeordneten CAMILLO KURANDA (7. 2. 1851 Wien – 1. 2. 1919 Wien) und des Bankdirektors FELIX KURANDA (16. 6. 1852 Wien – 25. 11. 1917 Wien).

Anläßlich seines 70. Geburtstages veranstaltete die österreichische Presse ein Fest. Auf einen Trinkspruch erwiderte er: «Ich habe vierzig Jahre mitgearbeitet an der Befestigung des deutschen Geistes in Österreich, an der Wahrung der deutschen Interessen und an die Sicherung der Zukunft der Deutschen in Österreich.»

*Literatur:* Bamberger – Maier-Bruck / BLBL / EJ (D) / EJ (E) / Fraenkel / Giebisch – Gugitz / Gold (1966) / Grunwald (1913) / Grünfeld / Heilige Gemeinde Wien / JL / Kohut / Liga / Lohrmann / NDB / ÖBL / Schubert (1974) / Wurzbach / Zohn (1986) / Wiener Zeitung (Abendpost), 4. 4. 1884

**KURANDA, OLIVIA** *geboren* unbekannt *gestorben* unbekannt *begraben* 4. 8. 1911 *Beruf* Lyrikerin *Familie* Tochter von IGNAZ KURANDA *Grabstelle* 6-1-1

**LANDAU, ALFRED (ABRAHAM ISAAK)** *geboren* 25. 11. 1850 Brody/Galizien *gestorben* 27. 3. 1935 Wien *begraben* 31. 3. 1935 *Beruf* Jurist, Germanist, Lexikograph, Philologe, Volkskundler *Grabstelle* 7-29-13 – am Wege

1869 Übersiedlung nach Wien. Jurastudium an der Universität Wien, Promotion zum Dr. jur. 1875, bis 1887/1888 Tätigkeit als Advokat. Seine Forschungen und Methodologie bilden die Grundlage der modernen jiddischen Philologie. Daneben verfaßte er aber auch wissenschaftlich einwandfreie Genealogieforschungen und Folkloristisches, die u. a. in den MITTEILUNGEN DES VEREINS FÜR JÜDISCHE VOLKSKUNDE erschienen. Da er ein Perfektionist war und nie mit der Qua-

lität seiner wissenschaftlichen Arbeiten zufrieden war, publizierte er nur einen kleinen Teil seiner Forschungen. Sein Lebenswerk, ein Manuskript mit Materialsammlung für ein Wörterbuch des Jiddischen mit dem Titel «Etymologisches Wörterbuch und Grammatik der jiddischen Sprache», dem der Wortschatz und Wortgebrauch seiner Vaterstadt Brody unter etymologischem, phraseologischem und semantischem Aspekt zugrunde lag, ging ähnlich wie jenes des Wilnaer YIVO verloren. Anläßlich seines 75. Geburtstags gab das Wilnaer YIVO 1925 den ersten Band der «Filologishe Shriftn» als «Landau-Festschrift» heraus. Im zugehörigen Ergänzungsband II befindet sich eine Bibliographie des Werks Landaus.
*Werke:* «Das Diminutivum der galizisch-jüdischen Mundart» (o. J.); «Deutsche Mundarten I/1» (1896); «Bibliographie des Jüdisch-Deutschen» (o. J.); «Deutsche Mundarten I/2» (1897); «Die Sprache der Glückel von Hameln» (1901); [zusammen mit Bernhard Wachstein] «Jüdische Privatbriefe aus dem Jahr 1619» (1911).

*Literatur:* EJ (E) / Gold (1929) / JE / JL / ÖBL / Wininger

**LANDAU, MARCUS** *geboren* 21. 11. 1837 Brody/Galizien *gestorben* 10. 1. 1918 Wien *begraben* 13. 1. 1918 *Beruf* Schriftsteller, Literaturhistoriker *Grabstelle* 20-3-12

Beschäftigte sich bereits während seiner Schulzeit intensiv mit der italienischen Sprache. Zunächst erlernte er den Kaufmannsberuf. Nach verschiedenen Reisen als Berichterstatter verschiedener Tageszeitungen und Zeitschriften nach Deutschland, Italien und Frankreich übersiedelte er 1869 nach Wien. Im gleichen Jahr wurde ihm für seine Arbeit «Die Quellen des Decamerone» der Doktortitel verliehen. Ab 1878 literaturhistorische Studien mit Schwerpunkt vergleichende Literatur- und Stoffgeschichte. Er galt als Fachmann für das ältere italienische Schrifttum sowie speziell für die Zeit des 18. und 19. Jahrhunderts. Beschäftigte sich mit Volksleben und Sittengeschichte. Korrespondierendes Mitglied der Akademien in Messina und Cosenza. Mitglied der Historischen Kommission der Wiener Israelitischen Kultusgemeinde.
*Werke:* über 900 Abhandlungen und Artikel in Zeitungen und Zeitschriften.

*Literatur:* Eisenberg / EJ (D) / EJ (E) / Gold (1929) / Kohut / Pemmer – Lackner / ÖBL / Wininger / Neue Freie Presse, 13. 1. 1918 / Wiener Zeitung, 12. 1. 1918

**LANDAUER, ADOLF** *geboren* 19. 1. 1929 Wien *gestorben* 7. 8. 1885 Wien *begraben* 9. 8. 1885 *Beruf* Vizepräsident der ESKOMPBANK *Grabstelle* 5b-1-3 – Gruft für 9 Leichen am Seitenwege

**LANG, EDUARD** *geboren* 1841 Clausan/Trenschiner Komitat *gestorben* Juli 1916 Wien *begraben* unbekannt *Beruf* Universitätsprofessor für Dermatologie *Grabstelle* 52-1-54

Medizinstudium an der Universität Wien. Nach Beendigung des Studiums, Promotion 1865, Sekundararzt im Krankenhaus Rudolfsstiftung, dann «Operationszögling» an der Klinik BILLROTH. Später Fabriksarzt. 1871 Habilitation für Dermatologie und Syphilis. 1872/1873 Extraordinarius und Vorstand der neu zu errichtenden dermatologischen Klinik in Innsbruck. 1886 ordentlicher Professor. Gemeinderat der Stadt Innsbruck. 1887–1907 Primararzt und Vorstand der II. Abt. für Geschlechts- und Hautkrankheiten des k.k. allgemeinen Krankenhauses. Nach seiner Versetzung in den Ruhestand widmete er sich der Gründung des Vereins LUPUSHEILSTÄTTE in Wien.

*Werke:* «Lehrbuch der Syphilis» (1884) sowie zahlreiche Fachartikel.

*Literatur:* Wiener medizinische Wochenschrift, 22. 7. 1916 / mündliche Mitteilungen von Frau Dr. Sandra Lang, Wien

**LEON, GUSTAV RITTER VON** *geboren* unbekannt *gestorben* unbekannt – 59 Jahre *begraben* 18. 2. 1898 *Beruf* Großindustrieller *Grabstelle* 5b-1-10 – Gruft für 9 Leichen am Seitenwege

**LESELÉNY (-LÖWY), BERNHARD** *Pseudonym* Löw-Leszelny *geboren* 24. 8. 1837 Groß-Kanisza/Ungarn *gestorben* 26. 6. 1910 Wien *begraben* 29. 6. 1910 *Beruf* Journalist, Redakteur *Grabstelle* 52A-6-13

Redakteur der GRAZER ZEITUNG. Kam zwischen 1870 und 1880 nach Wien. Seit 1891 Redakteur der ÖSTERREICHISCHEN VOLKSZEITUNG. Für das ILLUSTRIERTE WIENER EXTRABLATT Redakteur der Sparte Feuilleton sowie Theaterkritiker.

*Literatur:* Brümmer / Paupié (1969) / Abend-Presse, 27. 6. 1910 / Wiener Zeitung, 27. 6. 1910

**LEVY, JITZHAQ VON OSIERN** *geboren* 1847 *gestorben* 1917 *begraben* unbekannt *Beruf* «Rebbe» *Familie* Schwiegersohn von Nuchim Beer Friedmann, Großrabbiner von Rushin und Bojan *Grabstelle* 7-30-95 – Mausoleum an der Mauer
*Werke:* halachische Schriften.

**LEWIN, MORITZ** *geboren* unbekannt *gestorben* unbekannt *begraben* 16. 5. 1939 *Beruf* Rabbiner im 8. und 16. Wiener Gemeindebezirk *Grabstelle* 5b-0-5 – Ehrengrab in der Anlage

**LICHTBLAU, ADOLF** *Pseudonym* A. L. Blau, Wandernder Biermann *geboren* 17. 5. 1844 Wien *gestorben* 10. 5. 1908 Abbazia/Istrien *begraben* 15. 5. 1908 *Beruf* Kaiserlicher Rat, Redakteur, Präsident des Synagogenbau-Vereins für Wieden und Margareten *Grabstelle* 5b-1-26 – Gruft für 3 Leichen in der Zeremonienallee

Bereits während seiner Schulzeit in Wien wurde er im Haus des Theaterdirektors Alois Pokorny für das Theater erzogen. Während seiner Kinder- und Jugendzeit mehr als 400 Theaterauftritte. Achtzehnjährig übersiedelte er nach Budapest, wo er als Feuilletonist und Dramaturg arbeitete. 1868 erste literarische Arbeiten und Mitarbeiter der Illustrierten Welt, danach Herausgeber der sozialdemokratischen Freien Volksstimme. Korrespondent ausländischer Zeitungen. 1870/1871 Mitbegründer des Österreich-ungarischen Volksblattes für Stadt und Land. Studierte Volkswirtschaft und Statistik. 1874 Herausgeber des Brauerei- und Hopfen-Fachblatts Gambrinus. 1894 Direktor der Internationalen Bier- und Nährausstellung in Wien. 1904 Ernennung zum Kaiserlichen Rat, Präsident des Österreichischen Fachschriftstellerverbands. Vizepräsident des Reichsverbands Österreichischer Journalisten und Schriftsteller. Mitglied der Concordia. Verfaßte neben statistischen Arbeiten und Artikeln zur Zucker- und Branntweinsteuerreform vor allem eine große Anzahl von Feuilletons. Bekannt ist seine Serie über Vorschuß- und Kreditvereine im Wiener Tagblatt.
*Werke:* «Ein Volksmann» (1865); «Moderner Menelaus» (1865); «Die falsche Helena» (1867); «Die Lage der Bierindustrie» (1877).

*Literatur:* Brümmer / Giebisch – Gugitz / Kosel / ÖBL / Ögg / Wininger / Zohn (1986) / Neue Freie Presse, 11. 5. 1908

**LICHTENSTADT, JOHANN** *geboren* 12. 1. 1840 Jungbunzlau *gestorben* 23. 3. 1921 Wien *begraben* 25. 3. 1921 *Beruf* Volkswirt, Kaiserl. Rat, Schriftsteller, Redakteur, Herausgeber der PRESSE *Grabstelle* 5b-9-15

Ab 1858 vor allem in der Sparte «kommunale Angelegenheiten» journalistisch tätig. 1863 Dr. jur. an der Universität Prag. 1865–1869 Redaktion der VORSTADTZEITUNG. 1889–1897 Redakteur der PRESSE. 1876 Kriegsberichterstatter in Serbien, 1877 in Rußland. Ab 1879 Mitarbeiter der POLITISCHEN CORRESPONDENZ, seit 1901 Mitredakteur des WIENER TAGBLATTS. Sein Verdienst: die Einrichtung von Kontakten zwischen Exekutive und Lokalberichterstattern. Arbeitete auch für die WIENER MORGENZEITUNG und die ZEITSCHRIFT FÜR STAATS- UND VOLKSWISSENSCHAFT. Regte 1877 die Gründung des CENTRALVEREINS ZUR VERKÖSTIGUNG ARMER SCHULKINDER an, dessen Präsident er wurde. Ebenso Präsident des ZENTRALVERBANDS ZUR ERRICHTUNG UND ERHALTUNG DER SUPPEN- UND TEEANSTALTEN.

*Werke:* «Die Wiener Kommunalverwaltung» (1872); «Kommunale Streitfragen» (1848); «Neun Briefe über die Wiener Gemeindeverwaltung» (1881); [zusammen mit A. Gorski] «Das Marktwesen» (o. J.); «Comunale Streiflichter» (1885).

*Literatur:* BLBL / Eisenberg / Jaksch / Kosel / Kossdorff / ÖBL / Neue Freie Presse, 24. 3. 1921 / Wiener Zeitung, 24. 3. 1921

**LIEBEN, THEODOR** *geboren* unbekannt *gestorben* unbekannt *begraben* 4. 11. 1917 *Beruf* Kaiserlicher Rat, Erster Sekretär der ISRAELIT. KULTUSGEMEINDE *Grabstelle* 52A-1-15 – Ehrengrab in der Zeremonienallee.

**LIEBMANN, JENNY** *Pseudonym* Jenny Linden *geboren* 12. 6. 1850 Nikolsburg *gestorben* 6. 11. 1909 Wien *begraben* 9. 11. 1909 *Beruf* Übersetzerin, Schriftstellerin, Privatiere *Grabstelle* 53b-9-2

*Literatur:* Morgen-Presse, 10. 11. 1909

**LINDNER, MORITZ** *geboren* 1839 Drohobycz/Galizien *gestorben* unbekannt *begraben* 13. 7. 1911 – Urne aus Gotha *Beruf* Redakteur der WIENER SONN- UND MONTAGSZEITUNG, Schriftsteller *Grabstelle* 7-1-42 – Gruft für 6 Leichen in der Zeremonienallee

*Literatur:* Appeltauer

**LION, MORITZ** *geboren* unbekannt *gestorben* unbekannt – 63 Jahre *begraben* 22. 8. 1901 *Beruf* Generalstabsarzt *Grabstelle* 19-56-6 – vis-à-vis der kath. Abt.

**LIPPE, KARPEL** *Pseudonym* Nathan Pthachjahu L' *geboren* 17. 11. 1830 Stanislau/Galizien *gestorben* 1915 Wien *begraben* 4. 8. 1915 *Beruf* Arzt, Bibliothekar *Grabstelle* 52-54-50 – am Wege

Begründer der Chibbat-Zion-Bewegung in Rumänien und Begründer des politischen Zionismus in Rumänien. Vorfahren waren der berühmte Landesrabbiner von Frankreich Mathias Triwisch, der Raschi zu seinen Vorfahren zählen konnte. Seine Erziehung verlief traditionell. Dennoch widmete er sich bereits in früher Jugend speziell der hebräischen Literatur sowie Sprachen (Deutsch, Französisch, Polnisch). Erst im Alter von 20 Jahren begann er mit dem Gymnasium. Danach Medizinstudium in Lemberg (Chirurgie). 1857 Übersiedlung nach Tarnopol. 1860 Übersiedlung nach Rumänien, wo er 1860 sein rumänisches Ärzteexamen machte und zum Dr. med. promoviert wurde. In mehr als 300 Artikeln und Aufsätzen kämpfte er für die Gleichstellung der Juden in Rumänien. Trat bereits in den Jahren 1870–1880 für die Kolonisierung Palästinas ein. 1882 war er bei der Gründung zweier rumänischer Kolonien, Zichron Yaacov und Rosh Pinah, anwesend. 1884 vertrat er auf der Kattowitzer Konferenz die rumänischen Chowewe-Zion. Er gründete die erste hebräische Schule in Jassy und war Mitbegründer der Ohole-Shem-Gesellschaft für Hebräische Literatur. Er eröffnete den ersten Zionistenkongreß in Basel. Mit öffentlichen Vorträgen und durch seine publizistischen Möglichkeiten trat er dem Antisemitismus wirkungsvoll entgegen. 1911 übersiedelte er nach Přzemysl. Zu Beginn des Ersten Weltkriegs floh Lippe 1914 von Přzemysl nach Wien. Hier gehörte er zu den fleißigsten Benützern der Bibliothek der Wiener Kultusgemeinde. Er publizierte in hebräischer und diversen anderen Sprachen zu jüdischen und zionistischen Themen.

*Werke:* zahlreiche Werke zu verschiedensten Themen in hebräischer, rumänischer und deutscher Sprache.

*Literatur:* EJ (D) / EJ (E) / Wininger

**LIPPOWITZ, JAKOB SIEGMUND** *geboren* 9. 10. 1865 Leipzig *gestorben* 4. 7. 1934 Wien (Suizid) *begraben* 6. 7. 1934 *Beruf* Journalist, Redakteur, Gründer, Herausgeber und Chefredakteur des NEUEN WIENER JOURNALS *Grabstelle* 19-59-2 – am Wege

Ab 1885 sieben Semester Geschichte, Literatur, Nationalökonomie und Philosophie an der Universität Leipzig. Gleichzeitig Theaterreferent des LEIPZIGER TAGESANZEIGERS, später des GENERALANZEIGERS. Korrespondent des BERLINER TAGBLATTS. 1888 Chefredakteur des HAMBURGER GENERALANZEIGERS. Fünf Jahre Mitarbeiter der VEREINIGTEN TAGESZEITUNG (später HAMBURGER ANZEIGER). Korrespondent des FIGARO und der NEUEN FREIEN PRESSE. 1893 Umzug nach Wien und Gründung sowie Leitung des NEUEN WIENER JOURNALS, das teilweise in sein Eigentum überging. 1924 schuf er den LEITARTIKELPREIS, mit der Auflage, daß dieser jährlich vom Schriftsteller- und Journalistenverein CONCORDIA vergeben werde (die Preisfragen der Jahre 1925 und 1927: «Abbau des Rassen- und Klassenhasses: Ist ein dauerndes politisches Zusammengehen zwischen bürgerlich-demokratischen Parteien möglich? Und auf welchen Grundlagen?» bzw. «Der Weg zum Arbeitsfrieden. Ratschläge zur gütlichen Beilegung von Konflikten zwischen Arbeitgebern und Arbeitnehmern»). Zweite Stiftung ist der BURGTHEATERRING anläßlich des 150jährigen Gründungsjubiläums des Burgtheaters, der ebenso durch die CONCORDIA vergeben werden sollte.

*Literatur:* EJ (D) / Fraenkel / Friedmann / Giebisch – Gugitz / Halesch / Kosel / ÖBL / Ögg / Paupié (1960) / Planer / Wininger / Neue Freie Presse, 4. 7. 1934 / Neues Wiener Journal, 5. 7. 1934 / Wiener Zeitung, 5. 7. 1934

**LÖW, ALBERT** *geboren* 1838 Holleschau *gestorben* 8. 6. 1928 Wien *begraben* 11. 6. 1928 *Beruf* Privatgelehrter, Schriftsteller *Grabstelle* 52-46-40

Viele Publikationen in Tageszeitungen und Zeitschriften über soziale und gesellschaftliche Verhältnisse der mährischen Juden. Mitarbeiter HUGO GOLDS.

*Werke:* «Tierschutz im Judentum nach Bibel und Talmud» (1890); «Unsere Freunde und unsere Feinde» (1903).

*Literatur:* Gold (1929) / Wininger

**LÖWE, ADOLF** *geboren* 13. 3. 1835 Nimburg/Böhmen *gestorben* 23. 12. 1897 Wien *begraben* 26. 12. 1897 *Beruf* Journalist, Theaterkritiker, Redakteur der Neuen Freien Presse *Grabstelle* 8-62-23 – vis-à-vis der kath. Abt.

Schrieb über lokale Angelegenheiten, insbesondere über Theater. Vorstand sowie im Akademiekomitee der Concordia.

*Literatur:* Jaksch / Stern

**LÖWENSTAMM, FRANZ JOSEF** *geboren* 18. 8. 1843 Budapest *gestorben* 30. 7. 1930 Wien *begraben* 2. 8. 1930 *Beruf* Gesangsprofessor, Komponist, Musiker *Grabstelle* 51-4-37

Verfaßte Lieder, Chorsätze, Streichquartette sowie einen Festmarsch. Als Kind bereits im Chor des Münchener Hof- und Nationaltheaters. Studium am Münchner und Leipziger Konservatorium. Ab 1862 Studium in Wien. 1881–1883 Opernkapellmeister in Preßburg. Danach Dirigent verschiedener Vereinigungen in Wien.

*Literatur:* ÖBL-Karte / Presse, 31. 7. 1930

**LÖWENSTEIN, ALFRED** *geboren* 6. 7. 1871 Zochyot/Danzig *gestorben* 19. 4. 1942 *begraben* 27. 4. 1942 Wien *Beruf* Journalist, Mitherausgeber der Neuen Wiener Zeitung und des Neuen Wiener Journals *Grabstelle* am 25. 9. 1946 aus Tor IV, 10-22-10 enterdigt und verlegt nach 19-58-7 – am Wege

**LÖWENTHAL, JAKOB** *geboren* 24. 12. 1807 Lissa *gestorben* 15. 5. 1882 Wien *begraben* unbekannt *Beruf* Journalist, Redakteur *Grabstelle* 6-18A-10

Beschäftigte sich mit alten und modernen Sprachen, erteilte Sprachunterricht. Fünf Jahre Leitung einer Knaben- und-Töchterschule in Lissa. Ab 1830 Veröffentlichung literarischer Erzählungen, Skizzen, Gedichte und wissenschaftlicher Beiträge anonym in verschiedenen Blättern wie Bäuerles Theaterzeitung, Österreichischer Zuschauer, Österreichisches Morgenblatt, Telegraph, Saphirs Humorist sowie in Prager, Breslauer, Stuttgarter und italienischen Journalen. 1834 Umzug nach Triest. 1838 Gründung der 14tägig erscheinenden Zeitschrift Adria, Süddeutsches Zentralblatt für Kunst, Literatur und Leben. 1839 Mitredakteur des Journals des österreichischen Lloyd. Beschäftigte sich

*Lyra, Palmzweig und Siegerkranz zieren die Grabstelle von Leopold Kompert (gest. 1886). Grabstelle 6-1-2*

*Grabstelle des berühmten Malers Isidor Kaufmann (gest. 1921) und seines Sohnes Philipp (gest. 1969). Grabstelle 52A-1-64*

*Familiengrab Landauer: Eine Urne mit Tuch, geborstene Säule und ein Kranz symbolisieren die Vergänglichkeit des Lebens; signiert: «Ba. F. Müller», k. k. Hof-Bildhauer. Grabstelle 5b-1-3*

*Dem traditionellen Judentum eng verbunden war der Architekt Jakob Modern (gest. 1912). Grabstelle 49-1-89*

*Innenansicht des Rabbinerhäuschens von Jitzchaq Levi von Osiern. Grabstelle 7-30-95*

*Neben dem monumentalen Elias-Grab fällt das Grab des Chacham-Baschi Michael Papo/Papa (gest. 1918) und seines Sohns Rabbiner Manfred Papo (gest. 1966) kaum auf*

*Leitspruch und Wappen des k.k. Hofbuchhändlers und Verlegers Moritz Perles (gest. 1917) auf seinem Grabstein. Grabstelle 53b-28-4*

*Die Brüche in der Tradition der Wiener jüdischen Gemeinde dokumentiert vor allem die «Rabbinerreihe» (5b-0 und 6-0). Hier das Grab des IKG-Präsidenten Alois Pick (gest. 1945). Grabstelle 6-0-1*

mit Nationalökonomie und Statistik. Abhandlungen über See- und Getreidehandel. 1848–1851 als Leiter des ÖSTERREICHISCHEN LLOYD in Wien, der zu einer Tageszeitung wurde. 1851 Rückkehr nach Triest und Leitung der neugegründeten Tageszeitung TRIESTER ZEITUNG. 1853–1856 Mitherausgeber der ÖSTERREICHISCHEN MARINE-ZEITUNG. 1858 Redakteur des LLOYD-Nachfolgeblatts ÖSTERREICHISCHE ZEITUNG, die 1862–1866 als CONSTITUTIONELLE ÖSTERREICHISCHE ZEITUNG erschien. Sie ging 1863 in sein Eigentum über. Gründete eine Druckerei, redigierte verschiedene Fachzeitschriften wie den VOLKSWIRT, die ÖSTERREICHISCHE VERSICHERUNGSZEITSCHRIFT, WARREN'S WOCHENSCHRIFT FÜR POLITIK UND VOLKSWIRTSCHAFT (1868–1872). 1872 redigierte er die NEUE WOCHENSCHRIFT FÜR POLITIK UND VOLKSWIRTSCHAFT.

*Werke:* «Der Istrianer Kreis oder die Halbinsel Istriens oder die Inseln des Quarneo» (1840); «Schach-Problem-Turnier-Buch» (1857); «Geschichte der Stadt Triest», 2 Bde. (1857–1859); «Culturgeschichtliche Beiträge» (1871).

*Literatur:* ÖBL / Stern

**LÖWY, ALEXANDER** *geboren* 13. 5. 1847 Preßburg *gestorben* 16. 2. 1884 Wien *begraben* 18. 2. 1884 *Beruf* volkswirtschaftl. Redakteur des ILLUSTRIERTEN WIENER EXTRABLATTS, Journalist *Grabstelle* 5b-1-46

**LÖWY, DAVID** *geboren* 13. 10. 1821 Eidlitz/Böhmen *gestorben* 21. 4. 1902 Wien *begraben* 24. 4. 1902 *Beruf* Prediger und Rabbiner *Grabstelle* 20-19b-16

Oberrabbiner von Bukovar/Kroation. 1893–1904 Herausgeber der von SZÁNTO gegründeten NEUZEIT, Generalsekretär der ÖSTERREICHISCH-ISRAELITISCHEN UNION.

*Werke:* «Dank und Gelübde» ( o. J.); «Der Winter ist vorüber» (o. J.); «Zwei Gelegenheitsreden» (1868); «Der Talmudjude von Rohling in der Schwurgerichtsverhandlung vom 28. Oktober 1882» (1882).

*Literatur:* Kosel / Lohrmann / Toury

**LÖWY, IGNAZ** *geboren* unbekannt *gestorben* unbekannt – 67 Jahre *begraben* 3. 7. 1907 *Beruf* Redakteur *Grabstelle* 8-21-57A

Gründer, Redakteur und Herausgeber der WIENER PIKANTEN BLÄTTER, schrieb für den Feuilletonteil die Rubriken

«Wiener G'schichten» und die Theaterkolumne «Reich der Schminke». Mitbegründer des Unterhaltungslokals Odeon, später der Sträusselsäle. Jugendfreund von Johann und Eduard Strauss, die in ihren jungen Jahren im Odeon konzertierten. Verfaßte eine Studie über Wiener Walzerkönige.

*Literatur:* Eisenberg

**LÖWY, JULIUS** *Pseudonym* Julius v. d. Als *geboren* 14. 9. 1851 Eidlitz/Böhmen *gestorben* 27. 12. 1905 Wien *begraben* 29. 12. 1905 *Beruf* Chefredakteur des Illustr. Wiener Extrablatts *Grabstelle* 19-56-43 – vis-à-vis der kath. Abt.

**LÖWY, MALWINE** *Pseudonym* Mary Broom, Malvin Levi *geboren* 16. 5. 1868 Waidhofen/Thaya *gestorben* 11. 8. 1941 Wien *begraben* 14. 8. 1941 *Beruf* Schriftstellerin *Grabstelle* 52-10-23

**LOEWY, SIEGFRIED** *Pseudonym* Siegfried, Leo L., Siegfried, LEO *geboren* 1. 11. 1857 Wien *gestorben* 8. 5. 1931 Wien *begraben* 11. 5. 1931 *Beruf* Theaterkritiker, Feuilletonist, Journalist, Redakteur, Schriftsteller *Grabstelle* 6-25-71 – vis-à-vis der Mauer

Ab 1873 journalistisch tätig für die Morgenpost. Spezialgebiete Börse und Theater. 1882 bei der Constitutionellen Vorstadtzeitung. Besuch der Handelsakademie, der staatlichen Gewerbeakademie in Mühlhausen/Elsaß und der Nationalakademie, anschließend Mitarbeiter bei der Morgenpost und der Tagespresse. Ab 1882 Korrespondent des Berliner Börsen Couriers und des Frankfurter Journals sowie Redakteur des volkswirtschaftlichen Teils der Österreichischen Volkszeitung. Verfaßte Liedertexte für C. M. Ziehrer und Adolf Muller, Franz von Suppé u. a. Verfaßte lokalhisto rische und theatergeschichtliche Aufsätze und Artikel, Skizzen und Feuilletons für Blätter wie Neues Wiener Journal, Neues Wiener Tagblatt, Neue Freie Presse, Österreichische Rundschau. Mit Johann Strauss und Alexander Girardi verband ihn eine innige Freundschaft. Millöcker bezeichnete ihn in einem Brief als seinen «liebsten, besten und treuesten Freund». War aktiv an der Errichtung von Denkmälern für Johann Strauss, Raimund, Girardi und Kainz beteiligt.

*Werke:* «Aus Wiens großer Theaterzeit» (1921); «Deutsche Theaterkunst von Goethe bis Reinhardt» (1922); «Johann

Strauß, der Spielmann von der blauen Donau» (1924); «Rund um Johann Strauß» (1925); «Altwiener Familien» (1925); «Das Burgtheater im Wandel der Zeit» (1926).

*Literatur:* Donner / Eisenberg / Giebisch – Gugitz / Kosel / Kossdorff / Kürschner / ÖBL / Ögg / Planer / Stern / Wagner-Rieger / Wininger / Neue Freie Presse, 3. 11. 1927, 9. 5. 1931 / Wiener Zeitung, 28. 12. 1905, 9. 5. 1931

**LUNZER, EDUARD** *geboren* 6. 10. 1843 Karlburg/Preßburg *gestorben* 19. 10. 1913 Wien *begraben* 22. 10. 1913 *Beruf* Bühnenschriftsteller, Schauspieler *Grabstelle* 52-48-22

1848 Umzug nach Wien. Schauspielunterricht u. a. am MEIDLINGER SCHULTHEATER. Danach Provinzengagements. Spielte in Volksstücken und Possen Komikerrollen. 1866 Debüt in Neutra, im Sommer 1869 in Karlsbad. 1870–1872 am Stadttheater Baden und Wiener Neustadt. Danach bis 1885 am DEUTSCHEN LANDESTHEATER in Prag. Ab Herbst 1885 am THEATER AN DER WIEN. Ab 1900 Mitwirkung bei den Operettenunternehmungen G. STEINERS. Engagements am Sommertheater VENEDIG IN WIEN, am Sommertheater ENGLISCHER GARTEN und in DANZERS ORPHEUM. Verfasser erfolgreicher Theaterfeuilletons im WIENER TAGBLATT. Zusammen mit seinem Sohn, dem Schauspieler FRITZ LUNZER, schrieb er Possen und Lustspiele. 1912 Rückzug von der Bühne.

*Literatur:* Eisenberg / ÖBL / Ögg / Neue Freie Presse, 20. 10. 1913 / Neues Wiener Tagblatt, 20. 10. 1913

**MAHLER, ARTHUR** *geboren* 1. 8. 1872 Prag *gestorben* 2. 5. 1916 Wien *begraben* 4. 5. 1916 *Beruf* Universitätsdozent für Archäologie *Grabstelle* 52-18-24

Zionist, Mitbegründer und einer der Leiter der JÜDISCHEN NATIONALPARTEI in Österreich. Studierte zuerst Maschinenbau und wurde Teilhaber in der Firma seines Vaters. Schließlich Studium der Archäologie und der Kunstgeschichte an der Deutschen Universität Prag. 1898 Promotion zum Dr. phil., 1902/1903 Habilitation und Privatdozent für Archäologie an der Deutschen Universität in Prag. Danach Prof. am AMERIKANISCHEN ARCHÄOLOGISCHEN INSTITUT in Rom. 1907–1911 Reichsratsabgeordneter für den galizischen Wahlbezirk Czortkow-Trembowla. Zusammen mit ADOLF STAND, BENNO

Straucher und Heinrich Gabel konstituierte er am 18. 6. 1908 den Jüdischen [Parlaments-]Klub, der gelobte, «für Rechte, Interessen und Wohlergehen aller österreichischen Juden zu wirken, nicht nur der eigenen Wähler, die offizielle Anerkennung jüdischer Nationalität und jiddischer Sprache zu erstreben und Angriffe gegen Juden und Judentum im Reichsrat und ganz Österreich zu bekämpfen». Journalistisch tätig für den Pester Lloyd. Verschiedene kunsthistorische Publikationen. Ausgedehnte Studienreisen nach Kleinasien und Nordafrika.

*Werke:* «Polyktet und seine Schule» (1901); [zusammen mit Carlos Blaker und William A. Slatner] «Paintings of the Louvre» (1905); «Die Juden und die Freiheit der Wissenschaft» (1908).

*Literatur:* BLBL / EJ (E) / JL / Jaksch / Wininger

**MANDL, ARON LEISER** *geboren* 30. 10. 1869 Herbor/Komitat Neutra *gestorben* 10. 11. 1929 Wien *begraben* unbekannt *Beruf* Rabbiner im 10. Wiener Gemeindebezirk (am Humboldt-Tempel), Religionslehrer *Grabstelle* 5b-0-7

Bis 1893 Studium in Budapest. 1893–1897 Studium an der Universität Wien. 1919 Bürger von Wien. Galt als fortschrittlich und human. Verläßlich überliefert ist, daß er einem lernunwilligen und in der hebräischen Sprache schwachen Jungen die Bar Mizwa in deutscher Sprache erlaubte.

*Quelle:* mündliche Mitteilungen von Frau Dr. Erna Wodak, Wien

**MANDL, MORITZ** *geboren* 13. 5. 1840 Preßburg *gestorben* 15. 4. 1917 Wien *begraben* 17. 4. 1917 *Beruf* Journalist, Redakteur *Grabstelle* 52-22-63

Zuerst Kaufmann, später Journalist und Schriftsteller. In Dresden und Wien Korrespondent für das Prager Blatt Politik. Ab 1862 für den Wanderer tätig. Später Redakteur des Fremdenblattes, der Neuen Freien Presse und Korrespondent der Berliner Nationalzeitung und der Vossischen Zeitung. 1877 trat er in den Redaktionsverband des Wiener Fremdenblattes ein.

*Werke:* «Das Käthchen von Heilbronn. Ein deutsches Epos» (1873).

*Literatur:* Giebisch – Gugitz / Jaksch / Kosel / Wininger

**MANDL, RICHARD** *geboren* 9. 5. 1859 Proßnitz/Mähren *gestorben* 31. 3. 1918 Wien *begraben* 2. 4. 1918 *Beruf* Komponist *Grabstelle* 49A-22-34 – Gruft für 3 Leichen am Wege

Musikausbildung am Wiener Konservatorium bei F. KRENN. 1879–1883 in Paris, wo er mit DÉLIBA Freundschaft schloß. Danach Rückkehr nach Wien. Heiratete die Pianistin und Lehrerin CAMILLA BARDA (1872–1922). Komponierte Kantaten, Lieder, symphonische Kammermusik, Opern, Ouvertüren, Klavierquintette in sehr persönlichem deutschem und französischem Stil.

*Werke:* «Nächtliche Werbung» (o. J.); «Parthenia» (o. J.); «Hymnus an die aufgehende Sonne» (o. J.).

*Literatur:* BLBL / ÖBL / Wininger / Neue Freie Presse, 4. 4. 1918

**MANNHEIMER, ISAK NOA** *geboren* 17. 10. 1793 Kopenhagen *gestorben* 18. 3. 1865 Wien *begraben* unbekannt *Beruf* «Prediger», Rabbiner, Vorkämpfer der Emanzipation in Österreich *Grabstelle* ursprünglich Währinger Friedhof (Gruppe 5-2) – am 30. 12. 1941 wiederbeerdigt in 6-0-8 – Ehrengrab

Absolvierte eine religiöse wie auch eine humanistische Erziehung. Ab 1808 Besuch der KATHEDRALSCHULE in Kopenhagen, 1814 Matura. Studium (Philosophie, Philologie und orientalische Sprachen; Besuch theologischer Vorlesungen!) an der Kopenhagener Universität. Mit der Emanzipation der Juden in Dänemark 1814, die die Einführung eines staatlichen jüdischen Religionsbuchs, die Anordnung des Religionsunterrichts und die Einführung der gesetzlichen «Confirmation» beinhaltete, erging auch der Befehl für die Kopenhagener jüdische Gemeinde, einen «Katecheten» anzustellen. 23jährig erhält Mannheimer 1816 diese «Katecheten-Anstellung» bei der Kopenhagener Gemeinde. 1821 erstmaliger Besuch von Berlin und Wien, wo er eindrucksvoll in deutscher Sprache predigte. Im Dezember 1821 verließ Mannheimer Wien und kehrte nach Kopenhagen zurück. Kurz darauf rief ihn die Berliner Gemeinde als Nachfolger für die «Predigerstelle» von ZUNZ, wo er kurze Zeit blieb. In dieser Berliner Zeit Kontakte mit den Kreisen um die WISSENSCHAFT DES JUDENTUMS. Nach Niederlegung des Amtes ging er privat nach Hamburg, wo er mit dem REFORMTEMPEL in Hamburg in Berührung kam. Danach versah er «Predigerdienst» in Leipzig. In Leipzig lernte Mannheimer während den Hohen Feiertage den Wiener Großhändler Moritz Lazar Biedermann kennen. Oktober 1825 Anstellung in Wien. Da es noch keine anerkannte Gemeinde gab, erfolgte die Anstellung unter der Berufsbezeichnung «Direktor der Israelitischen Religionsschule» (nach anderen Quellen: «Lehrer an der Wiener k.k. genehmigten öffentlichen Israelitischen Religionsschule»). Am 12. Dezember 1825 Festrede bei der feierlichen Grundsteinlegung des Tempels in der Seitenstettengasse. 9. April 1826 Predigt bei der Einweihung des sogenannten Stadttempels. Auf Mannheimers Initiative 1826 Einführung von Sterbe- und Trauungsbüchern, die dann 1831 seitens der Landesregierung und 1837 auf Anordnung des Kaisers verordnet wurden. Ab 1828 fungierte Mannheimer als Prediger. 1848 Reichstagsabgeordneter der Stadt Brody. 1848 Teilnahme und Predigt am ökumenischen Begräbnis der Märzgefallenen, an dem auch Salomon Sulzer teilnahm. Sein Verdienst: Ausgleich und Kompromiß in der Frage der Gestaltung und des liturgischen Ablaufs des Gottesdienstes (Liturgiereform) zwischen Orthodoxie und Reform sowie Verhinderung einer Spaltung insbesondere in den achtziger und neunziger Jahren. Trotz Reformfreudigkeit: Ablehnung der Orgel, Beibehaltung der hebräischen Sprache, jedoch Akzeptanz der Predigt in deutscher Sprache. Einführung des Wiener (oder Mannheimer) Ritus.

HINWEIS zu Grabstelle und Sarkophag: *Im Jerusalemer «Zentralarchiv für die Geschichte des Jüdischen Volkes» konnten die dem damaligen Kultusvorstand vorliegenden Pläne für das Mannheimer-Grabmal aufgefunden werden. 7. März 1866 «Steinsetzung» (i. e. Enthüllung des Steines/Grabmals in einer liturgischen Zeremonie) auf dem Währinger Friedhof. Tragischerweise ist das Material (Ehrensarkophag auf Bestellung der damaligen Kultusgemeinde) aus Mauthausener Granit. Dezember 1941 Umbettung (samt Sarkophag), als die Nazis auf einem Teil des Währinger Israelitischen Friedhofs einen «Löschwasserteich» anlegten, 2008 Gräber zerstörten und etwa 500 Personen zu Pseudovermessungszwecken exhumierten.*

*Werke:* «Festgebete der Israeliten nach der gottesdienstlichen Ordnung im israelitischen Bethaus zu Wien» (1873); «Gebete der Israeliten» (1856); «Gottesdienstliche Vorträge» (1834);

«Worte des Trostes – Jesaias Kap. 42, 1–4» (1835); «Der Monotheismus in seiner praktischen Bedeutung» (1858).

*Literatur:* Drabek / EJ (D) / EJ (E) / Heilige Gemeinde Wien / JE / JL / Lohrmann

**MARILLES, SIMON** *geboren* unbekannt *gestorben* unbekannt – 63 Jahre *begraben* 1. 2. 1915 *Beruf* Rabbiner *Grabstelle* 52-49-70 – fromme Abt.

**MARMOREK, ALEXANDER** *geboren* 19. 2. 1865 Mielnica/Galizien *gestorben* 19. 2. 1921 Paris *begraben* unbekannt *Beruf* Arzt, Bakteriologe *Grabstelle* 20-17b-5

Aktiver Zionist, gehörte zum Freundeskreis von THEODOR HERZL. Mitglied der Studentenverbindung KADIMAH. Medizinstudium an der Universität Wien. Danach befaßte er sich unter PROF. CHROBA an der Geburtshilfeklinik besonders mit dem Wochenbettfieber und dem Problem der Sepsis. Wies als einer der ersten auf die Abwehrfunktion der Lymphdrüsen hin, wodurch PASTEUR auf ihn aufmerksam wurde und ihn 1893 an sein Institut berief. Dort wurde Marmorek «Chef de laboratoire». Während des Ersten Weltkriegs Arzt in Osteuropa. 1903 Entwicklung eines Antistreptokokkenserums gegen Scharlach, das sich später als nutzlos erwies. Arbeitete auch an der Bekämpfung der Tuberkulose und erfand ein Serum. 1920 über Genf Rückkehr nach Paris, wo er an der Bekämpfung des Typhus und der Zuckerkrankheit arbeitete. Während der englischen Mandatszeit und nach der BALFOUR DECLARATION betonte er, daß die englische Mandatsherrschaft nicht die Erfüllung der Idee THEODOR HERZLS sei. Vorsitzender der französischen Zionisten und einer der Mitbegründer der Monatsschrift L'ECHO SIONISTE.

*Werke:* «Der Streptococcus und das Antistreptokokkenserum» (1895).

*Literatur:* EJ (E) / JL / ÖBL / Wininger

**MARMOREK, OSKAR** *geboren* 9. 4. 1863 Skala/Galizien *gestorben* 7. 4. 1909 Wien (Suizid am Grab seines Vaters) *begraben* 9. 4. 1909 *Beruf* k.k. Baurat, Architekt, Redakteur *Grabstelle* 20-17b-5

1885 Abschluß der Technischen Universität Wien. Studienreise nach Paris. Erste Erfolge, als seine Entwürfe für das Wiener Cottageviertel bekannt werden. Berief an der Seite von THEODOR HERZL und MAX NORDAU den 1. ZIONISTEN-

Kongress in Basel ein. 1898–1905 im engeren Aktionskomitee. Gründer und Mitarbeiter der Welt. Mitglied der zionistischen El Arish-Expedition. Sprecher und Kandidat der Zionisten bei den ersten Kultuskämpfen in Wien. 1904 im Vorstand der Wiener Kultusgemeinde. Mitbegründer und Vorstandsmitglied des Jüdischen Kolonisationsvereins. Ab 1906 Hauptzielscheibe radikaler jungzionistischer Angriffe. Große Erfolge als Chefarchitekt für Großausstellungen wie die Wiener Musik- und Theaterausstellung 1892. Zu seinen Werken zählen: 1895 Prater-Vergnügungsetablissement Venedig in Wien, 1896 Palais Egydi in Budapest, 1896 Oes Budavára (Pavillon für die Weltausstellung). 1898 der Nestroyhof (1020 Wien, Praterstraße 34 = Nestroyplatz 1 = Tempelgasse 1 = Czernigasse 2), 1902 Rüdigerhof (1050 Wien, Hamburger Straße). 1902 Wohnhaus, Windmühlgasse 4, 1060 Wien, Florianigasse 4, 1080 Wien, Synagoge im 19. Bezirk, Sanatorium Zuckermantel am Semmering. Publizierte in verschiedenen Kunstzeitungen und in der Neuen Freien Presse. Herzl verewigte ihn in der Gestalt des Architekten Steineck in «Altneuland». Brüder waren: der Mediziner Alexander Marmorek und der Journalist Schiller Marmorek ( 10. 12. 1880 Wien – 5. 12. 1943 New York), der seinen Namen aufgrund der Schiller-Verehrung des Vaters erhielt. Er publizierte unter dem Pseudonym Roberts Peter.

*Werke:* «Werke und Concurrenzen in Österreich und Ungarn» (1895)

*Literatur:* Eisenberg / Gaisbauer (1988) / Kohut / Kosel / ÖBL / Ögg / Thieme – Becker / Wagner-Rieger / Wininger

**MAUTHNER, ABRAHAM** *geboren* unbekannt *gestorben* unbekannt – 77 Jahre *begraben* 17. 5. 1881 *Beruf* Religionslehrer *Grabstelle* 7-5-66

**MAUTHNER, HANS RITTER VON** *geboren* 19. 12. 1866 *gestorben* 12. 8. 1933 *begraben* unbekannt *Beruf* Rechtsanwalt *Grabstelle* 6-1-7 – Gruft für 6 Leichen in der Zeremonienallee Philipp Ritter von Mauthner

**MAUTHNER, JULIUS** *geboren* 26. 9. 1852 Wien *gestorben* 28. 12. 1917 Wien *begraben* 30. 12. 1917 *Beruf* Regierungsrat, Universitätsprofessor für medizinische Chemie *Grabstelle* 6-1-5 – Gruft für 9 Leichen MAX MAUTHNER – Seitenweg

Ab 1870 Medizinstudium in Wien. 1879 Dr. med., 1881 Habilitation und Privatdozent für medizinische Chemie. 1885 a. o. Prof., 1889 Regierungsrat und Mitglied der KÖNIGLICH LEOPOLDINISCH-KAROLINISCHEN DEUTSCHEN AKADEMIE DER NATURFORSCHER in Halle. 1913 o. Prof. der angewandten medizinischen Chemie an der Universität Wien. Tod durch einen Straßenbahnunfall.

*Literatur:* Eisenberg / Fraenkel / Lesky / ÖBL / Wininger

**MAUTHNER, LUDWIG** *geboren* 13. 4. 1840 Prag *gestorben* 20. 10. 1894 Wien *begraben* unbekannt *Beruf* Universitätsprofessor, Ophthalmologe *Familie* Bruder von JOSEF, MAX und PHILIPP MAUTHNER *Grabstelle* 8-1-44 – Gruft für 3 Leichen in der Zeremonienallee

Mathematik- und Medizinstudium an der Universität Wien, 1861 Dr. med., bis 1864 Studienreisen durch mehrere westeuropäische Städte (Berlin, Utrecht, London, Paris). 1864 Privatdozent, 1866 Assistent bei E. V. JAEGER, der ihn als Genie bezeichnete. 1869–1877 Ordinarius für Augenheilkunde an der Universität Innsbruck. 1877 Privatdozent an der Universität Wien. 1894 Vorstand der Augenabteilung der Allgemeinen Poliklinik. 1893 stellvertretender Direktor ebenda. 1894 a. o. Prof. und Vorstand der I. Augenklinik. Hervorragender Operateur sowie geschätzter Fachmann auf dem Gebiet der Ophthalmoskopie, der Refraktionslehre und Lähmung des Augenmuskels. Nach ihm ist die «Mauthnersche Membran» benannt. Führte die Sklerotomie bei Glaukom ein. Denkmalsbüste im Arkadenhof der Universität (Enthüllung 19. 3. 1899, Bildhauer: RUDOLF WEYER).
*Werke:* «Lehrbuch der Ophthalmoskopie» (1868); «Vorträge aus dem Gebiet der Augenheilkunde», 2 Bde. (1878–1889); «Farbenlehre» (²1894); «Diagnostik und Therapie der Augenmuskellähmung» (²1889).

*Literatur:* Bamberger – Maier-Bruck / BLBL / Chapner / I. Fischer / Fraenkel / Kohut / Lohrmann / Loyklicky / ÖBL / Wininger / Neue Freie Presse, 21. 10. 1894 / Wiener klinische Wochenschrift, Jg. 7 (1894), S. 820 f. (mit Werkverzeichnis)

**MAUTHNER, PHILIPP RITTER VON** *geboren* 25. 12. 1835 Prag *gestorben* 28. 11. 1887 Wien *begraben* unbekannt *Beruf* Hof- und Gerichtsadvokat, Vorstandsmitglied der Israelitischen Kultusgemeinde *Familie* Bruder von Josef, Ludwig und Max Mauthner *Grabstelle* 6-1-7 – Gruft für 6 Leichen in der Zeremonienallee

1859 Dr. jur. an der Universität Wien. 1863 Advokatenprüfung. 1868 Ernennung zum Advokaten. Hervorragender Verteidiger. Spätere Tätigkeit: Bank und Bankangelegenheiten. Bedeutende Rolle bei der Verstaatlichung der Eisenbahn. 1878–1887 im Ausschuß der Niederösterreichischen Advokatenkammer, ab 1887 Vizepräsident. Setzte sich für die Freiheit der Advokatur ein. Eintreten gegen die Wiedereinführung des Numerus clausus. Verwaltungsrat der k.k. priv. Kaiser-Ferdinand-Nordbahn und der k.k. priv. Österreichischen Creditanstalt für Handel und Gewerbe. 1887 Nobilitierung.

*Literatur:* Kyffhäuser / ÖBL

**MEKLER, SIEGFRIED** *geboren* 1. 3. 1852 Wien *gestorben* 16. 10. 1912 Wien *begraben* 18. 10. 1912 *Beruf* Gymnasialprofessor, Universitätsdozent für klassische Philologie, Schriftsteller *Grabstelle* 50-2-29

1870–1873 Studium der klassischen Philologie an der Universität Wien mit Abschluß Lehramtsprüfung Latein und Griechisch. 1881 Dr. phil. 1887–1895 am Döblinger Gymnasium. 1895–1910 am Elisabeth-Gymnasium, Wien 5, 1886 Habilitation. Danach textkritische und herausgeberische Tätigkeit besonders auf dem Gebiet der klassischen Tragödie. Aktivität in Jugend- und Volksbildung.

*Werke:* «Das Leben des Aristoteles und seine Philosophie – mit Rücksicht auf die Wissenschaft des alten hebräischen Schrifttums aus den Zeiten der Bibel, der Mischna und des Talmud» [hebr.] (1883); «Simoth ajin – oder Blicke in die Urgeschichte des israelitischen Volkes» [hebr.] (1861); «Kritische Beiträge zu Euripides und Sophokles» (1879); «Exegetisch-kritische Beiträge zu den Fragmenten der griechischen Tragödie» (1903); «Hellenistisches Dichterbuch» (1912); «Euripidea. Textkritische Studien» (1879).

*Literatur:* ÖBL / Kürschner / Neue Freie Presse, 19. 10. 1912

**MODERN, JAKOB** *geboren* 20. 6. 1838 Preßburg *gestorben* unbekannt *begraben* 11. 9. 1912 *Beruf* Architekt *Grabstelle* 49-1-89 – am Wege

Schüler der Wiener Technischen Hochschule, danach der Wiener Technischen Akademie unter VON SICCARDSBURG. Entwurf einer großen Anzahl von Privatbauten in und außerhalb Wiens

*Literatur:* Kosel / Kortz

**MODLINGER, SAMUEL** *geboren* 28. 12. 1828 Lemberg *gestorben* 13. 6. 1898 Wien *begraben* 15. 6. 1898 *Beruf* «Schriftsteller (jüd.)» (so die Karteikarte des IKG-Friedhofsamtes), Kritiker, Privatgelehrter *Grabstelle* 8-3-5

**MOOR, JAKOB** *geboren* unbekannt *gestorben* unbekannt – 82 Jahre *begraben* 18. 1. 1904 *Beruf* Privatier *Grabstelle* Gruft für 3 Leichen in der Zeremonienallee

**MORAWITZ, KARL RITTER VON** *geboren* 9. 3. 1846 Trietsch/Mähren *gestorben* 12. 1. 1914 Wien *begraben* unbekannt *Beruf* «Profident», Präsident der ANGLO-ÖSTERREICHISCHEN BANK *Grabstelle* 52A-14-11 – Gruft für 6 Leichen an der Mauer

Absolvierte die Handelsakademie in Prag. Tätigkeit bei verschiedenen Banken. 1868 Korrespondent der BANQUE DE PARIS ET DES PAYS BAS. 1870 bei der BANQUE IMPÉRIALE OTTOMANE in Paris Sekretär bei M. HIRSCH. Organisierte diese Bank neu, war an Finanzierung und Bau der türkischen Eisenbahnen beteiligt. Finanzdirektor und Verwaltungsrat der Gesellschaft der ottomanischen Eisenbahnen sowie der BANQUE PARISIENNE. 1885 Umzug nach Wien. 1893 Generalrat der ANGLO-ÖSTERREICHISCHEN BANK, 1906 Präsident. Hatte weitreichende Beziehungen zu sämtlichen großen englischen und französischen Banken sowie zu den türkischen Machthabern. 1913 Nobilitierung.
*Werke:* «Les finances de la Turquie» (1902); «Aus der Werkstatt eines Bankmanns» (1913); «50 Jahre Geschichte einer Wiener Bank» («Anglo-Österreichische Bank») (1913).

*Quelle:* Archivmaterial

**MORAWITZ, MORITZ** *geboren* 19. 4. 1832 Trietsch/Mähren *gestorben* 9. 9. 1909 *begraben* 12. 9. 1909 *Beruf* Eisenbahntechniker, Ingenieur, Regierungsrat *Grabstelle* 20-21-86 – vis-à-vis der Mauer

Studium an der Technischen Hochschule Wien. Danach Tätigkeit als Techniker beim Bau mehrerer österreichischer Eisenbahnlinien. 1868–1872 Bauleiter der Nordwestbahnstrecke Wien–Jedlesee. 1876–1879 Generaldirektor der Kronprinz-Rudolf-Bahn. Schließlich Präsident der Wiener Tramwaygesellschaft. Sachverständiger im Verwaltungsrat vieler Firmen. Fachschriftsteller.

*Werke:* «Die Straßen- und Eisenbahn-Curve-Formeln und Tabellen zum Behufe des Bogenstreckens» (1858); «Studien über Eisenbahnen im Kriege» (1871); «Die Donaubrücke der österreichischen Nordwestbahn» (1872).

*Literatur:* ÖBL / Neue Freie Presse, 10. 9. 1909 / Wiener Zeitung, 10. 9. 1909

**MOSÉ, ALBERT** *geboren* 1835 Warasdin *gestorben* 4. 3. 1903 Wien *begraben* 6. 3. 1903 *Beruf* akad. Maler *Grabstelle* 19-56-48 – vis-à-vis der kath. Abt.

Studium an der k.k. Akademie bei Prof. Blaas und Prof. Geiger. Studienreisen nach Italien. Bevorzugte Genremalerei und Porträts. Komponierte mehrere Walzer, die bei Künstlerfesten im Wiener Künstlerhaus zur Aufführung gelangten.

*Literatur:* BLBL / Eisenberg / Kosel

**MOSER (-SLONITZ), JOSEF** *geboren* 3. 8. 1864 Prag *gestorben* 19. 6. 1936 Wien *begraben* 23. 6. 1936 *Beruf* Hofburgschauspieler *Grabstelle* 8-39-39

1891 Mitglied des Burgtheaters. 7. 4. 1926 Ehrenmitglied des Burgtheaters.

*Literatur:* Eisenberg / Planer

**MÜLLER, BERNHARD** *geboren* unbekannt *gestorben* unbekannt *begraben* 12. 6. 1884 *Beruf* Maler *Grabstelle* 8-20-68

**MÜLLER, DAVID HEINRICH VON** *geboren* 6. 7. 1846 Buczacz/Galizien *gestorben* 21. 12. 1912 *begraben* 24. 12. 1912 *Beruf* k.k. Hofrat, Südarabienforscher, Semitist, Professor an der Universität und an der Israelit.-theolog. Lehranstalt *Grabstelle* 20-1-31– Ehrengrab in der Zeremonienallee

Begründer der Südarabienforschung. Studium am Jüdisch-Theologischen Seminar in Breslau. Ab 1872 Stu-

dium der semitischen Philologie in Wien, 1875 Promotion, 1876 Habilitation für semitische Sprachen und Privatdozent. 1881 a. o. Prof. für semitische Sprachen an der Wiener Universität, 1885 o. Prof. Mitbegründer und Vorstand des ORIENTALISTISCHEN INSTITUTS, Mitredakteur der WIENER ZEITSCHRIFT FÜR DIE KUNDE DES MORGENLANDES. Ab 1889 korrespondierendes Mitglied der Kaiserlichen Akademie der Wissenschaften und kurz vor Beginn seiner Südarabienexpedition (1888/89) ordentliches Mitglied. Neben botanischem, zoologischem und völkerkundlichem Material brachte er auch jüdische Grabsteine aus dem Südjemen mit nach Wien, die er dem damaligen Jüdischen Museum (2., Malzgasse 16) übergab. Wie der Großteil des Bestandes dieses Museums gelten auch diese Grabsteine seit 1945 als verschollen. Sein Sohn STEFAN VON MÜLLER, in den dreißiger Jahren Mitbesitzer und Chefredakteur der NEUEN FREIEN PRESSE, verübte nach dem «Anschluß» und dem Einmarsch der Hitlertruppen 1938 Suizid. David Heinrich von Müllers Nobilitierung erfolgte einen Tag vor seinem Tod.
*Werke:* «Al-Hamdanis. Geographie der arabischen Halbinsel nach den Handschriften von Berlin, Constantinopel, London, Paris und Straßburg», 2 Bde. (1884–1891).

*Literatur:* EJ (E) / Fraenkel / Janata / JL / Kohut / Meister / ÖBL / Wininger

**MÜNZ, BERNHARD** *geboren* 2. 6. 1857 Leipnik/Mähren *gestorben* 13. 3. 1921 Wien *begraben* 15. 3. 1921 *Beruf* Journalist, Redakteur, Schriftsteller *Grabstelle* 51-2-10

Redakteur des NEUEN WIENER TAGBLATTS, Vizepräsident des Journalisten- und Schriftstellerverbands CONCORDIA. Verdienste um den Aufbau einer Witwen- und Waisenversorgung der CONCORDIA.

*Literatur:* ÖBL

**NATZLER, LEOPOLD** *geboren* 17. 6. 1860 Wien *gestorben* 3. 1. 1926 Wien *begraben* 10. 1. 1926 – Urne *Beruf* Komponist, Schauspieler *Grabstelle* 7-3-8A

1879 Debüt am STADTTHEATER MARBURG. Danach Engagements in Marburg, Oldenburg, Berlin, 1884–1886 Graz, 1886–1888 Brünn, 1888–1891 THEATER AN DER WIEN, 1891–1893 JOSEFSTÄDTER THEATER, 1893–1901 RAIMUNDTHEATER. Gastspiele 1902–1903 am CARL-THEATER,

1903 am Theater an der Wien. 1906 gründete er zusammen mit seinem Bruder Siegmund im Keller des Theaters an der Wien eines der ersten Wiener Kabaretts, Die Hölle, wo u.a. Leo Falls «Brüderlein fein» und H. Reinhardts «Süße Grisetten» uraufgeführt wurden. 1911 pachteten die Brüder das Sommertheater Venedig in Wien im Prater. Komponist von Märschen. Zuletzt im Bankgeschäft tätig.

*Literatur:* Eisenberg / Kosel / ÖBL / Ögg / Neue Freie Presse, 4. 1. 1926 / Neues Wiener Journal, 4. 1. 1926 / Neues Wiener Tagblatt, 4. 1. 1926

**NEUDA, MORITZ** *geboren* 22. 11. 1894 Loschitz/Mähren *gestorben* 4. 2. 1917 Wien *begraben* 7. 2. 1917 *Beruf* Redakteur der Neuen Freien Presse *Grabstelle* 52-30-39

Langjähriger Mitarbeiter der Neuen Freien Presse, u.a. als Gerichtssaal-Berichterstatter. In einer Gedichtesammlung seiner Gattin Lili Halpern Neuda heißt es über ihn: «Dein Geist war leidenschaftlich erst / und neigte voll und ganz / untrüglich, unbeirrbar, bis ins Feinste wägend / treu dem Rechte zu. / Ein weises, menschlich tiefes Richterfühlen hattest Du.»

*Literatur:* Heuer / Jaksch / Ögg / Neue Freie Presse, 4. 2. 1917

**NEUMANN, ALEXANDER** *geboren* 2. 8. 1856 Wien *gestorben* 5. 10. 1903 Wien *begraben* 8. 10. 1903 *Beruf* Operettenkomponist, Kaufmann *Grabstelle* 19-1-26 – Gruft für 3 Leichen in der Zeremonienallee

Vereinsfunktionär, Fabriksteilhaber. Präsident des Wiener Schachklubs. Führte den Verein zu großer Blüte. Mitveranstalter des Jubiläums-Schachturniers 1898 in Wien. Mitbegründer der Wiener Schachzeitung.

*Literatur:* ÖBL

**NEUMANN, ISIDOR (EDLER) VON HEILWART** *geboren* 2. 3. 1832 Mißlitz/Mähren *gestorben* 31. 8. 1906 Vöslau *begraben* 2. 9. 1906 *Beruf* k. u. k. Hofrat, Universitätsprofessor für Dermatologie *Grabstelle* 50-1-68 – Gruft für 3 Leichen in der Zeremonienallee

Während seines Medizinstudiums in Wien Erzieher in einem aristokratischen Haus. 1858 Promotion zum Dr. med., 1859 Assistent Hebras, des Begründers der wissenschaftlichen Dermatologie. 1862 Habilitation und Berufung als Privatdozent für Dermatologie und Syphilis. 1873/1874 Anstellung als Primararzt des Städtischen Blatternspitals Zwischenbrücken bei Wien, in dem ausschließlich Blattern behandelt wurden. 1875 a. o. Prof., ab 1881 Leiter der Klinik und der Abteilung für Syphilis. 1893 o. Prof., 1894 Hofrat. 1903 erreichte er gemeinsam mit Moritz Kaposi, daß die Fächer Dermatologie und Syphilologie für die Medizinerausbildung verbindlich wurden. Zeit seines Lebens galt Neumann als Organisationstalent. Seine Zuständigkeit als erster Berater in sanitären und hygienischen Fragen der Reichsländer bringt ihm im Zuge seiner Nobilitierung den Adelstitel von Heilwart. Nach ihm, ihrem Entdecker (1886), benannt ist die sogenannte «Neumannsche Krankheit» (Pemphigus vegetans). *Werke:* «Lehrbuch der Hautkrankheiten» (1868); «Klinische Vorlesungen über Lepra» (1877); «Atlas der Hautkrankheiten» (1881); «Lehrbuch der Syphilis» (1889).

*Literatur:* Casaretto / EJ (E) / I. Fischer / Gold (1929) / Grünfeld / JL / Kohut / Liga / ÖBL / Wininger

**NEUMANN, WILHELM** *geboren* unbekannt *gestorben* unbekannt – 66 Jahre *begraben* 16. 6. 1909 *Beruf* Redakteur *Grabstelle* 53b-7-24

**NIRENSTEIN-KALLIR, ALEXANDER** *geboren* unbekannt *gestorben* unbekannt – 70 Jahre *begraben* 25. 1. 1918 *Beruf* Privatier *Grabstelle* 5b-1-7

**OFNER, JULIUS** *geboren* 20. 8. 1845 Horschanz *gestorben* 26. 9. 1924 Wien *begraben* 5. 10. 1924 *Beruf* Jurist, Reichsratsabgeordneter, freiheitlicher Politiker *Grabstelle* 52A-1-22 – Ehrengrab (der IKG-Wien) in der Zeremonienallee – Urne (Aufbewahrung und Einäscherung auf Kosten der Gemeinde Wien!)

Erwarb sich in seiner Tätigkeit als österreichischer «Sozialpolitiker» große Verdienste um die soziale und gesellschaftliche

Besserstellung der Arbeiterinnen und Arbeiter. Jurastudium an den Universitäten Prag (1863–1865) und Wien (1865–1869). 1869 Promotion, ab 1877 Hof- und Gerichtsadvokat. Ab 1889 Herausgabe der Protokolle zum «Allgemeinen Bürgerlichen Gesetzbuch». 1896 Wahl in den niederösterreichischen Landtag. 1901–1918 Reichsratsabgeordneter, vertrat dort 1907–1918 als Mitglied der Deutsch-Freisinnigen die Wiener Leopoldstadt. 1913 Mitglied des Reichsgerichts. 1919 ständiger Referent des Verfassungsgerichtshofs. 1919 Mitglied der Nationalversammlung, wo er sich vor allem für die Rechte der Frauen engagierte und zu den Begründern der Demokratischen Partei gehörte. Vizepräsident der Wiener Rechtsanwaltskammer nach dem Ersten Weltkrieg. Zudem versuchte er das Elend der ersten Jahre nach dem Ersten Weltkrieg durch die Schaffung diverser Wohlfahrtsorganisationen zu mildern. Er schuf das Schlagwort «Recht und Arbeit», wirkte entschieden für die Verabschiedung von Gesetzen wie «Verbot der Kinderarbeit», «Allgemeine Zulassung von Frauen als Vormund», «Zulassung von Frauen zu bestimmten Berufen», «Herabsetzung des Volljährigkeitsalters», «Automobilhaftpflicht», «Fürsorge für entlassene Sträflinge» etc. Nach ihm benannt ist die «Lex Ofner», durch die die Schadensgrenze bei Eigentumsdelikten herabgesetzt wurde.
«Meiner Überzeugung, daß die naturwissenschaftliche Forschung nach allgemeinen Gesetzen durch Beobachtung und Versuch auch auf die Rechts- und Sozialwissenschaft anzuwenden sei, und daß Arbeit und Humanität die Grundlagen der heutigen Rechtsordnung zu bilden haben, dienen meine Schriften.»
Am 9. 7. 1932 wurde zu Ehren Ofners in der Leopoldstadt auf der Höhe Taborstraße 26 ein Denkmal enthüllt, das 1943 durch die Nazis entfernt wurde. 1948 wurde das Denkmal provisorisch wiederaufgestellt und am 3. 6. 1954 endgültig wiedererrichtet. 1925 wurde – ebenfalls in der Leopoldstadt – eine Gasse nach Ofner benannt.
Inschrift auf dem Grabstein: «Ein Mensch, der nichts als Mensch sein wollte».
*Werke:* «Die neue Gesellschaft und das Heimstättenrecht» (1886); «Der Grundgedanke des Weltrechts» (1889); [zusammen mit Bernhard Thorsch] «Das österreichische Gesetz über

Ges.m.b.H.» (1907); «Das Recht auf Arbeit» (1885); «Das Recht des Anderen, erläutert am Schutz des Dritten» (1902); «Das Recht zu leben» (1884); «Soziales Recht» (1918); «Das soziale Rechtsdenken» (1923); «Rechtstheorie und historische Schule» (1888); «Der Urentwurf und die Beratungsprotokolle des österreichischen allgemeinen bürgerlichen Gesetzbuches» (1889).

*Literatur:* Bamberger – Maier-Bruck / Heuer / Javorsky / JL / Kosel / Liga / Markl (1961) / ÖBL / Wininger

**OPPENHEIMER, JOSEF** *geboren* unbekannt *gestorben* unbekannt – Sterbeort: Baden *begraben* 15. 7. 1900 *Beruf* Journalist *Grabstelle* 8-62-64 – vis-à-vis der kath. Abt.

**OPPENHEIMER, LUDWIG** *geboren* 1829 Preßburg *gestorben* 27. 1. 1903 Wien *begraben* 27. 1. 1903 *Beruf* Musikschriftsteller, Journalist *Grabstelle* 19-56-46 – vis-à-vis der kath. Abt.

**ORNSTEIN, JAKOB** *geboren* unbekannt *gestorben* 12. 5. 1939 – 80 Jahre *begraben* 14. 5. 1939 *Beruf* Rechtsanwalt, Präs. der IKG *Grabstelle* 51-4-38

**ORNSTEIN, RICHARD** *geboren* unbekannt *gestorben* unbekannt – 42 Jahre *begraben* 8. 5. 1932 – Urne *Beruf* Verleger *Grabstelle* 5b-15-25 / II. Abt.

**OSER, JOHANN** *geboren* 31. 12. 1836 Nikolsburg/Mähren *gestorben* 1. 4. 1889 Wien *begraben* 3. 4. 1889 *Beruf* Musikdirektor, Komponist *Grabstelle* 50-10-12

Seit 1863 Orchesterdirigent in Wien. Neun Jahre Mitglied und später Kapellmeister der Kapelle KAILICH. Fünfzehn Jahre Auftritte im SPERL und anderen Volksbelustigungsorten. 1885 Konzertreise mit seiner Truppe nach England. Komponierte 1873 die berühmte «Krach-Polka».

*Literatur:* Eisenberg

**PAHLEN, RICHARD** (eigentlich Richard Pollak) *geboren* 29. 8. 1874 Wien-Hütteldorf *gestorben* unbekannt *begraben* 4. 11. 1914 *Beruf* Tonkünstler, Pianist, Komponist *Familie* Vater des Musikschriftstellers und Dirigenten Kurt Pahlen *Grabstelle* 7-1-25 – Gruft für 6 Leichen in der Zeremonienallee Alois Pollak

Korrepetitor und Klavierbegleiter vieler Größen seiner Zeit.

*Literatur:* Kosel / ÖBL / Ögg

**PANETH, JOSEF** *geboren* 6. 10. 1857 Wien *gestorben* 4. 4. 1890 Wien *begraben* 15. 4. 1890 *Beruf* Physiologe *Grabstelle* 20-2-64

Studium in Heidelberg und Wien. 1879 Dr. med. an der Universität Wien. Danach an der I. Chirurgischen Klinik unter Billroth, dann am Physiologischen Institut in Wien und Breslau. 1886 Habilitation und Dozentur für Physiologie. Wissenschaftliche Hauptgebiete: Histologie, Nervenlehre und Sekretionslehre. Seinen Namen tragen die oxyphilen Körnchenzellen, Drüsenzellen mit azidophilen Granula am Grund der Lieberkühnschen Krypten des Dünndarms: «Panethsche Granula».

*Literatur:* I. Fischer / Hajek / Lesky / ÖBL / Wörterbuch der Medizin / Wiener medizinische Zeitung, Jg. 35 (1890), S. 9 / Wiener klinische Wochenschrift, Jg. 3 (1890), S. 59

**PAPA, MICHAEL «CHACHAM BASCHI»** *geboren* 1843 Sarajewo *gestorben* 29. 1. 1918 Wien *begraben* 1. 2. 1918 *Beruf* Rabbiner der türkisch-sephardischen Gemeinde *Grabstelle* 52A-1-37

Chacham Baschi der «türkischen» Gemeinde in Wien. Übersetzte eine «Geschichte der Wiener Türkischen Gemeinde» des ersten Sekretärs der Gemeinde, Adolf Zemlinskys, ins Spaniolische (1888). Zu seinen Werken gehört auch ein Konversationsbuch für Sephardim, die nach Österreich und in andere deutschsprachige Länder reisten. Der damalige türkische Sultan Abdul Hamid übermittelte Michael Papa und dem Oberkantor Jehuda Bauer (s. Tor IV) zur Einweihung des Türkischen Tempels 1888 eine in Familienbesitz noch erhaltene goldene Taschenuhr als Geschenk, auf der Szepter, Krummsäbel und die Initialen A. H. abgebildet

*Der berühmte rote Jugendstilsarkophag der Familie Pollak (sign.: Gurschner). Im Frühjahr 1992 wurde von Unbekannten völlig unsachgemäß eine Inschriftentafel angebracht, die zudem noch ein Kreuz (!) trägt. Grabstelle 20-1-60*

*Die Tochter des Saul Pineles (gest. 1903), die Malerin Broncia Koller beauftragte Koloman Moser 1903/04 mit der Errichtung des Grabmals der Familie Pineles. Grabstelle 51-8-8*

*Vom jüdischen Architekten Wilhelm Stiassny wurde die Familiengruft des Wiener Zweiges der Familie Rothschild errichtet. Grabstelle 6-29-49/51*

*Als enger Freund von L. A. Frankl und Lenau ist Dr. Moritz Rappaport (gest. 1880) noch heute bekannt. Grabstelle 6-1-2/3*

*Das Grabmal der Familie Schlesinger (Architekt: Josef Maria Olbrich) wurde 1990 unsachgemäß renoviert. Grabstelle 7-1-24*

sind. Interessant ist auch die Begebenheit anläßlich eines runden Jubiläums von Oberrabbiner Papa. Damals wollte der Vorstand des TÜRKISCHEN TEMPELS ihm den Titel Oberrabbiner verleihen, wozu der damalige Wiener Oberrabbiner MORITZ GÜDEMANN seine Zustimmung hätte geben müssen. Eine Abordnung besuchte GÜDEMANN, der sich das Anliegen anhörte. Dann fragte er: «Wo wohnt Euer Rabbiner Papa, und was verdient er?» Man gab zur Antwort, daß Rabbiner Papa in der Novaragasse im 2. Wiener Gemeindebezirk wohne und soundsoviel verdiene. GÜDEMANN gab zur Antwort, daß er erst dann zustimmen werde, wenn Rabbiner Papa eine vom Vorstand des Türkischen Tempels angewiesene bessere Wohnung besserer Adresse besitze und das Salär angemessen hoch sei. Der Vorstand des Türkischen Tempels sprach nie mehr bei GÜDEMANN in dieser Angelegenheit vor. Man verlieh Michael Papa kurzerhand den Titel CHACHAM BASCHI.

*Literatur:* Fraenkel / Wininger / mündliche Mitteilungen von Frau Luise Papo, Wien

**PAPO, MANFRED** *geboren* 17. 10. 1898 Wien *gestorben* 14. 5. 1966 (nach der Karteikarte des IKG-Friedhofsamts 15. 5. 1966) *begraben* 17. 5. 1966 *Beruf* Rabbiner der türkisch-sephardischen Gemeinde *Grabstelle* 52A-1-37

1917 Matura. Sechs Tage später als Einjährig-Freiwilliger eingezogen. 1918–1922 Jurastudium, danach semitische Sprachen, Literatur und klassische Philologie. 1919/1920 Lehrer und Leiter der RELIGIONSSCHULE DER TÜRKISCHEN ISRAELITEN in Wien. 1919–1925 Hilfsprediger der sephardischen Gemeinde. 1920–1922 Hilfslehrer im Realgymnasium Schwarzwald und im Mädchen-Lyzeum. 1922 am Mädchen-Lyzeum Mödling. 1922/1923 Lehrer an der ISRAELITISCHEN RELIGIONSSCHULE. 1922 Dr. phil., 1925 Rabbinerdiplom. 1923–1925 Lehrer an verschiedenen Mittelschulen. 1925–1928 Landesrabbiner von Salzburg, gleichzeitig Mitarbeiter der jüdischen Erwachsenenbildung in Wien. In den dreißiger Jahren Präsident des VERBANDES DER ISRAELITISCHEN RELIGIONSLEHRER AN WIENER MITTELSCHULEN. 1934–1938 Rabbiner von St. Pölten. 1938 Verhaftung und Deportation nach Dachau. März 1939 Emigration nach Großbritannien. 1942–1944 Prediger der WITHINGTON CONGREGATION OF SPAnish and Portuguese Jews in Manchester. 1944–1964 Rabbiner der Sephardi Hebrew Congregation of Rhodesia in Salisbury und Leiter der Sephardischen Religionsschule Salisbury. 1964 Pensionierung und Rückkehr nach Wien. 1964–1966 Tätigkeit als Religionslehrer an der Sammelstelle für Gymnasiasten des Wasagymnasiums sowie Prediger an den Hohen Feiertagen.

*Werke:* «Die sexuelle Ethik im Koran in ihrem Verhältnis zu seinen jüdischen Quellen» ( 1925 = Diss.); «Sha'are Torah» (1932); «Sha'are Tehila u-Nevuah» (1933); «Sha'are Limud» (1947–1948); «Geschichte der sephardischen Gemeinde Wien» (o. J.).

*Literatur:* Fraenkel / Schneidermann-Carmin / biographische Angaben von Frau Luise Papo, Wien

**PERLES, MORITZ** *geboren* 25. 12. 1844 Prag *gestorben* 25. 3. 1917 Zittau *begraben* unbekannt – Urne aus Zittau *Beruf* k.k. Hof-Buchhändler, Buchhändler, Verleger *Grabstelle* 53b-28-4 – Gruft für 3 Leichen am Wege

Buchhändlerlehre bei angesehenen Verlagen in Prag, Wien und Mannheim. Ab 1866 im eigenen Verlag Herausgabe des «Adreßbuchs für den österreichischen Buch-, Kunst- und Musikalienhandel». 1869 eigene Buchhandlung und Kalenderverlag in Wien. 1870 Zweigniederlassungen in Leipzig und Eröffnung eines Kriegskartenverlags. 1901 k.k. Hof-Buchhändler. Verlegte hauptsächlich wissenschaftliche und fachtechnische Zeitschriften, Handbücher und Enzyklopädien. Daneben forst- und landwirtschaftliche, veterinärkundliche, pharmazeutische und pädagogische Publikationen. So u. a. ab 1889 die Wiener medizinische Wochenschrift sowie das Centralblatt für die gesamte Therapie, das Österreichische Centralblatt für die juridische Praxis (ab 1883) wie auch die «Gellertsche Gesetzessammlung und Kommentare». Perles war auch der größte und zugleich bedeutendste Kalenderverlag weit über die Monarchiegrenzen hinaus. Hervorgehoben werden müssen ferner: A. Koch: «Enzyklopädie der gesammten Thierheilkunde und Thierzucht», 11 Bde. (ab 1885), das patriotische Prachtwerk A. v. Ruthner: «Das Kaiserthum Österreich – Königreich Ungarn» (1871 ff.) sowie populärwissenschaftliche Abhandlungen wie

H. Nothnagel: «Das Sterben» (1908) und literarische Werke wie H. G. Wells: «Der Krieg der Welten» (1901).

*Literatur:* BLBL / EJ (E) / ÖBL / Planer / Wininger / Neue Freie Presse, 27. 3. 1917 / Österreich.- Ungar. Correspondenz 58 (1917), S. 98 ff.

**PICK, ALOIS** *geboren* 15. 10. 1859 Prag-Karolinenthal (Karlín) *gestorben* 17. 7. 1945 Wien *begraben* 20. 7. 1945 *Beruf* Internist *Grabstelle* am 16. 7. 1946 enterdigt aus Tor IV, 8A-1a-10 und verlegt nach 6-0-1 – Ehrengrab

Studium an der Universität Prag. 1883 Dr. med. Militärarzt am Prager Garnisonsspital, später in Trebinse. 1886–1887 Studienaufenthalt bei ROBERT KOCH, Bakteriologisches Institut Berlin. 1887–1888 Klinik NOTHNAGEL in Wien. 1890 Privatdozent für innere Medizin. 1904 a. o. Prof., 1918 o. Prof. Während des Ersten Weltkriegs Oberstabsarzt im Rang eines Feldmarschalleutnants. Beschrieb während seiner Tätigkeit als Garnisonsarzt in der Herzegowina als erster das sogenannte «Papataci-Fieber». 1918–1932 Präsident der Israelitischen Kultusgemeinde Wien. Unter seiner Präsidentschaft wurde das Steuer- und Finanzwesen der IKG den nach dem Ersten Weltkrieg neuen Verhältnissen angepaßt, eine neue Wahlordnung geschaffen und die materielle Lage der IKG-Angestellten geregelt. Er führte auch die Generalsanierung des ISRAELITISCHEN GEMEINDESPITALS durch, errichtete das SONNTAGSHEIM im Augarten und initiierte den institutionellen Ausbau der Serviceleistungen der IKG.

*Werke:* «Vorlesungen über Magen- und Darmkrankheiten», 2 Bde. (1895–1897); [zusammen mit A. Hecht] «Klinische Semiotik» (1908).

*Literatur:* BLBL / Eisenberg / EJ (E) / I. Fischer / Fraenkel / Heilige Gemeinde Wien / JL / Gold (1966) / Kult und Kultur / Lohrmann / ÖBL / Planer / Wininger / Neue Freie Presse, 26. 4. 1918 / Wiener Zeitung, 12. 10. 1929, 18. 10. 1929

**PICK, GUSTAV** *Pseudonym* Th. Aurach *geboren* 10. 12. 1832 Rechnitz/Burgenland *gestorben* 29. 4. 1921 Wien *begraben* 2. 5. 1921 *Beruf* Textdichter, Komponist, Komponist des «Fiakerliedes», Privatier *Grabstelle* 8-60-105 – am Wege

Zunächst Jurist und im kaufmännischen Beruf. 1848 Barrikadenkämpfer. Erhielt keinerlei musikalische Ausbildung. Ausgezeichneter Klavier-, Harmonium-, Harmonica- und

Posthornspieler, ohne Noten lesen oder Noten schreiben zu können. Von ihm stammt das Fiakerlied «I führ zwei harbe Rappen», das von Alexander Girardi anläßlich des von der Fürstin Metternich im Frühjahr 1885 zugunsten der Wiener Rettungsgesellschaft im Wiener Prater veranstalteten Volksfests unter der Devise des 100jährigen Bestehens der Wiener Fiakerzunft gesungen wurde. Von ihm stammen auch die Lieder «Der Wasserer» und das von Girardi oft gesungene Couplet «Rum-vi-di-bum, vi-di-bum, bum, bum; in Wien da geht's halt um, trarara». War mit Nestroy, Wenzel, Scholz und Treumann befreundet. An seinem Geburtshaus in Rechnitz/Burgenland wurde anläßlich des 100. Geburtstags des Fiakerliedes eine Gedenktafel angebracht.

*Literatur:* Bergauer (1946) / Eisenberg / Giebisch – Gugitz / Hauenstein / Koller / Markl (1959) / Markl (1961) / ÖBL / Zohn (1969) / «100 Jahre Fiaker-Lied. Burgenländer schuf heimliche Hymne Wiens». In: Wochenschau, 6. 10. 1985 / Illustriertes Wiener Extrablatt, 10. 12. 1902, 27. 3. 1921, 1. 5. 1921, 24. 5., 25. 5. 1925 / Neue Freie Presse, 10. 12. 1912, 1. 5. 1921 / Das Wiener Blatt, Nr. 1/89, S. 19 / mündliche Mitteilungen von Paul Gulda, Salzburg

**PICK, RUDOLF** *geboren* 14. 12. 1866 *gestorben* 13. 12. 1915 Wien *begraben* 14. 12. 1915 *Beruf* Maler *Grabstelle* 8-60-104 – am Wege

Jagdmaler und Karikaturist. Schüler von Gerisch und Révész.

*Literatur:* Kosel / Neue Freie Presse, 20. 3. 1908, 15. 12. 1915

**PINELES, FRIEDRICH (MENDEL SALOMON)** *geboren* 23. 9. 1868 Sanok/Galizien *gestorben* 2./3. 3. 1936 Wien *begraben* 5. 3. 1936 *Beruf* Univ.-Prof. für innere Medizin *Grabstelle* 51-8-8

Studium an der Universität Wien. Dr. med 1892. Bis 1899 am AKH. 1902 Habilitation. 1912 o. Prof., Vorstand am Kaiser-Franz-Joseph-Ambulatorium. Gemeinsam mit Erdheim neue Erkenntnisse über die Drüsenfunktionen.

*Werke:* zahlreiche Werke über Sensomobilität, Myxödem, Physiologie und Pathologie der Epithelkörperchen; [zusammen mit Wilhelm Falla und H. Friedrich Trenckebach (Hgg.)] «Wiener Archiv für innere Medizin« (ab 1920); «Der Rheumatismus» (1916).

*Literatur:* ÖBL

**PINELES, SAUL** *geboren* 1833 Tysmieniz *gestorben* 28. 9. 1903 Wien *begraben* 30. 9. 1903 *Beruf* Industrieller, Privatgelehrter *Familie* Vater der Malerin BONCIA KOLLER *Grabstelle* 51-8-8

*Quelle:* mündliche Mitteilungen von Dr. Günther Natter, Wien

**PINELES, STANISLAUS** *Pseudonym* Isaia von Arendal *geboren* 15. 7. 1857 Sanok/Galizien *gestorben* 30. 6. 1921 Wien *begraben* 3. 7. 1921 *Beruf* Jurist, Privatdozent *Grabstelle* 51-8-8

Jurastudium an den Universitäten Wien und Heidelberg 1875–1879. 1887 Dr. jur., 1889 Advokaturkandidat. 1891 Privatdozent für Römisches Recht an der Universität Wien. Sein Hauptaugenmerk lag auf Vergleichen verschiedener Rechtssysteme. Herausgeber des GAIUS. ZEITSCHRIFT FÜR RECHTSGESCHICHTE (1907–1912).

*Werke:* «Questions de droit romain étudiées d'après la nouvelle méthode historique du droit comparé» (1911); «Über die Geltendmachung bei einseitigen Handelsgesellschaften» (1895); «Der Erwerb im redlichen Verkehr und die Strafnormen über Sachhehlerei und Begünstigung» (1896).

*Literatur:* Wininger

**PINS, EMIL (ELIAS)** *geboren* 15. 4. 1847 Lemberg *gestorben* 12. 6. 1913 Wien *begraben* 15. 6. 1913 *Beruf* Medizinalrat *Grabstelle* 52-4-39

1867–1872 Studium an der Universität Wien. 1873 Dr. med., danach Anstellung im Allgemeinen Krankenhaus, wo er auch unter POLITZER in der Otologie arbeitete. Danach als praktischer Arzt tätig. Nach ihm wurden die «Pins'schen Zeichen» bei Perikarditis benannt. Er beschrieb als einer der ersten das Mediastinalgeräusch.

*Literatur:* Eisenberg / I. Fischer / Wininger

**PISK, LUDWIG** *geboren* 4. 5. 1860 Nikolsburg/Mähren *gestorben* 2. 11. 1940 Wien *begraben* 6. 11. 1940 *Beruf* Advokat, Schriftsteller, Feuilletonist *Grabstelle* 20-18b-13

Verfaßte Possen, Volksstücke und Operetten. Material in der Sammlung MOISSL der Kommission für Musikforschung der Österreichischen Akademie der Wissenschaften.

*Werke:* «Österreichs Jubeltag. Dramatisches Festspiel in einem Acte aus Anlaß der Vermählung des (...) Kronprinzen Erzherzog Rudolf mit (...) der Prinzessin Stefanie» (1881).

*Literatur:* Eisenberg / ÖBL-Karte

**PISKO, IGNAZ** *geboren* 24. 6. 1828 Neuraußnitz (Rousinov)/Mähren *gestorben* 16. 11. 1925 Wien *begraben* unbekannt *Beruf* Hof- und Gerichtsadvokat *Grabstelle* 19-56-19 – vis-à-vis der kath. Abt.

Studium an der Universität Graz. 1853 Dr. jur., 1865 Ernennung zum Advokaten. Autorität in Börsen- und Finanzangelegenheiten Mitbegründer der juristischen Zeitschrift Gerichtshalle, die er bis zu seinem Tod leitete und redigierte. Trat für die Einführung von Schwurgerichten ein. Zahlreiche wissenschaftliche Arbeiten zu verschiedenen Rechtsgebieten. Vater des bekannten österreichischen Juristen Oskar Pisko (6. 1. 1876 Wien – 2. 12. 1939 Wien).

*Werke:* «Die Aufnahme der Barzahlung in Österreich-Ungarn und die internationale Regelung der Währungsfrage» (1887); «Gegen die Obstruction. Eine Mahnung an die Wähler der österreichischen Abgeordneten» (1901); «Zur Organisation der Advokatur» (1863).

*Literatur:* BLBL / Ehrenzweig / S. Ehrlich / Liga / ÖBL / Stern / Wininger

**PLOHN, JOSEF** *geboren* 10. 10. 1828 Prag *gestorben* 5. 1. 1901 Wien begraben 7. 1. 1901 *Beruf* Religionslehrer *Grabstelle* 20-11-7

**POLITZER, ADAM** *geboren* 1. 9. 1835 Alberti/Ungarn *gestorben* 10. 9. 1920 Wien *begraben* 13. 9. 1920 *Beruf* Univ.-Prof., Begründer der wissenschaftlichen Otologie *Grabstelle* 8-1-45

Medizinstudium an der Universität Wien. 1859 Dr. med., danach Studienreisen nach Würzburg, Paris und London. 1861 Habilitation als erster Dozent für Ohrenheilkunde an der Wiener Universität, Dozent für Ohrenheilkunde. 1863 publizierte er sein Verfahren, das sogenannte «Politzer-Verfahren», der Lufteinblasung ins Mittelohr zur Behandlung der Schwerhörigkeit (Der Ausdruck «politzern» ist bis heute ein weitbekannter Begriff.) 1864 gründete er gemeinsam mit v. Tröltsch und H. Schwarze das Archiv für Ohrenheilkunde. Berühmt ist sein «Lehrbuch der Ohrenheilkunde» (1868). 1870 a. o. Prof. für Otologie. 1873 Leiter der Univer-

sitätsohrenklinik im Allgemeinen Krankenhaus, k.k. Armenoberarzt der Stadt Wien. 1895 o. Prof., 1898 alleiniger Leiter der Klinik. 1907 Rücktritt vom Lehramt. Im gleichen Jahr erschien sein berühmtes zweibändiges Werk «Geschichte der Ohrenheilkunde». Politzer war auch Vizepräsident und Kurator des JÜDISCHEN MUSEUMS in Wien.

*Werke:* umfangreiches Fachschrifttum.

*Literatur:* EJ (E) / I. Fischer / JL / Liga / ÖBL

**POLLAK, HEINRICH** *Pseudonym* Heinrich Klein, P. Heinrich, «P.» *geboren* 2. 4. 1835 Mattersburg *gestorben* 19. 10. 1908 Wien *begraben* 21. 10. 1908 *Beruf* Journalist, Schriftsteller *Grabstelle* 51-1-55

Ab 1859 Redakteur bei der MORGENPOST, die durch ihn zur bestinformierten Zeitung Wiens wurde. Organisierte erstmals die Gerichtssaal-Berichterstattung. 1859 und 1866 Kriegsberichterstatter für die WIENER ABENDPOST. Ab 1860 Lokalredakteur der MORGENPOST in Wien. Ende 1866 im Auftrag des PATRIOTISCHEN HILFSVEREINS nach Böhmen entsandt. 1867 zusammen mit MORITZ SZEPS und SIEGMUND SCHLESINGER Gründung und Miteigentümer des WIENER TAGBLATTS. Mitbegründer der Papierfabrik und Verlags AG STEYRERMÜHLGESELLSCHAFT, deren Verwaltungsrat er von 1872 bis 1894 angehörte. Bis 1882 Druckleiter. Schrieb Romane, Erzählungen, Kriminalromane und Novellen, Feuilletons u. a. für die MORGENPOST, das NEUE FAMILIENJOURNAL etc.

*Werke:* «Aus den Papieren Felsenthals» (o. J.); «Erlebnisse eines Kriegskorrespondenten aus den Jahren 1859, 1866 und 1870» (1908); «Die Brüder vom starken Geiste» (1884); «Kleine Residenzgeschichte» (1884); anonym erschien: «30 Jahre aus dem Leben eines Journalisten», 3 Bde. (1894–1898); «Erzherzog Johann (Orth) und Prinz Ferdinand Coburg. Ein Beitrag zur Begründung der zweiten Dynastie Bulgariens» (o. J.).

*Literatur:* Giebisch – Gugitz / Kosel /Kossdorff / Liga / ÖBL / Ögg / Stern / Wininger / Zohn (1986)

**POLLAK, IGNAZ** *Pseudonym* Theobald Scheibe *geboren* 26. 11. 1831 Preßburg *gestorben* 10. 6. 1900 Wien *begraben* 12. 6. 1900 *Beruf* Journalist, Redakteur, Schriftsteller *Grabstelle* 49A-19-1

Autor des Volksstücks «Probe» sowie der Lustspiele «Der tote Fisch» und «Schwindel».

*Literatur:* Eisenberg

**POLLAK, JAKOB EDUARD** *geboren* 12. 11. 1818 Großmorzin (Mořina)/Böhmen *gestorben* 8. 10. 1891 Wien *begraben* 11. 10. 1891 *Beruf* Mediziner, Forschungsreisender *Grabstelle* 19-57-45 – am Wege

Medizinstudium in Prag und Wien. 1846 Promotion an der Wiener Universität zum Dr. med. und chir. sowie zum Magister der Geburtshilfe. 1847 Anstellung im Allgemeinen Krankenhaus. Danach zweijährige Tätigkeit als Fabriksarzt in Klobauk/Mähren. 1851 von einem Geschäftsträger der persischen Regierung an die neu zu organisierende Militärschule in Teheran berufen. Verfaßte ein medizinisches Wörterbuch in persischer, arabischer und lateinischer Sprache. 1854 gab er trotz des mohammedanischen Sezierverbotes ein Handbuch der menschlichen Anatomie heraus. 1855–1860 Leibarzt des damaligen SCHAHS NASSIR-ED-DIN. Während seines Aufenthalts in Persien unternahm er zahlreiche geographisch und naturwissenschaftlich motivierte Exkursionen. 1860 Rückkehr nach Wien, wo er wieder im Allgemeinen Krankenhaus tätig wurde. Bis zu seinem Tod war er Lektor für persische Sprache an der Wiener Universität.

*Werke:* «Handbuch der Anatomie des menschlichen Körpers» (1854); «Persien, das Land und seine Bewohner», 2 Bde. (1885); weitere Publikationen über Persien sowie Fachpublikationen.

*Literatur:* EJ (E) / Goldberg / JE / JL / ÖBL / Pagel / Wininger / Wurzbach

**POLLAK, JOSEF** *geboren* 30. 3. 1850 Báan/Ungarn *gestorben* 14. 9. 1916 Wien *begraben* 17. 9. 1916 *Beruf* Univ.-Prof. für Otologie *Grabstelle* 51-4-73

Medizinstudium an der Universität Wien. 1870–1874 Demonstrator für Anatomie unter PROF. HYRTL. 1873 Dr. med., Aspirant an der Augenklinik JAEGERS. Ab 1875 an der Klinik für Ohrenheilkunde unter POLITZER. 1876–1880 Assistent ebenda. 1889 Habilitation für Otiatrie.

*Werke:* zahlreiche Fachpublikationen.

*Literatur:* I. Fischer / Politzer

**POLLAK, LEOPOLD FREIHERR VON PARNEGG** *geboren* unbekannt *gestorben* unbekannt – 83 Jahre *begraben* 30. 3. 1922 *Beruf* Großindustrieller *Grabstelle* 7-30-141 – Gruft für 9 Leichen an der Mauer

**POLLATSCHEK, MORITZ** *geboren* 6. 10. 1850 Pilgram *gestorben* 1. 12. 1909 Wien *begraben* 3. 12. 1909 *Beruf* Journalist, Redakteur *Grabstelle* 50-58-66 – am Wege

Redakteur des NEUEN WIENER TAGBLATTS. 1882–1884 Chefredakteur des ILLUSTRIERTEN FAMILIENJOURNALS NEUE WELT. Mitarbeiter des ILLUSTRIERTEN EXTRABLATTS. Ab 1891 Herausgeber der Zeitschrift GERICHTSKORRESPONDENZ.

*Werke:* «Calderons letzte Liebe» (1882); «Georg Werfen» (1884).

*Literatur:* BLBL / Giebisch – Gugitz / Jaksch / Wiener Zeitung, 1. 12. 1909

**POPPER, JOSEF** *Pseudonym* Popper-Lynkeus, Lynkeus *geboren* 21. 2. 1838 Kolin/Böhmen *gestorben* 22. 12. 1921 Wien *begraben* 25. 12. 1921 *Beruf* Philosoph, Ingenieur *Grabstelle* 52A-1-20 – Ehrengrab in der Zeremonienallee

Studium am Polytechnikum in Prag. Die Universität verweigerte Popper wegen dessen Religionsbekenntnis die Dozentur. Anstellung bei der ungarischen nationalen Eisenbahn, danach in Wien verschiedene Tätigkeiten. War mit seinen Erfindungen seiner Zeit weit voraus. 1868 eine Erfindung im Motorenbau. 1862 sandte er der Wiener Akademie der Wissenschaften einen versiegelten Umschlag, mit der Auflage, diesen 20 Jahre später zu öffnen. Darin schlug er die Übermittlung elektrischer Energie vor. Stellte Überlegungen zur Quanten-Energie weitaus früher an als MAX PLANK. 1888 diskutierte er die Möglichkeit leichter Dampfmotoren für fliegende Maschinen. 1889 erarbeitete er die Grundlagen für FREUDS spätere Traumdeutung. Daneben sozial-philosophisches Schrifttum. 1886 klagte er BISMARCK des Antisemitismus in einer Schrift an. Obwohl er nie in der zionistischen Bewegung aktiv war, sah er die einzige Chance, den Antisemitismus zu eliminieren, in einem jüdischen Staat. Er vermachte den essentiellen Grundstock seiner Bücher der JÜDISCHEN NATIONALBIBLIOTHEK. Popper war ein naher Freund EINSTEINS, der ihn als «prophetische und heilige Person» bezeichnete.

HINWEIS: *Poppers Büste, die im Rathauspark in Wien stand, wurde 1938 von den Nazis zerstört.*

*Literatur:* EJ (E) / Gold (1929) / JL / JE / Liga / ÖBL / Wininger / Die Presse, 13./14. 2. 1982 / Wiener Zeitung, 12. 2. 1988

**POPPER-ARTBERG, BERNHARD** *geboren* unbekannt *gestorben* 8. 10. 1931 *begraben* 9. 10. 1931 *Beruf* Bankier, Ehrenpräsident des Wiener Bankvereins *Grabstelle* 20-24-147 – Gruft für 9 Leichen an der Mauer

Seit 1875 Angehöriger des Verbands des Wiener Bankvereins, ab 1893 in der Direktion. 1908 Vorsitz ebenda. 1926 Ausscheiden aus dem aktiven Dienst aus gesundheitlichen Gründen. Wahl in den Administrationsrat, dessen Ehrenpräsident er später wurde. War auch Vizepräsident und dann 1920–1926 Präsident der Wiener Börsenkammer.

*Werke:* diverse Fachartikel in der Neuen Freien Presse, u. a. 10. 5. 1923, 25. 6. 1925.

*Literatur:* Wiener Zeitung, 8. 10. 1931

**PORGES, EDMUND** *geboren* 25. 5. 1872 Wien *gestorben* 1. 3. 1917 Wien *begraben* 4. 3. 1917 *Beruf* Offizier des Freiwilligen-Corps, Journalist, Redakteur *Grabstelle* 53b-29-1 – am Wege

Zunächst Journalist bei verschiedenen Wiener Tageszeitungen. Dann Korrespondent der Wiener Tageszeitung in Berlin. Nach der Rückkehr nach Wien Hinwendung zur Fachjournalistik, insbesondere zum Kinowesen. 1907 Mitbegründer und Präsident des Vereins der österreichischen Kinematographenbesitzer. Redigierte ab 1907 die erste österreichische Filmfachzeitschrift, die Kinematographische Rundschau.

*Literatur:* Kinematographische Rundschau 1917, Nr. 469, S. 1 ff. / Neue Freie Presse, 2. 3. 1917 / Neues Wiener Tagblatt, 2. 3. 1917

**PRAGER, ALBERT** *geboren* 20. 3. 1842 Pohrlitz (Pohořelice)/Mähren *gestorben* 27. 6. 1915 Wien *begraben* 29. 6. 1915 *Beruf* Journalist, Redakteur, Politiker *Grabstelle* 52-30-52

Herausgeber der politischen Zeitschrift Die Donau. Mitglied des ersten Ausschusses des Arbeiterbildungsvereins und Mitglied des Gründungskomitees der Arbeiterkrankenkasse und Invalidenkasse. Galt als feuriger, sozial engagierter

Redner und verstand seine Arbeit und sein Engagement als «Tätigkeit im Dienste des aufstrebenden Proletariats».

*Literatur:* Arbeiterzeitung, 4. 7. 1915

**PRAGER, OLGA** *geboren* 11. 3. 1872 Wien *gestorben* 26. 4. 1930 Wien *begraben* 29. 4. 1930 *Beruf* akad. Malerin *Grabstelle* 8-4-34

Kunststudium, besondere Begabung für Porträts. 1897 kam es aufgrund ihrer Initiative zur Gründung der KUNSTSCHULE FÜR FRAUEN UND MÄDCHEN (später WIENER FRAUEN-AKADEMIE. SCHULE FÜR FREIE UND ANGEWANDTE KUNST). Vor dem Ersten Weltkrieg erfolgreiche Ausstellungstätigkeit in den USA. Bekannt durch ihre Gruppenporträts des Wiener medizinischen Professorenkollegiums (1908) und der Mitglieder der Akademie der Wissenschaften wie auch durch Porträts von FRAU DEVRIENT-REINHOLD und HOFRAT WETTSTEIN (in der «Burgtheatergalerie»).

*Literatur:* ÖBL / Neue Freie Presse, 4. 7., 25. 10. 1911 (Abendausgabe), 28. 4. 1930 (Abendausgabe) / Wiener Zeitung, 29. 4. 1930

**PRZIBRAM, KARL GABRIEL** *geboren* 12. 12. 1878 Wien *gestorben* 10. 8. 1973 Wien *begraben* 14. 8. 1973 *Beruf* Professor der Physik *Familie* Seine Mutter war CHARLOTTE, GEB. BARONIN SCHEY. Der Chemiker ADOLF LIEBEN war sein Onkel *Grabstelle* 8-62-30 – Gruft GUSTAV PRZIBRAM

Anfang der siebziger Jahre des 19. Jahrhunderts Übersiedlung nach Wien. Studium an den Universitäten Wien und Graz. 1901 Dr. phil. an der Universität Graz. 1902–1903 Arbeit unter J. J. THOMPSON am CAVENDISH-LABORATORIUM in Cambridge. 1905 Habilitation und Privatdozentur für Physik an der Universität Wien. 1916 a. o. Prof., 1920 Assistent am Radiumforschungsinstitut. 1927 o. Prof., 1938 Entlassung durch die Nazis. 1940 Emigration nach Brüssel. 1946 Rückkehr. 1946–1947 korrespondierendes Mitglied der mathematisch-naturwissenschaftlichen Klasse der Akademie der Wissenschaften. 1947 o. Prof. für Physik, Vorstand des 2. Physikalischen Instituts an der Universität Wien. 1947 (nach anderen Quellen 1950) wirkliches Mitglied der Österreichischen Akademie der Wissenschaften. 1951 Pensionierung. 1955 Würdigungspreis der Stadt Wien für Naturwissenschaft. Pionier auf dem Gebiet der Strahlenforschung. Träger des «Haitinger-Lieben-Preises». 1958 Ehrenmedaille der Stadt Wien. Physiker von internationalem Renommee mit Hauptforschungsgebiet Kernphysik und Lumineszenz, Ionenbeweglichkeit in Dämpfen, Kondensation von Dämpfen an Ionen, Braunsche Molekularbewegung nicht kugelförmiger Teilchen und Fragen der Mineralfärbung.

*Werke:* zahlreiche Lexikon- und Zeitschriftenartikel; «Radioaktivität» (1932); «Die kinetische Theorie der Gase und Dämpfe» (o. J.); «Verfärbung und Lumineszenz. Beiträge zur Mineralphysik» (1935).

*Literatur:* Almanach der Akademie / Bamberger – Maier-Bruck / International Biographical Dictionary

**RAPPAPORT, ARNOLD CHAIM VON PORADA** *geboren* 15. 7. 1840 Tarnow/ Galizien *gestorben* 14. 2. 1907 Wien *begraben* 17. 2. 1907 *Beruf* Hof- und Gerichtsadvokat, Reichstagsabgeordneter, Politiker *Grabstelle* 20-24-156/158 – Mausoleum Gruft für 9 Leichen an der Mauer

**RAPPAPORT, MORITZ FELIX** *Pseudonym* Max Reinau *geboren* 19. 8. 1808 Lemberg *gestorben* 28. 5. 1880 Wien *begraben* 30. 5. 1880 *Beruf* Arzt, Übersetzer, Dichter *Familie* Sein Sohn Jakob war Besitzer der Wiener Illustrierten Zeitung *Grabstelle* 6-1-2/3 – Gruft für 9 Leichen in der Zeremonienallee

Studium an den Universitäten Wien, Lemberg, Pest. 1832/1833 an der Universität Wien zum Dr. med. promoviert. Ließ sich 1833 als praktischer Arzt in Lemberg nieder. Mehr als 40 Jahre Direktor des jüdischen Spitals. Mitglied des Stadtrats in Lemberg. 1841–1847 redigierte er das literarische Beiblatt zum Lemberger Amtsblatt, ab Mai 1841 die Lemberger politische Zeitung sowie die Leseblätter für Stadt und Land zur Beförderung der Kultur und Kunst, Wissenschaft und Leben (1842 Namensänderung in Leseblätter). Mit Ludwig August Frankl Ritter von Hochwart und Lenau verband ihn eine innige Freundschaft. 1872 Rückkehr nach Wien, wo er schließlich durch ein Augenleiden erblindete. Zeit seines Lebens widmete er sich auch der Übersetzertätigkeit aus dem Polnischen und Hebräischen.

*Werke:* Episches Gedicht «Moses» (1842); «Bojazzo» (1863); «Hebräische Gesänge» (1860); «Esterka» (1873); «An L. A.

Frankl zum 70. Geburtstage. Ein Sonettenkranz» (1880); «Goethe (Kanzonen)» (1852).

*Literatur:* Brümmer / EJ (E) / Giebisch – Gugitz / Grünfeld / ÖBL / Wininger / Wurzbach

**RÉTI, SAMUEL** *geboren* 1853 Dubovon/Slowenien *gestorben* Sept. 1904 Wien *begraben* 4. 9. 1904 *Beruf* Arzt *Grabstelle* 51-5-34

**RIE, OSCAR** *geboren* 9. 12. 1863 Wien *gestorben* 17. 9. 1931 Wien *begraben* 13. 1. 1932 – Urne *Beruf* Kinderarzt *Grabstelle* 19-56-11 – vis-à-vis der kath. Abt.

1887 Promotion an der Wiener Universität zum Dr. med., danach Kinderarztausbildung. Kollege von SIGMUND FREUD am KASSOWITZ-INSTITUT.

*Literatur:* Eisenberg / ÖBL-Karte

**RITTERSPORN, LUDWIG** *geboren* 12. 7. 1857 Proßnitz/Mähren *gestorben* 11. 10. 1926 Wien *begraben* 13. 10. 1926 *Beruf* Jurist, Mitgründer des RAIMUNDTHEATERVEREINS und dessen Vereinsanwalt *Grabstelle* 52-11-40

**ROSEN, MICHAEL** *geboren* 25. 8. 1838 Cherson/Rußland *gestorben* 23. 9. 1906 Wien *begraben* 25. 9. 1906 *Beruf* Arzt, Schriftsteller *Grabstelle* 20-10-2

Zeitweise unter dem Namen MIHAILO RUZIC bekannt. Tätigkeit bei verschiedenen Journalen, u. a. VIDACDASN in Belgrad. Politiker in Wien.

*Werke:* «Nationalitätenfrage in Ungarn»; «An die orientalischen Juden»; «Berühmte serbische Frauen»; «Lage Europas» (alle 1868).

*Literatur:* Kürschner / ÖBL-Karte / Wininger / Morgen-Presse, 25. 9. 1906

**ROSENBERG, FRIEDRICH RITTER VON** *geboren* unbekannt *gestorben* unbekannt – 63 Jahre *begraben* 6. 1. 1888 *Beruf* Niederl. Generalkonsul *Grabstelle* 6-28-1 – vis-à-vis der Mauer

**ROSENBERG, IGNAZ** *geboren* 9. 9. 1847 Debrezin *gestorben* 28. 7. 1914 Wien *begraben* 30. 7. 1914 *Beruf* Religionslehrer der IKG Wien *Grabstelle* 52-9-64

Ausbildung zum Rabbiner in Großwardein. Danach Studium an der philosophischen Fakultät der Universität Wien. 1875 im Auftrag der Pariser Alliance Israélite Leiter der Ecole Eveline de Rothschild pour filles Israélites in Jerusalem. 1880 Rückkehr nach Wien wegen eines Augenleidens. 1893 von der Wiener Kultusgemeinde als Religionslehrer angestellt. Daneben machte er sich einen Namen als Übersetzer (semitische und moderne Sprachen).
*Werke:* «Cours méthodique de l'enseignement jaimaire» (o. J.); «Haggada schel Pesach. Elbeszélés az Izraeliták egyptomból kivonalásáról» (1885); «Imakönyv Izraeliták számára. Israelitisches Gebetbuch» (1886); «Histoire d'Alexandre le Grand, roi de Macédoine» (1890); «Israelitisches Gebetbuch nach dem Ritus der Juden im Jemen, mit arabischen Anmerkungen und arabischer Übersetzung des Buches Esther» (1896); «Hebräische Konversationsgrammatik. Kurzgefaßtes theoretisch-praktisches Lehrbuch der modernen hebräischen Konversations- und Schriftsprache, mit einem Abriß der hebräischen Stenographie» (1898); «Assyrische Sprachlehre und Keilschriftkunde» (o. J.); «Lehrbuch der samaritanischen Sprache und Literatur» (o. J.).

*Literatur:* Wininger

**ROSENFELD, MAX** *geboren* 29. 8. 1884 Boryshaw/Galizien *gestorben* 13. 2. 1919 Wien *begraben* 16. 2. 1919 *Beruf* Jurist *Grabstelle* 52-26-24

Führer der österreichischen Poale Zion sowie kurz vor seinem Tod einziger jüdischer sozialistischer Politiker in der polnischen Konstituante. Längere Zeit Präsident der Israelitischen Kultusgemeinde Přzemysl. Beteiligung an den Arbeiten des Jüdischen Nationalrates in Wien. Berühmt machte ihn auch seine Broschüre «Soziale Steintafeln».
*Werke:* «Die polnische Judenfrage» (1918/1919).

*Literatur:* JL

**ROSENFELD, ROBERT** *geboren* 9. 8. 1883 Wien *gestorben* 3. 3. 1929 Wien *begraben* 6. 3. 1929 *Beruf* Bankier *Grabstelle* 20-1-13 – Gruft für 14 Leichen in der Zeremonienallee
HINWEIS: *«Das Denkmal ist über einer Familiengruft errichtet, die sich unterirdisch befindet, etagirt ist und Raum für 5–6 Leichen bietet. Das Denkmal hat nach dem Grundrisse (...) die*

*Gestalt eines dorischen Tempels, der sich über einem Stylobat von zwei Stufen zu je 30 cm Höhe erhebt. Zehn Säulen tragen die Decke und das Dach, die Rückwand ist geschlossen und dient zur Aufnahme der Inschriftenplatte aus schwarzem schwedischen Granit. Der ganze Unterhalt ist aus Karstmarmor (Repentor), der gesammte übrige Bau aus Carraramaror, alles fein geschliffen und polirt.*

*Die Breite des Stylobat beträgt 3,20 m, die Tiefe 4,42 m, die Höhe des Tempels bis zur obersten Acroterienspitze ist 4,60 m» (Max Fleischer: Grabdenkmale auf dem Wiener Centralfriedhofe. In: Der Bautechniker, 4. 10. 1901, S. 918 f.).*

ROSENHEIM, KARL *geboren* 30. 5. 1857 Wien *gestorben* 9. 5. 1908 Wien *begraben* 11. 5. 1908 *Beruf* Direktor des RAIMUNDTHEATERS, Schauspieldirektor *Grabstelle* 50-58-19 – am Wege

ROSENTHAL, MORITZ *geboren* unbekannt *gestorben* unbekannt – 60 Jahre *begraben* 25. 7. 1926 *Beruf* Maler *Grabstelle* 49-5-62

ROSNER, SALOMON *geboren* unbekannt *gestorben* unbekannt *begraben* 15. 9. 1905 *Beruf* Kaufmann, Vorstandsmitglied der ISRAELITISCHEN KULTUSGEMEINDE WIEN, Präsident der ISRAELITISCHEN KULTUSGEMEINDE OTTAKRING, HERNALS UND NEULERCHENFELD *Grabstelle* 20-1-95 – in der Zeremonienallee

ROTH, WILHELM *geboren* 10. 10. 1848 Kluckno/Ungarn *gestorben* 26. 6. 1919 Wien *begraben* 29. 6. 1919 *Beruf* Univ.- Prof. für Laryngologie *Grabstelle* 76B-62-56 – an der Mauer

Medizinstudium an der Universität Wien. 1873 Dr. med., Niederlassung als praktischer Arzt und Ableistung eines Freiwilligen-Jahres im Garnisonsspital I. 1878 Assistenzarzt während des Bosnienfeldzugs. 1885 Habilitation und Privatdozentur für Laryngologie an der Universität Wien. 1912 a. o. Professor. 1914–1918 freiwillige Tätigkeit in verschiedenen Spitälern. 1918 in der Nachfolge CHIARIS Präsident der WIENER LARYNGOLOGISCHEN GESELLSCHAFT. Mitarbeiter des «Therapeutischen Lexikons», des «Diagnostischen Lexikons» und zahlreicher Fachzeitschriften.

*Werke:* «Die chronische Rachenentzündung» (1883).

*Literatur:* I. Fischer / Wininger

**ROTHSCHILD, ALBERT FREIHERR VON** *geboren* 29. 10. 1844 *gestorben* 11. 2. 1911 *begraben* 14. 2. 1911 *Beruf* Chef des Bankhauses S. M. v. Rothschild *Familie* Sohn des Anselm Freiherr von Rothschild *Grabstelle* 6-29-49/51 – Gruft für 6 Leichen an der Mauer

Hoffähigkeit 1887. Als Angehöriger des Verwaltungsrats der Südbahn bemühte er sich um die Sanierung der Südbahn. Die Bezüge aus dieser Tätigkeit ließ er stets der Generaldirektion der Südbahn für wohltätige Zwecke zukommen. Großaktionär der Nordbahn. Besitzer der Witkowitzer-Werke.

*Literatur:* Neues Wiener Tagblatt, 15. 12. 1887, 12. 2. 1911

**ROTHSCHILD, BETTINA FREIFRAU VON** *geboren* 15. 2. 1858 *gestorben* 24. 3. 1892 *begraben* unbekannt *Familie* Gattin von Albert und Tochter von Alfons Rothschild (!) *Grabstelle* 6-29-49/51 – Gruft für 6 Leichen an der Mauer

Erwerb der Hoffähigkeit 1887. Gehörte ab diesem Zeitpunkt dem Kreis der «appartementmäßigen Damen» an.

*Literatur:* Neues Wiener Tagblatt, 25. 12. 1887

**ROTHSCHILD, CHARLOTTE ESTER FEIIN VON** *geboren* 29. 1. 1885 *gestorben* 13. 3. 1885 *begraben* unbekannt *Grabstelle* 6-29-49/51 – Gruft für 6 Leichen an der Mauer

**ROTHSCHILD, GEORG FREIHERR VON** *geboren* 22. 3. 1877 *gestorben* 7. 1. 1934 *begraben* unbekannt *Grabstelle* 6-29-49/51 – Gruft für 6 Leichen an der Mauer

**ROTHSCHILD, LOUIS BARON DE** *geboren* 5. 3. 1882 Wien *gestorben* 15. 1. 1955 Montigo Bay/Jamaika *begraben* 30. 1. 1955 *Beruf* Chef des Bankhauses S. M. Rothschild *Grabstelle* 6-29-49/51 – Gruft für 6 Leichen an der Mauer

Besuch des Theresianums. Studium in Wien, Hamburg und den USA. War passionierter Sportler, Jäger und Polospieler. Nach dem Tod seines Vaters Albert übernahm er 1911 die Leitung des Bankhauses. 1917 Wahl ins Herrenhaus,

1922–1931 Präsident der Creditanstalt. Angehöriger des Generalrats der Österreichischen Nationalbank. Am 14. März 1938 Verhaftung auf dem Flughafen durch einen SS-Mann. Freilassung im Mai 1939, nachdem 21 Mio. US-Dollar «Lösegeld» bezahlt worden waren und auf das gesamte in- und ausländische Vermögen des Wiener Zweigs der Familie Rothschild «verzichtet» worden war. Bis 1946 Aufenthalt in den USA, u. a. auf der Farm von Carl Zuckmayr in Vermont. Erwerb der amerikanischen Staatsbürgerschaft. 1946 Rückkehr nach Europa. In einem Rückstellungsverfahren erhielt Louis Rothschild seine Besitzungen in Waidhofen an der Ybbs und Göstling zurück. Er schenkte sie allerdings dem österreichischen Staat mit der Auflage, allen seinen ehemaligen Angestellten lebenslang Pensionen auszuzahlen. Am 12. 1. 1955 reiste er mit seiner Gattin zu einem Kuraufenthalt nach Jamaika, wo er drei Tage später bei einem Badeunfall starb. Da er sich mit Wien sehr verbunden fühlte, wurde er entsprechend seinem letzten Wunsch in Wien beigesetzt.
EXKURS in die Familiengeschichte der Rothschilds: *Die Familie* Rothschild *leitet ihren Nachnamen von einem roten Schild her, das am Haus ihrers Gründers* Isaac Elchanan *(um 1585) in Frankfurt hing. Berühmt wurde die Familie, die Handel trieb und nachweislich auch Funktionen in der Frankfurter Gemeinde ausübte, dann aber schließlich durch* Amschel Mayer Rothschild *(1743–1812), der mit Antiquitäten und alten Münzen zu handeln begann, dann aber vor allem Geldwechselgeschäfte tätigte und ein Bankhaus aufbaute. Seine fünf Söhne begründeten neben Frankfurt (*Amschel Mayer, *1773–1855) Linien in Wien (*Salomon Mayer, *1774–1885), London (*Nathan Mayer, *1777–1836), Neapel (*Carl Mayer, *1788–1855) und Paris (*James Mayer, *1792–1868).*

*Diese fünf Söhne des* Mayer Amschel Rothschild *werden an der Außenfront des Mausoleums (über dem Eingang) durch fünf gebündelte Pfeile symbolisiert. Dieses Symbol ist auch heute noch das offizielle Geschäftssymbol des internationalen* Bankhauses Rothschild.

*1822 Nobilitierung aller fünf Brüder mit österreichischen Freiherrentiteln. Die Wiener Linie wurde durch den zweiten Sohn des* Mayer Amschel Rothschild *begründet.* Salomon Mayer, Baron Rothschild *gehörte zu den bedeutendsten Indu-*

*striellen und Grubenbesitzern Österreichs. 1836 Bau der ersten österreichischen Eisenbahn, der* Kaiser-Ferdinand-Nordbahn, *mit Rothschilds Kapital. 1856 Gründung der* Ersten Österreichischen Creditanstalt für Handel und Gewerbe. *Sein Sohn* Anselm Salomon, Freiherr von Rothschild *(1803–1874), der die provisorische Anstellung von* Mannheimer *in Wien erwirkt hat, ist nicht in dieser Gruft beigesetzt, sondern wurde nach Frankfurt/Main überführt.*

*Literatur:* EJ (E) / JL / Lohrmann / Archivmaterial / Neuer Kurier, 17. 1., 25. 1. 1955 / Die Presse, 30. 1. 1955 / Neues Österreich, 29. 1. 1955 / Weltpresse, 31. 1. 1955 / Wiener Zeitung, 28. 1., 30. 1. 1955

**ROTHSCHILD, NATHANIEL FREIHERR VON** *geboren* 26. 10. 1836 *gestorben* 13. 6. 1905 *begraben* 16. 6. 1905 *Beruf* Bankier, Privatier *Grabstelle* 6-29-49/51 – Gruft für 6 Leichen an der Mauer

Bruder des als Finanzfachmann und Mäzen bekannten Albert Frh. von Rothschild. 1874 übernahm er gemeinsam mit seinem Bruder Albert, der von seinen Rechten nicht Gebrauch machte, formell die Leitung des Wiener Bankhauses Salomon Mayer v. Rothschild. 1894 gründeten seine Gärtner den ersten Wiener Fußballverein, den First Vienna Football-Club. Ab 1888 widmete er sich der Fotografie. 1891 Mitglied des Clubs der Amateurphotographen, der später seinen Namen in Wiener Kamera Club änderte. Sich selbst richtete er auf dem niederösterreichischen Schloß Enzersdorf ein großes Fotoatelier ein.

*Werke:* «Reiseerinnerungen» (1891); «Skizzen aus dem Süden», 2 Bde. (1894–1895); «Schillersdorfer Ansichten» (o. J.).

*Literatur:* EJ (E) / ÖBL / Mentschl – Otruba

**ROTHSCHILD, OSKAR FREIHERR VON** *geboren* 29. 4. 1888 *gestorben* 12. 7. 1909 *begraben* 15. 7. 1909 *Beruf* Hochschüler *Grabstelle* 6-29-49/51 – Gruft für 6 Leichen an der Mauer

Suizid, nachdem sein Vater seine Liebe zu einem Mädchen nicht dulden wollte. Text des offiziellen Partezettels: «nach kurzer schwerer Krankheit» trifft somit nicht zu.

*Quelle:* Archivmaterial

*Architekt der Grabstelle der Familie Spitzer/Lukacz war Julius Mayreder. Grabstelle 7-1-23*

*Grabmal der Familie Springer (Architekt: Max Fleischer). Grabstelle 5b-1-4*

*In avangardistischem Design geplant – heute verwittert und bemoost - war die Grabstelle von Oskar Strnad (gest. 1935). Grabstelle 6-0-5*

*Jugendstilgrabmal Henriette Biacchi-Sulzer (gest. 1907), der Tochter Salomon Sulzers. Grabstelle 19-56-78*

*Die Bauunternehmer-Familie Sucharipa beauftragte den jüdischen Architekten Max Fleischer mit der Errichtung ihrer Grabstelle. Grabstelle 7-30-131*

*Detail des Grabmals von Salomon Sulzer (gest. 1890). Grabstelle 5b-1-1*

*Grabstelle der Familie Thorsch (Architekt: Carl König). Grabstelle 7-1-2*

ROTHZIEGEL, BENNO *geboren* unbekannt *gestorben* unbekannt – 64 Jahre *begraben* 28. 1. 1929 *Beruf* Apotheker *Grabstelle* 20-23-23 – Gruft für 3 Leichen am Wege

RUBINSTEIN, SALO(MON) *geboren* unbekannt *gestorben* unbekannt *begraben* 19. 1. 1923 *Beruf* Journalist, Herausgeber der JÜDISCHEN VOLKSSTIMME *Grabstelle* 52A-9-20

Mitgründer des VEREINS JÜDISCHER ANGESTELLTER. Publizistisch tätig. 1900 Gründer der JÜDISCHEN VOLKSSTIMME, des CENTRALORGANS DER JÜDISCHEN ARBEITER UND HANDELSANGESTELLTEN, die bis 1939 zunächst halbmonatlich, dann wöchentlich erschien.

*Literatur:* Toury

SACHS, MORITZ *geboren* unbekannt *gestorben* unbekannt – 83 Jahre *begraben* 4. 3. 1889 *Beruf* Kreisrabbiner *Grabstelle* 5b-36-19 – am Wege

SACHS, OTTO *geboren* 26. 6. 1869 Wien *gestorben* 27. 9. 1897 Wien *begraben* 29. 9. 1897 *Beruf* Advokaturkandidat, Rechtsanwalt, Schriftsteller *Grabstelle* 8-62-19 – vis-à-vis der kath. Abt.

*Werke:* «Gedichte» (1893); «Von zwei Geschwistern. Ein Mord» (1898).

*Literatur:* Giebisch – Gugitz / Zohn (1986)

SAPHIR, ALEXANDER *geboren* 4. 9. 1834 Budapest *gestorben* 1. 4. 1891 Wien *begraben* 3. 4. 1891 *Beruf* Herausgeber von SAPHIR'S WITZBLATT *Familie* Neffe von MORITZ GOTTLIEB SAPHIR *Grabstelle* 19-4-21

Neffe des berühmten Dichters und Humoristen MORITZ GOTTLIEB SAPHIR. Eigentümer und Herausgeber des humoristisch-politischen illustrierten Wochenblattes SAPHIR'S WITZBLATT (vorher SAPHIR'S SATYR).

*Literatur:* Eisenberg

SCHALIT, JOSEPH *geboren* 1845 Zloczow/Galizien *gestorben* 1907 Wien *begraben* unbekannt *Beruf* Journalist, Redakteur *Grabstelle* 51-6-77

*Literatur:* Wachstein – Taglicht – Kristianopoler

**SCHARF, ALEXANDER** *geboren* 24. 5. 1834 Budapest *gestorben* 3. 11. 1904 Wien *begraben* 7. 11. 1904 *Beruf* Gründer und Chefredakteur der SONN- UND MONTAGSZEITUNG WIEN, Zeitungseigentümer *Grabstelle* 5b-1-20 – Gruft für 9 Leichen am Seitenwege

Zunächst Kaufmann in Ungarn. Journalistische Tätigkeit ab den fünfziger Jahren in Wien. 1863 Gründer, Herausgeber und zeitweilig Chefredakteur der WIENER SONN- UND MONTAGSZEITUNG (Schwerpunkt Wirtschaftsberichterstattung). Herausgeber der Verlosungszeitung FORTUNA und 1865–1873 der WIENER BÖRSENZEITUNG. Generalrepräsentant der NORTH BRITISH AND MERCANTILE INSURANCE COMPANY und an der ersten großen Versicherungssyndikatsgründung in Österreich beteiligt. Er führte einen aufsehenerregenden Presseprozeß gegen LUEGER. Zusammen mit seinem Sohn PAUL SCHARF und seinem Schwiegersohn R. LATZKO gründete er die Glühlampenfirma WATT, die ab 1917 den Markennamen TUNGSRAM AUSTRIA AG führte und zu einem der bedeutendsten Unternehmen dieser Sparte in der österreichisch-ungarischen Monarchie wurde.

*Literatur:* Appeltauer / Eisenberg / S. Ehrlich / Kosel / S. Mayer (1918) / ÖBL / Ögg / Paupié (1960)

**SCHEY, JOSEF FREIHERR VON KOROMLA** *geboren* 16. 3. 1853 Wien *gestorben* 18. 1. 1938 Wien *begraben* 20. 1. 1938 *Beruf* Universitätsprofessor für bürgerl. Recht *Grabstelle* 19-43-74 – Gruft für x (keine Eintragung auf der Karteikarte des IKG-Friedhofsamtes) Leichen vis-à-vis der kath. Abt.

1875 Promotion, 1877 Habilitation und Privatdozentur für bürgerliches Recht. 1894 o. Prof. für bürgerliches Recht. 1925 korrespondierendes Mitglied der philosophisch-historischen Klasse der Akademie der Wissenschaften. Herausgeber der für alle Juristen unentbehrlichen «Manzschen Ausgabe» des ABGB. *Werke:* «Die Obligationsverhältnisse des österreichischen allgemeinen Privatrechts» (o. J.).

*Literatur:* Grünfeld / Kyffhäuser / Liga / NÖB

**SCHILDER, SIGMUND** *geboren* 20. 1. 1872 Wien *gestorben* 3. 1. 1932 Wien *begraben* 28. 3. 1932 – Urne *Beruf* Regierungsrat, Jurist, Privatdozent für Nationalökonomie an der Wiener Universität, Sekretär des k. u. k. österreichischen Handelsmuseums *Grabstelle* 53b-5-48

Zunächst journalistisch tätig, volks- und rechtswissenschaftliche Forschungen. 1899–1902 Beamter im Wiener Handelsmuseum mit den Arbeitsbereichen Handelspolitik und Weltwirtschaft. Setzte sich für eine Politik des gemäßigten Freihandels ein. Seit 1921 überzeugter Zionist.

*Werke:* «Entwicklungstendenzen der Weltwirtschaft» (o. J.).

*Literatur:* Planer

**SCHLESINGER, EMIL** *geboren* unbekannt *gestorben* unbekannt *begraben* 2. 6. 1889 *Beruf* Generalsekretär der Anglo-Österreichischen Bank *Familie* Schwiegervater von Hugo von Hofmannsthal *Grabstelle* am 20. 10. 1899 enterdigt aus 7-30-110 und verlegt nach 7-1-24 – Gruft für 6 Leichen

*Quelle:* Hermann-Bahr-Nachlaß im Österreichischen Theatermuseum, Wien

**SCHLESINGER, EUGEN** *geboren* 2. 5. 1870 Wien *gestorben* 24. 5. 1926 Wien *begraben* 26. 5. 1926 *Beruf* Redakteur des Fremdenblatts, Chefredakteur der Wiener Allgemeinen Zeitung *Grabstelle* 19-16-36

Volkswirtschaftlicher Chefredakteur der Wiener Allgemeinen Zeitung, fast dreißig Jahre dem Redaktionsverband des Fremdenblatts und zuletzt der Wiener Allgemeinen Zeitung angehörend. Der «Fall Schlesinger» schlug in der damaligen Finanzwelt hohe Wellen: Er war von der Niederösterreichischen Escomptegesellschaft mit falschen Bilanzziffern der Alpine ausgestattet worden, um das Anlagen suchende Publikum in den USA zu täuschen.

*Literatur:* Arbeiterzeitung, 9. 7. 1926 / Die Börse, 27. 5. 1927 / Die Stunde, 9. 7., 10. 7. 1926 / Wiener Zeitung, 26. 5. 1926

**SCHLESINGER, FERDINAND** *geboren* 16. 8. 1830 Budapest *gestorben* 6. 3. 1889 Wien *begraben* 8. 3. 1889 *Beruf* Journalist, Autor *Grabstelle* 19-17-91

**SCHLESINGER, GUSTAV RITTER VON** *geboren* 1834 *gestorben* 4. 9. 1906 Schloß Wottiz/Böhmen *begraben* 7. 9. 1906 *Beruf* Gutsbesitzer, Redakteur der Neuesten Nachrichten *Grabstelle* 51-17-49 – vis-à-vis der Mauer

**SCHLESINGER, MAX** *geboren* 5. 5. 1846 Wien *gestorben* 15. 2. 1907 Wien *begraben* unbekannt *Beruf* Journalist beim Neuen Wiener Tagblatt, Schriftsteller *Grabstelle* 19-56-76 – vis-à-vis der kath. Abt.

*Literatur:* Kosel / Ögg

**SCHMIEDEL, ADOLF (ABRAHAM)** *geboren* 27. 1. 1821 (nach anderen Angaben 1820) Proßnitz/Mähren *gestorben* 7. 11. 1913 Wien *begraben* unbekannt *Beruf* Rabbiner, Schriftsteller *Grabstelle* 20-21-72 – vis-à-vis der Mauer

Zunächst Rabbiner in Proßnitz/Mähren, später in Wien-Fünfhaus. Ab 1846 Rabbiner im 2. Wiener Gemeindebezirk. Als guter Kanzelredner allgemein bekannt.
*Werke:* «Studien über jüdische, insbesondere jüdisch-arabische Religionsphilosophie» (1868); «Saadiga Alfajumi und die negativen Vorzüge seiner Religionsphilosophie» (1870); «Sansinnim. Betrachtungen zu den fünf Büchern Mosis» ([2]1885); «Gedächtnisrede auf Dr. Julius Fürst» (1873); «Nachruf am Sarge der Frau Anna Kobler, geb. Bruckner» (1890); «Das älteste Buchdrama der Weltliteratur» (1900); «Die Konfirmationsfeier der weiblichen Jugend» (1903).

*Literatur:* ÖBL / ÖBL-Karte / Neue Freie Presse, 8. 11. 1913

**SCHNABEL, ISIDOR** *geboren* 17. 4. 1882 Lipnik/Galizien *gestorben* 4. 12. 1908 Wien *begraben* unbekannt *Beruf* Professor für Ophthalmologie *Grabstelle* 20-19B-17

Bahnbrechender Ophthalmologe, Vorstand der I. Augenklinik, Begründer der Lokalanästhesie. 1877 Univ.-Prof. in Innsbruck, in Graz, 1891 in Prag und in Wien. Er führte den Unterricht in der Ophthalmoskopie und über die optischen Fehler des Auges ein. Seine Hauptforschungsgebiete: Lehre vom Glaukom, Kurzsichtigkeit und Schielen.
*Werke:* zahlreiche Fachpublikationen.

*Literatur:* Bamberger – Maier-Bruck / Jaksch / JE / Liga / Ögg / Pagel

**SCHNITZLER, ARTHUR** *geboren* 15. 5. 1862 Wien *gestorben* 21. 10. 1931 Wien *begraben* 23. 10. 1931 *Beruf* Arzt, Erzähler, Dramatiker, Schriftsteller *Grabstelle* 6-0-4 – Ehrengrab

Nach Beendigung seines Medizinstudiums an der Wiener Universität gab er in den Jahren 1887–1894 die INTERNATIONALE KLINISCHE RUNDSCHAU heraus. 1893 Veröffentlichung von ANATOL. Ab 1895, nach dem Erfolg seines Stückes «Liebelei» am Wiener Burgtheater, widmete sich Schnitzler nur noch dem Schreiben. 1900 «Reigen», 1901 Novelle «Leutnant Gustl». 1904 «Der einsame Weg», 1908 Novelle «Der Weg ins Freie». Schnitzler setzte sich hier mit dem Platz des Juden in der modernen Welt und dem mehr oder weniger latenten Antisemitismus auseinander. 1911 «Das weite Land». 1912 «Professor Bernardi». Schnitzler setzte sich darin mit dem Problem der medizinischen Ethik und in der Person des jüdischen Arztes auch mit dem Antisemitismus auseinander. 1918 Novelle «Casanovas Heimfahrt». In den Jahren kurz vor Ausbruch des Ersten Weltkriegs war er der meistgespielte Bühnenautor im deutschen und österreichischen Raum. 1924 Novelle «Fräulein Else».

*Literatur:* u. a. Bamberger – Maier-Bruck / EJ (E) / Lesky / Markl (1961) / Zohn (1964) / Zohn (1969)

**SCHNITZLER, HEINRICH** *geboren* 9. 8. 1902 Hinterbrühl/Wien *gestorben* 14. 7. 1982 Wien *begraben* 16. 7. 1982 *Beruf* Regisseur, Schauspieler *Familie* Sohn von ARTHUR SCHNITZLER *Grabstelle* 6-0-4 – Ehrengrab

Zunächst Studium der Kunstgeschichte und Germanistik. 1921 Bühnendebüt an der Urania. Schauspielunterricht bei FRANZ HERTERICH. Debüt bei der WANDERBÜHNE DES ÖSTERREICHISCHEN VOLKSBILDUNGSAMTES. 1922–1924 RAIMUNDTHEATER. 1924–1932 am STAATSTHEATER BERLIN. 1931 Debüt am DEUTSCHEN THEATER in Berlin als Regisseur und am DEUTSCHEN VOLKSTHEATER in Wien. 1932–1938 Regisseur, Schauspieler und Direktor am DEUTSCHEN VOLKSTHEATER in Wien. 1939 Inszenierung von «Professor Bernardi» in London. Befand sich zum Zeitpunkt des «Anschlusses» in Brüssel. Emigrierte in die Schweiz und schließlich in die USA. 1939–1942 an verschiedenen Theatern in New York. 1942–1956 als Professor für Regie, Theatergeschichte (Dramatic Arts) und Regisseur an der University of California (U.C.L.A.). Rückkehr nach Wien, Lektor am Max-Reinhardt-Seminar in Wien. 1957–1972 Theater in der Josefstadt, stellvertretender Direktor. Nach 1957 Gastregisseur in Graz, Zürich, Berlin, Hamburg, Düsseldorf, München, Rotterdam. 1959–1968 Sekretär der Sektion Österreich des Internationalen Theater-Instituts (ITI) der UNESCO. Ehrenpräsident der Schnitzler-Gesellschaft seit 1961. 1962 Ehrenkreuz für Kunst und Wissenschaft 1. Klasse. 1962 Kainz-Medaille. Edierte und verwaltete den literarischen Nachlaß seines Vaters.

*Literatur:* Bamberger – Maier-Bruck / EJ (E) / Koller – Witthalm / ÖBL

**SCHNITZLER, JOHANN** *geboren* 10. 4. 1835 Groß-Kanitza/Ungarn *gestorben* 2. 5. 1893 Wien *begraben* 4. 5. 1893 *Beruf* Prof. der Medizin, Laryngologe, Gründer und Direktor der Poliklinik in Wien, Chefredakteur der Internationalen klinischen Rundschau *Familie* Vater von Arthur Schnitzler *Grabstelle* 5b-35-83

Medizinstudium an der Universität Wien. 1860 Promotion. 1865 Dozentur, 1878 a. o. Professor. Verdienste um die Entstehung der Allgemeinen Poliklinik in Wien, deren Direktor er wurde. Chefredakteur der Internationalen klinischen Rundschau, Herausgeber der 1860 gegründeten Wiener medizinischen Presse. Angesehener Kehlkopfspezialist, den viele Patienten aus dem Theater- und Bühnenleben aufsuchten. So war der junge Arthur Schnitzler in ständigem Kontakt mit dem Theater. Nach EJ (E) 1872 angeblich getauft.

*Werke:* zahlreiche Fachpublikationen, u. a. [zusammen mit Hajek und A. Schnitzler] «Klinischer Atlas der Laryngologie» (1895 posthum); «Die pneumatische Behandlung der Lungen- und Herzkrankheiten» (1874).

*Literatur:* ADB / Bamberger – Maier-Bruck / Eisenberg / EJ (E) / Fraenkel / Haberling – Hübotter – Vierordt / Kohut / Lesky

SCHNITZLER, JULIUS *geboren* 13. 7. 1865 Wien *gestorben* 21. 6. 1939 *begraben* 14. 7. 1939 – Urne *Beruf* Professor, Chirurg, Hofrat *Familie* Bruder von ARTHUR SCHNITZLER *Grabstelle* 6-0-4 – Ehrengrab

1888 Promotion. Assistent von E. ALBERTS an der I. chirurgischen Klinik. 1895 Habilitation. 1907 a. o. Prof., später o. Prof., 1907 Primararzt am Franz-Joseph-Spital und am Wiedener Krankenhaus. Leitete während des Ersten Weltkriegs verschiedene Kriegsspitäler in Wien. Für diese Leistungen mit dem Ehrenzeichen des Roten Kreuzes ausgezeichnet. Verdienste um die Magen-Darm-Chirurgie. Heilte SEIPEL nach einem Attentat. Sein Sohn KARL war Direktor der ELIN.

*Literatur:* Eisenberg / Fraenkel / Lesky / Kohut / Ögg

SCHNITZLER, LOUISE *geboren* unbekannt *gestorben* unbekannt *begraben* 11. 9. 1911 *Familie* Mutter von ARTHUR SCHNITZLER *Grabstelle* 5b-35-83

SCHORR, MAYER *geboren* 11. 10. 1856 Foltisceni/Rumänien *gestorben* 24. 12. 1913 Wien *begraben* 16. 12. 1913 *Beruf* Oberkantor der POLNISCHEN SCHUL im 3. Wiener Gemeindebezirk *Grabstelle* 52-4-16

SCHREYER, MAXIMILIAN *geboren* 23. oder 25. 5. 1877 Drohobycz *gestorben* 6. 5. 1942 Wien *begraben* 12. 5. 1942 *Beruf* Chefredakteur des TAGS *Grabstelle* am 9. 4. 1946 enterdigt aus Tor IV, 20D-3-28 und verlegt nach 19-58-36 – Gruft für 9 Leichen

Jurastudium an der Universität Wien. Danach Eintritt in die von seinem Großvater EPHRAIM SCHREYER gegründete Firma GARTENBERG UND SCHREYER, die unter ihm expandierte. Verwaltungsratstätigkeit bei der JASLO AG und den MINERALÖLWERKEN

*Literatur:* Planer

SCHÜTZ, ADOLF *geboren* 1827 Proßnitz/Mähren *gestorben* 5. 11. 1890 Wien *begraben* 7. 11. 1890 *Beruf* Sprachlehrer *Grabstelle* 19-26-4

**SCHWARZ, ADOLF** *geboren* 15. 7. 1846 Tewel/Ungarn *gestorben* 13. 2. 1931 Wien *begraben* 16. 2. 1931 *Beruf* Rabbiner, Rektor der Israelit.-theolog. Lehranstalt *Grabstelle* 5b-0-2

Studium am Jüdisch-theologischen Seminar in Breslau, wo 1872 seine Arbeit «Der jüdische Kalender, historisch und astronomisch untersucht» einen Preis erhielt. 1875–1893 Rabbiner in Karlsruhe. 1893 erster Rektor der Israelitisch-theologischen Lehranstalt in Wien. Widmete sich in dieser Funktion schwerpunktmäßig der talmudischen Hermeneutik und verfaßte hierzu etliche Werke. Wichtig ist sein Werk «Der Mischneh-Thorah, ein System der mosaisch-talmudischen Gesetzeslehre» zum 700. Todestag von Maimonides. Zu seinem 70. Geburtstag wurde ihm eine Festschrift gewidmet. Zu seinem 80. Geburtstag wurde ihm eine Erinnerungsschrift von seinen Schülern gewidmet. Anläßlich seines Geburtstags Ernennung zum Hofrat. War über Jahre eine der wichtigsten Persönlichkeiten der Wiener jüdischen Gemeinde. Seine Enkelin ist mit Teddy Kollek, dem langjährigen Bürgermeister von Jerusalem, verheiratet.

*Literatur:* EJ (E) / JL

**SCHWARZ, DAVID** *geboren* 20. 12. 1845 Keszthely/Ungarn (nach anderen Angaben 1850 Zalaegerszeg) *gestorben* 13. 1. 1897 *begraben* unbekannt *Beruf* Holzhändler, Erfinder, Konstrukteur *Grabstelle* 50-5-3

Holzhändler in Wien. Eignete sich im Selbststudium umfangreiches technisches Fachwissen an. 1892–1894 Konstruktion und Bau des ersten starren Luftschiffs mit Gasfüllung. Nachdem er alle in Betracht kommenden Werkstoffe geprüft hatte, entschied er sich aus Gewichtsgründen und aufgrund der an Eisen heranreichenden Festigkeit für Aluminium. Erfolglos bot er seine Erfindung dem österreichisch-ungarischen Kriegsministerium an. 1895/1896 Konstruktion und Bau eines 48 Meter langen Ganz-Metall-Lenk-Luftschiffs aus Aluminium, das mit einem 12-PS-Benzinmotor versehen war. Schwarz verstarb, ehe der erste Probeflug stattgefunden hatte. Posthum fand der Probeflug schließlich am 3. 11. 1897 in Berlin auf dem Tempelhofer Feld – dem Ort, wo 1923 der Flughafen Berlin Tempelhof eingerichtet wurde – statt. Nach anfänglichem Erfolg beim Aufstieg erwies sich die Konstruktion als unlenkbar, und der Flug mißglückte. 1898 verkaufte die Witwe sämtliche Patente, Pläne und Entwürfe an Graf Zeppelin, der mit seinem «Zeppelin» schließlich berühmt wurde.

*Literatur:* Aubert / Bamberger – Maier-Bruck / Habacher / Kretschmer / Liga

**SCHWARZ, IGNAZ** *geboren* 17. 7. 1867 Neutra *gestorben* 18. 12. 1925 Wien *begraben* 20. 12. 1925 *Beruf* Kunsthändler, Arzt, Mitglied der Historischen und der Bibliothekskommission der Wiener Israelitischen Kultusgemeinde *Grabstelle* 52-3-27

**SCHWARZ-HILLER, RUDOLF RITTER VON** *geboren* 14. 8. 1876 Wien *gestorben* 18. 7. 1932 Wien *begraben* 20. 7. 1932 *Beruf* Jurist, Gemeinderat der Stadt Wien, Politiker *Grabstelle* 51-16A-6

Einer der prominentesten Vertreter des freiheitlichen Bürgertums. 1899 Dr. jur., Rechtsanwalt. Ab 1907 politisch tätig. 1910–1923 Mandatar der Leopoldstadt der Demokratischen Partei im Wiener Gemeinderat. Während des Ersten Weltkriegs Mitglied der Gemeinderätlichen Obmännerkonferenz. Ab Dezember 1918 zwecks Verhandlungen mit der Entente wegen der Lebensmittelversorgung Wiens in Bern. Erwarb sich besondere Verdienste als Leiter der Zentralstelle der Fürsorge für Kriegsflüchtlinge während des Ersten Weltkriegs. Neben Tätigkeit im Verwaltungsrat der Wiener Messe AG und des Niederösterreichischen Gewerbevereins Präsident des Hauptverbandes der Wiener Messeinteressenten, Vorstandsmitglied des Vereins reisender Kaufleute.

*Literatur:* Planer / Archivmaterial

**SEGEL, ISAAK** *geboren* 24. 3. 1870 Rohatyn/Galizien *gestorben* 1913 Wien *begraben* 1. 10. 1913 *Beruf* Redakteur, Begründer und Herausgeber der Medizin für Alle, Begründer der Ars medici. Das Organ des prakt. Arztes *Grabstelle* 52-47-68

**SIMON, GUSTAV** *geboren* 4. 11. 1818 *gestorben* 13. 1. 1897 *begraben* unbekannt *Beruf* Großindustrieller, Präsident der Israelitischen Kultusgemeinde Wien 1896–1897 *Grabstelle* 5b-1-5

Gründete 1847 eine Metallfabrik in Wien. Jahrelang im Vorstand der IKG. 1881–1895 im Wiener Gemeinderat.

*Literatur:* Fiala / Husserl (1914)

**SINGER, ALEXANDER** *geboren* 15. 11. 1844 *gestorben* 20. 11. 1906 *begraben* 2. 12. 1906 *Beruf* Redakteur, Herausgeber *Grabstelle* 19-56-73

Herausgeber der Morgenpost, Chefadministrator des Wiener Illustrierten Extrablatts und des Wiener Tagblatts, Begründer der Musikblätter.

**SOFFER, ISRAEL ARON** *geboren* unbekannt *gestorben* unbekannt – 68 Jahre *begraben* 29. 12. 1913 *Beruf* Rabbiner *Grabstelle* 50-45-104

**SONNENFELD, KURT** *geboren* 5. 11. 1893 *gestorben* 15. 3. 1938 (Suizid) *begraben* 18. 3. 1938 *Beruf* Schriftsteller, Lyriker, Erzähler, Dramatiker, Kritiker, Journalist, Redakteur der Neuen freien Presse (*Pseudonym/Chiffre* «K.Sfd.») *Grabstelle* 50-1-44 – Gruft für 3 Leichen in der Zeremonienallee

1916 Dr. jur., 1918 Dr. phil. (Philosophie/Germanistik). Breitgestreutes wissenschaftliches Interesse (Philologie, Naturwissenschaften, Medizin, Psychologie und Buddhismus). Feuilletonistischer Mitarbeiter angesehener Zeitungen des In- und Auslandes. Veröffentlichungen im Neuen Wiener Journal, ab 1922 im Redaktionsverband der Neuen freien Presse. Wurde dort unter Felix Salten ein bekannter Kritiker. In seinen Romanen, die er im Wien der Zeit nach dem Ersten Weltkrieg spielen ließ, setzte er sich mit den von Freud aufgedeckten psychischen Absonderlichkeiten und Zeit- und Gesellschaftskritik auseinander. Verübte drei Tage nach dem «Anschluß» gemeinsam mit seiner Familie Suizid.

*Werke:* «Traum und Rausch» (1914); «Hände» (1923); «Die Hände» (1925); «Narziss» (1930); «Die Ehen des Doktor Wank» (1932) (behandelt die Mischehenproblematik).

*Literatur:* Gauß / Giebisch – Gugitz / ÖBL-Karte / Planer / Wininger / Zohn (1986)

**SPITZER, BERTHOLD** *geboren* 1. 9. 1878 Deutsch-Lubau *gestorben* 4. 8. 1941 Wien *begraben* 7. 8. 1941 *Beruf* Arzt, Universitätsdozent, *Grabstelle* 7-1-26 – Gruft Mausoleum für 6 Leichen in der Zeremonienallee Simon Marmorek

Medizinstudium an der Universität Wien. 1903 Dr. med., 1915 Privatdozent für Zahnheilkunde an der medizinischen Fakultät der Universität Wien. 1919 Verbandspräsident der Zahnärztlichen Vereinigung Österreichs. 1922 Primar

der zahnärztlichen Abteilung am Kaiser-Franz-Joseph-Ambulatorium.
*Werke:* zahnmedizinische Fachpublikationen.
*Literatur:* ÖBL-Karte / Planer

**SPITZER, LEOPOLD** *geboren* 11. 4. 1839 Bisenz *gestorben* 17. 12. 1926 Wien *begraben* 20. 12. 1926 *Beruf* Redakteur, Privatier *Grabstelle* 76b-28-1A
*Literatur:* Ögg

**SPITZER, MARKUS** *geboren* 1886 *gestorben* unbekannt *begraben* 16. 4. 1920 *Beruf* Rechtsanwalt, Präsident der CHEWRA KADISCHA, Vorstandsmitglied der IKG *Grabstelle* 52A-1-19 – Ehrengrab in der Zeremonienallee

**SPITZER, MORITZ** *geboren* 1841 Wien *gestorben* 21. 3. 1909 Wien *begraben* 23. 3. 1909 *Beruf* Redaktionsmitglied der NEUEN FREIEN PRESSE, Vorstandsmitglied der IKG *Grabstelle* 51-10-93

**SPITZER, SIEGMUND** *geboren* 1813 Nikolsburg/Mähren *gestorben* Dezember 1895 *begraben* unbekannt *Beruf* Arzt, Leibarzt des SULTANS ABDUL MESCHID *Grabstelle* 6-29-74 – Gruft für 6 Leichen an der Mauer

Medizinstudium in Wien, 1837 Dr. med., 1839 Prof. für Anatomie an der medizinischen Schule in Konstantinopel, wo er einen modernen medizinischen Lehrbetrieb einführte und den Grundstock für ein anatomisches Museum legte. 1844 Leiter der medizinischen Klinik. 1845 heilte er den schwerst erkrankten SULTAN ABDUL MESCHID, worauf er zu dessen Leibarzt ernannt und schließlich 1847 Direktor der medizinischen Schule in Konstantinopel wurde. Bis 1856 türkischer Botschaftsrat am österreichischen Hof. 1857–1860 ottomanischer Geschäftsträger am Hof von Neapel. Nach dem Tod des Sultans lebte Spitzer dann als Privatier in Paris und kehrte schließlich nach Wien zurück.
*Literatur:* ADB / I. Fischer / Pagel / Wurzbach

**SPITZER, SIMON** *geboren* 3. 2. 1826 Wien *gestorben* unbekannt – Sterbeort: Wien *begraben* 18. 3. 1887 *Beruf* Prof. am Polytechnikum in Wien für höhere Mathematik *Grabstelle* am 15. 6. 1887 aus 5b-2-

38/I. Abt. enterdigt und verlegt nach 6-29-39 – Gruft für 6 Leichen

Hochgeachtete Persönlichkeit der Wiener Finanz- und Handelswelt. Mathematikstudium in Wien. 1850 Promotion. 1851 Privatdozent am Polytechnikum in Wien, 1857/1858 Prof. für höhere Mathematik (Merkantilrechnung) am Wiener Polytechnischen Institut. 1863 a. o. Prof. und 1870 o. Prof. für analytische Mathematik an der Wiener Technischen Hochschule. 1871 provisorischer Leiter der Wiener Handelsakademie und später deren Rektor. Direktor der Hypo-Bank

*Werke:* zahlreiche Arbeiten, die zum Teil ins Französische, Englische, Russische und Italienische übersetzt wurden, aus allen Gebieten der Mathematik sowie Amortisationstabellen.

*Literatur:* ADB / Ögg / Poggendorf / Wininger / Wurzbach

**SPRINGER, GUSTAV FREIHERR VON** *geboren* unbekannt *gestorben* 12. 4. 1920 *begraben* 15. 4. 1920 – Urne *Beruf* Besitzer der Wien-Reindorfer Spiritus- und Presshefefabrik *Familie* Schwiegervater von Eugène Fould-Springer *Grabstelle* 5b-1-4

**SPRINGER, SIGISMUND BARON** *geboren* 1875 *gestorben* 4. 4. 1928 *Beruf* Großindustrieller, Bankier *Familie* Schwiegersohn von Albert Rothschild *Grabstelle* 5-1-1 – Gruft für 12 Leichen

Verwaltungsrat verschiedener Banken, u. a. der Österreichischen Creditanstalt für Handel und Gewerbe. 1913 Nobilitierung.

*Literatur:* Weimarer historisch-genealogisches Taschenbuch / Wininger

**STAND, ADOLF** *geboren* 21. 5. 1870 Lemberg *gestorben* 19. 12. 1919 Wien *begraben* 22. 12. 1919 *Beruf* Journalist, Abgeordneter zum Reichsrat, Wortführer des galizischen Judentums *Grabstelle* 51-16-30 – am 2. 5. 1972 exhumiert und nach Israel überführt

Zionist, zionistischer Politiker. Philosophie- und Jurastudium in Lemberg. 1804 Wahl in den Vorstand der Jüdisch-

Nationalen Partei Galiziens. 1903 Leiter des ostgalizischen Distrikt-Komitees. Hatte Anteil am Aufbau der zionistischen Presse in Galizien. 1907–1911 Reichsratsabgeordneter. Während des Ersten Weltkriegs in Wien.

*Literatur:* Fraenkel / Gaisbauer (1981)

**STEIN, ROBERT OTTO** *geboren* 13. 12. 1880 Wien *gestorben* 12. 5. 1951 Wien *begraben* 17. 5. 1951 *Beruf* Universitätsprofessor für Dermatologie, Forscher und Publizist *Grabstelle* 6-10-16

1908–1910 Assistent der Dermatologischen Univ.-Klinik Bern. 1910–1928 Dermatologisch-venerologische Univ.-Klinik Finger/Wien. 1926 a.o. Prof. 1928–1938 Vorstand des Mariahilfer Ambulatoriums und Spitals. Seit 1939 Vorstand am Spital der IKG. Seit 1945 Ambulanzleiter der Wiener Gebietskrankenkasse. 1946 o. Prof.

*Werke:* zahlreiche wissenschaftliche Arbeiten auf dem Gebiet der Dermatologie.

*Quelle:* Archivmaterial

**STEINER, MAXIMILIAN** *geboren* 27. 8. 1830 Temesvar *gestorben* 29. 5. 1880 Baden/Wien *begraben* unbekannt *Beruf* Direktor des Theaters an der Wien, Schauspieler *Grabstelle* 6-13-2

Zunächst Kaufmann und Buchhalter in Temesvar. Wandte sich 1853 dem Schauspiel zu. 1853–1862 Engagements an mehreren ungarischen Bühnen. 1853–1858 als Regisseur unter Friedrich Strampfer an den Theatern in Temesvar, Arad, Hermannstadt. 1858–1860 unter Josef Szabo in Temesvar, 1860–1862 unter Strampfer in Temesvar. Danach Sekretär am Theater an der Wien. Übernahm am 14. 7. 1869 zusammen mit der Schauspielerin Marie Geistinger die Konzession für das Theater an der Wien bis zum 31. 8. 1883. Marie Geistinger schied am 16. 5. 1875 aus dem Vertrag aus. Unter der Ära Steiner im Theater an der Wien Anzengruber-Stücke und große Erfolge mit Werken Johann Strauss'.

*Literatur:* Hadamovsky / Herz (1981) / Wurzbach

**STEINER, MAXIMILIAN** *geboren* 1833 *gestorben* 2. 3. 1913 *begraben* 4. 3. 1913 *Beruf* Vertreter der Israelitischen Kultusgemeinde *Grabstelle* 6-29-49 – Gruft für 6 Leichen an der Mauer

Gründer und Schriftführer des Asylvereins für Obdachlose. Erbaute zusammen mit Julius Hirsch das erste Asyl und die ersten Arbeitshäuser.

*Literatur:* Morgen-Presse, 7. 3. 1923 / Wiener Zeitung, 4. 3. 1913

**STERN, ALFRED** *geboren* unbekannt *gestorben* unbekannt – 88 Jahre *begraben* 4. 12. 1918 *Beruf* Präsident der Wiener Israelitischen Kultusgemeinde 1920–1933 *Grabstelle* 5b-1-19 – Gruft für 9 Leichen am Seitenwege

1888 von der Leopoldstadt in den Gemeinderat der Stadt Wien entsandt. Seine Anträge im Gemeinderat betrafen die Errichtung der Stadtbahn, die Schiffbarmachung des Donaukanals und die Wienflußregulierung. Im Vorstand der Kultusgemeinde und ab 1904 bis zu seinem Tod Präsident der IKG.

*Literatur:* EJ (E) / Heilige Gemeinde Wien / Steffal / Wiener Abendpost, 1. 12. 1918

**STERN, BENEDIKT** *Pseudonym* Bruno Ernst *geboren* unbekannt *gestorben* unbekannt *begraben* 17. 2. 1896 *Beruf* Schauspieler und Regisseur *Grabstelle* 20-6-28

**STERN, LEOPOLD** *geboren* 20. 2. 1826 Mährisch-Weißkirchen *gestorben* 21. 11. 1900 Wien *begraben* 23. 11. 1900 *Beruf* Oberkantor, Religionslehrer *Grabstelle* 20-18b-19

**STERN, ROBERT** *geboren* 22. 7. 1855 Wien *gestorben* 25. 9. 1930 Wien *begraben* 28. 9. 1930 *Beruf* Prof. der Betriebswirtschaft, Hofrat *Grabstelle* 7-20-7

1917–1920 Sonderkurslehrer für «Einführung in Praxis der Bücher- und Bilanzrevision» an der Hochschule für Welthandel. Beschäftigte sich intensiv und systematisch mit der Frage der Prüfung des Rechnungswesens.

*Literatur:* Neues Wiener Tagblatt, 28. 9. 1930

**STERN, SAMUEL** *geboren* 30. 9. 1830 Halacz/Ungarn *gestorben* 1. 7. 1915 Wien *begraben* 4. 7. 1915 *Beruf* Arzt, Universitätsprofessor für klinische Propädeutik *Grabstelle* 52-12-49

Promotion zum Dr. med. an der Wiener Universität. 1864 Ernennung zum Dozenten, 1870 zum a.o. Prof. für klinische Propädeutik an der Universität Wien. Beschäftigte sich in späteren Jahren mit Philosophie und verfaßte das Werk «Allgemeine Philosophie» (o. J.).

*Literatur:* Eisenberg / Pagel / Wininger / Wurzbach

**STERN, VIKTOR** *Pseudonym* E. Stella *geboren* 4. 5. 1837 Wien *gestorben* 3. 2. 1913 Wien *begraben* 5. 2. 1913 *Beruf* Sekretär des Journalisten- und Schriftstellervereins CONCORDIA, Verfasser von Tragödien *Grabstelle* 5b-1-19 – Gruft für 9 Leichen am Seitenwege KATHARINA STERN

Zunächst bis 1868 kaufmännischer Angestellter und Kaufmann, dann Sekretär der Journalisten- und Schriftstellervereinigung CONCORDIA. Schriftsteller, Dramatiker.

*Werke:* «Valentin» (1868); «Das Kronenhaus» (1872); «Calas» (1889); «Schloß Arnheim» (1893); «Lukas und Creszenz» (1907).

*Literatur:* Brümmer / Giebisch – Gugitz / Kosel / Wurzbach

**STÖRK, KARL** *geboren* 17. 9. 1832 Ofen *gestorben* 13. 9. 1899 Wien *begraben* 15. 9. 1899 *Beruf* Arzt, Universitätsprofessor für Laryngologie *Grabstelle* 8-62-43 – vis-à-vis der kath. Abt.

1858 Promotion zum Dr. med. Er war der erste, dem ein Eingriff am Kehlkopf gelang, 1862 gelang ihm als zweitem die Abtragung eines Kehlkopfpolypen. Berühmt für seine eigens konstruierten Instrumente für Kehlkopfchirurgie. 1865 Habilitation und erster Privatdozent für Laryngologie. 1875 unbesoldeter Extraordinarius für Laryngoskopie an der Wiener Universität. 1891 bis zu seinem Tod Leiter der Laryngologischen Klinik.

*Werke:* «Klinik der Krankheiten des Kehlkopfes, der Nase und des Rachens» (1880).

*Literatur:* Eisenberg / Fraenkel / Haberling – Hübotter – Vierordt / Lesky / Lohrmann / Ögg / Pagel / Wininger / Wurzbach

**STRISOWER, LEO** *geboren* 2. 10. 1857 Brody/Galizien *gestorben* 6. 1. 1931 Wien *begraben* 9. 1. 1931 *Beruf* Universitätsprofessor für Völkerrecht *Grabstelle* 6-1-1 – Gruft für 6 Leichen in der Zeremonienallee MORITZ POLLAK RITTER VON BORKENAU

Aktiver Mitarbeiter jüdischer Studentenorganisationen. 1881 Privatdozent für Völkerrecht an der Universität Wien, 1891 Mitglied des INSTITUT DE DROIT INTERNATIONAL, 1901

a.o. Prof., 1908 assoziiertes Mitglied des Institut de Droit International, 1909 a.o. Prof., 1922–1928 o. Prof. für internationales Recht an der Universität Wien, Präsident des Institut de Droit International/Den Haag. Vertrat Österreich in einer großen Anzahl von internationalen Streitfällen. Unterstützte und förderte jüdische Studentenorganisationen in Wien. Als er starb, arbeitete er gerade an einer Studie über die Rechtmäßigkeit des Britischen Weißbuches, das die Einwanderung ins damalige Palästina zahlenmäßig limitierte.
*Werke:* zahlreiche Werke zum internationalen Recht, u.a. «Der Krieg und die Völkerrechtsordnung» (1919).

*Literatur:* EJ (E) / Kohut / Liga / ÖBL-Karte

**STRNAD, OSKAR** *geboren* 26. 10. 1879 Wien *gestorben* 3. 9. 1935 Bad Aussee *begraben* 6. 9. 1935 *Beruf* Prof. an der Kunstgewerbeschule, Architekt und Bühnenbildner, Kunsthandwerker *Grabstelle* 6-0-5

Studium an der Technischen Hochschule Wien bei Ferstel, Karl König, Karl Mayereder, Ferdinand Fellner. 1903 Promotion (Dissertation über «Prinzipien der christlichen Kunst»). 1909 Lehrer für «Allgemeine Formenlehre» an der Kunstgewerbeschule in Wien (heute: Akademie für angewandte Kunst). Unterrichtete ab 1914 Architektur und errichtete in Wien mehrere kommunale Wohnhausanlagen und Villen sowie Soldatengräber und Kriegerdenkmäler. Nach 1918 fruchtbare Bühnenbildnertätigkeit in Wien, Salzburg, Berlin und anderen europäischen Städten. Erste Bühnenarbeiten am Volkstheater 1918, ab 1919 Bühnenbildner ebenda. Ab 1924 enge Zusammenarbeit mit Max Reinhardt, der ihn als «größten Initiator aller Zeiten» schätzte. Bühnenbildentwürfe auch für das Burgtheater und die Staatsoper. Etliche Glas- und Tapetenentwürfe. Entwurf von Wohnungseinrichtungen nach seinem Prinzip der Mobilität aller Möbelstücke. Erfolgreiche Filminszenierungen und szenische Gestaltungen wie «Maskerade» und «Episode». 1947 posthume Verleihung des Preises der Stadt Wien für Architektur.

*Literatur:* EJ (E) / Heilige Gemeinde Wien / JL / Keil-Budischowsky / Planer / Thieme – Becker

**SUCHARIPA, JOSEF** *geboren* unbekannt *gestorben* unbekannt – 70 Jahre *begraben* 9. 5. 1923 *Beruf* Bauunternehmer *Grabstelle* 7-30-131 – Gruft für 9 Leichen an der Mauer

HINWEIS: *«Das Mausoleum der Familie Sucharipa (...) erhebt sich an der äußersten Umfassungsmauer über einer sogenannten Doppelgruft; dieses Bauwerk ist im romanischen Styl ausgeführt. Zunächst wurde mit der Breite von 2,50 m eine quadratische Grundform gebildet, so dass die Gruft nur zum Teil überbaut ist.*

*Der über dem Quadrat aufgeführte viereckige Hauptbau wurde dann in ein Achteck übergeführt und der Übergang durch, über den vier Eckpfeilern angebrachte Fialen maskiert. Ein Zeltdach, auf welchem dann eine achteckige Laterne mit einem weiteren Zeltdach sich erhebt, schließt das Gebäude, das am obersten Ende von einer achteckigen Endigung bekrönt wird. Das Innere ist in der Höhe des ersten Tambours mit einer Kuppel abgedeckt, deren Schluß offen gehalten ist und der Licht der obersten Laterne durchläßt. Das ganze Bauwerk ist mit Ausnahme des Granitsockels aus Margarethnerstein, nur jene Theile, die den Schutz gegen Wasser am Sockel und an den Gliederungen zu geben haben, sowie auch die Dachflächen sind von Mannersdorferstein ausgeführt. Die Fenster sind mit Bleiverglasung und Schutzgittern versehen» (Max Fleischer: Zwei Grabdenkmale auf dem Centralfriedhofe zu Wien. In: Der Bautechniker, 9. 11. 1900, S. 1025 f.).*

**SULZER, JOSEF** *geboren* 11. 2. 1860 Wien *gestorben* 14. 1. 1926 Wien *begraben* 17. 1. 1926 *Beruf* Chormeister, Komponist, Chordirigent, Cellist im Orchester des damaligen WIENER HOFOPERNTHEATERS *Familie* Sohn von SALOMON SULZER *Grabstelle* 5b-1-1– Ehrengrab in der Zeremonienallee

*Literatur:* Kohut / Neue Freie Presse, 15. 6. 1910, 15. 1. 1926

**SULZER, JULIUS SALOMON** *geboren* 1834 *gestorben* 13. 2. 1891 Wien *begraben* 16. 2. 1891 *Beruf* Komponist, Hofkapellmeister in Turin und Wien, Violinist, Kapellmeister am K. U. K. BURGTHEATER *Grabstelle* 8-61-50 – am Wege

Ab 1875 Hofkapellmeister am Burgtheater, Dirigent in Rumänien und Italien.

*Literatur:* Wurzbach

**SULZER, SALOMON** *geboren* 18. 3. (oder 30. 3.) 1804 Hohenems *gestorben* 17. 1. 1890 Wien *begraben* unbekannt *Beruf* Oberkantor der IKG, Reformer des liturgischen Gesangs, Komponist liturgischer und profaner Werke *Grabstelle* 5b-1-1 – Ehrengrab in der Zeremonienallee

1811: Der siebenjährige Salomon Sulzer fiel in einen Hochwasser führenden Fluß, konnte sich aber ans Ufer retten. Seine Eltern fanden ihn schlafend in der Synagoge und sprachen ihn einem religiösen Beruf zu. Bereits in früher Jugend Studien in Hohenems und Karlsruhe. 1817–1818 Studien bei Lippmann, einem der berühmtesten Kantoren dieser Zeit, in Endingen/Schweiz. Reise mit seinem Lehrer durch das Schwäbische, durch Elsaß und Lothringen. Kurze Zeit Unterricht in Hohenems bei Salomon Eichberg. Einjährige Ausbildung in Karlsruhe. 1820 Anstellung als Kantor in Hohenems. 1825/26–1881 Oberkantor in Wien. Während der ersten Jahre in Wien Kompositionsunterricht bei Ignaz Xaver Ritter von Seyfried. 1838 auf Verlangen namhafter jüdischer Gemeinden wie Pest, Kanizsa, Venedig, München, Frankfurt/Main, Berlin und einiger Gemeinden in Amerika Herausgabe des in der jüdischen Musikliteratur epochemachenden «Schir Zion» («Lied Zion»; Choräle zum Gebrauch beim jüdischen Gottesdienst). 1848 nahm Sulzer zusammen mit Isak Noa(h) mannheimer am ökumenischen Begräbnis der Märzgefallenen teil. 1865 Herausgabe eines zweiten Bandes des «Schir Zion», der jedoch ein eigenständiges Werk bildete. 1844–1847 Professur für Gesang am Wiener Musikkonservatorium. 1845 Ernennung zum Professor am Musikverein. Wurde 1848 «mit Waffen in den Händen» bei der Erstürmung Wiens auf den Barrikaden festgenommen und nach einem Verhör als Rebell zum Tod verurteilt, nach acht Monaten Haft jedoch begnadigt. Die Märzrevolution regte Sulzer an, einen Akademischen Gesangsverein zu gründen, dem innerhalb kurzer Zeit 800 Personen beitraten. 1868 Verleihung des Ritterkreuzes des Franz-Joseph-Ordens. Ehrenbürger von Wien. Verkehrte freundschaftlich mit Franz Liszt,

*Einige Grabstellen sind dem Verfall preisgegeben. Hier: 5b-1*

*Die Gebeine und Grabmäler der beiden großen Rabbiner Isak Noa Mannheimer (gest. 1865) und Lazar Horwitz (gest. 1868) wurden 1941 vom Währinger Israelitischen Friedhof exhumiert. Grabstellen 6-0-8/9*

*Mit dem Symbol eines Mediziners ist die Grabstelle von Theodor Zerner (gest. 1921) versehen. Grabstelle 19-58-68*

*Innerhalb eines 15-Meter-Radius sind viele Mitglieder der miteinander verwandten Familien Schey, Mandl, Markbreiter und Schnitzler begraben. Grabstelle 19-43-74*

*Ansicht der sogenannten «türkischen (i. e. sephardischen) Abteilung» in Gruppe 8*

GIACOMO MEYERBEER, ROBERT SCHUMANN und in inniger Freundschaft mit FRANZ SCHUBERT, der Psalm 92 in hebräischer Sprache vertonte und Sulzer zum Geschenk machte. NIKOLAUS LENAU fand seine Schifflieder vortrefflich durch Sulzer wiedergegeben. Zahlreiche Schubertlieder wurden von Sulzer uraufgeführt. KAISER FRANZ-JOSEPH gehörte zu den Verehrern Sulzers. PAPST PIUS ernannte Sulzer zum «Meisterkomponisten der Heiligen Cäcilia in Rom». Ehrenmitgliedschaft vieler Gesellschaften und Vereine. Mitbegründer des ersten behördlich genehmigten Gesangsvereins in Hohenems/Vorarlberg namens FROHSINN, in dem Christen und Juden gemeinsam den vierstimmigen Chorsatz pflegten.
HINWEIS zum Grabmal: *Die oben am Grabdenkmal angebrachte Lyra ist als Berufssymbol (Musiker) zu erklären.*

*Literatur:* Eisenberg / EJ (E) / Fraenkel / Heilige Gemeinde Wien / JE / JL / Kohut / Lohrmann

**SÜSS, EDUARD** *geboren* unbekannt *gestorben* unbekannt – 29 Jahre *begraben* 24. 8. 1909 *Beruf* Architekt und Baumeister *Grabstelle* 53b-8-12

**SZEPS, MORITZ** *geboren* 4. 11. 1834 Busk/Galizien *gestorben* 9. 8. 1902 Wien *begraben* unbekannt *Beruf* Redakteur, Zeitungsherausgeber *Grabstelle* 19-56-31

Studium der Naturwissenschaften an den Universitäten Lemberg und Wien. Bereits als Student schrieb er populärwissenschaftliche naturwissenschaftliche Arbeiten für die Blätter FAMILIENBUCH und ÖSTERREICHISCHER LLOYD. 1867 übernahm er das WIENER TAGBLATT gemeinsam mit HEINRICH POLLAK und seinem Schwager SIEGMUND SCHLESINGER. 1886 legte er die Redaktion des Blattes nieder.

*Literatur:* Kosel / Paupié (1949) / Rotter – Schmieger

**TAGNER, NATHAN** *geboren* unbekannt *gestorben* unbekannt – 63 Jahre *begraben* 9. 11. 1916 *Beruf* Kantor *Grabstelle* 49A-3-14A

**TAUSSIG, ADOLF** *geboren* 28. 1. 1838 Wien *gestorben* 14. 11. 1903 Wien *begraben* 16. 11. 1903 *Beruf* Redakteur, Journalist *Grabstelle* 8-62-8 – vis-à-vis der kath. Abt.

1868 Eintritt in die Redaktion der PRESSE, 1871–1872 bei der neugegründeten DEUTSCHEN ZEITUNG, seit 1872 bei der

Neuen Freien Presse, wo er zum 1. 12. 1872 Mitredakteur des volkswirtschaftlichen Teils wurde. 1875 Begründer des Wiener Hausfrauen Vereins und der Hausfrauenzeitung. Tätigkeit innerhalb der Concordia.

*Literatur:* Eisenberg / Stern

**TAUSSIG, EMANUEL** *geboren* unbekannt *gestorben* unbekannt *begraben* 11. 7. 1912 *Beruf* Schriftsteller *Grabstelle* 19-2-25

**TAUSSIG, SIEGMUND** *geboren* 4. 3. 1840 Trebitsch/Mähren *gestorben* 22. 12. 1910 Baden/Wien *begraben* 25. 12. 1910 *Beruf* k. u. k. Hofrat, Oberingenieur, Hafenbaudirektor *Grabstelle* 20-1-28 – Ehrengrab in der Zeremonienallee

Studium in Wien und Brünn. 1865 Eintritt in den Dienst der niederösterreichischen Statthalterei. 1869 im Dienst der Donauregulierungskommission der niederösterreichischen Statthalterei. 1873 Sektionsingenieur, 1890 Baurat und Hafenbaudirektor. 1903 Ernennung zum Hofrat. 1905 Ruhestand. Arbeitete über vierzig Jahre seines Lebens für die Regulierung der Donau. Zu seinen Leistungen zählen die Anlage des Sperrschiffs in Nußdorf, der Winterhafen in der Freudenau, die Umwandlung des Donaukanals in einen geschlossenen Hafen. Viele Jahre hindurch Tätigkeit im Vorstand der Wiener Israelitischen Kultusgemeinde, in der Israelitischen Allianz sowie bei diversen humanistischen Vereinen.

*Literatur:* Fraenkel / JL / Kosel / Kortz / Paul

**TAUSSIG, THEODOR RITTER VON** *geboren* 22. 7. 1849 Prag *gestorben* 24. 11. 1909 Wien *begraben* 26. 11. 1909 *Beruf* Gouverneur der Bodencreditanstalt *Grabstelle* 20-1-35 – Ehrengrab in der Zeremonienallee – Gruft für 9 Leichen

Direktor der österreichischen Bodencreditanstalt. Hatte maßgeblichen Anteil an der Verstaatlichung der Eisenbahnen. Präsident der Österreichisch-ungarischen Staatseisenbahngesellschaft. Verwaltungsrat der k.k. priv. österr. Nordwestbahn, Kurator des Israelit. Blindeninstituts auf der Hohen Warte. 22. 12. 1879 Nobilitierung.

*Literatur:* Kyffhäuser / Ögg / Der Bautechniker, 3. 11. 1911, S. 1029 f. / Neue Freie Presse, 25. 11. 1909, 25. 12. 1913 / Österreichische Rundschau XXI (1909), S. 412 f.

**THORSCH, DAVID EDUARD** *geboren* unbekannt *gestorben* 27. 7. 1883 – 51 Jahre *begraben* unbekannt *Beruf* Bankier *Grabstelle* am 21. 10. 1885 enterdigt aus «6-29 – an der Mauer neben Isak Löbl» (so die IKG-Karteikarte) und verlegt nach 7-1-2 – Gruft für 9 Leichen in der Zeremonienallee

**TORBERG, FRIEDRICH** *geboren* 16. 9. 1908 Wien *gestorben* 10. 11. 1979 Wien *begraben* 19. 11. 1979 *Beruf* Schriftsteller *Grabstelle* 6-0-3

Nachname eigentlich: Kantor-Berg. Jurastudium an der Universität, nie abgeschlossen. Schrieb Novellen und fungierte als Herausgeber. 1930 erster großer Erfolg mit «Der Schüler Gerber hat absolviert». 1932 Julius-Reich-Preis der Wiener Universität. Seit 1932 Mitglied des österreichischen Pen-Clubs. Seit 1933 Mitglied der Concordia. 1935 «Die Mannschaft – Roman eines Sport-Lebens». 1937 «Abschied – Roman einer ersten Liebe». 1938 flüchtete er in die Schweiz und kämpfte später in der tschechischen Brigade der französischen Armee bis zum Zusammenbruch Frankreichs 1940. Gelangte über Spanien und Portugal nach Mexiko, von dort mit einem vom amerikanischen Pen-Club verschafften Visum in die USA. Begann bei der Filmgesellschaft Warner Bros als freischaffender Autor zu arbeiten. 1943 Novelle «Mein ist die Rache». 1944 erster großer Filmerfolg mit «Voice in the Wind». Übersiedlung nach New York. 1945 amerikanische Staatsbürgerschaft. 1948 «Hier bin ich Vater». 1950 letztes Werk in der Emigration: «Die zweite Begegnung». 1951 Rückkehr nach Wien, 1954–1965 Herausgeber der Zeitschrift Forvm (Österreichische Monatsblätter für kulturelle Freiheit). 1957–1963 Herausgabe des Nachlasses von Herzmanovsky-Orlando. Wichtig sind seine Novellen «Mein ist die Rache» (1943) und «Hier bin ich Vater» (1948), die das Schicksal der Juden unter der Naziherrschaft behandeln. 1958 Mitglied der Deutschen Akademie für Sprache und Dichtung, Lyrikband «Lebenslied». Ab 1961 Übersetzung der Werke von Ephraim Kishon aus dem Englischen, die enorm zu Kishons Popularität beitrugen. 1962 alleiniger Herausgeber des Forvms. Vorstandsmitglied des Österreichischen Pen-Zentrums. 1964 Preis der Stadt Wien für Publizistik. 1966 Preis der Stadt Wien für Literatur. 1968 Ehrenkreuz für Wissenschaft und Kunst 1. Klasse. 1969 Bundesverdienstkreuz

(BRD). 1974 Richard-Meister-Medaille. 1975 «Die Tante Jolesch». 1976 Ehrenzeichen für Wissenschaft und Kunst. 1979 Österreichischer Staatspreis für Literatur. Posthum erschienen: «Der letzte Ritt des Jockeys Matteo» und «Auch das war Wien». Torberg arbeitete für die Presse, die Süddeutsche Zeitung, Die Welt, die Frankfurter Hefte. Zu seinem 10. Todestag: Gedenktafel am Wiener Wasagymnasium.

*Literatur:* u. a. Bamberger – Maier-Bruck / EJ (E) / Giebisch – Gugitz / ÖBL / Zohn (1986) / Zohn (1969)

**TREBITSCH, LEOPOLD** *geboren* unbekannt *gestorben* unbekannt *begraben* 14. 12. 1906 *Beruf* Seidenfabrikant in Fünfhaus, Kommerzialrat *Grabstelle* 20-1-14 – Gruft für 9 Leichen in der Zeremonienallee

*Literatur:* Neue Freie Presse, 13. 12. 1906

**TRENSCHINER, JAKOB** *geboren* 10. 3. 1852 St. Gotthard/Ungarn *gestorben* 3. 4. 1933 Wien *begraben* 5. 4. 1933 *Beruf* Ingenieur, Journalist, Redakteur *Grabstelle* 6-20-2 – vis-à-vis der Mauer

Redakteur des Illustrierten Wiener Extrablattes. Tätigkeit innerhalb der Concordia. Hauptsächlich auf wissenschaftlichem Gebiet tätig.

*Literatur:* Wiener Zeitung, 5. 4. 1933

**TSCHIASSNY, MARCUS** *geboren* unbekannt *gestorben* unbekannt – 56 Jahre *begraben* 21. 1. 1906 *Beruf* Mediziner, k.k. Landesgerichtsrat *Grabstelle* 50-1-55 – Gruft für 3 Leichen in der Zeremonienallee

**ULLMANN, KARL** *geboren* 24. 8. 1840 Pirnitz/Mähren (nach anderen Angaben Habern/Böhmen und auch Iglau/Böhmen) *gestorben* 14. 12. 1940 *begraben* 29. 12. 1940 *Beruf* Obermedizinalrat, Privatdozent an der Hochschule für Welthandel *Grabstelle* 51-4-9

Medizinstudium an der Universität Wien. 1866 Promotion. 1892–1897 Assistent an der Poliklinik unter H. Hebra. 1897 Habilitation an der Wiener Universität für Dermatologie und Syphilis. 1900 a. o. Doz. an der Wiener Hochschule für Welthandel.

*Werke:* zahlreiche Fachpublikationen.

*Literatur:* I. Fischer



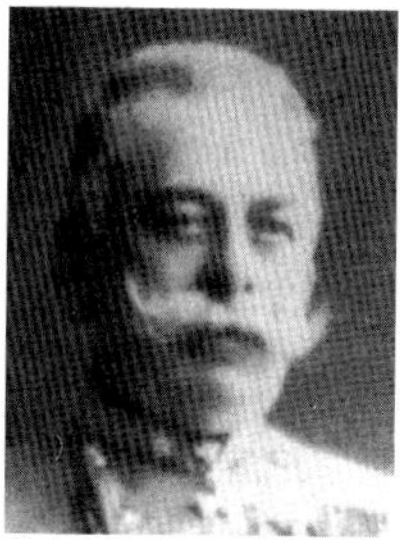

**ULRICH, HEINRICH EDLER VON TRENKHEIM** *geboren* unbekannt *gestorben* unbekannt – 64 Jahre *begraben* 16. 10. 1914 *Beruf* k.k. Generalmajor *Grabstelle* 20-1-34 – Ehrengrab in der Zeremonienallee

**WAHLE, EMIL** *geboren* 1. 10. 1861 Wien *gestorben* 16. 3. 1890 Wien *begraben* unbekannt *Beruf* Historiker *Grabstelle* 6-30-46 – am Wege

**WALDMANN, JAKOB** *geboren* 1821 *gestorben* unbekannt *begraben* 31. 8. 1883 *Beruf* Rabbiner *Grabstelle* 6-8-17 – vis-à-vis der (nicht mehr existenten) Leichenkammer

**WALLERSTEIN, SAMUEL** *geboren* 18. 12. 1837 Prag *gestorben* 20. 8. 1880 Wien *begraben* 22. 8. 1880 *Beruf* Schriftsteller, Redakteur beim FREMDENBLATT und beim TAGESBOTEN AUS BÖHMEN, Feuilletonist *Grabstelle* 6-13-38

**WEIDENFELD, STEFAN** *geboren* 21. 2. 1870 Suczawa/Bukowina *gestorben* 15. 8. 1917 Wien *begraben* unbekannt *Beruf* Dozent für Dermatologie *Grabstelle* 49A-22-19 – Gruft für 3 Leichen am Wege

*Werke:* «Beiträge zur Klinik und Pathogenese des Pemphigus» (1904).

*Literatur:* Fraenkel / Ögg

**WEINBERG, MAXIMILIAN** *geboren* 29. 10. 1856 Iglau *gestorben* 1920 *begraben* 1. 1. 1920 *Beruf* Physiker, Journalist, Schriftsteller *Grabstelle* 20-9-11

1878–1890 Assistent für Physik an der Wiener Technischen Hochschule. Redakteur des Blattes ÜBER LAND UND MEER.

*Werke:* «Über Methoden der Messung der Wellenlänge des Lichts mittelst Interferenzstreifen» (1879); «Die Eigenschaften und Wirkungen des elektrischen Stromes» (1885).

*Literatur:* Jaksch / Morgen-Presse, 3. 1. 1920

**WEISENGRÜN, PAUL** *geboren* 10. 12. 1868 Jassy/Rumänien *gestorben* 22. 12. 1923 Wien *begraben* 25. 12. 1923 *Beruf* Schriftsteller, Privatgelehrter *Grabstelle* 73B-33-1 – am Wege

*Werke:* «Kulturpolitik und Sozialismus» (1920); «Der neue Curs in der Philosophie» (1905); «Das Ende des Marxismus» (1899).

**WEISL, ERNST FRANZ VON** *geboren* 3. 5. 1857 Zabehlitz/Böhmen *gestorben* 24. 6. 1931 Wien *begraben* unbekannt *Beruf* Jurist, Hof- und Gerichtsadvokat, Fachschriftsteller *Grabstelle* 20-16-60

Militärstrafrechtsexperte, Herausgeber der Österreichischen Heereszeitung, Präsident der Österreichisch-ungarischen Kolonialgesellschaft, Präsident des Internationalen Anwaltsverbandes, dessen Gründer er aufgrund seiner Beschäftigung mit internationalem Recht war. Mit der Ausarbeitung eines Gesetzesentwurfes zum österreichischen Militärstrafrecht und zur Behandlung von Auswanderungsfragen betraut. 1918 Nobilitierung.

*Werke:* «Militärstrafverfahren in Rußland» (1894); «Das Deutsche Pfandrecht bis zur Perzeption des römischen Rechtes» (1884); «Frankreichs Militärprozeßordnung» (1887).

*Literatur:* Jaksch / Wiener Zeitung, 25. 6. 1931 / Morgen-Presse, 25. 6. 1931 / Juristische Blätter 1931, S. 316

**WEISSKOPF, EMIL** *geboren* 1. 1. 1873 Schüttenhofen/Böhmen *gestorben* 14. 4. 1926 Wien *begraben* 16. 4. 1926 *Beruf* Hof- und Gerichtsadvokat *Grabstelle* 19-56-36 – vis-à-vis der kath. Abt.

**WENGRAFF, HERMANN** *geboren* 11. 6. 1847 Nikolsburg/Mähren *gestorben* 16. 12. 1899 Wien *begraben* am 28. 11. 1923 aus 20-2-30 enterdigt und im Wiener Städtischen Krematorium eingeäschert *Beruf* Rechtsanwalt *Grabstelle* -/-/- (so die Eintragung auf der Karteikarte des Friedhofsamts der Israelitischen Kultusgemeinde)

**WERTHEIMER, JOSEF RITTER VON** *geboren* 15. 3. 1800 Wien *gestorben* 16. 3. 1887 Wien *begraben* unbekannt *Beruf* Schriftsteller, Politiker, Pädagoge, Philanthrop, Herausgeber des JAHRBUCHS FÜR ISRAELITEN, Dramatiker, Essayist *Grabstelle* 6-1-3 – Ehrengrab in der Zeremonienallee

Präsident der Wiener Kultusgemeinde 1864–1867. Setzte sich unermüdlich für die Emanzipation der Juden in Österreich ein. 1830 gründete er zusammen mit dem katholischen Geistlichen JOHANN LINDNER den ersten Kindergarten in Wien. 1840 Gründung des VEREINS ZUR FÖRDERUNG DES HANDWERKES UNTER DEN ISRAELITEN. 1842 erschien in Leipzig anonym sein Werk «Die Juden in Österreich vom Standpunkte der Geschichte, des Rechts und des Staatsvorteils», in dem er die gesellschaftliche, wirtschaftliche und politische Unterdrückung der Juden in Österreich darstellte. 1845 erhielt er die amtliche Erlaubnis, in der Leopoldstadt ein Gebäude zu erwerben und darin eine jüdische KLEINKINDERBEWAHRANSTALT zu errichten. Die Gründung der Wiener ISRAELITISCHEN ALLIANZ ging auf Wertheimer zurück. 1855–1865 Herausgeber des JAHRBUCHS FÜR ISRAELITEN. Mitbegründer der ALLGEMEINEN RETTUNGSGESELLSCHAFT. Verfaßte Dramen, historische Aufsätze und pädagogische Schriften. Hauptanliegen seiner publizistischen Tätigkeit: Aufhebung der Beschränkungen für österreichischen Juden und Zunftfreiheit, d. h. freie Berufswahl und Gleichberechtigung für österreichische Juden. 11. 7. 1868 Nobilitierung.

*Werke:* «Eudoxia» (1879); «Dramatische Beiträge (Der Hirtensohn; Eheliches Leben; Der Mantelsack)» (1838); «Geschichte der Juden in Österreich», 2 Bde. (1842); «Die Stellung der Juden in Österreich» (1852).

*Literatur:* Brümmer / EJ (E) / Giebisch – Gugitz / Heilige Gemeinde Wien / JL / Kyffhäuser / Schubert (1974) / Toury / Wininger / Zohn (1969)

**WERTHEIMER, PAUL** *geboren* 4. 2. 1874 Wien *gestorben* 19. 3. 1937 Wien *begraben* unbekannt *Beruf* Rechtsanwalt, Theaterkritiker, Redakteur der NEUEN FREIEN PRESSE *Grabstelle* 51-9-75

Jurastudium in Wien und Zürich. Dr. jur. 1898, dann Rechtsanwalt in Wien. Arbeitete ab 1921 als Feuilletonredakteur und Theaterkritiker der NEUEN FREIEN PRESSE. Verfaßte Gedichte, Novellen, Komödien, Dramen, Humoresken sowie ein Singspiel. Herausgeber des ALTWIENER THEATERS.

*Werke:* «Gedichte» (1896, auch angegeben mit 1898); «Neue Gedichte» (1904); «Die Frau des Raja» (1907); «Wenn Zwei dasselbe tun» (1909); «Im Land der Torheit» (1910); «Joujou» (1912); «Der Brand der Leidenschaften» (1914); «Himmelblaue Zeit» (1914); «Das war mein Wien» (1920); «Die Frau Rat» (1920); «Sommerhaidenweg» (1921); «Respektlose Geschichten» (1929); «Stadtpark» (1929); «Komödie der Ehe» (1933).

*Literatur:* Giebisch – Gugitz / Kosel / Ögg / Planer / Zohn (1969) / Zohn (1986) / Wien aktuell 6 (1974), S. 6

**WIENER, EDUARD RITTER VON WELTEN** *geboren* 7. 7. 1822 Prag *gestorben* 14. 10. 1886 Wien *begraben* 17. 10 1886 *Beruf* Bankier, Vorstand der Israelit. Allianz, Großindustrieller *Grabstelle* 6-29-43 – Gruft für 9 Leichen an der Mauer

K.k. priv. Großhändler, Chef des Bankhauses Eduard Wiener von Welten, Präs. der Creditanstalt. Verwaltungsrat verschiedener Handels-, Verkehrs- und Industriegesellschaften, darunter die Donaudampfschiffahrtsgesellschaft. Nahm großen Anteil am geistigen und wissenschaftlichen Leben Wiens. Förderte diverse gemeinnützige und humanitäre Institutionen. 30. 6. 1867 Nobilitierung.

HINWEIS: *«Der Aufbau dieses im Renaissance-Style hergestellten Werkes erfolgte ganz in Mauthausener Granit, welcher durchwegs geschliffen und polirt zur Anwendung kam.*

*Die Capitäle und Ornirungen an den Säulen und Pilasterschäften, dann die Vasen etc. sind in geschwärzter Bronce, die Gitter in Schmiedeeisen ausgeführt. Die Decke bildet ein Tonnengewölbe mit reichen Cassetten und Rosetten, alles aus Carraramarmor. Das Dach ist aus Granitplatten und Profilsteinen aus Granit hergestellt, am Fuße desselben befindet sich ein Bronce-Gitter und am First eine reiche Bekrönung von Bronce. Die Inschriftenplatte an der Rückwand ist aus schwarzem Gabbro hergestellt. Von dem Gewölbe herab in der Mitte hängt eine fein ciselirte, reich ornirte Bronce-Lampe. (...) Bildhauerarbeiten von Gustav Arzt» (Max Fleischer: Mausoleum am Centralfriedhofe in Wien. In: Der Bautechniker, 14. 10. 1892, S. 789 f.).*

*Literatur:* Grünfeld / Kyffhäuser

WILHELM, IGNAZ *geboren* 28. 11. 1842 Boskowitz/Mähren *gestorben* 18. 2. 1921 Wien *begraben* 20. 2. 1921 *Beruf* Journalist, Gründer der KORRESPONDENZ WILHELM, Kaiserl. Rat, Regierungsrat *Grabstelle* 20-7-48

WILHELM, SIGMUND *Pseudonym* Timotheus, Tim, Jim *geboren* 13. 7. 1849 Unter-Limbach/Ungarn *gestorben* 30. 10. 1911 Wien *begraben* 1. 11. 1911 *Beruf* Journalist, Redakteur beim ILLUSTR. WIENER EXTRABLATT und dem FREMDENBLATT *Grabstelle* 50-58-69 – am Wege

*Literatur:* Ögg

WINTER, GÉZA *geboren* 14. 3. 1850 Eperies/Ungarn *gestorben* 3. 3. 1924 Wien *begraben* 6. 3. 1924 *Beruf* Rechtsanwalt, Präsident des INTERNATIONALEN ANWALTSVERBANDES *Grabstelle* 8-57-II (so die IKG-Karteikarte)

Präsident des INTERNATIONALEN ANWALTSVERBANDES, Verdienste um die Errichtung des HÜTTELDORFER WÖCHNERINNENHEIMS. Gründer des UNGARNVEREINS in Wien sowie der ersten offiziellen Freimaurervereinigung in Wien. 17 Jahre Meister der Loge FREUNDSCHAFT, 1918 Ehrenmitglied der Großloge.

*Literatur:* Neue Freie Presse, 5. 3. 1924 (Mittagsausgabe)

WINTERBERG, HEINRICH *geboren* 11. 5. 1867 Reichenberg/Böhmen *gestorben* 24. 1. 1929 Wien *begraben* 20. 8. 1929 – Urne *Beruf* Arzt, Univ.-Doz., Herzspezialist und Gynäkologe, Professor *Grabstelle* 52A-1-35 – Gruft für 3 Leichen in der Zeremonienallee

Studium an der Deutschen Universität Prag. 1892 Promotion, 1893 Übersiedlung nach Wien. 1895 Eröffnung einer gynäkologischen Ordination. 1902 Habilitation für allgemeine und experimentelle Pathologie. 1912 a. o. Prof., 1915 Berufung an die Erste medizinische Klinik Wien, wo er Leiter der Herzambulanz wird. 1920 Vorstand der Herzabteilung. 1921 o. Prof. Wandte sich dann der Kardiologie zu. Benutzte als einer der ersten den Elektrokardiographen. 1909 teilte er mit ROTHBERG das Vorhofflimmern als eine Ursache der Arhythmia perpetua mit.

*Werke:* [zusammen mit Wenckebach] «Die unregelmäßige Herztätigkeit» (o. J.); diverses Fachschrifttum.

*Literatur:* I. Fischer / Lohrmann

**WINTERNITZ, JAKOB EDLER VON** *Pseudonym* J. Winters *geboren* 3. 3. 1843 Horazdowitz/Böhmen *gestorben* 26. 1. 1921 Wien *begraben* 24. 2. 1921 – Urne *Beruf* Hofrat im Presseamt d. Ministeriums des Inneren, Redakteur beim NEUEN FREMDENBLATT und der PRESSE, Autor *Grabstelle* 7-29-4 – am Wege

Trat 1866 (nach anderen Angaben 1886) der CONCORDIA bei. 1874 Vorstandsmitglied, 1897–1894 Vizepräsident, 1894 Präsident. Ab 1896 Hofrat im Literarischen Büro des Ministeriums des Auswärtigen in Wien. Redakteur des NEUEN FREMDENBLATTS und der PRESSE. Verfaßte historische Schriften und Novellen.

*Werke:* «Virtuosen des Egoismus» (1874); «Geschichte des zweiten österr.-ungarischen Ausgleichs» (1876); «Wie einst im Mai» (1890/91).

*Literatur:* Giebisch – Gugitz / Jaksch / Kosel / Ögg / Stern / Wininger / Neue Freie Presse, 27. 1. 1921

**WINTERNITZ, WILHELM** *geboren* 1. 3. 1834 Josefstadt/Böhmen *gestorben* 22. 2. 1917 Wien *begraben* 25. 2. 1917 *Beruf* Univ.-Prof. für innere Medizin, Begründer der wissenschaftlichen Hydrotherapie *Grabstelle* 52A-1-14

Begründer der Hydrotherapie. Medizinstudium in Prag. Kam mit den Wasserheilmethoden des Laienarztes VINCENZ PRIESSNITZ in Berührung. 1857 Dr. med., 1857–1859 Sekundararzt an der k.k. Irrenanstalt in Prag. 1859–1861 Korvettenarzt der Kriegsmarine. 1865 Dozent für Hydropathie an der Wiener Universität und Gründer der Wasserheilanstalt in Kaltenleutgeben/Wien. 1874 Habilitation als Privatdozent für innere Medizin an der Universität Wien. 1881 a.o. Prof. für Hydrotherapie. 1893 Abteilungsvorstand der Wiener Allgemeinen Poliklinik. Herausgeber der BLÄTTER FÜR KLINISCHE HYDROTHERAPIE.

*Werke:* zahlreiche Fachpublikationen, u.a. «Die Hydrotherapie auf physiologischer und klinischer Grundlage», 3 Bde. (1877–1890).

*Literatur:* Eisenberg / EJ (E) / Grünfeld / JL / Kohut / Liga / Pagel / Wininger / Wurzbach / Medizinisch-chirurgisches Zentralblatt 1917, S. 8 / Wiener Zeitung, 23. 2. 1917

**WINTERSTEIN, SIMON FREIHERR VON** *geboren* 16. 12. 1819 Lesenz/Böhmen *gestorben* 10. 6. 1883 Vöslau/Wien *begraben* 14. 6. 1883 *Beruf* Mitglied des österreichischen Herrenhauses, Vorstand der Wiener Kultusgemeinde *Grabstelle* 6-1-6 – Ehrengrab in der Zeremonienallee

Präsident der niederösterreichischen Handels- und Gewerbekammer, Börsenrat, Mitglied des Herrenhauses des österreichischen Reichsrats auf Lebenszeit. Direktor der Kaiser-Ferdinand-Nordbahn. Adoptivsohn von Friedrich Geringer von Winterstein. Erstes kaufmännisches Herrenhausmitglied. Bis 1862 Inhaber eines Speditionsgeschäfts. 1866 Präsident der Wiener Handels- und Gewerbekammer. Vorstandsmitglied der Wiener Israelitischen Kultusgemeinde.

*Literatur:* Grünfeld / Kyffhäuser / ÖBL-Karte / Wurzbach

**WODAK, WALTER** *geboren* 22. 11. 1908 Wien *gestorben* 25. 2. 1974 Wien *Beruf* Diplomat *Grabstelle* 5b-0-7 – Gruft Rabbiner Oscar Mandl

1928 Vorsitzender der Vereinigung Sozialistischer Mittelschüler in Wien. Jurastudium an der Universität Wien, 1933 Promotion. 1933–1934 Tätigkeit bei der Assicurazzione Generale. 1936–1938 Angestellter der Versicherungsgesellschaft. März 1938 Italienaufenthalt, Emigration über Jugoslawien nach Großbritannien. Ab 1939 Vortragstätigkeit für die Worker's Education Association in Liverpool. Herbst 1939 Sekretär des Merseyside Coordinating Committee for Refugees. 17. 7. 1940 Internierung im Rahmen der britischen Internierungsaktion für Deutsche und Österreicher. 17. 8. 1940 Kriegsfreiwilliger in der britischen Armee. Anstellung beim Political Intelligence Department des Foreign Office. Ab Februar 1942 Tätigkeit beim Army Education Corps in Oxford. 23. 1. 1946 Entlassung aus dem britischen Militärdienst. 1946–1950 Legationssekretär an der österreichischen Botschaft in London. 1950/1951 Bundesministerium für Auswärtige Angelegenheiten in London. 1951–1953 Legationsrat an der österreichischen Botschaft in Paris. 1954–1959 a. o. und bev. Minister in Belgrad. 1959–1962 politischer Direktor im Bundesministerium für Auswärtige Angelegenheiten. 1963–1964 Leiter der Administrativen Sektion im Bundesministerium für Auswärtige Angelegenheiten. 1964–1970 a. o. und bev. Minister in

Moskau. Oktober 1970 Generalsekretär für Auswärtige Angelegenheiten im Bundesministerium für Auswärtige Angelegenheiten. Hon.-Prof. für Zeitgeschichte und Politik an der Universität Wien.

*Werke:* «Die Beziehungen zwischen Ost und West» (1971); «Diplomatie zwischen Ost und West» [mit Briefwechsel Karl Renner – Walter Wodak] (1976).

*Quelle:* Archivmaterial / biographische Angaben von Frau Dr. Erna Wodak

**WOLF, GERSON** *geboren* 16. oder 20. 7. 1823 Holleschau/Mähren *gestorben* 29. 10. 1892 Wien *begraben* 31. 10. 1892 *Beruf* Religionslehrer und Schulinspektor der ISRAELITISCHEN KULTUSGEMEINDE WIEN, Mitarbeiter der ALLGEMEINEN ZEITUNG DES JUDENTUMS, Autor *Grabstelle* 20-21-11 – vis-à-vis der Mauer

1839 Studium an der Wiener Universität mit Abschluß Dr. phil. Schrieb für SAPHIRS HUMORISTEN, BÄUERLES THEATERZEITUNG, L. A. FRANKLS SONNTAGSBLÄTTER. 1848 mehrere Artikel für den RADIKALEN. Während des Kremsierer Reichstags arbeitete er für die ÖSTERREICHISCHE ZEITUNG, die 1849 wegen eines Artikels von Wolf verboten wurde. 1852–1876 Religionslehrer der WIENER ISRAELITISCHEN KULTUSGEMEINDE. 1884 Inspektor des israelitischen Religionsunterrichts bei der Wiener Kultusgemeinde. Mitarbeiter der ALLGEMEINEN ZEITUNG DES JUDENTUMS.

*Werke:* zahlreiche judaistische Werke.

*Literatur:* ADB / Bamberger – Maier-Bruck / EJ (E) / JE / JL / Kohut / ÖBL-Karte / Stern / Wurzbach

**WOLF, JONATHAN** *geboren* 13. 1. 1840 Pohrlitz/Mähren *gestorben* 19. 5. 1902 Wien *begraben* 21. 5. 1902 *Beruf* Rabbiner *Grabstelle* 20-19B-18

**WÖLFLER, BERNHARD** *geboren* 8. 12. 1816 Praschnoangezed/Böhmen *gestorben* unbekannt *begraben* 27. 5. 1895 *Beruf* Mediziner, seit 1849 Verwalter des Israelitischen Spitals *Grabstelle* 6-28-40 – an der Mauer

*Literatur:* Wurzbach

**ZEISSL, HERMANN EDLER VON** *geboren* 22. 9. 1817 Virzighuben/Zwittau/Mähren *gestorben* 23. 9. 1884 Wien *begraben* unbekannt *Beruf* Univ.-Prof. für Dermatologie *Grabstelle* 5b-1-8 – Gruft für 6 Leichen in der Zeremonienallee

*Literatur:* ADB / Kyffhäuser / Lesky / ÖBL-Karte / Pagel / Wininger

**ZEMLINSKY, ARON (ADOLF) VON** *geboren* 23. 4. 1845 Wien *gestorben* 29. 6. 1900 Wien *begraben* 1. 7. 1900 *Beruf* Sekretär der türkisch-israelit. Gemeinde, Redakteur, Autor *Grabstelle* 50-14-58

Mitherausgeber des zunächst halbmonatlich, dann wöchentlich erscheinenden erfolgreichen spaniolischen Blattes COREO DE VIENA. Redakteur des WIENER PUNSCH, Verfasser von Schriften zur jüdischen Geschichte.

*Werke:* «Jehuda Halevi» (o. J.); «Der Verfluchte» (o. J.); «Salomo Molcho» (o. J.); «Bankier und Handelsjude» (o. J.); «Der Vagabund» (o. J.); «Geschichte der türkischen Gemeinde in Wien» (o. J.).

*Literatur:* Eisenberg / Liga

**ZERNER, THEODOR** *geboren* 3. 4. 1864 Wien *gestorben* 10. 6. 1921 Wien *begraben* unbekannt *Beruf* Gynäkologe *Grabstelle* 19-58-68 – am Wege

Schulzeit in Wien. Medizinstudium an der Universität Wien, 1886 Promotion. Danach in Prof. STRICKERS Laboratorium für allgemeine und experimentelle Pathologie. Ab 1887 Mitredakteur der WIENER MEDIZINISCHEN WOCHENSCHRIFT. Wesentliche Fachbeiträge ebenda im Zeitraum 1887–1889. 1888 Assistenzarzt an der Klinik Prof. BAMBERGER. 1889–1890 Operateur an der Klinik des Hofrats v. BRAUN, dann I. Sekundararzt im AKH. Begründer und Chefredakteur des ÖSTERREICH-UNGARISCHEN CENTRALBLATTS FÜR MEDIZINISCHE WISSENSCHAFT.

*Literatur:* Eisenberg / Heuer

**ZIFFERER, DONATH** *geboren* 1845 Wien *gestorben* 29. 9. 1909 Wien *begraben* 1. 10. 1909 *Beruf* Baumeister, Hausbesitzer *Grabstelle* 5b-1-7

**ZUCKERKANDL, OTTO** *geboren* 28. 12. 1861 Raab/Ungarn *gestorben* 1. 7. 1921 Wien *begraben* 4. 7. 1921 *Beruf* Univ.-Prof. für Chirurgie und Urologie *Grabstelle* 8-1-46 – Gruft für 3 Leichen in der Zeremonienallee Leon Zuckerkandl

Medizinstudium an der Universität Wien. 1884 Promotion. 1883–1886 Demonstrator an der anatomischen Lehrkanzel. 1892 Habilitation und Dozentur für Chirurgie. 1902 Leiter der chirurgischen Abteilung des Spitals der Israelitischen Kultusgemeinde. 1904 a. o. Prof., 1912 o. Prof. für Chirurgie, Vorstand der chirurgischen Abteilung des Rothschildspitals, die er zu einer urologischen Station ausbaute. Verhalf der Urologie in diagnostischer, therapeutischer und klinischer Hinsicht zur Anerkennung als vollwertiges Fachgebiet.

*Werke:* zahlreiche fundierte Fachpublikationen, u. a. «Atlas der chirurgischen Operationslehre» (o. J.); [zusammen mit Tandler] «Anatomische Untersuchungen über die Prostatahypertrophie» (1912); zahlreiche Beiträge für Nothnagels «Handbuch für Urologie» (o. J.); Mitarbeiter an Hochneggs «Lehrbuch für Chirurgie».

*Literatur:* Fraenkel

**ZWEIG, EDUARD** *geboren* 11. 4. 1840 Proßnitz/Mähren *gestorben* 29. 3. 1906 Wien *begraben* 1. 4. 1906 *Beruf* Hof- und Gerichtsadvokat, Jurist, a. o. Univ.-Prof. für Staatswissenschaften, Sektionsrat des k. k. Ministeriums für Kultur und Unterricht *Grabstelle* am 25. 10. 1906 aus 51-16-22 enterdigt und verlegt nach 51-17-61 – vis-à-vis der Mauer

*Werke:* «Studien und Kritiken» (1907); «La réforme éléctorale en Autriche» (1907); «Die Lehre vom Pouvoir Constituant» (1909).

*Literatur:* Jaksch

**ZWEIG, EGON** *geboren* 26. 1. 1870 Brünn *gestorben* 6. 3. 1920 Wien *begraben* unbekannt *Beruf* Hof- und Gerichtsadvokat, Ministerialrat im Ministerium für Kultur und Unterricht, Univ.-Doz., Essayist *Grabstelle* 51-17-61 – vis-à-vis der Mauer

Jurastudium in Wien und Heidelberg. Gerichtspraxis. Redakteur der Wiener Zeitung, 1910 Dozent für Strafrecht an der Universität Wien.

*Literatur:* Gaisbauer (1981) / Gold (1971)

**ZWIEBACK, LUDWIG EMANUEL** *geboren* unbekannt *gestorben* unbekannt – 61 Jahre *begraben* 24. 1. 1906 *Beruf* k.k. Kommerzialrat, Damenkonfektionär *Grabstelle* 5b-36-73 – am Wege

Inhaber des zu seiner Zeit berühmten mondänen Konfektionsgeschäfts gleichen Namens in der Kärntner Straße im 1. Wiener Gemeindebezirk.

Nachtrag

**WILHELM STIASSNY** *geboren* 15. 10. 1842 Preßburg *gestorben* 16. 6. 1910 Wien *begraben* unbekannt *Beruf* Architekt, Vorstandsmitglied der IKG *Grabstelle* 20-1-21

Architekturstudium am Polytechnikum und an der Akademie der bildenden Künste. Gründete den Verein DIE WIENER BAUHÜTTE. Ausbildungsreisen nach Belgien und England. War einer der meistbeschäftigten Architekten Wiens. Errichtete das ROTHSCHILD-SPITAL, das BLINDENINSTITUT AUF DER HOHEN WARTE, die ZEREMONIENHALLE BEI TOR I und die Grabmäler der Familien PHILIPP FRANKL, SALOMON KOHNBERGER, FISCHL, ROTHSCHILD u. a. Zudem erbaute er Synagogen, Wohnhäuser und Fabriken. 1878 Wahl in den WIENER GEMEINDERAT. Mitarbeit bei der ZENTRALDONAUREGULIERUNGSKOMMISSION. Sein Nachlaß, der vor allem Briefe enthält, befindet sich in der SCHWADRON-COLLECTION, Jerusalem.

*Literatur:* Fiala / Kohut / Markl (1961) / Ögg / Steffal

*Ansicht der nicht mehr erhaltenen Zeremonienhalle bei Tor I /Israelitische Abteilung (Archivmaterial, Zentralarchiv für die Geschichte des Jüdischen Volkes)*

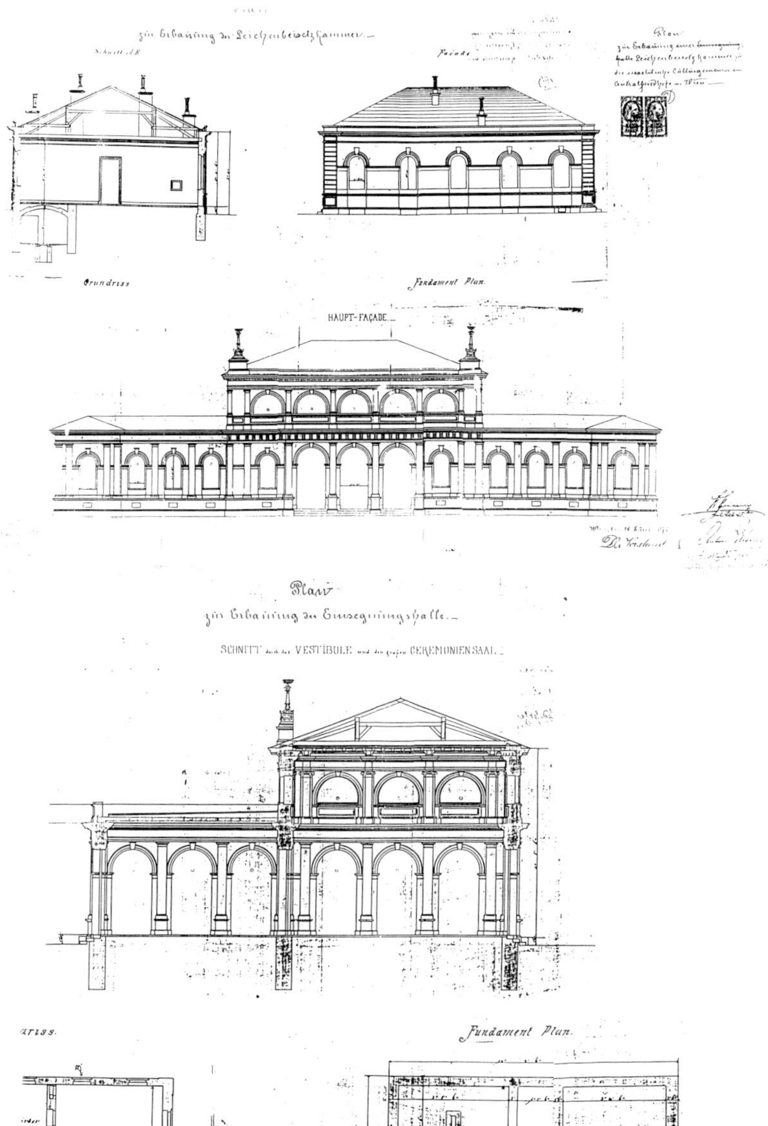


*Plan der 1878/79 vom jüdischen Architekten und IKG-Vorstandsmitglied Wilhelm Stiassny erbauten Zeremonienhalle (Archivmaterial, Zentralarchiv für die Geschichte der Jüdischen Volkes, Jerusalem)*

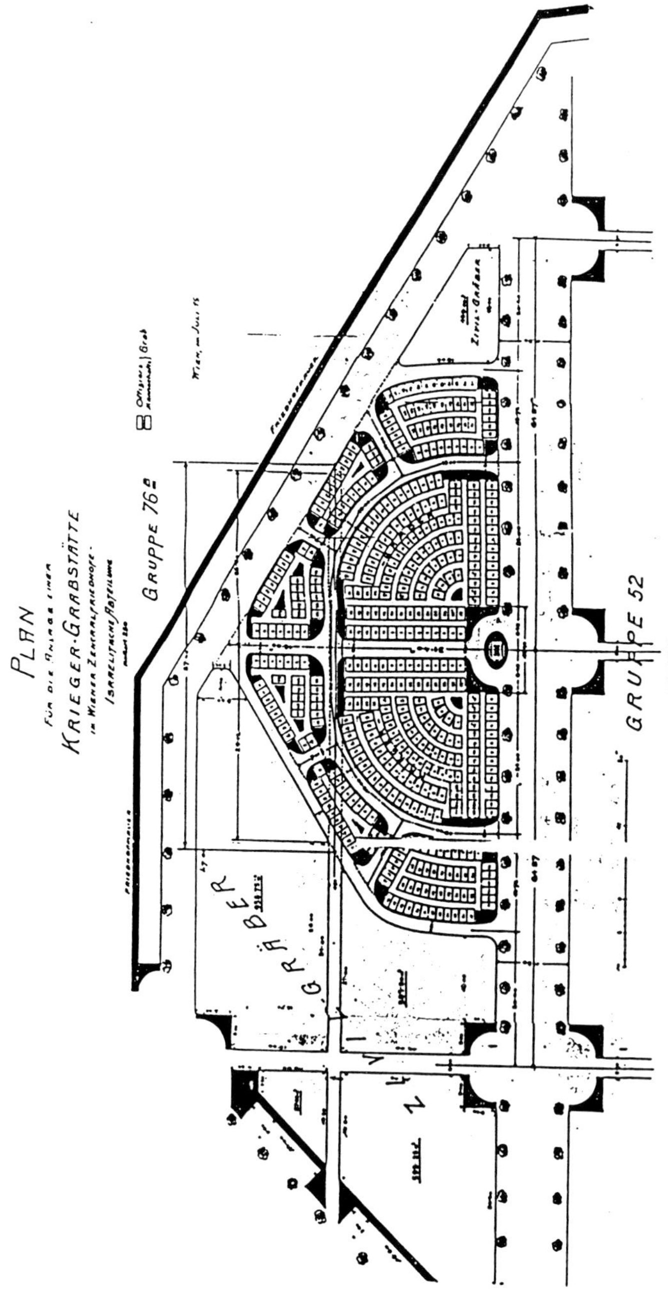


*Der in leicht abgewandelter Form verwirklichte Lageplan der Kriegsgefallenengräber jüdischer Soldaten und Offiziere des Ersten Weltkriegs (Archivmaterial, Zentralarchiv für die Geschichte des Jüdischen Volkes)*

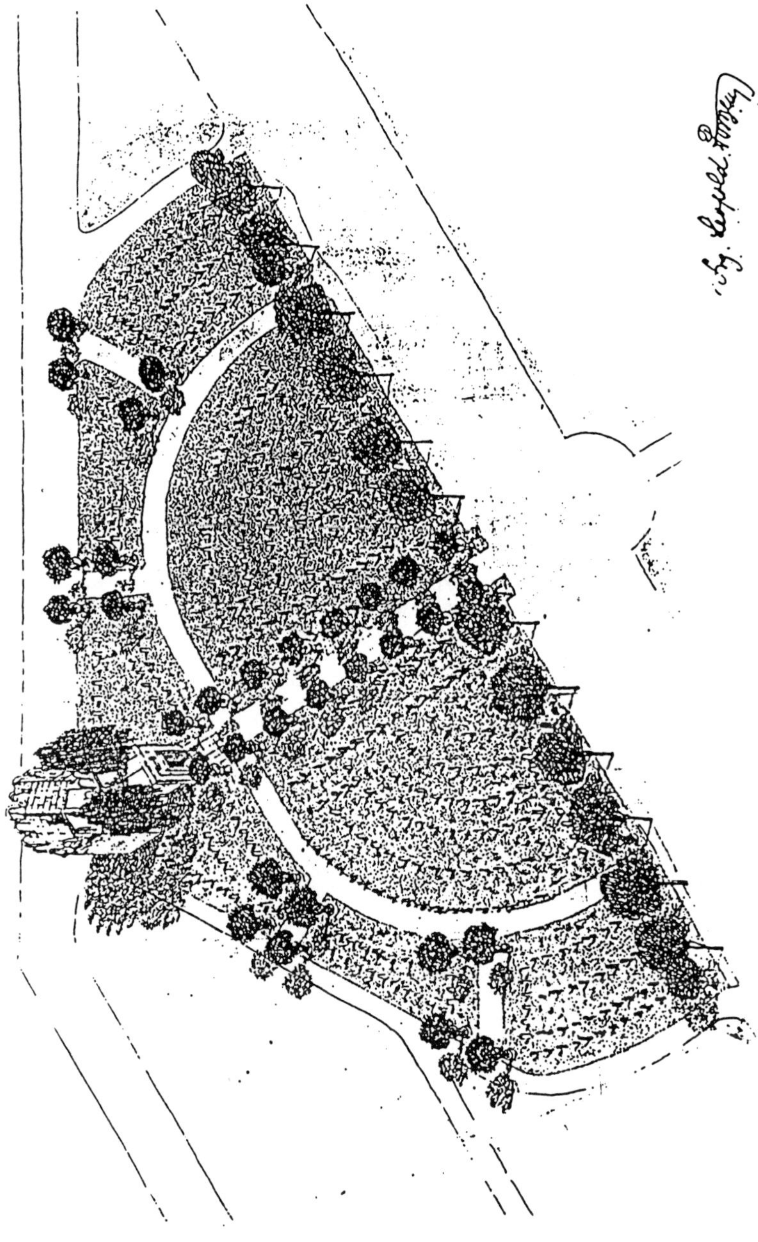

*Vorschlag für die gärtnerische Ausgestaltung der Kriegsgefallenen-Anlage jüdischer Soldaten und Offiziere aus dem Ersten Weltkrieg (Gruppe 76A) (Archivmaterial, Zentralarchiv für die Geschichte des Jüdischen Volkes, Jerusalem)*

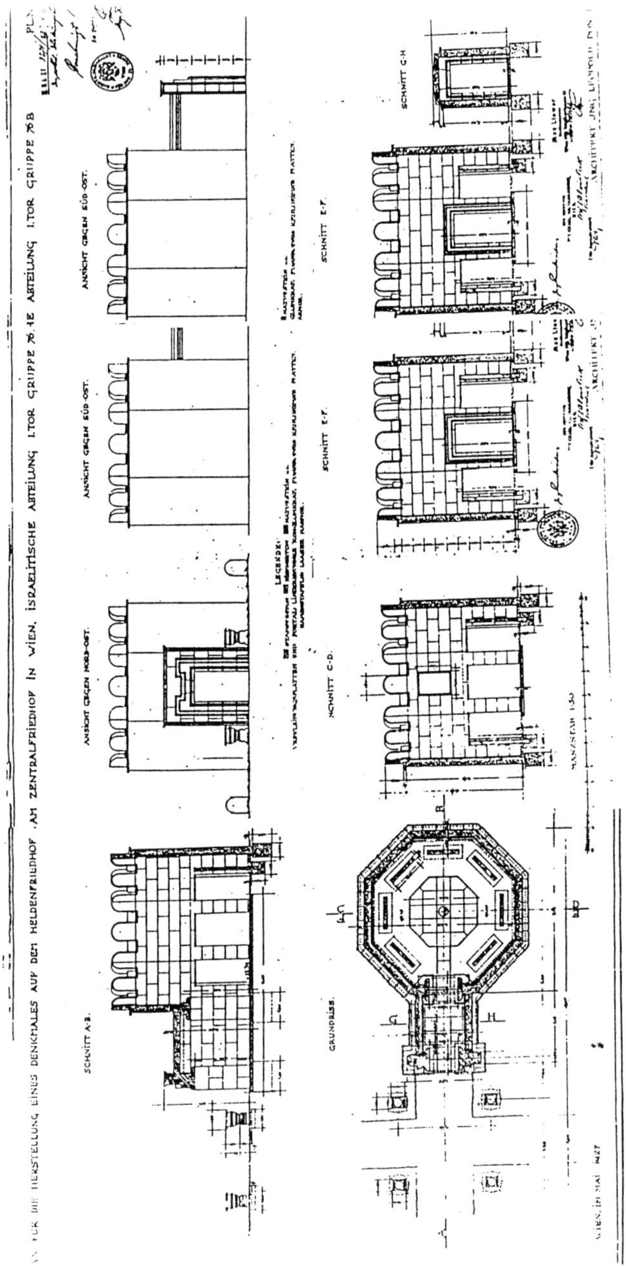



*Leopold Ponzen gewann den an alle Wiener jüdischen Architekten ausgeschriebenen Wettbewerb. Sein achteckiges Projekt wurde 1926 verwirklicht.*

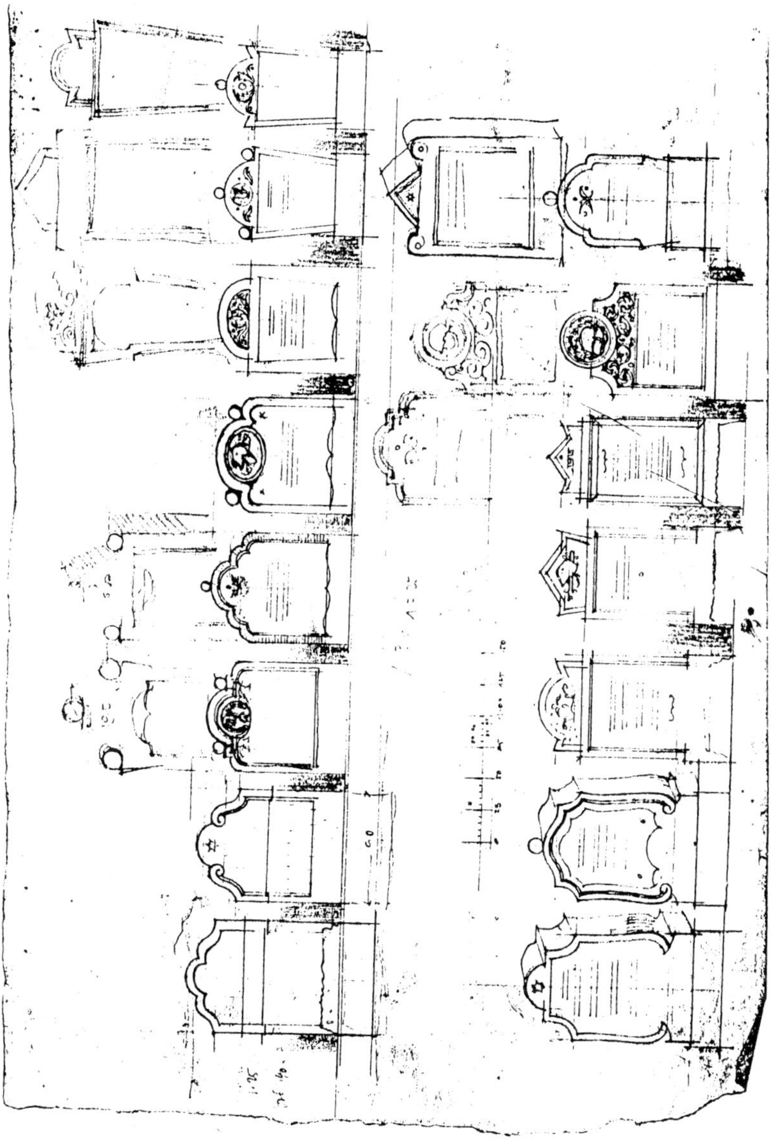

*Nicht verwirklichte Vorentwürfe der Technischen Abteilung der IKG für Normgrabsteine für gefallene jüdische Soldaten des Ersten Weltkriegs aus dem Jahr 1919*

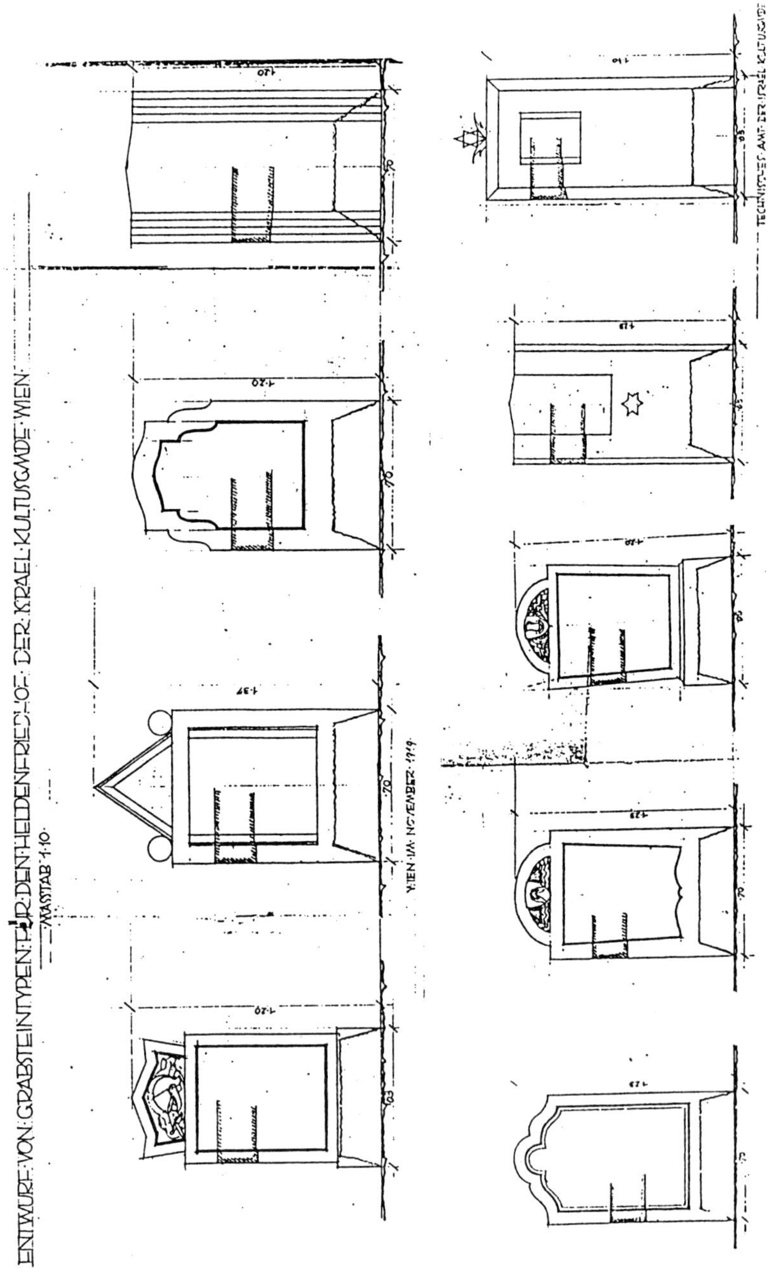


*Von der Technischen Abteilung der IKG erstellte Entwürfe für Normgrabsteine für gefallene jüdische Soldaten und Offiziere aus dem Jahr 1919, die nicht verwirklicht werden konnten*

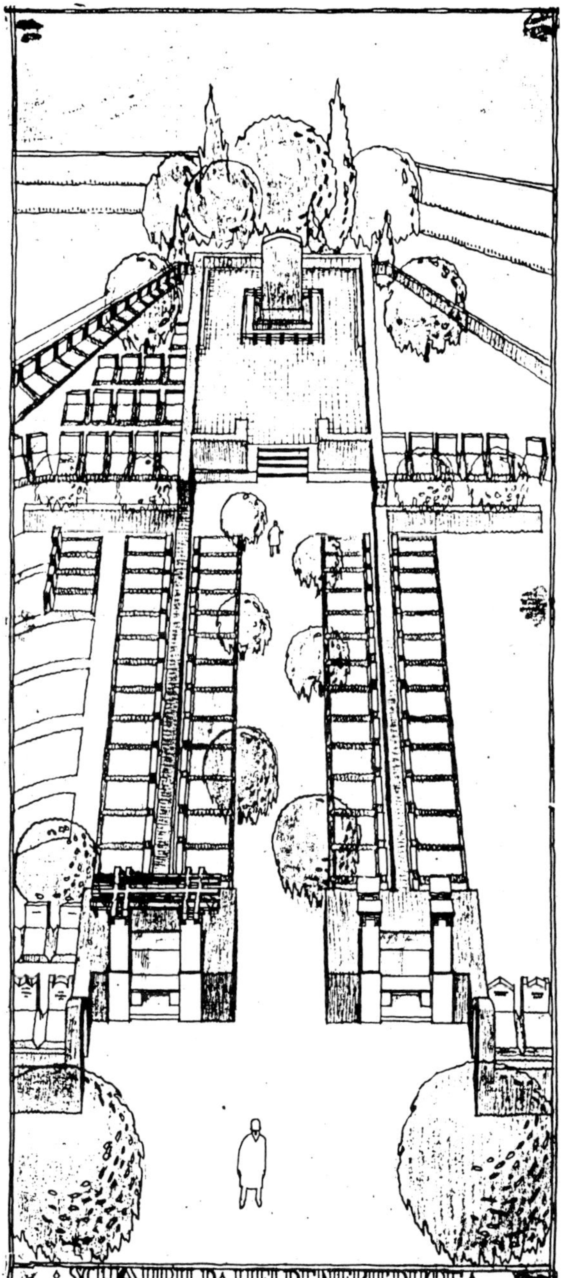


*Entwurf der Technischen Abteilung der IKG für eine Kriegsgräbergedenkanlage in Gruppe 76A*

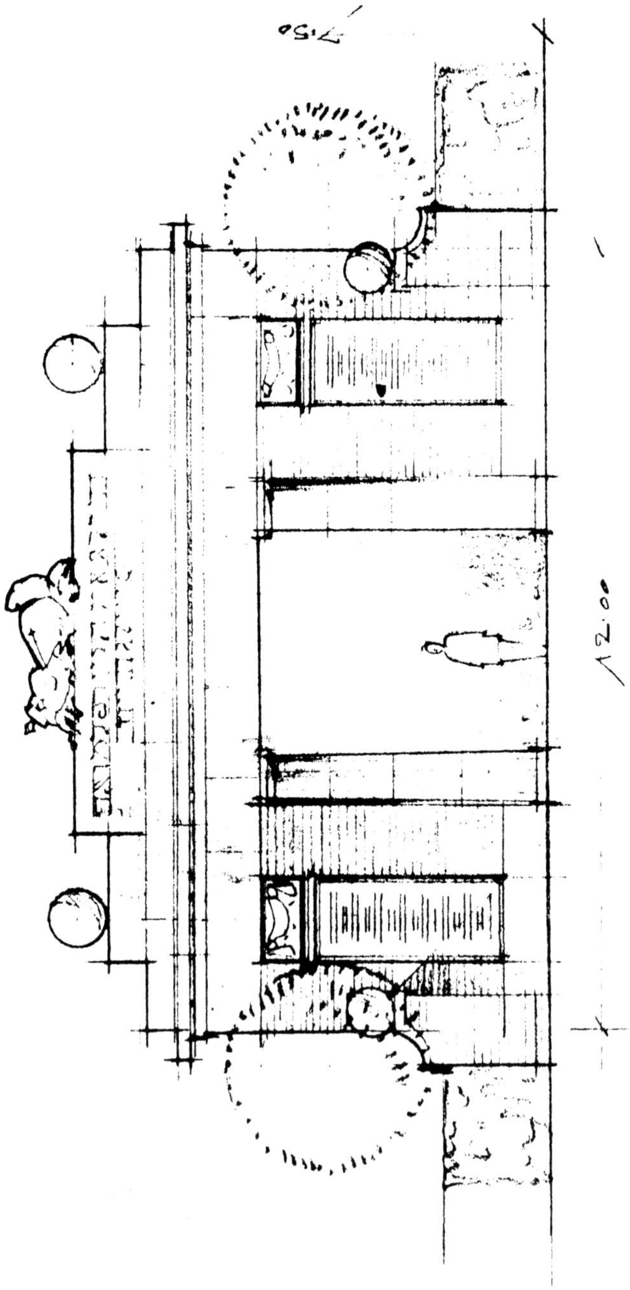

*Entwurf der Technischen Abteilung der IKG für ein Denkmal für gefallene jüdische Soldaten und Offiziere des Ersten Weltkriegs in Gruppe 76A aus dem Jahr 1919*

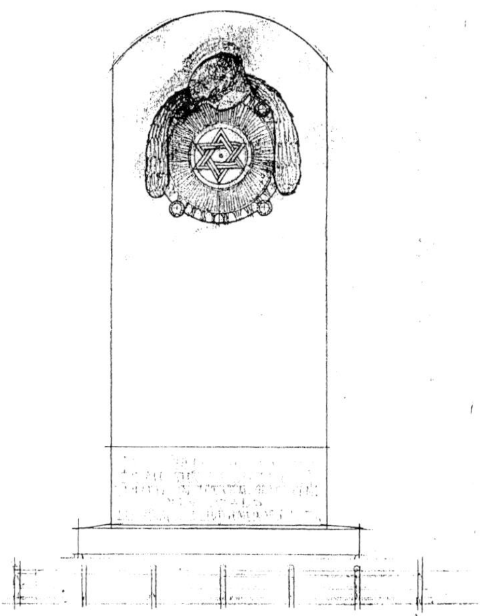

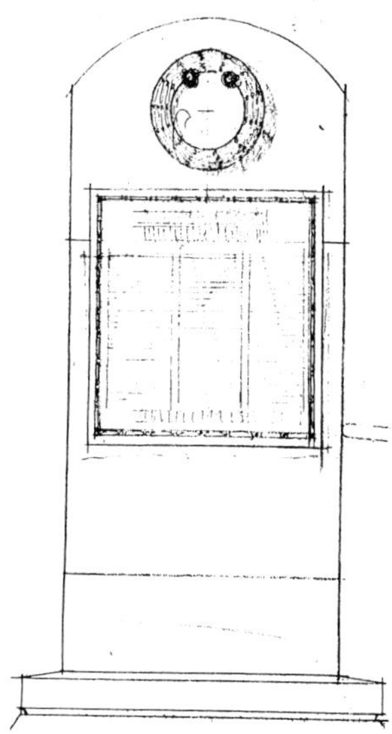

*Entwürfe für den Umbau des Erzherzog-Rainer-Denkmals in ein Kriegsgefallenendenkmal für Tor I, erstellt von der Technischen Abteilung der Kultusgemeinde*

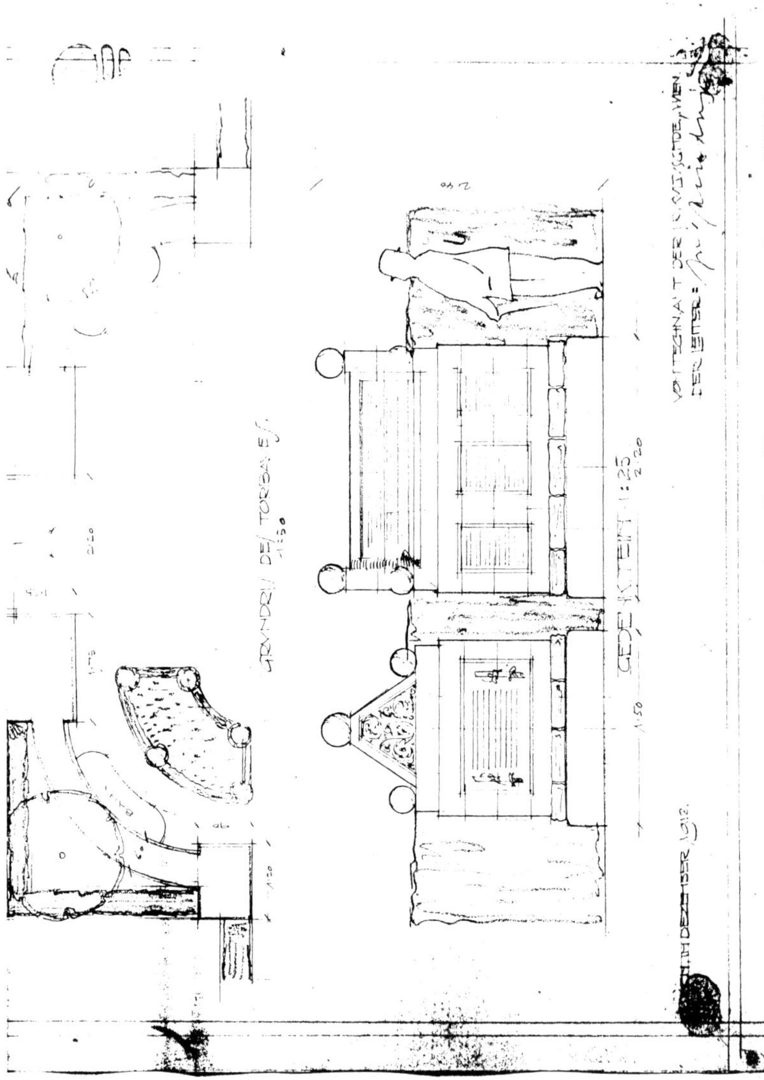


*Entwurf der Technischen Abteilung der IKG (1918/19) eines Gedenksteins für gefallene jüdische Soldaten und Offiziere des Ersten Weltkriegs*

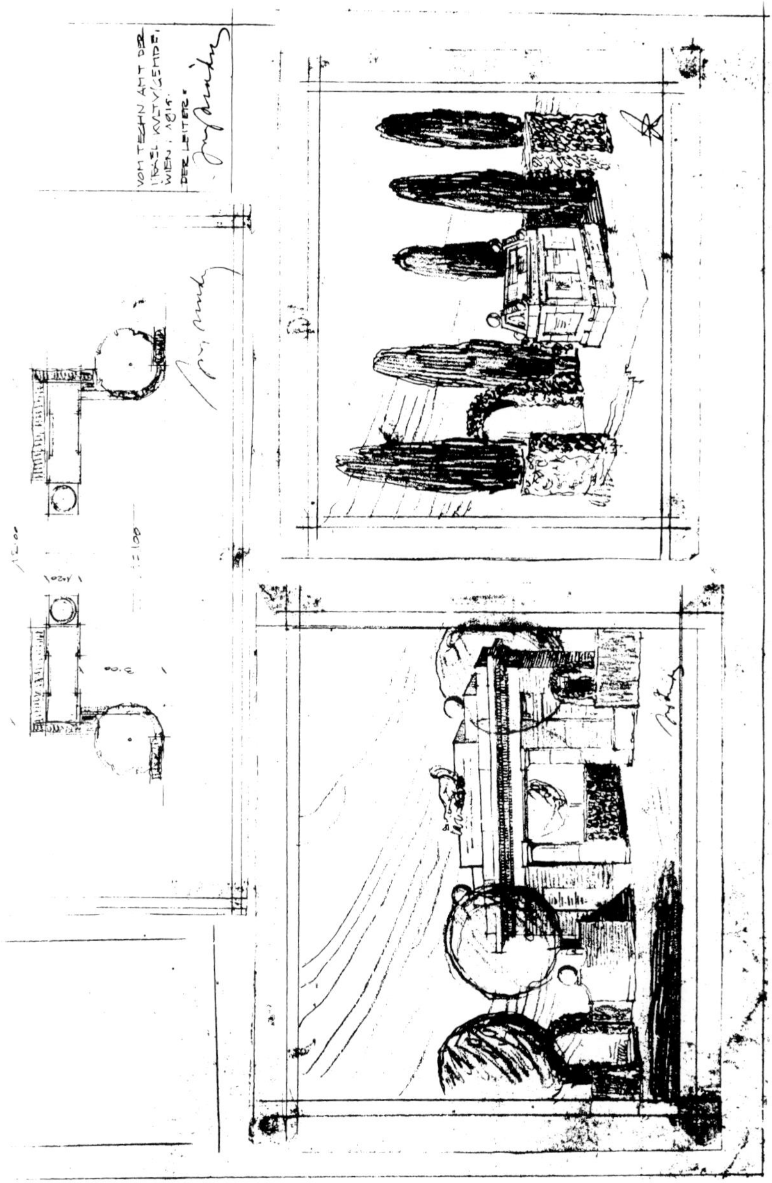

*Technische Abteilung der IKG: Entwurf eines Denkmals für gefallenen jüdische Soldaten und Offiziere aus dem Jahr 1918/19*

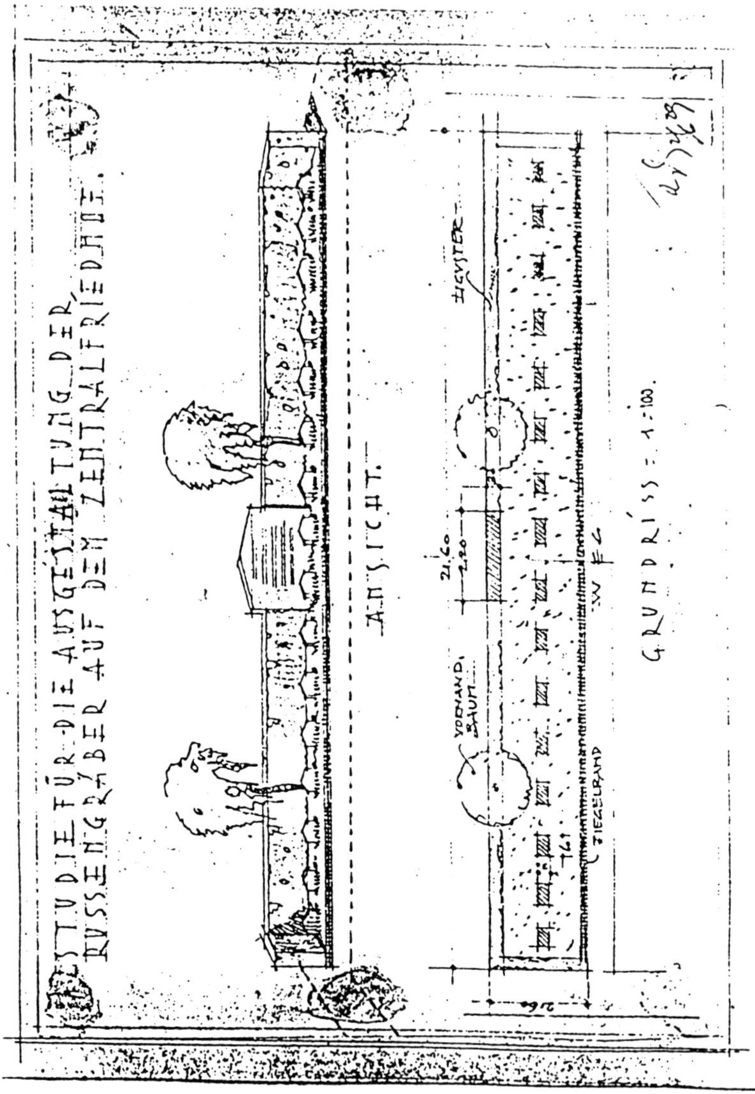


*Gruppe 52: «Russengräber». Begräbnisanlage für russische jüdische Kriegsgefangene (begraben 1914–1918) (Archivmaterial, Zentralarchiv für die Geschichte des Jüdischen Volkes, Jerusalem)*

Russengräber am Zentralfriedhof

| Mazewe No | Name | Beerdigungsdaten: | |
|---|---|---|---|
| 1 | Fajbischowitz Chaim Tabel | 6./5. 1917 | 2.V.17 |
| 1 | Schneider Abraham | 4./9. 1918 | 2.IX.18 |
| 2 | Wermann Chanton | 27./4. 1917 | 24.IV.17 |
| 2 | Jampolsky Isak Chaim | 17./9. 1918 | 14.IX.18 |
| 3 | Kurtaul Jsak Rabi | 23./2. 1917 | 20.II.17 |
| 3 | Longleg Srule ~~xxxxRabi~~ | 18./9. 1918 | 16.IX.18 |
| 4 | Rosenberg Hersch Abraham | 20./12. 1916 | 18.XII.16 |
| 4 | Suchowolsky Boris | 3./9. 1918 | 30.X.18 |
| 5 | Jakubschitzky Mendelowitsch Michael | 9./7. 1916 | 4.VII.16 |
| 5 | Liwschitz Juda Jerscha | 27./12. 1918 | 24.XII.18 |
| 6 | Malinski Abram | 19./4. 1916 | 17.IV.16 |
| 7 | Kinarschansky Szulim | 14./3. 1916 | 12.III.16 |
| 8 | Nagy Moses Michael | 4.V.15 7/ 5. 1915 | |
| 9 | Ferzikoff Leiser | 29.IV.15 2/ 5. 1915 | |
| 10 | Karaban Moritz | 23.IV.15 25./4. 1915 | |
| 11 | Bunimovic Benjamin | 19.II.15 22./2. 1915 | |
| 12 | Schadz Isak | 17.I.15 19./1. 1915 | |
| 13 | Schwarzbart Jechiel | 20.XII.14 22./12. 1914 | |
| 14 | Noparstek Nussan | 15.XII.14 18./12. 1914 | |
| 15 | Silberow Aron Baruch | 7./8. 1917 | 4.VIII.17 |
| 16 | Setzmann Meier | 11./7. 1918 | 9.VII.18 |

An das Matrikelamt
zur gef. Angabe der Sterbedaten

[illegible]
19.7.25

*Liste der bei Tor I begrabenen russischen Kriegsgefangenen, die zwischen 1914 und 1918 in Gruppe 52 begraben wurden*

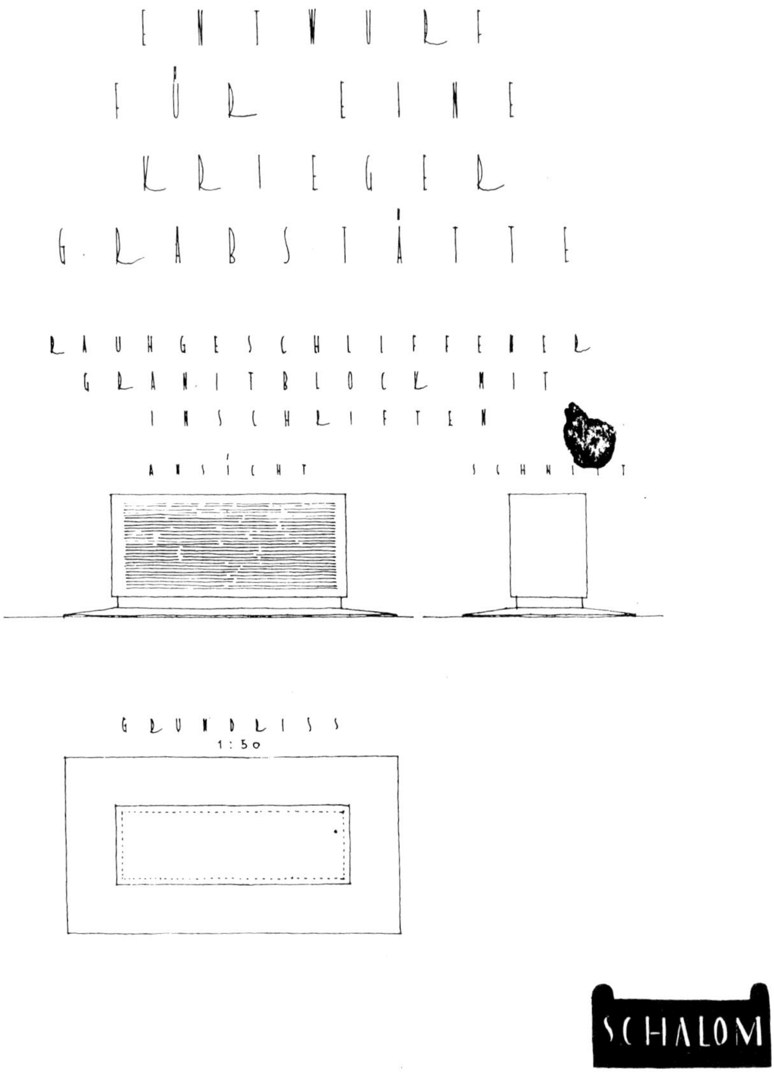


*Wettbewerbsarbeit mit dem Kennwort «Schalom» zur Errichtung eines Denkmals für gefallene jüdische Soldaten und Offiziere des Ersten Weltkriegs*

*Wettbewerbsarbeit mit dem Kennwort «8» Errichtung eines Denkmals für gefallene jüdische Soldaten und Offiziere des Ersten Weltkriegs*

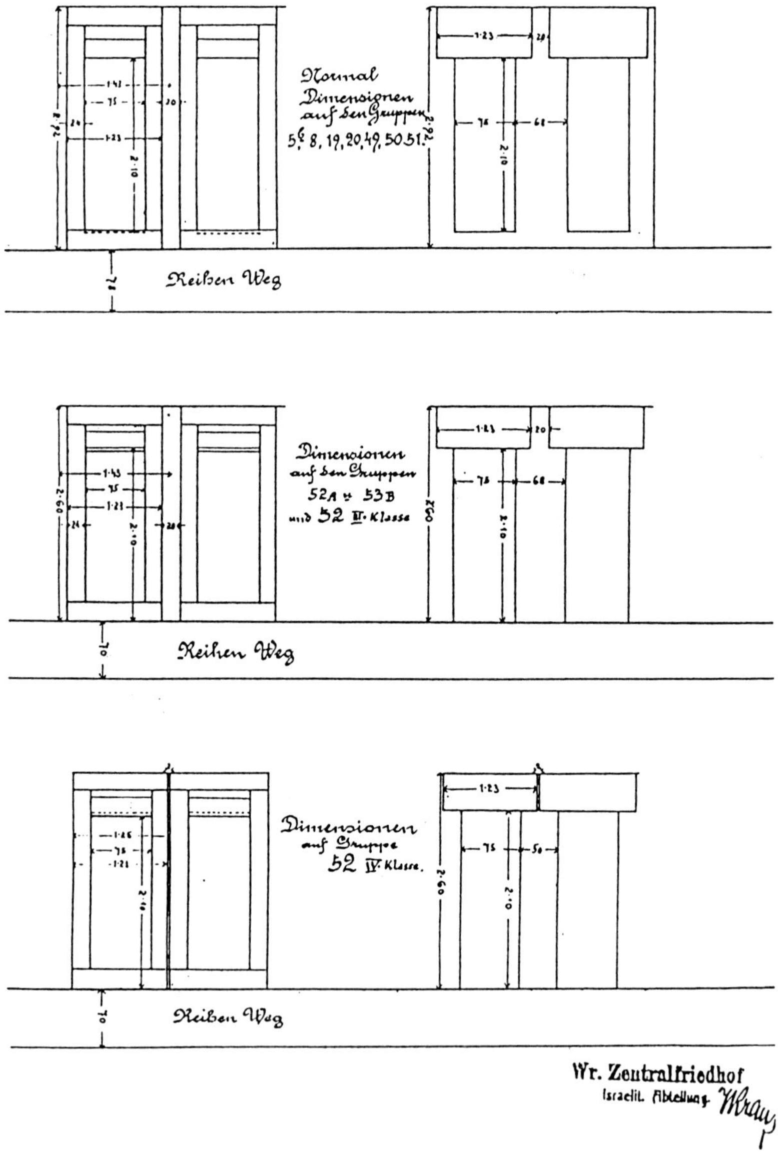


*Dimensionen und Maße von Grüften (Archivmaterial, Zentralarchiv für die Geschichte des Jüdischen Volkes, Jerusalem)*

*Die für Ausführungen von Grabmälern bei Tor I/Israelitische Abteilung bedeutendsten Grabsteinfirmen (Annonce aus «Dr. Bloch's Wochenschrift»)*

Löblicher Cultusvorstand

In kurze Worte sagen wir euch
dass wen nur eine einzige jüdische
Leiche auf dem kristlich eingeseg-
neten Centralfriedhof stattfinden
sollte, wir ganz gewiss solche
Excessen machen werden, dass
man uns samt euch einsperren
wird.
Das is keine blose Drohung
Wien 31/10 74. Die Orthodoxen

*Die Diskussion über die Anlage eines kommunalen, überkonfessionellen Zentralfriedhofs wurde recht heftig geführt. Hier ein Drohbrief aus dem Jahr 1874.*

# Provisorische Leichenhofordnung

für den

# Central-Friedhof

## (Abtheilung der isr. Cultusgemeinde.)

§. 1.

Die Todesanzeigen geschehen in der Kanzlei der israel. Leichenhofverwaltung.

§. 2.

Die Beerdigungstaxen für Erwachsene sind in 4 Klassen eingetheilt. Die Wahl der Klasse bleibt der Partei überlassen.

§. 3.

Für die Beerdigungstaxe werden nachstehende Klassen normirt:

1. Klasse . . . . . . . . . . 500 fl.
2. „ . . . . . . . . . . . 250 „
3. „ . . . . . . . . . . . 150 „
4. „ . . . . . . . . . . . 50 „

Außerdem wird eine Kinderleichentaxe u. z. bei Kindern bis zu 13 Jahren normirt mit

20 fl.

Minder Bemittelten kann von der Kinder-Leichen-Taxe ein Nachlaß gewährt werden, bis auf

8 fl.

Über die bei jeder einzelnen Klasse einzuhaltende Trauerfeierlichkeit sind im Anhange die betreffenden Bestimmungen festgesetzt.

Den Parteien bleibt es, falls sanitäre Hindernisse nicht im Wege stehen, überlassen, die Trauerfeierlichkeit im Hause oder auf dem Centralfriedhofe abhalten zu lassen.

Jeder Beerdigung wird, ohne Rücksicht auf die Classe, ein würdiger Funktionär der Cultusgemeinde assistiren und am Grabe ein Gebet sprechen.

[illegible]

*«Provisorische Leichenhofordnung» für Tor I/Israelitische Abteilung aus dem Jahr 1880*

*Pläne des Elias-Grabes (Architekt: Stefan Fayens) (Academia-Romana-Stiftung)*

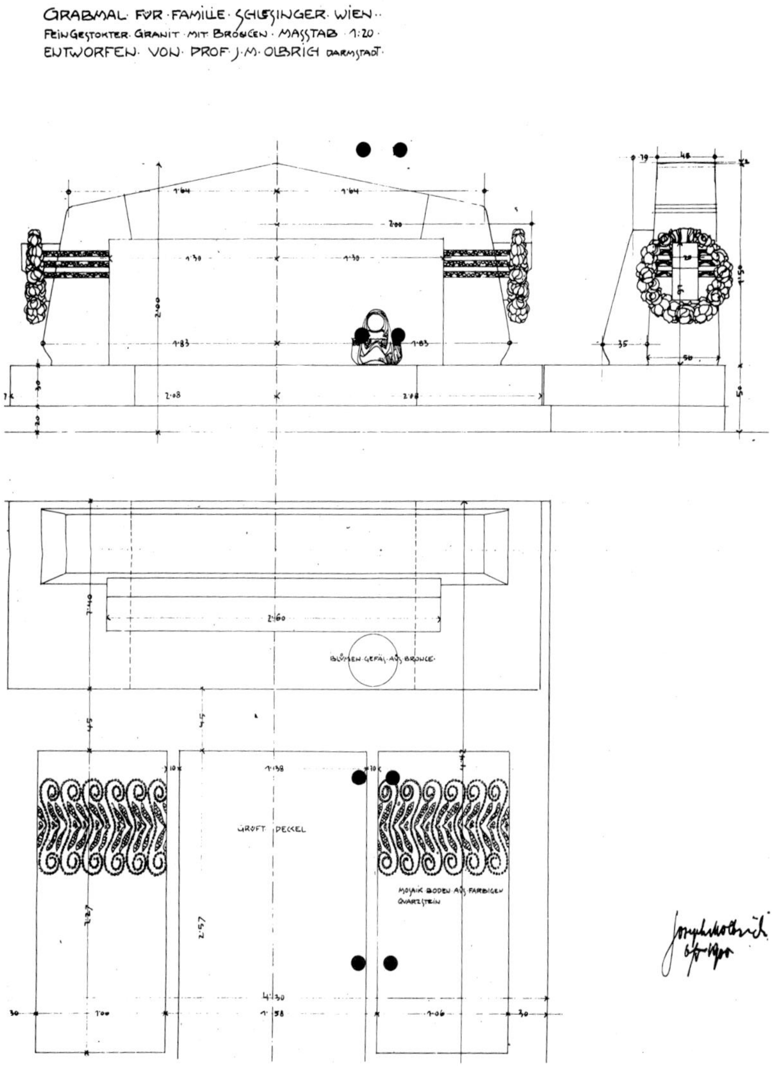


*Pläne des Schlesinger-Grabes (Architekt: Josep Maria Olbrich, Bronzeverzierungen: Koloman Moser) (Österreichisches Theatermuseum)*

FREIHERR ALBERT von ROTHSCHILD gibt, tiefbetrübt, in seinem und seiner Kinder Namen sowie im Namen seiner Schwestern BARONIN ADOLPHE von ROTHSCHILD, geb. JULIE FREIN von ROTHSCHILD, BARONIN WILHELM von ROTHSCHILD, geb. MATHILDE FREIN von ROTHSCHILD, BARONIN RAIMONDO FRANCHETTI, geb. LUISE FREIN von ROTHSCHILD und ALICE FREIN von ROTHSCHILD Nachricht vom Ableben seines Bruders

# NATHANIEL FREIHERR VON ROTHSCHILD

**Grosskreuz des Kaiserl. österr. Franz Joseph-Ordens, Besitzer des Königl. Preuss. Kronen-Ordens I. Klasse, etc. etc.**

welcher nach langem, schweren Leiden im 69. Lebensjahre am 13. Juni, 1 Uhr Morgens, sanft entschlafen ist.

Die sterbliche Hülle des Verblichenen wird Freitag, den 16. Juni, 10 Uhr Vormittags, vom Trauerhause: IV. Theresianumgasse Nr. 14, auf den Zentralfriedhof überführt und daselbst in der Familiengruft bestattet werden.

WIEN, 14. Juni 1905.

ALBERT FREIHERR VON ROTHSCHILD gibt, vom tiefsten Schmerze gebeugt, im eigenen sowie im Namen seiner Söhne GEORG FREIHERR VON ROTHSCHILD, ALFONS FREIHERR VON ROTHSCHILD, LOUIS FREIHERR VON ROTHSCHILD, EUGEN FREIHERR VON ROTHSCHILD, sowie im Namen seiner Tochter VALENTINE FREIN VON ROTHSCHILD, Nachricht von dem Hinscheiden seines jüngsten Sohnes

# OSKAR FREIHERRN VON ROTHSCHILD

welcher am 12. d. M. abends nach kurzem Leiden im 22. Lebensjahre sanft entschlafen ist.

Die sterbliche Hülle des Verblichenen wird Donnerstag, den 15. d. M. um ½11 vormittags, vom Trauerhause, IV., Heugasse 24, auf den Zentralfriedhof überführt und daselbst in der Familiengruft bestattet werden.

Wien, 13. Juli 1909.

THEYER & HARDTMUTH, WIEN.

*Diverse Partezetteln aus Archivbeständen*

Der Vorstand der **Wiener israelitischen Cultusgemeinde** gibt hiermit vom tiefstem Schmerze erfüllt Nachricht von dem Ableben Seiner Ehrwürden, Herrn

# Dr. Adolf Jellinek

Oberrabbiners und Predigers der Wiener israelit. Cultusgemeinde, Vorstandsmitgliedes der isr. Allianz, Curators der Baron Hirsch-Stiftung und der israel.-theol. Lehranstalt in Wien, Gründers und Präsidenten des Bet-ha-Midrasch-Vereines, Präsidenten des israel. Studenten-Unterstützungs-Vereines, Ehrenmitgliedes vieler Gemeinden und Vereine Niederösterreichs, Böhmens und Mährens, sowie des Auslandes 2c. 2c.

welcher Donnerstag den 28. December 1893, 7 Uhr Abends, im 74. Lebensjahre, im 49. Jahre seiner segensreichen Wirksamkeit, sanft verschieden ist.

Die irdische Hülle wird im Stadttempel, Seitenstettengasse, in welchem Sonntag, den 31. December 1893, Vormittags ½11 Uhr, die Leichenfeier stattfindet, aufgebahrt und sodann auf den Central-Friedhof zur ewigen Ruhe geleitet werden.

Wien, am 29. December 1893.

**Kranzspenden werden im Sinne des Heimgegangenen dankend verbeten.**

Druck von M. Munk, Wien.

Schmerzerfüllt geben wir hiemit die traurige Nachricht, dass unser theurer, heissgeliebter, unvergesslicher Bruder und Oheim

# Herr Dr. Adolph Fischhof

heute Vormittags sanft in den Herrn entschlafen ist.

Die irdische Hülle des edlen Heimgegangenen wird über letztwillige Verfügung heute von **Emmersdorf** in das **israelitische Bethhaus, Schüttgasse 7,** nach **Klagenfurt** überführt, daselbst aufgebahrt und am **26. März 1893** um **11 Uhr Vormittags** feierlich eingesegnet, worauf dieselbe nach **Wien** geleitet und auf dem Centralfriedhofe bestattet werden wird.

**Emmersdorf, Wien** und **Budapest**, am 23 März 1893.

| | | |
|---|---|---|
| **Nelly Fischhof** | **Dr. Wilhelm Fischhof** | **Emma Fischhof** |
| **Anna Fischhof** | **Moritz Alois Fischhof** | **Rosa Fischer** |
| als Schwägerinnen. | **Simon Fischhof** | als Nichten. |
| | als Brüder. | |

**Josef Fischhof, Moritz Johannes Fischhof, Robert Fischhof, Friedrich Fischhof, Dr. Jacques Fischer**
als Neffen.

Leichenaufbahrungs- und Beerdigungs-Anstalt „PIETÄT" (C. Reichel).

Druck von Carl Röschnar, Klagenfurt.

# EINLADUNG
zur
# GEDÄCHTNISSFEIER
**(הספד)**

für den verewigten Prediger der israelit. Cultusgemeinde in Wien,

**HERRN ISAK NOA MANNHEIMER,**

**Sonntag den 26. d. M., Abends halb 7 Uhr,**

im

Bethause in der Leopoldstadt, (Tempelgasse).

**Die Vertreter**
**der isr. Cultusgemeinde.**

*Für Herrn*

Druck von Jacob Schlossberg in Wien.

Von tiefem Schmerze erfüllt, geben die Unterzeichneten im eigenen Namen und im Namen aller Verwandten Nachricht von dem Ableben ihres geliebten Vaters, Schwiegervaters, Groß- und Urgroßvaters, des Herrn

# Salomon Sulzer,

Obercantor i. P. der Wiener israel. Cultusgemeinde, Bürger ad honores der Reichshaupt- und Residenzstadt Wien, Ritter des kaiserl. österr. Franz Josefs-Ordens, Offizier des ottom. Medschidje-Ordens, Besitzer der großen österr. goldenen, der großen und kleinen goldenen russischen Medaille und der Medaille vom Herzoge Max in Bayern für Kunst und Wissenschaft, emer. Professor des Conservatoriums in Wien, Ehrenmitglied der Reale Academia di S. Cecilia in Rom und anderer gelehrter Gesellschaften zc. zc.,

welcher Freitag den 17. Jänner 1890, um 11 Uhr Nachts, im 86. Lebensjahre sanft entschlafen ist.

Das Leichenbegängnis findet Montag den 20. d. M., um 2 Uhr Nachmittags, vom Gemeindehause: I., Seitenstettengasse 4, nach dem Centralfriedhofe statt.

Wien, 19. Jänner 1890.

Julius, Emile, Carl und Joseph Sulzer,
als Söhne.

Moritz Gingold,
Annibale Biacchi,
Anton Wagner,
Leopold Niederhofheim,
S. G. Fischel,
Paul Abrest,
als Schwiegersöhne.

Marie Belart,
Hermine Gingold,
Henriette Biacchi,
Rosa Wagner,
Rachel Niederhofheim,
Auguste Fischel,
Fanny Abrest,
als Töchter.

Betti Sulzer, geb. Klingstein,
Vittoria Sulzer, geb. Mendl,
Emma Sulzer, geb. Geyringer,
als Schwiegertöchter.

Sämmtliche Enkel, Urenkel, Neffen
und Nichten.

Schlossberg, Wien.

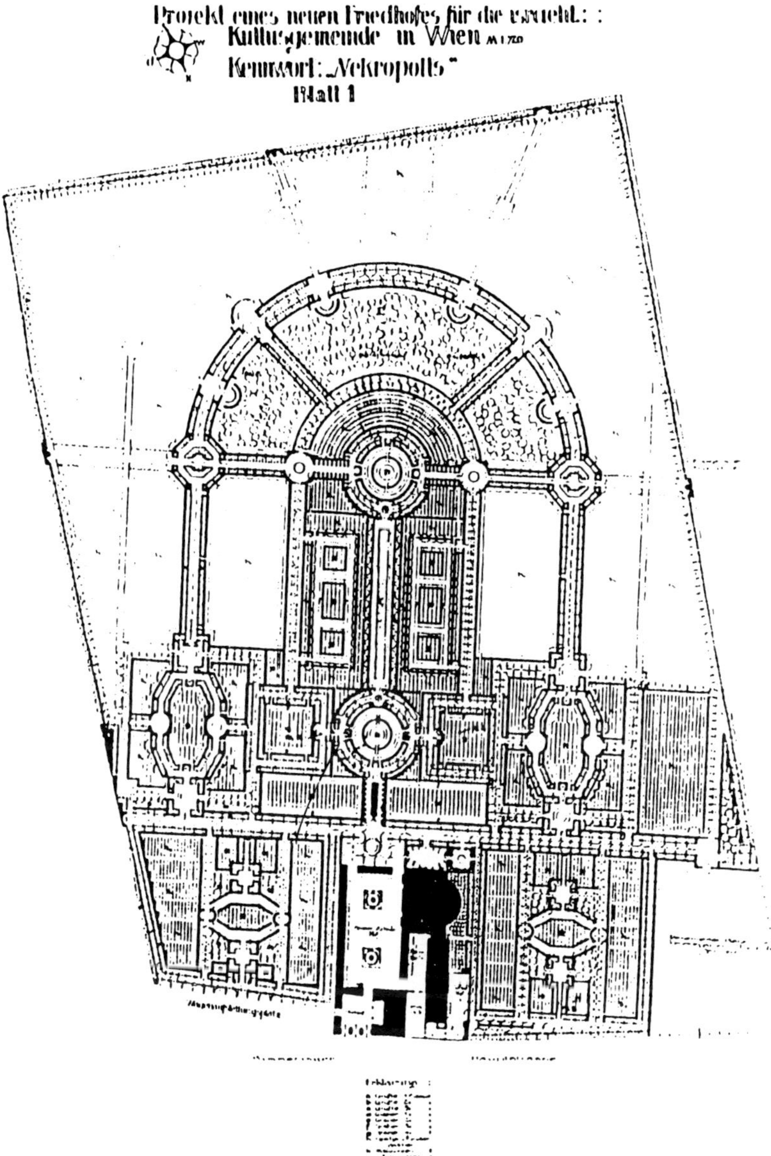


*Einer der Wettbewerbspläne mit dem Kennwort «Nekropolis» zur Anlage des Neuen Israelitischen Friedhofs bei Tor IV (Archivmaterial, Jüdisches Museum der Stadt Wien)*

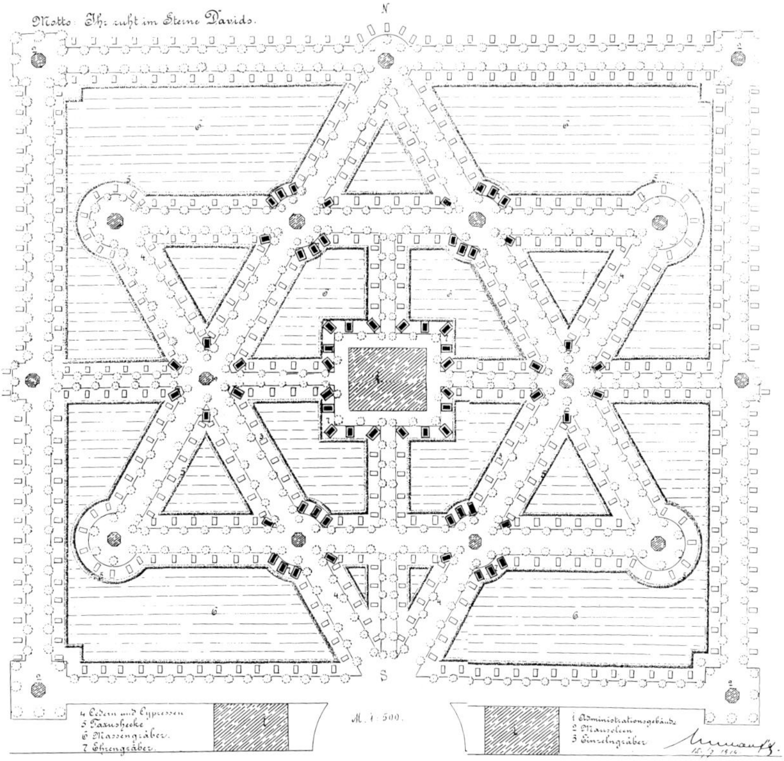


*In der Form eines Davidsterns war der außer Konkurrenz eingereichte Anlageplan des Direktors der k. k. Hofgärten Umlauft (Archivmaterial, Zentralarchiv für die Geschichte des Jüdischen Volkes, Jerusalem)*

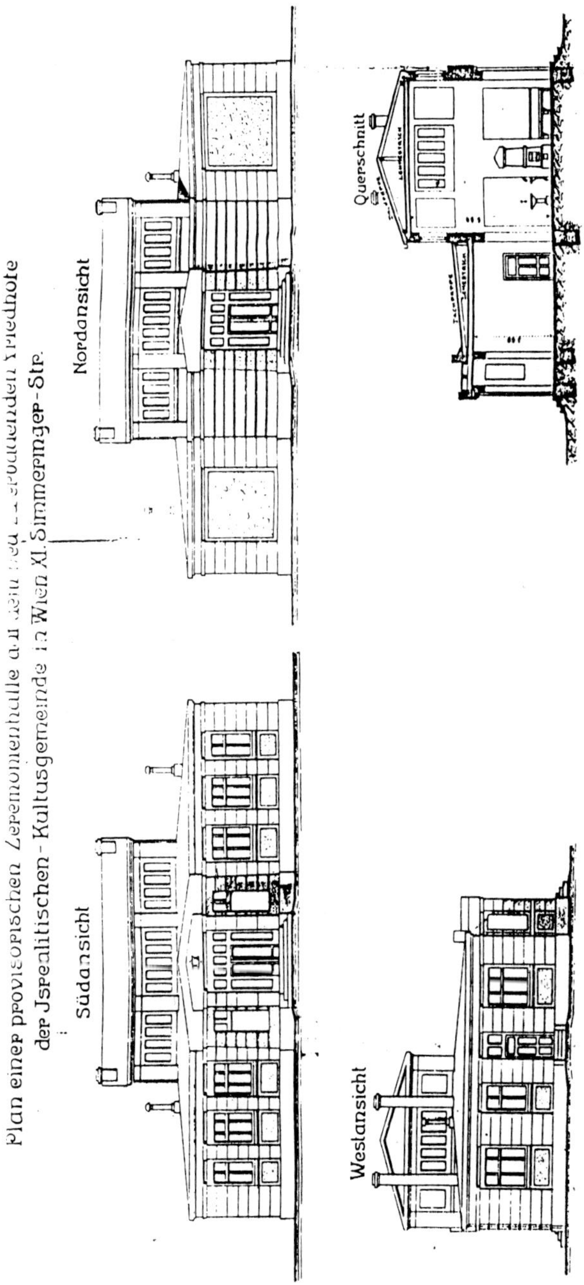


*Aus Geldmangel wurde im Ersten Weltkrieg die (nur) provisorische Zeremonienhalle bei Tor IV von Architekt Jakob Gartner errichtet (Archivmaterial, Zentralarchiv)*

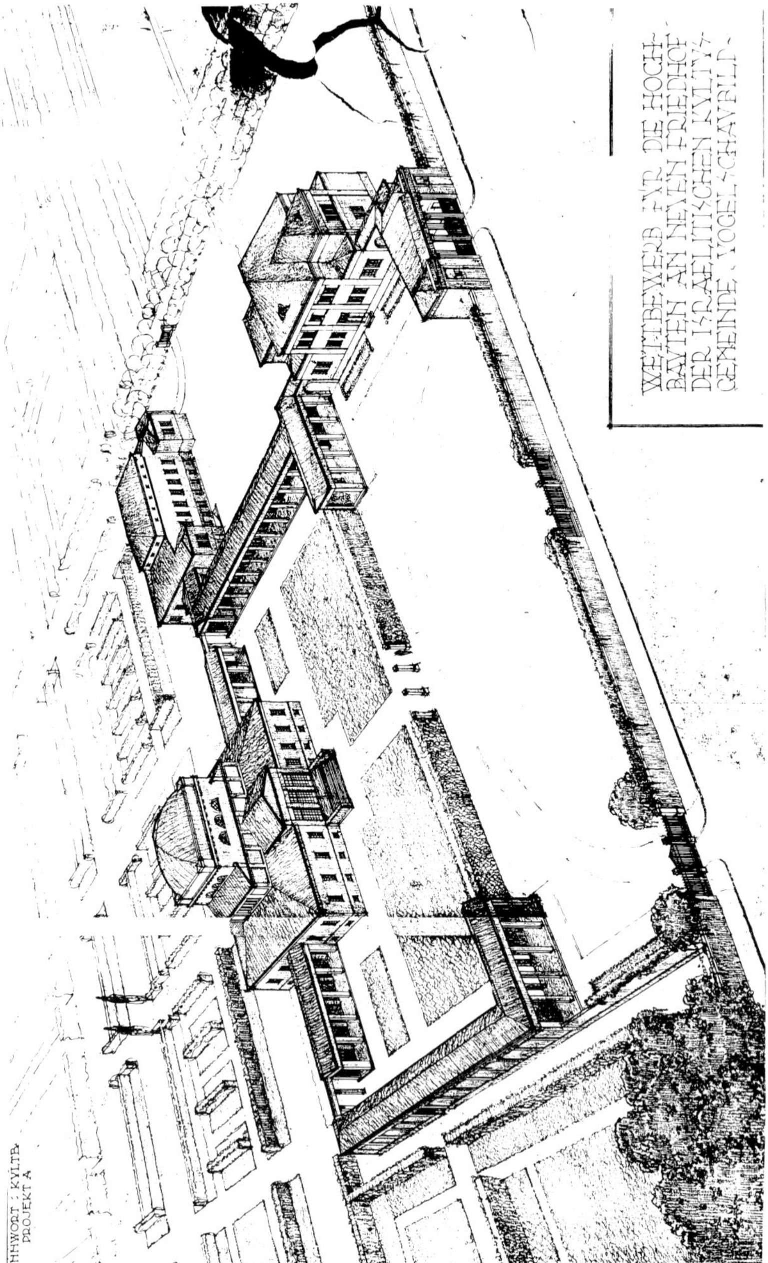


*Wettbewerbsarbeit «Kultbau B» für das neue Zeremoniengebäude bei Tor IV (Vogelperspektive)*
*(Archivmaterial, Jüdisches Museum der Stadt Wien)*

*Wettbewerbsarbeit mit dem Kennwort «Regina» für das neue Zeremoniengebäude bei Tor IV (Archivmaterial, Jüdisches Museum der Stadt Wien)*

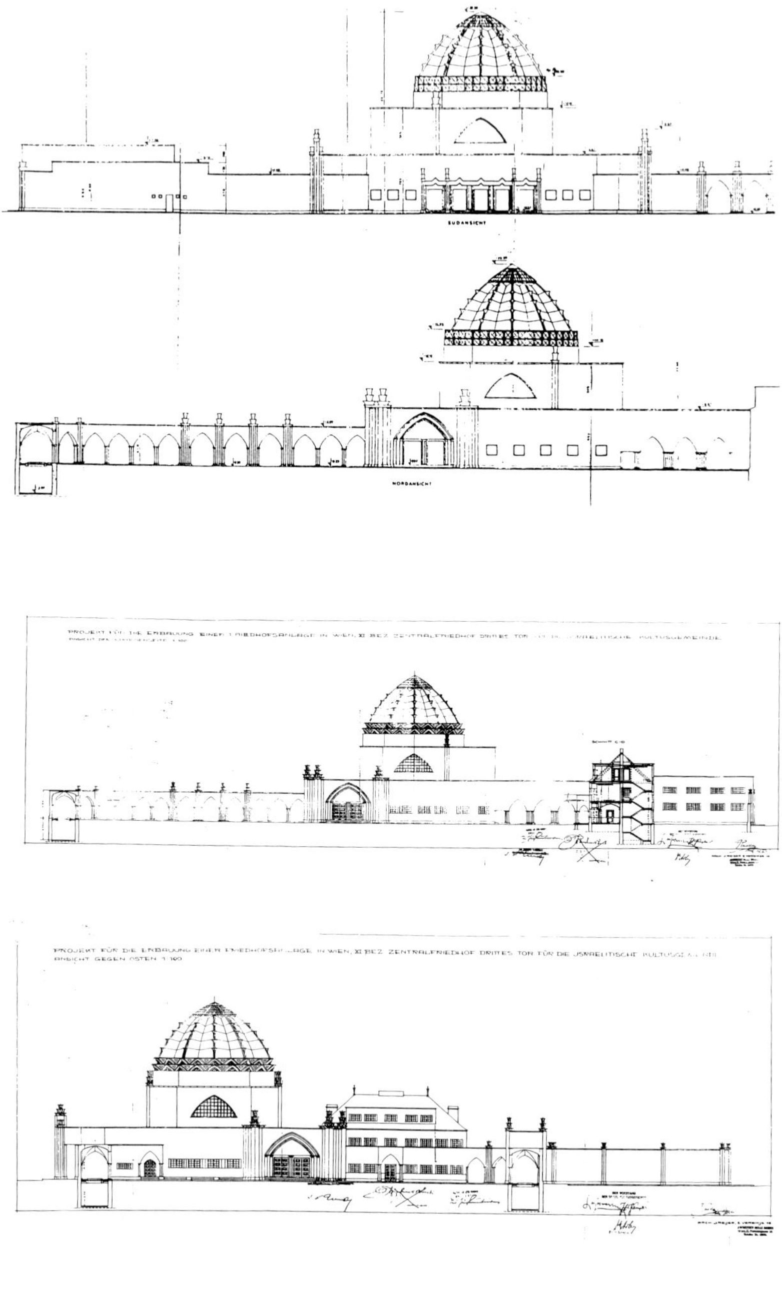


*Originalpläne der Neuen Zeremonienhalle bei Tor IV von Ignaz Reiser. In den vierziger Jahren wurden die ersten beiden Arkaden rechts vom Haupteingang zu einer Einsegnungshalle für zum Christentum Konvertierte, die nur noch bei Tor IV beerdigt werden konnten (Gruppe 22), ausgebaut/ Baupolizei Simmering (MA 37)*

1.

P r o t o k o l l

der II.Sitzung des Preisgerichtes zur Beurteilung der Wettbewerbsarbeiten für den neuen Friedhof der Wiener israel.Kultusgemeinde.

Aufgenommen:

D i e n s t a g ,den 22.Juni 1915 im Sitzungssaale der israel. Kultusgemeinde Wien,I.Seitenstettengasse 4 .

Anwesend die Herren:

Vorsitzender Ing. Heinrich G o l d e m u n d ,Baudirektor der k.k.Reichshaupt-und Residenzstadt Wien
" Stellv: Dr.Hans G r ä s s e l ,städt.Baurat,königl. Professor,München.
" " : Architekt Heinrich R e i n h a r d t ,Prof. Charlottenburg.
Schriftführer : Architekt Max H e g e l e ,k.k.Professor,Wien.

Mitglieder : Architekt Jakob G a r t n e r ,Vorstandsmitglied der israel.Kultusgemeinde Wien
kais.Rat Sigmund K a u d e r s ,Vertreter der israel.Kultusgemeinde Wien.
Dr.Leopold K o h n ,Vertreter der israel.Kultusgemeinde Wien
k.k.Hofrat Dr.Benj.R a p p a p o r t ,Vize-Präsident der israel.Kultusgemeinde Wien
Ing.Robert S t r i c k e r ,Vorstandsmitglied der israel.Kultusgemeinde Wien.
Anton U m l a u f t ,k.u.k.Hofgarten-Direktor Wien.

Ersatz -Preisrichter:

Architekt Dr.techn.Arnold K a r p l u s , Baudirektor der Wiener Baugesellschaft Wien
Jur.und phil.Dr.Markus S p i t z e r ,Vertreter der israel.Kultusgemeinde Wien.

Vom Büro: Dr .Emil A d l e r ,Sekretär der israel.Kultusgemeinde Wien.
Wilhelm F r e i s t a d t ,Chef des Friedhof-Amtes der israel.Kultusgemeinde Wien (mit beratender Stimme).
Heinrich E n g e l ,Adjunkt des Friedhof-Amtes der israel.Kultusgemeinde Wien
Alfred M e i s s n e r ,Ober-Offizial der israel. Kultusgemeinde Wien,Protokollführer.

2.

Entschuldigt:

Wilhelm K u f f n e r ,Vertreter der israel.Kultusgemeinde Wien.

Das Protokoll der I.Sitzung des Preisgerichtes wird verlesen und genehmigt.

Professor Dr.G r ä s s e l berichtet,dass einige Herren des Preisgerichtes unter Führung des Vorsitzenden ,Stadtbaudirektor Goldemund, das für die Errichtung eines neuen Friedhofes bestimmte Gelände,ferner den Zentralfriedhof und die Friedhofgebäude auf der israel.Abteilung desselben besichtigt haben.

Um auch alte jüdische Wiener Friedhöfe kennen zu lernen,wurde das besonders charakteristische Gräberfeld in der Seegasse und der Währinger Friedhof besucht.

Der II.Sitzung des Preisgerichtes lag auch ein Bericht über die vorgenommene Prüfung der von den Projektverfassern aufgestellten Berechnungen inbezug auf die Raumgrössen und Kosten.

Im Sinne des letzten Beschlusses erfolgte am Vortage die eingehende Besichtigung und Prüfung der Projekte durch die fachkundigen Mitglieder des Preisgerichtes.

Anlässlich des ersten Sichtungsganges,an welchem sämtliche Preisrichter teilnehmen,wird bei jedem einzelnen Projekte das Resultat der Vorprüfung in ausführlicher Weise bekanntgegeben.

Die einzelnen Projekte werden wie folgt beurteilt:

Projekt 1. "Ewiges Leben "

Die Aufteilung des Friedhof-Geländes ist zu gleichförmig und auf Neigung und Steigung derselben zu wenig Rücksicht genommen.Die Ehrengräber sind in der Mehrzahl zu nahe des Einganges angehäuft. Der vorgeschlagene Platz für ein Kriegerdenkmal und für die Kriegergräber ist zu nahe an die Baulichkeiten herangerückt.

*Protokoll der zweiten Sitzung des Preisgerichts zur Beurteilung der Wettbewerbsarbeiten für den neuen Friedhof der Wiener Israelitischen Kultusgemeinde (Archivmaterial, Zentralarchiv für die Geschichte des Jüdischen Volkes, Jerusalem)*

Die Gebäude-Anlage ist - bei Anerkennung einer versuchten guten Verbindung der einzelnen Baumgruppen - doch zu wenig übersichtlich. Die in der Hauptaxe liegende grosse Säulenhalle entspricht nicht dem Haupteingange. Es sind zu viele Eingänge und zu viele Stiegen vorgesehen. Einzelne Räume, Gänge und Treppen sind zu wenig beleuchtet. Die Klosette sind in der Anlage und Beleuchtung verfehlt.

Das Aeussere ist in guten Formen gedacht. Die Gärtnerei sollte zweckmässiger im rückwärtigen Teile des Friedhofes liegen.

<u>Projekt 3. " Friede "</u>

Die Aufteilung des Gräberfeldes ist zu gleichförmig. Der grosse eliptische Platz hat keine schönheitliche Berechtigung und verursacht nur Platzverschwendung. Die ausgewiesene Anzahl der Gräber und Grüfte mit 60.500 ist äusserst gering. Die Einfahrt mit dem Wagen-Aufstellungsplatz zu verbinden, ist nicht zweckdienlich.

Leichen-und Wohngebäude bilden keine organische Gesamtanlage. Es fehlt ein erforderlicher Wirtschaftshof, während andererseits vor den Gebäuden ein Ueberfluss von Platz vorhanden ist. Der Platz für die Gärtnerei ist zu klein und liegt nicht an der richtigen Stelle.

Das Zeremoniengebäude hat zu viele Eingänge, vielfach sind die Räume zu klein, während die Leichenhalle übermässig gross entwickelt ist. Die kleine Zeremonienhalle ist zu versteckt gelegen. Warteräume und Sängergalerie sind nicht praktisch angelegt. Die beabsichtigte symetrische Gestaltung des Hauptgebäudes führt zu gesuchten Anordnungen, zu dunklen Korridoren und zur Anlage vieler kleiner Lichthöfe. Die gleichzeitige Benützung der beiden Zeremonienhallen ist durch die gegenseitige Lage zu einander erschwert. Im Wohngebäude sind die Gänge ungünstig beleuchtet.

Die architektonische Durchbildung der Haupt-und Nebenfronten ist unbefriedigend.



<u>Projekt 3. Motto : "Klagemauer"</u>.

Der Haupteingang am Ende des Friedhofes ist unzweckmässig und die Verbindung mit dem Wagen-Aufstellungsplatz ist nicht zweckdienlich. Die vorgeschlagene Ueberbauung des Haupteinganges mit Wohnungen in zwei Geschossen ist unpraktisch und der Würde eines Friedhofportales nicht entsprechend. Die versuchte architektonische Verbindung zwischen dem Torgebäude und dem Hauptgebäude ist - wenn auch originell gedacht - nicht voll gelungen und der Zugang zum Gräberfeld mangelhaft.

Die Anlage der Gräber bietet zu wenig Abwechslung. Das reichliche Wegenetz, sowie die zu zahlreichen Alleen und Lauben erklären die viel zu geringe Anzahl von 61.383 Gräbern.

Die Anlage der grossen Unterstandshallen vor den eigentlichen Zeremonienhallen beeinträchtigt den Eindruck der letzteren und ist in diesem Umfange nicht notwendig. Die im Erläuterungsbericht erwähnte Steigerung der Wirkung hiedurch wird nicht eintreten. Die versuchte Verbindung der grossen und kleinen Zeremonienhalle ist anzuerkennen, jedoch in der vorgeschlagenen Art praktisch schwer und kostspielig durchführbar.

Das Projekt zeigt im übrigen Erfindungsgabe.

Bezüglich der Kostenangabe wird festgestellt, dass für die beträchtliche Geländeanschüttung von 140.000 m3 kein Betrag eingesetzt ist.

<u>Projekt 4. Motto : "Nekropolis"</u>.

Die vorgeschlagene Friedhofeinteilung zeigt schöne und abwechslungsreiche gärtnerische Ausgestaltung mit verhältnismässig einfachen Mitteln, ohne die Uebersichtlichkeit zu verlieren. Die Anordnung der waldfriedhofartigen Anpflanzung im rückwärtigen Teile wird eine hübsche Wirkung hervorrufen. Ueberhaupt bietet das Projekt in gärtnerischer Hinsicht eine vorzügliche Lösung.

Die Gesamtanlage der Friedhofgebäude mit der Anlage eines Vorhofes und den Arkaden ist beachtenswert, die Ausmasse des Vorhofes sind jedoch zu gross und die vorgeschlagene Bepflanzung zu weitgehend. Die Architektur ist ausdrucksvoll ,doch zu wenig einfach,; 'der Kuppelraum zu hoch. Der Raum der grossen Zeremonienhalle erweckt Bedenken hinsichtlich der Akustik; die konstruktiven Anordnungen dieser Halle wären teilweise schwierig auszuführen.

Im Grundriss wären vereinfachtere Verbindungen und verbesserte Beleuchtung und Lüftung unter Vermeidung der Oberlichten erwünscht gewesen.

Die angegebenen Kosten weisen einen Rechenfehler von K 100.000 auf, um welchen Betrag sich die Endsumme erhöht.

Projekt 5. Motto ."Neugebäude".

Die Aufteilung des Friedhofgeländes ist nicht bloss sehr zweckmässig infolge Schaffung grosser Begräbnisflächen, sondern auch sehr schön durch die Anlage kleiner einzelner Friedhöfe, Mausoleen, Plätze und durch verschieden[illegible]zung ,Die geplante freie Randplanzung statt der Mauergrüfte ist sehr beachtenswert, da hiedurch nicht nur ein künstlerischer Abschluss des Friedhofes nach Aussen erzielt wird, sondern auch das Aussehen und der Unterhalt der Friedhofmauer sich viel günstiger gestalten, auch wird die Anlage der geplanten Nischengrüfte in der Erscheinung günstiger wirken als die der Mauergrüfte,

Nicht vollkommen gelungen ist die Verbindung der mittleren Hauptallee mit der Gruppe der Friedhofgebäude und die Anlage des parabolisch begrenzten Ehrenfriedhofes .Das gesamte Projekt für die Friedhofanlage ist jedoch als eine sehr gute Lösung zu bezeichnen, .



Die Anordnung der Gebäude zueinander und in Verbindung mit dem Vorhofe ist zweckmässig und sehr schön, anerkennenswert ist die Schaffung der guten Zufahrt zum Leichengebäude und zu den Wirtschaftshöfen .Nicht ganz entsprechend ist die Lage der kleinen Zeremonienhalle ,welche veranlasst, dass sich die Verkehrswege zu derselben mit dem Verkehrswege aus der grossen Zeremonienhalle kreuzen. Diese Anordnung lässt sich durch Verlegung der kleinen Zeremonienhalle auf die Seite der Chorsängerzimmer leicht verbessern.

Besonders gelungen ist/trotz aller Einfachheit und Schlichtheit die sehr würdige äussere Gestaltung der Gebäude und die Architektonische Durchbildung der Innenräume.

Projekt 6. Motto : "Einheitlich".

Der Friedhof ist zu gleichmässig eingeteilt und entbehrt der besseren Durchbildung.

Die Anlage der Gebäude ist unübersichtlich ,unzweckmässig und teuer.

Das Aeussere zeigt zu profanen Charakter.

Projekt 7. Motto: "Friede im Krieg"

Die Austeilung des Friedhofgeländes ist zu einförmig und mangels klarer Durchführung von Hauptwegen unübersichtlich, eine befriedigende gärtnerische Durchbildung schwer möglich.

Die Gesamtanlage der Gebäude ist zu aufwändig, namentlich verursacht die versuchte symetrische Ausgestaltung der Gebäudeanlage teilweise unnötige und verteuernde Gebäudeteile. Der Arkadenhof ist zu gross und beeinträchtigt die Ausnützung des Geländes.

Die äussere Durchbildung der Gebäude hätte harmonischer erfolgen sollen, namentlich in den Fensterformen und Fenstergrössen, sowie in der gegenseitigen Lage der drei Kuppeln zueinander .

Projekt 8.Motto: "1.Nissan"

Die Anlage zeigt zu wenig Durchbildung im einzelnen und zu grosse Gräberfelder.

Die Gesamtanlage der Gebäude ist eigenartig ,dabei muss aber der geplante Vorhof als viel zu gross bezeichnet werden. Die Hinausschiebung des Einganges an den äussersten Rand des Grundstückes erscheint nicht glücklich,hingegen zeigt der Grundriss eine grosse Klarheit mit guten Verbindungen der einzelnen Räume untereinander,besonders gut liegt der kleine Zeremoniensaal mit seinen Nebenräumen.Sehr gute Belichtung und Lüftungsmöglichkeit sind vorhanden.Im einzelnen sind jedoch die Räume zu gross.

Die äussere Gestaltung der Gebäude ist eigenartig,wenn auch dabei Bedenken hinsichtlich des Gesamteindruckes und der Durchbildung im einzelnen geltend gemacht werden müssen.

——— · ———

Auf Grund der vorstehenden Würdigung der einzelnen Projekte und nach genauer Besichtigung derselben,werden beim ersten Sichtgang zunächst die Projekte 2.Motto: "Friede" und Projekt 6. Motto "Einheitlich" aus der weiteren Beurteilung einstimmig ausgeschieden.

In dem darauffolgenden zweiten Sichtungsgange,bei welchem neuerlich vor jedem einzelnen Projekte eine Aussprache erfolgte, werden über einstimmigen Beschluss von der Preisbeteilung ausgeschieden:

Projekt 1.Motto : "Ewiges Leben", Projekt 3.Motto: "Klagemauer,"

Projekt 7.Motto : "Frieden im Krieg."

Es wird einhellig beschlossen ,den I.Preis im Betrage von K 4000.- dem Projekt 5.Motto: "Neugebäude" zuzuerkennen.



Hinsichtlich der Beteilung mit dem II.und III.Preise konnte eine Einigung nicht erzielt werden,da zahlreiche Stimmen Gleichwertigkeit der Projekte 4.Motto: "Nekropolis" und 8.Motto: 1.Nissan" betonten.

Es wurde sonach einstimmig der Antrag angenommen,den II.und III.Preis in der Höhe von K 3000.- bezw.K 3000.- zusammenzulegen und jedem Projekte die Hälfte per K 3500.- als II.Preise zuzuerkennen.Die Zuerkennung des Preises beim Projekte 4.Motto:"Nekropolis" erfolgte einstimmig,beim Projekte 8.Motto: "1.Nissan" mit allen gegen eine Stimme.

Des ferneren hat das Preisgericht einstimmig beschlossen, das Projekt 3.Motto: "Klagemauer" dem Vorstande der israel. Kultusgemeinde zum Ankaufe um den Preis von K 1000.- zu empfehlen.

Der Vorsitzende schreitet sohin an die Eröffnung der mit dem Motto der preisgekrönten Arbeiten versehenen Kuverte,nachdem vorher konstatiert wurde,dass sämtliche Kennworteumschläge in einem gesiegelten Kuvert sich befinden und dass die zu eröffnenden Kennwort-Umschläge selbst geschlossen sind.

Die Eröffnung ergibt folgende Namen:

1.Verfasser des Projektes 5.Motto : "Neugebäude":
Architekt Adolf O b e r l ä n d e r ,Wien,IX.Ferstelgasse 4
gärtnerische Raterteilung Titus Wotzy.

2. Verfasser des Projektes 4.Motto: "Nekropolis":
Architekt Dr.Stefan F a y a n s ,Wien,VIII.Hamerlingplatz 7
Mitarbeiter Garten-Architekt Titus Wotzy,Wien,XXI.Alte Donau 35

3. Verfasser des Projektes 8,Motto: "1.Nissan":
Architekt Ernst L i c h t b l a u ,k.k.Professor,Wien,XIII.
Ob.St.Veit,Schweizerthalstrasse 30 .

Vor Abschluss der Arbeiten des Preisgerichtes werden in Bezug auf die künstlerische Durchführung der Friedhofanlage nachfolgende Anregungen gegeben:

Hofgarten-Direktor U m l a u f t empfiehlt dem Vorstande von dem mit der Durchführung der Anlage zu betrauenden Architekten die Vorlage eines Bepflanzungsplanes zu verlangen und erklärte sich gleichzeitig bereit, über Wunsch des Vorstandes diesen Plan bezüglich der Wahl der Materialien etz .zu überprüfen.

Professor Dr .G r ä s s e l führt aus:

Die schönsten Gräberfelder und die besten Gebäude werden keinen guten Friedhof hervorbringen, wenn nicht auch die Grabstätten und die Grabdenkmäler sich harmonisch einfügen. Es wird daher dem Vorstande der israel. Kultusgemeinde angelegentlichst empfohlen, diesen Gesichtspunkt rechtzeitig ins Auge zu fassen und ähnlich wie bei allen neueren Friedhöfen im Deutschen Reiche durch entsprechende Bestimmungen in der Friedhofsordnung für die Grabstätten und Grabdenkmäler Vorsorge zu treffen. Hiebei wäre im einzelnen auch an die schönen und charakteristischen Grabsteinvorbilder in erhaltenen alten israelitischen Friedhöfen, wie beispielsweise in der Seegasse in Wien, anzuknüpfen.

Da die Aufstellung der Grabdenkmäler in den Friedhöfen wohl die allgemeinste künstlerische Betätigung des Volkes ist, da fast jedermann in seinem Leben einmal dafür zu sorgen hat, so wäre ein derartiges Vorgehen der israel. Kultusgemeinde eine vorbildliche ,künstlerische und kulturelle ,wie auch für das heimische Handwerk ausserordentlich wichtige Tat. Als erster Schritt hierzu wäre die möglichst weitgehendste Aufklärung des Publikums und des einschlägigen heimischen Handwerkes und späterhin die Anlage eines kleinen Musterfriedhofes innerhalb



der neuen jüdischen Begräbnisstätte anzusehen,.

Schliesslich wäre eine möglichst frühzeitige Ausführung der hauptsächlichsteb Anpflanzungen des ganzen Friedhofes zu empfehlen, damit bei der beginnenden Benützung desselben nicht eine öde, breite Fläche vorhanden ist, welche wenig anziehend wirkt, sondern schon ein hoher, das angestrebte schöne Planbild des Friedhofes erkenntlich machender Baumwuchs vorhanden sei .

Auch möchte ich nochmals Bezug nehmen auf die beim Projekt 5."Neugebäude" beantragte Randpflanzung längs der Friedhofmauer und die hierüber seitens des gesamten Preisgerichtes abgegebene Meinung und kann ich diese Art der Anlage auf Grund meiner praktischen Erfahrungen wärmstens empfehlen.

Die Preisrichter: Vorsitzender Goldemund, Professoren Grässel und Reinhardt und Architekt Gartner geben die Anregung, dass im Sinne der Bestimmungen des Oesterr. Ingenieur-und Architekten-Vereines für das Verfahren bei Wettbewerben die Anlage des Friedhofes unter der Voraussetzung der Durchführung der geforderten Abänderungen dem mit dem I. Preise ausgezeichneten Verfasser übertragen werde.

Am Schlusse der Beratungen dankt Herr Professor G r ä s s e l im eigenen Namen und namens des Herrn Professor Reinhardt für die Berufung in das Preisgericht und für die den Herren gewordene, besonders freundliche Aufnahme.

Der Vorsitzende ,Baudirektor G o l d e m u n d ,gibt der besonderen Befriedigung Ausdruck, dass der Vorstand der Wiener israel. Kultusgemeinde durch die Ausschreibung des Wettbewerbes für den neuen Friedhof sich um die heimische Kunst und Architektur ein bleibendes grosses Verdienst erworben hat, insbesondere gibt er auch den Gefühlen der Sympathie für die Herren aus dem verbündeten deutschen Reiche ,welche die Mühe der Reise nicht scheuten und in so hervorragender Weise mitgearbeitet haben, herzlichsten Ausdruck.

Herr Vize-Präsident Hofrat Dr.R a p p a p o r t spricht namens des Vorstandes der israel.Kultusgemeinde Wien dem Vorsitzenden , sowie den übrigen Mitgliedern des Preisgerichtes,u insbesondere auch den Herren aus dem Deutschen Reiche den wärmsten Dank für die überaus mühevolle und erspriessliche Tätigkeit aus.

Herr Vertreter Dr.Leopold K o h n betont,dass sich Herr Sekretär-Stellvertreter Emil E n g e l,der seit 10 Monaten im Felde steht,um die Vorarbeiten für den Wettbewerb ungmein grosse Verdienste erworben habe und gibt unter Zustimmung der Versammlung den besten Wünschen und der Sympathie für Herrn Emil Engel Ausdruck.

Herr Vertreter Dr.Markus S p i t z e r erwähnt mit besonderer Anerkennung die unermüdliche und dienstbereite Tätigkeit des Bürcs,namentlich der Herren Sekretär Dr.Adler,Amts-.Chef Freistadt,Adjunkt Heinrich Engel und Ober-Offizial Meissner. Der Vorsitzende ,Stadtbau-Direktor Goldemund schliesst sich namens des Preisgerichtes den anerkennenden Worten der beiden Vorredner an und erklärt die Arbeiten des Preisgerichtes für beendet und die Sitzung für geschlossen.



Vorsitzender des Preisgerichtes:

Ing.Heinrich Goldemund m.p.
Baudirektor der k.k.Reichshaupt-und Residenzstadt Wien

Vorsitzende-Stellvertreter:

kgl.Prof .Dr.Hans Grässel m.p. Prof. Heinr.Reinhardt m.p.

Schriftführer:

k.k.Prof.Max Hegele m.p.

k.k.Hofrat Dr.Benj.Rappaport m.p. Dr.techn.A.Karplus m.p.

Arch.Jakob Gartner m.p. Anton Umlauft,k.u.k. Hofgarten-Direktor

Dr.Leopold Kohn m.p.

Dr.Markus Spitzer m.p.

Ing.Robert Stricker m.p.

*Fenster «Theresienstadt». Neue Glasfenster der 1967 wieder ihrer ursprünglichen Funktion übergebenen Neuen Zeremonienhalle (Tor IV) von Heinrich Sussmann (gest. 1986)*

*Fenster «Todeslager»*

*Fenster «Zerstörung der Tempel»*

*Fenster «Engel tragen die Menorah zur Glorie»*

*In Gruppe 14A sind in den Reihen 13 und 14 jene Exhumierten vom Währinger Israelitischen Friedhof wiederbegraben, die die IKG selbst 1941/42 exhumierte und damit rettete. Reihe 2 beherbergt jene, die 1947 vom Naturhistorischen Museum zurückgegeben wurden.*

*Der Shakespeare-Forscher Univ.-Prof. Leo Kellner (gest. 1928) Grabstelle 9A-2-1*

*Das Rückgrat des Judentums ist die Orthodoxie. Viele ihrer Vertreter – hier der Herausgeber Löbl Taubes (gest. 1933), Grabstelle 16B-2-22 – gaben und geben entscheidende Impulse.*

*Jakob Bauer (gest. 1926) war Oberkantor am Türkischen Tempel in der Zirkusgasse und Herausgeber der «Österreichisch-Ungarischen Cantoren-Zeitung». Grabstelle türk. Abt. I 9-2-9*

*Adolf Weisse (gest. 1933) war elf Jahre Direktor des Deutschen Volkstheaters. Grabstelle 9A-2-6*

*Bereits zu Lebzeiten war der Direktor der IKG-Bibliothek Dr. Bernhard Wachstein (gest. 1935) als großer Gelehrter anerkannt*

*Das mit «Ranzenhofer» signierte Relief am Grabstein der Elizza Frei (gest. 1926) zeigt die Wiener Staatsoper. Im Vordergrund rechts sieht man einen Baum, auf dem ein singendes Vögelchen sitzt. Grabstelle 3-4-3*

*Grabsteine eingeebneter Gräber vom Döblinger Friedhof/Israelitische Abteilung werden in Gruppe 3 gelagert. Die Gebeine wurden bei Tor IV wiederbestattet.*

*Der Grabstein von Kommerzialrat Max Berger zeigt im oberen Teil sein Exlibris. Grabstelle 1-2-17*

*Der große Kabarettist und Alleinunterhalter Armin Berg (gest. 1956) kehrte 1949 nach Wien zurück. Grabstelle 3-22-33*

*In der Amtszeit des Direktors der Wiener Universitäts-Bibliothek Dr. Salomon Frankfurter (gest. 1941) wurde der UB-Hauptlesesaal elektrifiziert. Grabstelle 3-1-1*

*Leo Fall, Sproß einer Musikerfamilie. Grabstelle 3-4-1*

*Die Amtszeit von Oberrabbiner Dr. Akiva Eisenberg (gest. 1983) war die des Wiederaufbaus der Wiener jüdischen Gemeinde und die Zeit des Zuzugs vieler Juden aus Osteuropa. Grabstelle 7-13-1*

# WIENER ZENTRALFRIEDHOF, TOR IV

Die Fläche wurde 1911 erworben und mehrfach erweitert. Am 4. April 1917 wurde der Friedhof eröffnet sowie die provisorische Zeremonienhalle eingeweiht. Die Eröffnung der in der «Kristallnacht» 1938 gesprengten und 1967 wieder eingeweihten Zeremonienhalle von Architekt Ignaz Reiser fand am 9. September 1929 statt. Tor IV, das nach offizieller Zählung der Friedhofstore eigentlich mit «Tor V» zu bezeichnen wäre, spiegelt die Zeitgeschichte anschaulich wider: Grabreihen Exhumierter vom Währinger Israelitischen Friedhof, Urnengräber, die die Asche KZ-Ermordeter bergen, ein Monument, das den Ort der Beisetzung geschändeter Tora-Rollen bezeichnet, ein Denkmal für die kurz vor der Befreiung Ermordeten der Förstergasse, Massengräber ermordeter ungarischer Juden, Grabstellen unbekannter sowjetischer jüdischer Soldaten.

### *Die Wettbewerbsausschreibung zur Anlage des «Neuen Friedhofs»*

Die Anlage des neuen Friedhofs bei Tor IV (offiziell heute «Tor V») wurde seitens des damaligen Kultusvorstands sehr sorgfältig und im Vergleich mit Erfahrungen jüdischer Gemeinden anderer großer Städte vorbereitet. Die Ausschreibung des Wettbewerbs erging im Mai 1914 an alle jüdischen Architekten Wiens. Stichtag für die Einreichung der Wettbewerbsarbeiten war der 30. 9. 1914.

Bemerkenswert ist der bereits am 15. 7. 1914 außer Konkurrenz eingesandte Entwurf des damaligen k. u. k. Direktors der k.k. Hofgärten Umlauft, der die Form des Davidsterns als Grundidee seines Anlageentwurfs wählte.

Die erste und alles entscheidende Sitzung des Preisgerichts fand fast ein Jahr später, am 21. 7. 1915, statt. Den ersten Preis und das Preisgeld von 4.000 Kronen erhielt Architekt Adolf Oberländer, Ferstelgasse 4, 1090 Wien, für seinen unter dem Kennwort Neugebäude eingereichten Entwurf.

Gleich beurteilt, teilten sich die Architekten Stefan Fayans, Hamerlingplatz 7, 1080 Wien, unter dem Kennwort Nekropolis und Architekt Ernst Lichtblau, Schweizerthalstraße 30, 1130 Wien, mit dem Kennwort 1. Nissan den mit 2.500 Kronen dotierten zweiten Preis.

### *Die beiden Zeremonienhallen auf dem «Neuen Friedhof»*

Durch den Ausbruch und den Verlauf des Ersten Weltkriegs konnte der prämierte Entwurf des Architekten Oberländer zur Anlage des «Neuen Friedhofs» (Tor IV) nicht verwirklicht werden. 1916/17 wurde deshalb nach Plänen des Kultusgemeinde-Vorstandsmitglieds Jakob Gartner von Baumeister Edmund Melcher eine «provisorische Zeremonienhalle» errichtet. Vor Errichtung der provisorischen Zeremonienhalle und aufgrund geringer Platzkapazität wurden die Verstorbenen in der Zeremonienhalle bei

Tor I rituell gewaschen, angekleidet und per Pendelverkehr zu Tor IV gebracht. Heute beherbergt die provisorische Zeremonienhalle Werkstatt und Büro der Steinmetzfirma SCHREIBER.

Nach dem Ersten Weltkrieg und nachdem sich die wirtschaftlichen Verhältnisse allgemein gebessert hatten, schrieb die Kultusgemeinde neuerlich einen Architektenwettbewerb für eine zu erbauende Zeremonienhalle bei Tor IV aus. Preisträger wurde Architekt IGNAZ REISER mit seinem Projekt BETH HA CHAJIM 11/HAUS DES LEBENS IM 11. BEZIRK, welches nach Überwindung massiver Finanzierungsprobleme in den Jahren 1926–1928 zur Ausführung kam. Interessant ist, daß der Pendelverkehr, der sich 1917 bis 1928 zwischen der Zeremonienhalle/Tor I und Tor IV abspielte, sich ab 1928 umkehrte, nachdem das Leichenaufbewahrungsgebäude bei Tor I durch bauliche Mängel weitgehend unbenutzbar geworden war. Nachdem über einen längeren Zeitraum diese baulichen Mängel nicht behoben wurden, schaltete sich im Jahr 1930 der damalige Oberrabbiner DAVID FEUCHTWANG ein, der in einem zunächst mündlich gegebenen und dann schriftlich wiederholten Gutachten keine Bedenken gegen diesen «Pendelverkehr» äußerte.

Anders war die Reaktion frömmerer Kreise, wie ein Brief von Rabbiner JOSEF BABAD vom 26. 4. 1931 beweist: «Der Pendelverkehr entspricht nicht dem alten, guten jüdischen Brauch, nach welchem jede unnötige Verlängerung dieses traurigen Weges unbedingt zu vermeiden ist. Es ist wohl richtig, daß im Schulchan Aruch kein ausdrückliches Verbot gegen die in der Diskussion stehende Art der Überführung von Leichen besteht. Aber von anderen Stellen und Dezisoren ist meiner Ansicht nach folgerichtig abzuleiten, daß der derzeit in Wien geübte Pendelverkehr nicht zulässig ist.»

Da in der NS-Zeit zum Christentum übergetretene Verstorbene nicht auf städtischen Wiener Friedhöfen bestattet werden durften, wurde seitens der Administration der Wiener jüdischen Gemeinde bei Tor IV die Gruppe 23 bereitgestellt. Ein mit dem Datum 10. 10. 1941 versehenes baupolizeiliches Dokument sowie ein Umbauplan zeigen, daß durch Umbau in den Vorhofarkaden für zum Christentum Übergetretene zwei Aufbewahrungsräume mit Einsegnungsmöglichkeiten geschaffen wurden.

Erst Mitte der sechziger Jahre begann man mit der Wiederinstandsetzung der Zeremonienhalle, die 1967 abgeschlossen war. Als das Gebäude wieder seiner Bestimmung übergeben wurde, sprach BRUNO MAREK die Worte: «... daß der Friede der Toten ebenso wie der der Lebenden in dieser Stadt niemals gestört werde.»

***Daten***

Fläche: 252.456 m$^2$
Grabstellen: 42.697 – ca. 70.000 Bestattete

**ADLER, MAX** *geboren* 29. 9. 1863 Gajár/Ungarn *gestorben* 7. 12. 1938 Wien *begraben* 11. 12. 1938 *Beruf* Musikschriftsteller *Grabstelle* 20A-7-27

**ALLERHAND, ARNOLD** *geboren* 8. 6. 1848 Jaroslau *gestorben* 17. 9. 1918 Wien *begraben* 19. 9. 1918 *Beruf* Journalist *Grabstelle* 4-8-27

**ANTSCHERL, MORITZ** *Pseudonym* Anselm Amschel *geboren* 19. 2. 1850 Battelau/Iglau *gestorben* 9. 3. 1935 Wien *begraben* 12. 3. 1935 *Beruf* Schriftsteller *Grabstelle* 16A-5-5

*Werke:* «Chanukka-Blätter für Schule und Haus» (1903); «Elise Herz oder Geschichte einer Schule in Jerusalem» (1906); «Kinder beim Kaiser» (o. J.).

*Literatur:* Heuer

**ASCHER, ROBERT** *geboren* 9. 6. 1883 Wien *gestorben* 11. 4. 1933 Wien *begraben* 14. 4. 1933 *Beruf* Schriftsteller *Grabstelle* 14A-7-31

*Werke:* «Wiener Skizzen» (1930).

*Literatur:* Giebisch – Gugitz / Wiener Zeitung, 13. 4. 1933

**BAAR, ARTHUR** *geboren* 31. 3. 1890 Wien *gestorben* 8. 7. 1984 Wien *begraben* 8. 7. 1984 *Beruf* Publizist *Grabstelle* 16-3-7

Philosophiestudium an der Wiener Universität. Herausgeber und Verfasser von Sportbüchern, Redakteur verschiedener Zeitungen. Emigrierte 1938 nach Palästina.

**BAUER, JAKOB** *geboren* 15. 9. 1852 Groß-Priesterz/Ungarn *gestorben* 8. 9. 1926 Wien *begraben* 12. 9. 1926 *Beruf* Oberkantor am Türkischen Tempel in Wien, Herausgeber der ÖSTERREICHISCH-UNGARISCHEN CANTOREN-ZEITUNG *Grabstelle* türk. Abt. I – 9-2-9

Ausbildung zum Kantor in Wien. Dann Kantor in Wien-Ottakring, Szigetvar/Ungarn und Graz. Begründete 1881 die

Österreichisch-ungarische Cantoren-Zeitung, die er bis 1889 herausgab. Danach war sie Beilage der ebenso von Bauer begründeten Wahrheit, die bis 1938 existierte. 1883 Mitbegründer des Österreich-ungarischen Cantorenverbandes, dessen Vorsitzender er zeitweise war. Zusammen mit Isidor Loewit Herausgeber des «Schir Hakawod» (1889) für sephardische Gemeinden nach Originalmelodien, die im Wiener Türkischen Tempel in Gebrauch waren. Reorganisierte zudem gemeinsam mit Loewit den Tempelchor im Türkischen Tempel. 1881 Berufung zum Oberkantor. Bildete 86 Schüler zu Kantoren heran.

*Literatur:* EJ (E) / JL / Kosel / Toury

**BAUER, JULIUS** *geboren* 15. 10. 1853 Raab-Sziget *gestorben* 11. 6. 1941 Wien *begraben* 13. 6. 1941 *Beruf* Schriftsteller, Satiriker, Kritiker, Redakteur des Illustrierten Wiener Extrablattes *Grabstelle* 9A-1-13 – Ehrengrab

Verfaßte bereits als Gymnasiast Feuilletons und Kritiken für den Raaber Lloyd. 1873 Übersiedlung nach Wien. Mitarbeiter des Neuen Kikeriki, des Kladderadatsch, der Bürgerzeitung, des Floh und Gerichtssaalexperte des Wiener Extrablatts, wo er später auch Theaterkritiker war. Verfaßte diverse Libretti, u. a. für Millöcker, Strauss und Lehar. War innerhalb der Concordia an führender Stelle tätig. War mit Johannes Brahms eng befreundet.

*Literatur:* Bamberger – Maier-Bruck / Bergauer (1949) / Eisenberg / Giebisch – Gugitz / Kossdorff / Kürschner / ÖBL / Ögg / Stern / Wininger / Zohn (1969) / Zohn (1986)

**BERG, ARMIN** *Geburtsname* Hermann Weinberger *geboren* 9. 5. 1883 *gestorben* 13. 11. 1956 *begraben* 26. 11. 1956 *Beruf* Schauspieler, Kabarettist, Komiker *Grabstelle* 3-22-33

Trat in jungen Jahren ins Budapester Orpheum in der Taborstraße, 1020 Wien, ein, wo ihm der Durchbruch als Kabarettist und Alleinunterhalter mit seinen berühmt gewordenen Couplets gelang. Spätere Engagements im Kabarett Max und Moritz, Theater der Komiker, in den zwanziger

Jahren im SIMPL und im RONACHER u. a. War Hauskomiker in diversen Lokalen im 1. und 2. Bezirk. 1938 Emigration in die USA. Rückkehr 1949. Gelegentliche Auftritte im SIMPL, Gastengagements in Amsterdam und Zürich.

*Literatur:* Heilige Gemeinde Wien / Herz (1981) / Herz (1983) / Koller – Witthalm / Unsere Heimat / Kronen Zeitung, 5. 10. 1990

**BERGER, MAX** *geboren* 2. 4. 1924 Garlice *gestorben* 8. 11. 1988 Wien *begraben* 8. 11. 1988 *Beruf* Geschäftsmann, Sammler, Besitzer der größten Judaica-Privatsammlung in Europa *Grabstelle* 1-2-17

Wurde als Kind in das Konzentrationslager Auschwitz deportiert. Verlor 13jährig seine Eltern und Geschwister in den Konzentrationslagern Treblinka und Auschwitz. Nach der Befreiung Schulbesuch in Prag. Aufenthalte in Berlin und München. 1950 Übersiedlung nach Wien, wo er sich als Kaufmann betätigte. Begann zunächst Porzellan zu sammeln. Nachdem zufällig eine Besaminbüchse in seinen Besitz gekommen war, sammelte Max Berger seit 1952/53 Judaica und baute seine berühmte Sammlung Berger, die größte Judaica-Privatsammlung Europas, sowie eine kostbare Bibliothek auf, von der er nie ein Stück verkaufte. Als Autodidakt wurde er so versiert, daß er Expertisen für das Dorotheum und andere erstellte. Anläßlich eines Empfangs im Haus Berger anläßlich der 200. Wiederkehr des Datums des Toleranzpatents – anwesend waren der Wiener BÜRGERMEISTER ZILK, OBERRABBINER EISENBERG, KARDINAL KÖNIG, der Bukarester OBERRABBINER ROSEN u. a. – bekundete Bürgermeister ZILK sein großes Interesse an einer Ausstellung der Objekte. 1987 übergab der bereits erkrankte Max Berger seine Sammlung der Stadt Wien als Grundstock für ein zu errichtendes Jüdisches Museum. 1988 zeigte das Historische Museum der Stadt Wien die Sammlung Berger.

*Werke:* [zusammen mit W. Häusler und K. Lessing] «Judaica. Kult und Kultur des europäischen Judentums» (1979); «Heilige Gemeinde Wien. Judentum in Wien. Sammlung Max Berger» (1988).

*Quelle:* mündliche Mitteilungen von Frau Trude Berger, Wien

**BLOCH, JOSEF SAMUEL** *geboren* 20. 11. 1850 Dukla/Galizien *gestorben* 1. 10. 1923 *begraben* 4. 10. 1923 *Beruf* Rabbiner, Politiker *Grabstelle* 5-4-9

Herausgeber und Redakteur der Galizisch-Österreichischen Wochenschrift. 1883–1895 Mitglied des österreichischen Reichsrats, wo er sich engagiert und durchschlagend für jüdische Belange einsetzte. Seine traditionelle Ausbildung – er schloß daran ein Universitätsstudium an – und seine Treue zur Orthodoxie verschafften ihm große Autorität. Berühmt wurde er durch den Bloch-Rohling-Prozeß, in dem er den Prager katholischen Universitätsprofessor der Lüge und der wissenschaftlichen Unredlichkeit überführte.

HINWEIS: *Während des Zweiten Weltkriegs gelangte der Nachlaß Blochs auf ungeklärte Weise nach Moskau. Das Institut für Geschichte der Juden in Österreich in St. Pölten bemüht sich um die Rückstellung des Nachlasses nach Österreich.*

*Werke:* neben zahlreichen Artikeln in Zeitungen und Fachzeitschriften «Erinnerungen aus meinem Leben», 3 Bde. (1922–1923).

*Literatur:* EJ (E) / JL / Lohrmann / Ögg / Stock – Heilinger – Stock

**BRAUN, RUDOLF** *geboren* unbekannt *gestorben* 30. 12. 1925 – 56 Jahre *begraben* 1. 1. 1926 *Beruf* Komponist *Grabstelle* 2-3-3 – Ehrengrab

War von Geburt an blind. Bereits im Kindesalter außergewöhnliche musikalische Begabung. Ausbildung zum Pianisten, Komponisten und Orgelvirtuosen. Berühmt war sein Stück «Marionettentreue» (Libretto von Rudolf Holzer), das unter Gustav Mahler an der Wiener Oper aufgeführt wurde.

*Literatur:* Wiener Zeitung, 3. 1. 1926

**BREUER, PINKAS** *geboren* unbekannt *gestorben* unbekannt *begraben* unbekannt *Beruf* Rabbiner und Richter in der SCHIFFSCHUL *Grabstelle* 21-17-30 – Rabbiner-Reihe

*Werke:* «Jerusalem» (o. J.).

*Quelle:* mündliche Mitteilungen eines ungenannt bleiben wollenden Wiener Rabbiners

**BRUNNER, ARMIN** *Pseudonym* B. Armin, Adrian Berger, B. Paul, Teutoburg *geboren* 1. 8. 1861 Mißlitz/Mähren *gestorben* 8. 11. 1929 Wien *begraben* 17. 11. 1929 *Beruf* Schriftsteller, Journalist *Familie* Sohn von PHILIPP BRUNNER (begraben bei Tor I) *Grabstelle* 52-51-42

1893–1902 Redakteur des WIENER JOURNALS und der NEUEN FREIEN PRESSE. Verfasser von Lustspielen, Unterhaltungsromanen, Novellen, Jugendschriften und Operettenlibretti.

*Literatur:* BLBL / Fraenkel / Giebisch – Gugitz / Gold (1929) / Jaksch / Kosel / ÖBL

**BUCHBINDER, BERNHARD** *Pseudonym* Gustav Klinger *geboren* 6. 7. 1852 Budapest *gestorben* 4. 6. 1922 Wien *begraben* 26. 6. 1922 *Beruf* Schauspieler, Schriftsteller *Grabstelle* 10-8-58

Seit 1887 in Wien. Verfasser von Hintertreppenromanen, Volksstücken, Libretti wie «Husarenliebe» und «Försterchristl». Jahrelang Korrespondent des POLITISCHEN VOLKSBLATTS in Budapest und Feuilletonist diverser Wiener Tageszeitungen. Mitarbeiter der humoristisch-belletristischen Wochenschrift DAS KLEINE JOURNAL.

*Werke:* «Der Pascha von Pest» (1873); «Der Satan vom Neugebäude» (1984); «Eine Wiener Theaterprinzessin» (1894); «Heirat auf Probe» (1894).

*Literatur:* Bamberger – Maier-Bruck / Eisenberg / Giebisch – Gugitz / ÖBL / Ögg / Zohn (1986)

**BUNZEL, JULIUS** *geboren* 25. 9. 1873 Prag *gestorben* 19. 7. 1942 Wien *begraben* 24. 7. 1942 *Beruf* Rechtsanwalt, Sozialpolitiker *Grabstelle* 15A-7-42

Jurastudium in Prag. Rechtsanwalt und schließlich Hofrat bei der Wiener Finanzprokuratur.

*Werke:* «Studien zur Sozial- und Wirtschaftspolitik Ungarns» (1902); «Der Lebenslauf eines vormärzlichen Beamten» (1911); «Die Anfänge der modernen Arbeiterbewegung in der

Steiermark» (1913); «Die erste Lassalle-Bewegung in Österreich» (1914); «Ungarn und wir» (1918); «Aus altösterreichischen Kindertagen» (1922); «Geldentwertung und Stabilisierung in ihrem Einfluß auf die soziale Entwicklung in Österreich» (1925).

*Literatur:* BLBL / Jaksch

**CHAJES, SAUL** *geboren* 15. 5. 1884 Brody *gestorben* 15. 3. 1935 Wien *begraben* 17. 3. 1935 *Beruf* Rabbiner *Grabstelle* 21-11-30 – Abt. für Fromme

**CHARIM, ALEXANDER** *geboren* 19. 3. 1908 Stanislau/Galizien *gestorben* 25. 3. 1968 Wien *begraben* 27. 3. 1968 *Beruf* Essayist, Journalist *Grabstelle* 15-1-11

Jurastudium in Paris und Krakau. Überlebte die NS-Herrschaft in Polen. 1946 Alijah (Einwanderung) nach Israel. Mitarbeiter der Dawar, der Zeitung des israelischen Gewerkschaftsbundes, und bei der Arbeiterzeitung Ha-Dor. 1949–1950 Korrespondent der Tageszeitung Haaretz in Warschau. 1950–1954 gemeinsam mit seiner Gattin Blanka Herausgeber der israelischen Wochenzeitung Kronika, die in polnischer Sprache erschien. 1959–1968 wieder Mitarbeiter der Haaretz und deren Korrespondent in Wien. Ab 1965 im Vorstand des Verbandes der Auslandspresse in Wien. Freier Mitarbeiter diverser deutschsprachiger jüdischer Zeitschriften und Zeitungen, u. a. der Gemeinde, und des Kuriers, der Presse, der Furche und der Weltwoche. Mitglied des Karlsteiner Kreises. Sein Nachlaß wurde 1992 dem Theatermuseum in Tel Aviv, dem Museum von Tel Aviv und dem Museum der Schriftsteller, Tel Aviv, übergeben.

*Werke:* «Die toten Gemeinden» (1966); «Der Kessel» (1969).

*Quelle:* mündliche Mitteilungen von Frau Dr. Isolde Charim, Wien

**DEUTSCH, GUSTAV** *geboren* 28. 4. 1849 Prag *gestorben* 12. 7. 1929 Wien *begraben* 14. 7. 1929 *Beruf* Redakteur *Grabstelle* 12-24-6

Seit 1870 nachweisbar als Feuilletonist journalistisch tätig. Redakteur der Illustrierten Wiener Wespen, Mitarbeiter der Wiener Presse sowie Korrespondent ausländischer Blätter.

*Literatur:* Eisenberg / Heuer

**DEUTSCHLÄNDER, LEO SCHMUEL** *geboren* 21. 7. 1889 Berlin *gestorben* 8. 8. 1935 Wien *begraben* unbekannt *Beruf* Oberlehrer *Grabstelle* 21-15-28 – Rabbiner-Reihe – Abt. für Fromme

Zunächst Oberlehrer in Berlin. 1916–1918 Militäroberlehrer in Kowno. 1923 Übersiedlung nach Wien, leitendes Mitglied der AGUDAS ISROEL sowie des KEREN HA TORA. Gründer und Schulrat des orthodoxen Mädchenschulwerks BETH JAKOV. *Werke:* «Westöstliche Dichterklänge» (1923); «Goethe und das Alte Testament» (1923); «Das Erziehungswerk der gesetzestreuen Judenheit» (1929).

*Literatur:* Heuer / mündliche Mitteilungen eines ungenannt bleiben wollenden Wiener Rabbiners

**EIBENSCHÜTZ, JONAS** *geboren* 2. 3. 1876 Tallos *gestorben* 23. 1. 1934 Wien *begraben* 24. 1. 1934 *Beruf* Kantor der IKG *Grabstelle* 16B-10-24 – Abt. für Fromme

**EISENBERG, AKIVA** *geboren* 30. 9. 1908 Nemessur *gestorben* 7. 4. 1983 Wien *begraben* 8. 4. 1983 *Beruf* Oberrabbiner von Wien *Grabstelle* 7-13-1

Studium in der berühmten Jeschiwah von PAPA. Rabbinerdiplom am renommierten Budapester Rabbinerseminar. Danach Studium und Promotion an der Universität Budapest. In der Zeit des Nationalsozialismus Tätigkeit im Untergrund. Nach 1945 Rabbiner in Györ. Ab 1948 Oberrabbiner von Wien. Seine Amtszeit war die Zeit des Wiederaufbaus der Wiener jüdischen Gemeinde und die Zeit des Zuzugs und der Integration vieler Juden aus Ungarn und Osteuropa. 1956 war Oberrabbiner Akiva Eisenberg für die Ungarnflüchtlinge karitativ tätig. Obwohl schwerkrank, reiste er noch zwei Wochen vor seinem Tod – gegen den Willen der Familie – nach Israel.

*Quelle:* mündliche Mitteilungen von Oberrabbiner Paul Chaim Eisenberg, Wien

**ELIZZA, recte ELISE FREI** *geboren* 6. 1. 1868 Wien *gestorben* 3. 6. 1926 Wien *begraben* unbekannt *Beruf* Opernsängerin *Grabstelle* 3-4-3

**ENGEL, JOSEF** *geboren* 1859 Tarnow/Galizien *gestorben* 25. 10. 1919 Wien *begraben* 26. 10. 1919 *Beruf* Talmudist *Grabstelle* 4-18-70

Siedelte sich nach seiner Heirat in Dendin/Polen an, wo sein Schwiegervater lebte, und wurde einer der berühmtesten

polnischen Rabbiner. 1906 wurde er zum Vorsitzenden des Krakauer Beth Din gewählt. Nach Ausbruch des Ersten Weltkriegs übersiedelte er nach Wien. Er verfaßte mehr als 100 halachische, aggadische und kabbalistische Schriften. Nach seinem Tode begründete sich in Wien eine Vereinigung mit dem Namen Ohavei Torah, die seine Schriften sammelte und publizierte. Sein Grab wird bis heute verehrt.
*Werke:* «Beith ha-Ozar» (1903–1907); «Gevurot Shemonim» (1903); «Ziyyunim la-Torah» (1904); «Ozeroth Yosef» (1921).
*Literatur:* EJ (E)

**EPSTEIN, JEHUDO MEIER** *geboren* 6. 7. 1870 Slouck/Minsk *gestorben* 16. 11. 1945 Johannesburg *begraben* 18. 10. 1949 – Urne *Beruf* Maler *Grabstelle* 8-2-3

Bereits in früher Kindheit wurde sein künstlerisches Talent entdeckt. Seine glückliche und unbeschwerte Kindheit in Weißrußland prägte sein ganzes Leben und Lebenswerk. Zeichenstudium zunächst in Wilna und ab 1888 an der Akademie der bildenden Künste in Wien. 1894 Beendigung des Studiums (Reisestipendium nach Rom). Zahlreiche Studienreisen nach Italien, Spanien, Frankreich, Holland, Deutschland sowie ins damalige Palästina. 1920 umfassende Ausstellung im Wiener Künstlerhaus. Seine Werke und seine Person sind heute in Sammlerkreisen hoch geschätzt.
*Literatur:* Berger – Häusler – Lessing / Heilige Gemeinde Wien / ÖBL / Planer / Neue Freie Presse, 26. 5. 1928 / Neues Wiener Journal, 8. 7. 1930

**EPSTEIN, JULIUS** *geboren* 7. 8. 1832 Agram *gestorben* 2. 3. 1926 Wien *begraben* 4. 3. 1926 *Beruf* Professor, Musikwissenschaftler *Grabstelle* 3-4-2

Klavier- und Kompositionsstudium in Zagreb und Wien. 1867–1901 Lehrer am Konservatorium in Wien. Sein neben Ignaz Brüll berühmtester Schüler war der von ihm im Alter von 15 Jahren entdeckte Gustav Mahler. Machte sich um die Neuedierung alter Klavierwerke verdient. Mitarbeiter an der Gesamtausgabe der Schubert-Werke. War mit Brahms befreundet, dessen Kammermusikwerke er gemeinsam mit Hellmersberg zur Uraufführung brachte. Seine Adresse im Jahr 1862 lautete übrigens Figarohaus, 1010 Wien.

*Literatur:* Bamberger – Maier-Bruck / Eisenberg / Heuer / JL / Kohut / Kosel / Menczigar / ÖBL / Riemann / Schonberg / Stock – Heilinger – Stock / Unsere Heimat / Wininger

EWEN, JIZCHAK *geboren* 1861 Rozwadow/Galizien *gestorben* 26. 2. 1925 Wien *begraben* 27. 2. 1925 *Beruf* jiddischer Journalist, hebräischer Schriftsteller *Grabstelle* 6-6-64

*Werke:* «Fun der gutjiddischer Welt» (1917); «Fun 'm rebns hoi» (1922).

*Literatur:* EJ (D) / Wininger

FALL, LEO *geboren* 2. 2. 1873 Olmütz *gestorben* 16. 9. 1925 Wien *begraben* 18. 9. 1925 *Beruf* Operettenkomponist *Familie* Sohn des Militärkapellmeisters MORITZ FALL (begraben bei Tor I) *Grabstelle* 3-4-1 – Ehrengrab

Studium am Wiener Konservatorium der Musikfreunde. Seit 1893 Geiger in Berlin. Ab 1895 Kapellmeister in Berlin, Hamburg und Köln. Rückkehr nach Wien und fruchtbare Schaffenstätigkeit. 1925 Südamerika-Reise. Nachlaß befindet sich in der Musiksammlung der Österreichischen Nationalbibliothek.

*Werke:* «Der Rebell» (1905); «Der fidele Bauer» (1907); «Die Dollarprinzessin» (1907); «Brüderlein fein» (1909); «Die Kaiserin» (1913); «Die Rose von Stambul» (1916); «Die spanische Nachtigall» (1920).

*Literatur:* Aubert / Bergauer (1946) / Eisenberg / EJ (E) / Fraenkel / Hauenstein / Herz (1981) / Jaksch / Markl (1962) / ÖBL / Ögg / Planer / Riemann / Wininger / Leo-Fall-Nachlaß in der Österreichischen Nationalbibliothek (Musiksammlung), Wien

FELDSBERG, ERNST *geboren* 19. 5. 1894 Nikolsburg *gestorben* 21. 8. 1970 *begraben* 25. 8. 1970 *Beruf* Präsident der IKG *Grabstelle* 15-12-35

Kindheit und Schule in Nikolsburg. Jurastudium in Wien, wo er nach dem Ersten Weltkrieg promovierte. Desertierte während seiner Militärzeit vorsätzlich wegen einer Rigorosen-Prüfung und nahm die harte Strafe gerne auf sich, weil ihm die Jurisprudenz und sein Studium wichtiger waren. Nach der Promotion bis 1939 Anstellung bei einer Wiener Bank. In dieser Zeit aktive Tätigkeit und Engagement für die Wiener IKG. Gemeinsam mit seiner Gattin Deportation nach

Theresienstadt. Nach der Rückkehr nach Wien Jurist bei der Creditanstalt (CA). Aktives Engagement und Tätigkeit für die IKG. Nachfolger des IKG-Präsidenten Maurer und IKG-Präsident bis 1970. Engagierte sich im christlich-jüdischen Gespräch und hielt viele Vorträge in Wiener Volkshochschulen über das Judentum. Während des Sechstagekriegs 1967 verkaufte er die der IKG gehörenden Augartengründe und unterstützte mit dem nicht geringen Erlös das sich im Krieg befindende Israel, da Israel dieses Geld damals brauchte. Dieser Verkauf wird ihm von einigen IKG-Kreisen heute noch nachgetragen. Die Chewra Kadischa und alle Friedhofsbelange waren sein besonderes Anliegen.
*Werke:* diverse unveröffentlichte Nachlaß-Manuskripte im Besitz von Gerda Feldsberg und im Besitz des Bestattungsmuseums der Wiener Stadtwerke; unveröffentlichtes Manuskript über die Tahara – im Besitz der Wiener Chewra Kadischa.

*Quelle:* mündliche Mitteilungen von Frau Gerda Feldsberg, Wien

**FEUERSTEIN, MICHAEL** *geboren* 29. 1. 1873 Korolenka *gestorben* 25. 6. 1938 Wien *begraben* 28. 6. 1938 *Beruf* Jurist, Schriftsteller *Grabstelle* 12A-34-4

Jurastudium in Czernowitz und Wien. 1902 Erzählung «Jünglinge», die im Studentenmilieu handelt.

*Literatur:* Heuer

**FLEISCHER, SIEGFRIED** *geboren* 18. 3. 1856 Kápuvár/Ungarn *gestorben* 29. 7. 1924 Wien *begraben* 1. 8. 1924 *Beruf* Schriftsteller, Redakteur der Neuzeit, Lyriker *Grabstelle* 9-23-22

Jurastudium an der Universität Wien. 1879–1880 Herausgeber der Zeitschrift für dramatische Kunst und Literatur. Redakteur beim Wiener Tagblatt, beim Politischen Correspondenten, der Volksstimme u. a. Generalsekretär der Österreichisch-Israelitischen Union. Verfaßte Gedichte sowie Schauspiele.

*Literatur:* Eisenberg / Giebisch – Gugitz / Heuer / Kosel / Unsere Heimat

**FLEISCHMANN, MORITZ** *Pseudonym* Diplomaticus *geboren* 2. 2. 1853 Malaczka/Ungarn (jetzt Tschechoslowakei) *gestorben* 28. 9. 1924 Wien *begraben* 2. 10. 1924 *Beruf* Redakteur *Grabstelle* 11-27-91

Mitarbeiter der WIENER ALLGEMEINEN ZEITUNG, der MÜNCHNER ALLGEMEINEN ZEITUNG u. a.

*Literatur:* Heuer / Kosel

**FRANKFURTER, ARNOLD** *geboren* 18. 12. 1881 Szobotist/Ungarn *gestorben* 14. 2. 1942 KZ Buchenwald *begraben* 10. 3. 1942 – Urne *Beruf* Religionsprofessor, Rabbiner *Grabstelle* 16B-11-34 – Abt. für Fromme

Studium an den Universitäten Wien und Berlin. 1908–1939 Feldrabbiner. 1913 Religionsprofessor an der Bundesrealschule, 1010 Wien. Während des Ersten Weltkriegs Leiter der israelitischen Militärseelsorge in Wien. 1938 ins KZ Dachau deportiert, später nach Buchenwald überstellt und dort ermordet. War Rabbiner des TEMPELVEREINS im 19. Bezirk und für Stockerau. Mitglied des VEREINS FÜR GESCHICHTE UND WISSENSCHAFT DES JUDENTUMS.

*Literatur:* Heuer

**FRANKFURTER, SALOMON** *geboren* 9. 11. 1856 Preßburg *gestorben* unbekannt *begraben* unbekannt *Beruf* Direktor der Wiener Universitätsbibliothek *Grabstelle* 3-1-1

Talmud-Tora-Schule in Wien. 1869–1877 Akademisches Gymnasium Wien. Studium der klassischen und der deutschen Philologie, Epigraphik und Archäologie ab 1877 an den Universitäten Wien und Berlin. 1883 Promotion an der Universität Wien. Bereits 1881 Volontär an der Wiener Universitätsbibliothek. 1884 Referent für Achäologie, Pädagogik und «Judaismus» an der Wiener Universitätsbibliothek. Ab 1909 Konsulent für Bibliothekswesen und jüdische Kultusangelegenheiten im Kultusministerium. Ab 1910 Vizedirektor der Wiener Universitätsbibliothek und ab 1919 Direktor. In seiner Amtszeit wurde der Bücherspeicher mit Glühlampen versehen und der Hauptlesesaal elektrifiziert.

*Literatur:* Archivmaterial / Neues Wiener Tagblatt, 7. 11. 1921, 10. 3. 1933, 4. 11. 1936 / Wiener Zeitung, 7. 11. 1926, 11. 3. 1933 / Neue Freie Presse, 17. 11. 1934

**FRIEDMANN, ARON** *geboren* unbekannt *gestorben* 5. 9. 1926 – 52 Jahre *begraben* unbekannt *Grabstelle* 10-11-131 – Abt. für Fromme

**FRIEDMANN, BEER** *geboren* unbekannt *gestorben* 11. 9. 1936 – 52 Jahre *begraben* 13. 9. 1936 *Beruf* Großrabbiner *Grabstelle* 21-17-28 – Rabbiner-Reihe

**FRIEDMANN, ISRAEL «CZORTKOWER»** *geboren* 1854 *gestorben* 1. 12. 1933 *begraben* 3. 12. 1933 *Beruf* Rabbiner *Familie* Sohn von David Moshe Czortkow, dem fünften Sohn von Israel von Ruzhin *Grabstelle* 21-16-30 – Eckgrab – Rabbiner-Reihe

Herausragender Führer der Agudas Israel. Übersiedelte nach dem Ersten Weltkrieg nach Wien. Sein Bethaus im 2. Wiener Gemeindebezirk (Heinestraße 35) war Mittelpunkt traditionellen jüdischen Lebens in Wien. Sein Sohn und Nachfolger Nahum Mordechai (1874–1946) ließ sich 1939 in Eretz Israel nieder. Der letzte Große dieser Dynastie war dessen Sohn Salomon (1894–1959).

*Werke:* «Tiferet Israel» (o. J.).

**GEIGER, MAX** *geboren* 15. 1. 1885 Jaroslau/Galizien *gestorben* 13. 9. 1966 Wien *begraben* 20. 9. 1966 *Beruf* Komponist *Grabstelle* 1-1-89

Studium in Agram und Wien. Violinvirtuose. Ab 1917 Kapellmeister in Wien. 1909–1917 Konzertreisen nach Berlin, Bukarest und Wien. Schrieb Opern, Potpourris, Chansons, Lieder.

*Literatur:* Lang

**GRAF, MAX** *geboren* 1. 10. 1873 Wien *gestorben* 24. 6. 1958 Wien *begraben* 29. 6. 1958 *Beruf* Musikwissenschaftler, Musikschriftsteller *Grabstelle* 2-4-16 – Ehrengrab

Jurastudium an der Universität Wien. 1896 Promotion. Hörer der Geschichte, Philosophie, Musikgeschichte und -theorie bei Anton Bruckner. 1897 Studienjahr in Paris. Ab 1900 Musikkritiker des Neuen Wiener Journals, ab 1903 auch für die Wiener Allgemeine Zeitung. 1902–1938 Prof. für Musikgeschichte und Musikästhetik am Konservatorium der Gesellschaft der Musikfreunde. 1919–1922 Chefredakteur des Musikalischen Kuriers. 1928 Mitorganisator der Schubert-Zentenarfeiern und der Wiener Festwochen. 1930–1935 Vortragender am Austro-American Institute of Vienna. 1938 Emigration in die USA, wo er bis 1947 an der New School of social Research in New York sowie an verschiedenen anderen amerikanischen Hochschulen wirkte. Rückkehr nach Wien 1947. Übernahme und Leitung eines Seminars für Musikkritik an der Akademie für Musik und darstellende Kunst. Sah sich vor allem Mahler, Schönberg und Hindemith musikalisch verbunden. 1952 Würdigungspreis der Stadt Wien für Publizistik.

*Werke:* «Deutsche Musik im 19. Jahrhundert» (1898); «Komponisten und Kritiker» (1946); «Klassische Musik von Beethoven bis Schostakowitsch» (1947).

*Literatur:* Bamberger – Maier-Bruck / EJ (E) / Fraenkel / International Biographical Dictionary / Kosel / Liga / NDB / Riemann / Wininger / Zohn (1986) / Wiener Zeitung, 1. 10. 1953

**GRUBER, FRIEDRICH** *geboren* 1900 *gestorben* 5. 12. 1926 *begraben* 14. 12. 1926 *Beruf* Kapellmeister *Grabstelle* 2-3-7 – Ehrengrab

**HAGER, ISAK JAKOV DOWID** *geboren* 1868 *gestorben* 21. 3. 1932 Wien *begraben* 22. 3. 1932 *Beruf* Rabbiner *Familie* Wischnitzer Dynastie *Grabstelle* 16B-6-47

**HEITLER, KURT** *geboren* 20. 3. 1906 *gestorben* 16. 3. 1961 *begraben* 22. 3. 1961 *Beruf* Rechtsanwalt, Präsident der IKG *Grabstelle* 15A-1-3 – Ehrengrab

Jurastudium in Wien. 1929 Promotion. Ab 1937 selbständiger Rechtsanwalt. Mitglied des Belvedere Clubs und der Arbeitsgemeinschaft für Rechtsentwicklung.

**HEITLER, MORITZ** *geboren* 21. 3. 1847 Korompa/Ungarn *gestorben* 15. 9. 1923 Wien *begraben* 18. 9. 1923 *Beruf* Univ.-Prof., Kardiologe, Schriftsteller *Grabstelle* 3-1-13

Medizinstudium in Wien. 1871 Promotion, danach Anstellung im Allgemeinen Krankenhaus. 1876 Habilitation für innere Medizin. Hauptgebiet: physikalische Diagnostik sowie wissenschaftliche Arbeiten zu Herzvolumen und Puls.

1889 o. Prof. an der Wiener Universität. Verfasser schöngeistiger Arbeiten in Tageszeitungen.

*Literatur:* Archivmaterial / Wiener klinische Wochenschrift, 36 Jg. (1923), 4. 10. 1923

**HOLZMANN, MICHAEL** *geboren* 21. 6. 1860 Slawathen/Mähren *gestorben* 20. 10. 1930 Wien *begraben* 23. 10. 1930 *Beruf* Hofrat, Oberbibliothekar der Universität Wien *Grabstelle* 9A-2-2 – Ehrengrab

Studium in Wien, Berlin und Lemberg mit Abschluß 1891 Dr. phil. 1894 Praktikant in der Universitätsbibliothek Wien. 1907 ebenda Skriptor, 1912 Oberbibliothekar, 1922 Hofrat. Schuf gemeinsam mit Bohatta lexikalische Grundwerke, die auch heute noch international bekannt sind. Gründer der Zeitschrift für die Geschichte der Juden in der Tschechoslowakei. Edierte Ludwig Börnes gesammelte Schriften (1900).

*Werke:* «Ludwig Börne» (1888); [zusammen mit Bohatta] «Adreßbuch der Bibliotheken der österreichisch-ungarischen Monarchie» (1900); «Goethe in Börnes Werken» (1902); «Deutsches Anonymen-Lexikon», 7 Bde. (1913).

*Literatur:* BLBL / Giebisch – Gugitz / Jaksch / Kosel / ÖBL / Planer / Neue Freie Presse, 22. 10. 1930

**HUSSERL, SIGMUND** *geboren* 27. 2. 1869 Olmütz *gestorben* 22. 11. 1932 Wien *begraben* 25. 11. 1932 *Beruf* Archivar der Wiener Kultusgemeinde *Grabstelle* 17-8-10

HINWEIS: *Im Aktenbestand der Wiener IKG im Zentralarchiv für die Geschichte des Jüdischen Volkes (Jerusalem) befinden sich zahlreiche Aufstellungen von Sigmund Husserl zur Geschichte der Wiener jüdischen Gemeinde. So u. a. eine Abhandlung zur Akten- und Quellenlage der Wiener jüdischen Friedhöfe und zum Tempel in der Seitenstettengasse und seiner Entstehung.*

*Werke:* vor allem Artikel zur Geschichte der Wiener jüdischen Gemeinde.

**KADMON, STELLA** *geboren* 16. 7. 1904 Wien *gestorben* 12. 10. 1989 Wien *begraben* 16. 10. 1989 *Beruf* Schauspielerin, Direktorin des Theaters COURAGE *Grabstelle* 16A-13-5

1923/24 Schauspielerin am LANDESTHEATER LINZ. 1924/25 Engagement am DEUTSCHEN THEATER in Mährisch-Ostrau, 1926 Schauspielunterricht u. a. bei MAX REINHARDT. 1926–1931 Kabarettistin in München, Wien, Berlin und Köln. 1931 Mitbegründerin des politischen Kabaretts DER LIEBE AUGUSTIN in Wien im Keller des Café Prückel, das 1938 von den Nazis geschlossen wurde. Juli 1938 Flucht nach Belgrad, 1939 über Griechenland ins damalige Palästina. In Tel Aviv 1940–1942 Direktorin des hebräischsprachigen Kabaretts CABARETT PAPILLON. 1947 Rückkehr nach Wien und Auftritte im bereits 1945 wiedereröffneten Kabarett DER LIEBE AUGUSTIN, das 1948 in das COURAGE THEATER umgewandelt wurde.

*Literatur:* Bamberger – Maier-Bruck / International Biographical Dictionary / Wagner (1989) / Weys / Koller – Witthalm / Die Presse, 13., 14. 10. 1990 / Der Standard, 13. 10. 1989 / Wien aktuell, Heft 10/1989, S. 27–29

**KATZ, BENZION** *geboren* unbekannt *gestorben* 6. 11. 1934 – 46 Jahre *begraben* 8. 11. 1934 *Beruf* Rabbiner aus Czernowitz *Grabstelle* 21-17-27 – Rabbiner-Reihe

**KAUFMANN, MAURICE BERNHARD** *geboren* 26. 9. 1879 Dunajevtsy/Ukraine *gestorben* 5. 4. 1927 Wien *begraben* 10. 4. 1927 *Beruf* Kantor, Operntenor *Grabstelle* 3-4-4 – Ehrengrab

**KELLNER, LEO** *Pseudonym* Leo Raphaels *geboren* 17. 4. 1859 Tarnow/Galizien *gestorben* 5. 12. 1928 Wien *begraben* 11. 1. 1929 *Beruf* Univ.-Prof., Anglist *Grabstelle* Eckgrab 9A-2-1 – Ehrengrab

1876 am Jüdisch-Theologischen Seminar in Breslau mit Berufsziel Rabbiner. Danach Studium der modernen Philologie in Wien. 1883 Promotion zum Dr. phil., danach Supplentur für Englisch und Französisch. Tätigkeit als Religionslehrer. 1886 Bekanntschaft mit THEODOR HERZL und Engagement für den Zionismus. Nach Studienaufenthalt in England Ablegung der Lehramtsprüfung für die Hauptfächer Englisch und Französisch und das Nebenfach Deutsch. Lehrerstelle an der Oberrealschule im 3. Wiener Gemeindebezirk. 1890

Priv.-Doz. für englische Philologie an der Universität Wien. Seit 1894/95 nach kurzem Intermezzo an der Staatsoberrealschule Troppau Lehrer an der Realschule in Wien-Währing. 1904–1918 o. Prof. an der Universität Czernowitz. Kandidierte dort für die Landtagswahlen. Nach dem Ende des Ersten Weltkriegs Rückkehr nach Wien. Lehrauftrag an der Technischen Hochschule. 1922 Herausgabe eines Shakespeare-Wörterbuchs sowie textkritischer Studien zu Shakespeare. 1923 Ernennung zum Hofrat. 1924 Pensionierung.

*Literatur:* Ögg / Zohn (1986) / Neue Freie Presse, 11., 17. 12. 1928

KIWE, HEINRICH *geboren* 25. 6. 1895 Vama/Bukowina *gestorben* 13. 8. 1952 Bad Nauheim *begraben* 24. 8. 1952 – Urne *Beruf* Rechtsanwalt, Hochschullehrer *Grabstelle* 8-1-1

1919 Promotion zum Dr. jur., Eröffnung einer Rechtsanwaltspraxis sowie verschiedene Tätigkeiten in Industriebetrieben. 1938 Emigration nach Palästina. 1939 Examen an der Rechtsanwaltshochschule in Jerusalem. 1941–1946 Dozent für Patent-, Marken- und Urheberrecht an der Rechtshochschule in Jerusalem. 1946 Rückkehr nach Wien, wo er sich 1948 an der Hochschule für Welthandel habilitierte. Bereits ab 1947 Priv.-Doz. für kaufmännisches Recht an der Hochschule für Welthandel in Wien. Aufsichtsratsmitglied verschiedener Versicherungen, der Montana AG, Ankerbrot AG sowie der Aeterna Schuhfabrik AG.

*Werke:* zahlreiche in Österreich und dem vorstaatlichen Israel erschienene juristische Fachwerke sowie Beiträge in Fachzeitschriften.

*Quelle:* Archivmaterial

KLEBINDER, ROBERT *geboren* 3. 8. 1872 Wien *gestorben* 15. 1. 1945 Wien *begraben* 21. 1. 1945 *Beruf* Redakteur *Grabstelle* 18A-5-7

*Literatur:* Ögg

KLEPTAR, HELENE *geboren* 20. 10. 1877 Wien *gestorben* 24. 5. 1933 Wien *begraben* 28. 5. 1933 *Beruf* Schriftstellerin *Grabstelle* 5-6-38

*Einfach und fast unscheinbar ist der Stein von Moritz Antscherl (gest. 1935), der u. a. über die «Lämel-Schule» in Jerusalem schrieb. Grabstelle 16A-5-5*

*Im Alter von fünfzig Jahren verstarb der Schriftsteller Robert Ascher (gest. 1933). Grabstelle 14A-7-31*

*Diverse Libretti u. a. für Millöcker, Strauß und Lehár, verfaßte Julius Bauer (gest. 1941).*

*Der Schriftsteller, Essayist und Journalist Alexander Charim (gest. 1968) überlebte die NS-Herrschaft in Polen, machte 1946 Alijah und kam 1959 als Auslandskorrespondent von Haaretz nach Wien. Grabstelle 15-1-11*

*Rabbinerhäuschen des großen Rabbiners und Gelehrten Josef Engel (gest. 1919). Grabstelle 4-18-70*

*Viele besuchen das Rabbinerhäuschen des Czortkower (gest. 1933), dessen Bethaus in der Heinestraße 35, 1020 Wien, Mittelpunkt traditionellen jüdischen Lebens war. Grabstelle 21-16-30*

**KNEPLER, PAUL** *Pseudonym* Knöpfler *geboren* 29. 10. 1879 Wien *gestorben* 17. 12. 1967 Wien *begraben* 20. 12. 1967 *Beruf* Operettenlibrettist, Dramatiker *Grabstelle* 1-1-38

Zuerst Buchhändler und Verleger. Dann Bühnenschriftsteller. Schuf Libretti zu Operetten von Franz Lehár, Emmerich Kálmán, Leo Ascher, Richard Fall u. a. Seine Stärke lag in der Betonung des Wienerischen. Er verfaßte auch Texte zu Walzern von Josef Strauss. 1931 wirkte er an der textlichen Neugestaltung der Millöcker-Operetten «Gasparone» und «Gräfin Dubarry» mit.

*Literatur:* Giebisch – Gugitz / Riemann / Zohn (1986)

**KOHN, DAVID** *geboren* 22. 8. 1861 Wien *gestorben* 31. 1. 1922 Wien *begraben* unbekannt *Beruf* akad. Maler *Grabstelle* 4-4-1 – Abt. für Fromme

Genannt «Rötel-Kohn». Kunststudium in Wien und München. 1888 erste Ausstellung in München. 1893 Übersiedlung nach Wien. Leiter einer Privatmalschule, Lehrer am Volksheim. Ausstellungen in Wien und München. Malte u. a. Kaiser Franz Joseph und Erzherzog Rainer. 1923 Nachlaßausstellung in Wien.

*Literatur:* Kosel / Thieme – Becker / Neues Wiener Tagblatt, 1. 6. 1915

**KOHN, EDMUND** *geboren* 2. 1. 1863 Königswart/Böhmen *gestorben* 11. 5. 1929 Wien *begraben* 14. 5. 1929 *Beruf* Gynäkologe *Grabstelle* 2-3-4 – Ehrengrab

Medizinstudium an der Universität Prag. 1886 Promotion zum Dr. med., danach Anstellung im Wiener Allgemeinen Krankenhaus und Operateur an der gynäkologischen Klinik. 1889–1925 Facharzt für Gynäkologie bei der Wiener Bezirkskrankenkasse. Gründer und langjähriger Präsident des Israelitischen Humanitätsvereins Wien sowie Vorsitzender und ab 1899 Kurator des Hilfsvereins im Baron Hirschschen Schulfonds für die galizischen Juden. Gründer der Loge Hollandia in Den Haag.

*Literatur:* BLBL

**KRELL, WILHELM** *geboren* 25. 8. 1902 Zarwanica/Galizien *gestorben* 25. 11. 1973 Wien *begraben* 28. 11. 1973 *Beruf* Hofrat, Amtsdirektor der IKG *Grabstelle* 7-2-26

Bereits 1938 in die Konzentrationslager Plaszow, Groß-Rosen und Auschwitz deportiert. Nach seiner Rückkehr nach Wien widmete er sich mit großem Engagement dem Wiederaufbau der jüdischen Gemeinde. Ab 1. 4. 1947 Amtsdirektor der Wiener Kultusgemeinde. 1959 Regierungsrat, 1972 Hofrat.

**KRESTIN, LAZAR** *geboren* 10. 9. 1868 Kowno/Litauen *gestorben* 28. 2. 1938 Wien *begraben* unbekannt *Beruf* akad. Maler *Grabstelle* 14-12-41

Nach dem Besuch der Zeichenschule in Wilna absolvierte er die Akademien der bildenden Künste in Wien und München. Aufenthalte in Odessa und zwei Reisen ins damalige Palästina, wo er an der Bezalel-Schule tätig war, sowie sein Engagement für den Zionismus prägten seine Bilder tief. 1901 Mitglied der Genossenschaft bildender Künstler. Diverse Ausstellungen im Wiener Künstlerhaus. Bevorzugte Porträts jüdischer Persönlichkeiten und Genrebilder, die das Leben der «Ostjuden» darstellen.

*Literatur:* Heilige Gemeinde Wien / JL / ÖBL / Planer / Thieme – Becker

**KUPPISCHNITZ, JITZCHAQ MEIER VON** *geboren* um 1861 Meschebusch/Ukraine *gestorben* 1936 Wien *begraben* unbekannt *Beruf* Rabbiner *Grabstelle* 21-23-30 – Rabbiner-Reihe

Großer, gelehrter und verehrungswürdiger Rabbiner. Jüngster Sohn von Israel von Ruzhin. Sein Schwiegervater war Jakov von Husyatin. Sein Sohn emigrierte in der NS-Zeit nach Amerika. Er verstarb 1970 und ist in Jerusalem begraben.

*Quelle:* mündliche Mitteilungen eines ungenannt bleiben wollenden Wiener Rabbiners

**LAMBERG, IGNAZ** *geboren* 24. 12. 1861 Wien *gestorben* 2. 3. 1928 Wien *begraben* 4. 3. 1928 *Beruf* Chefarzt der Freiwilligen Rettungsgesellschaft *Grabstelle* 2-3-13

Medizinstudium an der Universität Wien. 1897 Promotion. 1906 Leiter der neuerrichteten Filiale der Wiener Rettungsgesellschaft Mariahilf und Chefarzt-Vertreter. 1914 Leiter der Zentralstation der Rettungsgesellschaft. Im Ersten Weltkrieg große Bemühungen um Verwundetentransporte. 1919 Leiter der Wiener Rettungsgesellschaft als Chefarzt.

*Literatur:* Wiener Zeitung, 3. 3. 1928

**LERNER, OSIAS** *geboren* unbekannt *gestorben* 12. 5. 1969 – 67 Jahre *begraben* 13. 5. 1969 *Beruf* Rabbiner *Grabstelle* 21-18-2 – Rabbiner-Reihe

**LIPSCHÜTZ, BENJAMIN** *geboren* 4. 10. 1878 Brody/Galizien *gestorben* 20. 12. 1931 Wien *begraben* 24. 12. 1931 *Beruf* Dermatologe *Grabstelle* 8-13-34

Studium an der Universität Wien. 1902 Dr. med. Mitarbeiter von PALTAUF am Institut für experimentelle Pathologie und an der Klinik FINGER an der 2. Univ.-Klinik. Danach zwecks zytologischer Studien am PASTEUR-Institut in Paris. 1915 Habil. und Priv.-Doz. für Dermatologie an der Universität Wien. 1931 a. o. Prof. und Vorstand der Hauptabteilung am I. öffentlichen Kinderkrankeninstitut in Wien. Seine Hauptwerke behandeln Einschlußkrankheiten und Geschwülste der Haut.

*Werke:* zahlreiche Fachpublikationen.

*Literatur:* I. Fischer / ÖBL / Wininger / Neue Freie Presse, 23. 12. 1931 / Wiener klinische Wochenschrift, Jg. 45 (1932), S. 121 f.

**LIST, EMANUEL** *Pseudonym* E. Fleißig *geboren* 22. 3. 1891 Wien *gestorben* 25. 6. 1967 Wien *begraben* 27. 6. 1967 *Beruf* Kammersänger (Wagnerspezialist) *Grabstelle* 1-1-61

War zunächst Schneider. Dann Chorsänger am THEATER AN DER WIEN und am THEATER DES WESTENS. Gesangsstudium in Wien. 1914 Emigration in die USA, wo er sich weiterhin auch dem Gesangsstudium widmete. 1921 Rückkehr nach Wien. 1922 Debüt an der Wiener VOLKSOPER. 1924–1934 diverse Engagements in Berlin. 1931–1935 Auftritte bei den SALZBURGER FESTSPIELEN. 1933 Engagement für die BAYREUTHER RING-INSZENIERUNG. 1933 Emigration in die USA. 1934–1939 Ensemblemitglied der METROPOLITAN OPERA/New York. 1936 Gastauftritte in COVENT GARDEN/London. 1938 aus politischen Motiven Absage an das ihm angebotene Engagement für die SALZBURGER FESTSPIELE. Ab 1939 Engagements in San Francisco, Chicago und Buenos Aires. 1950–1952 Engagement an der BERLINER OPER. 1952 Rückkehr nach Wien. Dann verschiedene Tourneen mit Gesangsquartett in ganz Europa, Soloauftritte in England und Australien.

*Literatur:* International Biographical Dictionary / Fraenkel / Koller – Witthalm

**MAHLER, LUDWIG** *Pseudonym* Pictor *geboren* 9. 6. 1859 Patzau *gestorben* 6. 3. 1927 Wien *begraben* 9. 3. 1927 *Beruf* Univ.-Prof. für orientalische Sprachen, Übersetzer *Grabstelle* 12-2-15

Inhaber des Polyglotten Instituts. Übersetzungsbüro für alle Sprachen, Wien 1.

*Literatur:* BLBL / Jaksch

**MANDEL, SIMON** *geboren* unbekannt *gestorben* 19. 8. 1924 *begraben* 28. 8. 1924 *Beruf* Rabbiner der Neutitscheiner Gemeinde *Grabstelle* 3-1-7

**MANDL, FELIX** *geboren* 8. 11. 1892 Brünn *gestorben* 15. 10. 1957 Wien *begraben* 20. 10. 1957 *Beruf* Univ.-Prof. für Chirurgie *Grabstelle* 8-2-29A – Gruft für 3 Leichen

1910–1919 Medizinstudium an der Wiener Universität. 1914–1918 Felddienst. 1920 Promotion. 1923 Assistent von Julius von Hochenegg. 1928 Habilitation. 1932–1938 Vorstand der chirurgischen Abteilung am Canning-Child-Spital und Forschungsinstitut in Wien. 1939 Emigration ins damalige Palästina. 1939–1947 Vorstand der chirurgischen Abteilung an der Hadassah-Universitätsklinik in Jerusalem. 1947 Rückkehr nach Wien. Vorstandsmitglied der Österreichischen Gesellschaft zur Bekämpfung der Krebskrankheiten. Erzielte große wissenschaftliche Erfolge bei der Erforschung und Heilung von Knochenkrankheiten und Sportunfällen. 1954–1957 SPÖ-Mandatar im Wiener Landtag.

*Werke:* über 280 wissenschaftliche Publikationen.

*Literatur:* Bamberger – Maier-Bruck / Fraenkel / Lohrmann / Pemmer – Lackner

**MAUTNER, OSCAR** *geboren* unbekannt *gestorben* 28. 10. 1938 *begraben* 30. 10. 1938 *Beruf* Amtsleiter der IKG *Grabstelle* 15-2-7

**MEISL, HUGO** *geboren* 16. 11. 1881 Malesov/Böhmen *gestorben* 17. 2. 1937 Wien *begraben* unbekannt *Beruf* Sportjournalist und -funktionär *Grabstelle* 3-4-11

War zunächst Bankbeamter. Bereits 1898 spielte er bei den Cricketern. Hatte bereits relativ früh einen Namen als engagierter Sportjournalist. Spielte mit dem First Vienna Football Club, in dessen Vorstand er seit der Vereinsgründung war. 1906 stellvertretender Vorsitzender des Schiedsrichterkollegiums. In diesen Jahren Schiedsrichtertätigkeit bei einer Anzahl von Länderspielen. 1910 Verbandskapitän des Fußballverbands, Obmann des Schiedsrichterkollegiums. 1911 Gründungsmitglied des AMATEUR-SPORTVEREINS, der späteren WIENER AUSTRIA. 1918 Hauptmann im Landsturm. Nach dem Ende des Ersten Weltkriegs Verbandskapitän, dann Bundeskapitän und Generalsekretär. Hatte 1924/25 wesentlichen Anteil an der Organisation des professionellen Fußballsports in Österreich sowie an der Schaffung des MITROPA-CUPS (1927–1939) und der Fußballweltmeisterschaft. War Schöpfer des sogenannten WUNDERTEAMS, einer Nationalmannschaft, die durch eine Reihe glanzvoller Siege über die spielstärksten Mannschaften der Welt großen Ruhm erlangte. Nach ihm ist seit 1989 ein Weg in Favoriten benannt.

*Literatur:* Bamberger – Maier-Bruck / Lohrmann / Markl (1961) / ÖBL / Ögg / Neue Freie Presse, 17., 18. 2. 1937 / Der «Montag mit dem Sport», 22. 2. 1937

**MENKES, HERMANN** *geboren* 15. 7. 1865 Brody/Galizien *gestorben* 12. 6. 1931 Wien *begraben* 14. 6. 1931 *Beruf* Schriftsteller, Journalist, Redakteur *Grabstelle* 16A-2-9

**MOLL, LEOPOLD** *geboren* 2. 3. 1877 Böhmisch-Leipa *gestorben* 21. 2. 1933 Wien *begraben* 24. 2. 1933 *Beruf* Univ.-Doz. für Pädiatrie *Grabstelle* 3-4-6 – Ehrengrab

Studium an der Deutschen Universität in Prag. 1902 Dr. med., dann Tätigkeit am pharmakologischen Institut in Prag. 1905 Assistent an der Findelanstalt der Universitäts-Kinderklinik. 1903 Priv.-Doz. in Prag. 1910 Ruf nach Wien und Auftrag, die Säuglingspflege zu organisieren. Ab 1915 Leiter der REICHSANSTALT FÜR MUTTERSCHUTZ UND SÄUGLINGSFÜRSORGE in Wien-Glanzing. Während des Ersten Weltkriegs schuf er 1915 die KRIEGSPATENSCHAFT, mit deren Hilfe Säuglinge und Kleinkinder von Kriegswitwen besser versorgt wurden. 1921 Gründung der Volkspatenschaft VEREINIGTE KRANKENKASSENHILFE FÜR GESUNDHEITSGEFÄHRDETE KINDER (Kindertransporte und Kindererholungsfürsorge vor allem für tuberkulös gefährdete Kinder). 1920 a. o. Prof., Hofrat. Verfaßte vor allem Publikationen über die Behandlung frühgeborener Kinder und über Ernährungsstörungen im Säuglingsalter. War neben Tandler auch Mitbegründer und Mitinitiator der Österreichischen Gesellschaft für Bevölkerungspolitik und Fürsorgewesen.

*Werke:* viele populärwissenschaftliche und Fachpublikationen.

*Literatur:* BLBL / I. Fischer / Jaksch / ÖBL / Ögg / Wininger / Jahrbuch für Kinderheilkunde 1933, S. 270 ff. (mit Werkverzeichnis) / Wiener klinische Wochenschrift, 46. Jg. (1933), S. 313 / Wiener medizinische Wochenschrift, 83. Jg., 4. 3. 1933

**PERUTZ, ALFRED** *geboren* 5. 8. 1885 Triest *gestorben* 29. 8. 1934 Wien *begraben* 31. 8. 1934 *Beruf* Dermatologe, Syphilidologe *Grabstelle* 15A-6-27

1906 Medizinstudium in Wien. Promotion 1912. 1919 Habil. für Dermatologie und Syphilidologie. Vorstand der dermatologischen Abteilung am Kaiser-Franz-Joseph-Ambulatorium, Wien 6.

*Werke:* zahlreiche Fachpublikationen.

*Literatur:* Planer / ÖBL

**PICK, ANTON** *geboren* 11. 12. 1898 Wien *gestorben* 24. 9. 1982 Wien *begraben* 26. 9. 1982 *Beruf* Rechtsanwalt, Hofrat *Grabstelle* 7-3-20

**POLLAK, RUDOLF** *geboren* 9. 6. 1864 Wien *gestorben* 27. 2. 1939 Wien *begraben* 31. 3. 1939 – Urne *Beruf* Jurist, Univ.-Prof. *Grabstelle* 4-31-61

Ab 1882 Jurastudium an der Universität Wien. 1889 Richteramtsprüfung. 1893 Advokatenprüfung. 1894–1897 Hof- und Gerichtsadvokat in Wien. 1894 Habil. für österreichisches Zivilprozeßrecht. 1898 Prof. für Handelsrecht und Rechtsverfolgung an der Exportakademie des Handelsmuseums in Wien. Ab 1887 Tätigkeit am Handelsgericht. 1920 Hofrat am Obersten Gerichtshof. 1922 stimmführendes Mitglied des Obersten Gerichtshofes. Langjähriges Mitglied der Judiziellen Staatsprüfungskommission und Prüfungsmitglied für die Richteramtsprüfung. Mitglied der Deutschösterreichischen Insolvenzrechtskommission. Kapazität auf dem Gebiet des Zivilprozesses.

*Literatur:* ÖBL / Wininger / Österreichische Anwaltszeitung 11 (1934) S. 228 f.

**POSNANSKI, ADOLF** *geboren* unbekannt *gestorben* 8. 10. 1920 – 66 Jahre *begraben* 11. 10. 1920 *Beruf* Rabbiner *Grabstelle* 3-1-4

**PRAGER, EMIL** *geboren* 28. 12. 1871 Budapest *gestorben* 9. 3. 1939 Wien *begraben* 14. 3. 1939 *Beruf* Verfasser volkswirtschaftlicher Schriften, Beamter der ANGLO-ÖSTERREICHISCHEN BANK *Grabstelle* 22-36A-12

**REICH, HEINRICH LEOPOLD** *geboren* unbekannt *gestorben* 14. 1. 1923 *begraben* 16. 1. 1923 *Beruf* Rabbiner im 4. und im 5. Wiener Gemeindebezirk *Grabstelle* 3-1-5

**REISER, IGNAZ NATHAN ISRAEL** *geboren* 24. 1. 1863 Magyarbely/Ungarn *gestorben* 4. 1. 1940 Wien *begraben* unbekannt *Beruf* Architekt *Grabstelle* 9A-2-11

Entwarf die Zeremonienhalle bei Tor IV sowie Synagogen in Wien und Mödling.

**ROBERT, RICHARD** *geboren* 23. 3. 1861 Wien *gestorben* 1. 2. 1924 Kaltenleutgeben *begraben* 5. 2. 1924 *Beruf* Pianist, Musikkritiker, Leiter des Neuen Musikkonservatoriums in Wien *Grabstelle* 3-1-12 – Ehrengrab

*Werke:* «Programmbuch für die Concerte der Internationalen Musik- und Theater-Ausstellung in Wien 1892» (1892).

**ROSENBERG, MAX** *geboren* 22. 7. 1886 Czernowitz *gestorben* 13. 7. 1926 Wien *begraben* 16. 7. 1926 *Beruf* Redakteur, volkswirtschaftl. Journalist *Grabstelle* 9-23-24

Bis 1923 volkswirtschaftlicher Redakteur der MORGENZEITUNG.

*Literatur:* Heuer / Morgen-Presse, 14. 7. 1926

**ROSENBERGER, EMIL** *geboren* 15. 2. 1875 Brandeis/Böhmen *gestorben* 28. 10. 1966 Florenz (nach anderen Quellen Wien) *begraben* 7. 11. 1966 – Urne *Beruf* Arzt, Journalist, Redakteur der WELT, Essayist *Grabstelle* 12-23-69

**ROSENFELD, GUSTAV** *geboren* 1847 Neutra *gestorben* 9. 3. 1921 Wien *begraben* 11. 3. 1921 *Beruf* Rabbiner, Religionslehrer *Grabstelle* 4-18-61

**SCHENKER, HEINRICH** *geboren* 19. 6. 1868 Wisniowczyk/Galizien *gestorben* 14. 1. 1935 Wien *begraben* 17. 1. 1935 *Beruf* Komponist, Musikkritiker, Privatlehrer für Musiktheorie und Klavier *Grabstelle* 3-4-8 – Ehrengrab

Studium am Wiener Konservatorium bei Anton Bruckner. Versuchte, klassische Meisterwerke auf ihre «Urlinie» hin zu untersuchen. Herausgeber der Zeitschrift Der Tonwille.
*Werke:* «Neue musikalische Theorien und Phantasien», 3 Teile (1906–1934); «Das Meisterwerk in der Musik», 3 Bde. (1925–1930).

*Literatur:* Bamberger – Maier-Bruck / Pemmer – Englisch / Zohn (1986)

**SCHWARZ, ADOLF** *geboren* 11. 6. 1869 *gestorben* 15. 8. 1926 *begraben* 18. 8. 1926 *Beruf* Maler *Grabstelle* am 13. 10. 1926 enterdigt aus 10A-2-17 und verlegt nach 2-3-6 – Ehrengrab

**SOYKA, OTTO** *geboren* 9. 5. 1881 Wien *gestorben* 2. 12. 1955 Wien *begraben* 7. 12. 1955 *Beruf* Journalist, Essayist, Schriftsteller *Grabstelle* 8A-5-6

Zunächst Maschinenbaustudium an der Technischen Universität in Wien. Danach Beschäftigung mit Medizin und Philosophie. Erste journalistische Betätigung im Simplicissimus. 1905 und 1909 diverse Veröffentlichungen in der Fackel. Mitarbeiter der Neuen Freien Presse, des Berliner Tagblatts, der Vossischen Zeitung. Im Ersten Weltkrieg Offizier. 1938 Emigration nach Frankreich. Rückkehr nach Österreich (nach verschiedenen Angaben: 1945, 1947 oder 1948).
*Werke:* «Herr im Spiel» (1910); «Der entfesselte Mensch» (1919); «Fünf Gramm Liebeszauber» (1931).

*Literatur:* Hahnl / Heuer / Koller – Witthalm / Planer / Teichl / Zohn (1969) / Zohn (1986)

**SPIEGLER, HUGO** *geboren* 23. 5. 1887 Wien *gestorben* 17. 7. 1939 Wien *begraben* 20. 7. 1939 *Beruf* Dr. phil., Dr. med., Redakteur der Wiener Morgenzeitung *Grabstelle* 20A-16-10

*Ein Freimaurerzeichen und eine Lyra als Zeichen eines Musikers sind am Grabmal des Kantors Maurice Bernhard Kaufmann (gest. 1927) angebracht. Grabstelle 3-4-4*

*Das «Adreßbuch der Bibliotheken der österreichisch-ungarischen Monarchie», – kurz «Holzmann-Bohatta» genannt –, ist vor allem Bibliothekaren ein Begriff. Dr. Michael Holzmann starb 1930. Grabstelle 9A-2-2*

*Eine zentrale Figur des Wiener Kulturlebens war die Theaterdirektorin Stella Kadmon (gest. 1989). Grabstelle 16A-13-5*

*Nach seiner Emigration ins damalige Palästina legte Heinrich Kiwe (gest. 1952) 1939 in Jerusalem noch einmal das Jura-Examen ab. 1941–1946 war er Dozent an der Rechtshochschule in Jerusalem. Grabstelle 8-1-1*

*Auch die Ehefrauen und Töchter großer Rabbiner werden verehrt. Hier die Inschriftentafel der Gitl von Kuppischnitz. Grabstelle 21-23-30*

*Der in Noten gefaßte Stimmumfang von Kammersänger Emanuel List (gest. 1967) beeindruckt auch heute noch.
Grabstelle 1-1-61*

*Schutz für Mütter und werdende Mütter sowie die Säuglingsfürsorge waren für Univ.-Prof. Leopold Moll (gest. 1933) die zentrale Lebensaufgabe. Grabstelle 3-4-6*

*Der Chewra Kadischa und dem Friedhofswesen im allgemeinen war der IKG-Präsident Dr. Ernst Feldsberg (gest. 1970) innig verbunden. Grabstelle 15-12-35*

*Eine Lyra schließt das Grab des Pianisten und Musikwissenschaftlers Julius Epstein (gest. 1926) nach oben hin ab. Grabstelle 3-4-2*

*Ein kleiner unscheinbarer Stein zeigt das Grab von Leo Schmuel Deutschländer an (gest. 1935), der das orthodoxe Mädchenschulwerk Beth Jakov begründete. Grabstelle 21-15-28*

*Dr. Max Graf (gest. 1958) studierte zunächst Jura. Seiner Liebe zur Musik gab er erst nach seiner Promotion nach. Grabstelle 2-4-16*

*Der Architekt Ignaz Reiser (gest. 1940) entwarf u. a. die Neue Zeremonienhalle von Tor IV. Grabstelle 9A-2-11*

*Als Verfasser volkswirtschaftlicher Schriften machte sich Emil Prager einen Namen. Grabstelle 22-36A-12*

*Zahlreiche Fachpublikationen verfaßte der Dermatologe und Syphilidologe Alfred Perutz (gest. 1934). Grabstelle 15A-6-27*

STERNFELD, JACQUES *geboren* 26. 1. 1874 Wien *gestorben* 1. 11. 1934 Wien *begraben* 4. 11. 1934 *Beruf* akad. Maler, Kunstschriftsteller *Grabstelle* 14-4-53

Studium an der Wiener Akademie der bildenden Künste. Impressionist, bevorzugte Porträtmalerei und das Figurale der Landschaft. Offizier während des Ersten Weltkriegs.

*Literatur:* Gmeiner – Pirhofer / Planer

SUSSMANN, ANNI *geboren* 9. 10. 1909 Wien *gestorben* 6. 10. 1985 *begraben* unbekannt *Beruf* Modistin, Zahnarzthelferin *Grabstelle* 7A-9-13

Modistinnenlehre, später Zahnarzthelferin. 1934 KPÖ-Beitritt. 1937 ins Exil nach Frankreich. Schloß sich der Résistance an. 1944 Verhaftung und Deportation nach Auschwitz, dann nach Birkenau. Dort am 20. 8. 1944 Geburt von SAMUEL GEORG. Ende 1944 Flucht aus Birkenau.

«Unterdessen haben dann [am 20. 8. 1944] bei mir die Wehen eingesetzt. Im Ofen hat das Feuer gebrannt (...), ich weiß nicht, wieso. Es wurden vor dem Ofen so verschissene Ruhrdecken aufgelegt. Und da bin ich draufgelegt worden. Und dann habe ich entbunden. Da rief eine vom Stubendienst, die Rosi: ‹Es ist ein Bub, Anni, und er lebt!› Und in diesem Moment ist der Mengele hereingekommen, hat das Kind genommen und hat's in den Ofen geworfen» (DÖW-Interview, Mai 1982).

*Quelle:* Archivmaterial

SUSSMANN, HEINRICH *geboren* 20. 11. 1904 Tarnopol/Galizien *gestorben* 12. 12. 1986 Wien *begraben* unbekannt *Beruf* bildender Künstler, schuf die Glasfenster der wiederaufgebauten Zeremonienhalle bei Tor IV *Grabstelle* 7A-9-13

1914 Übersiedlung nach Wien. Graphik- und Malereistudium in Paris. 1927/28 Innenarchitektur- und Bühnenbildausbildung unter OSCAR STRNAD in Wien. 1929–1933 Karikaturist, u. a. beim ULLSTEIN-VERLAG in Berlin. 1933 Flucht nach Wien wegen Anti-Nazi-Karikaturen. 1933–1939 in Paris Karikaturist, Innenarchitekt, Gebrauchsgraphiker.

Anschluß an die Widerstandsbewegung. 1944 Verhaftung durch die Nazis und Deportation nach Auschwitz. Ende 1945 Rückkehr nach Wien. Ausstellungsbeteiligungen sowie Einzelausstellungen in Österreich, Israel, Frankreich und Deutschland. 1966 Theodor-Körner-Preis.

*Werke:* «Ich erinnere mich wieder an Auschwitz» (1960); «Ecce Homo» (1967); «Anatevka» (1969).

*Literatur:* Koller – Witthalm / Sussmann / Archivmaterial

**TAUBES, LÖBL** *geboren* 10. 3. 1863 Bender/Rumänien *gestorben* 26. 5. 1933 Wien *begraben* 28. 5. 1933 *Beruf* Herausgeber *Grabstelle* 16B-2-22

Herausgeber jüdischer Jahrbücher und seit 1903 Herausgeber der Jüdischen Gemeinde- und Vereinszeitung. Organ für das Jüdische Gemeinde-, Vereins-, Genossenschafts- und Schulwesen in Galizien und Bukowina.

**WACHSTEIN, BERNHARD** *geboren* 31. 1. 1868 Tluste/Galizien *gestorben* 15. 1. 1935 Wien *begraben* 17. 1. 1935 *Beruf* Bibliothekar der IKG, Verfasser historischer Schriften zum Judentum *Grabstelle* 3-4-9 – Ehrengrab

Zunächst traditionelle Ausbildung und Rabbinerdiplom in Galizien. Studium an der Universität Wien. 1903 Bibliothekar der Wiener Israelitischen Kultusgemeinde. 1906 stellvertretender Leiter, 1933 Direktor der IKG-Bibliothek. Veröffentlichte hervorragende, inhaltlich breitgefächerte Schriften (insbesondere seine Werke zum jüdischen Friedhof in Eisenstadt und zum Alten Judenfriedhof in der Roßau seien hier genannt).

Bernhard Wachstein war bereits zu seinen Lebzeiten als großer Gelehrter anerkannt. Er stand im Ruf, völlig zurückgezogen und ausschließlich der Arbeit an seinen Büchern zu leben. Elias Canetti, der eine Zeitlang Nachbar der Wachsteins in Wien-Hütteldorf war und in dieser Zeit gerade an der «Blendung» arbeitete, erwartete offenbar, in Wachstein ein Modell des verschrobenen, schrulligen Wissenschaftlers und damit ein Vorbild für den Protagonisten der «Blendung» zu finden, und bemühte sich eifrig um eine Einladung bei Wachsteins. Nun entsprach Wachsteins Lebensstil zwar tatsächlich diesem Klischee, aber ausgerechnet an dem Freitagabend, da Canetti zu Besuch war, war Wachstein so fröhlich und ausgelassen wie noch nie, sodaß er zur Romanfigur des Sinologen Kien – zu CANETTIS größter Enttäuschung – wohl wenig beigesteuert hat. Frau Wachstein rettete, als sie 1941 Österreich in letzter Minute verlassen konnte, einen ganzen Koffer der gewichtigen Werke ihres verstorbenen Mannes nach Amerika. Die silbernen Leuchter, die man damals bei guten Nachbarn gelassen hatte, holte man erst in den siebziger Jahren wieder ab und bekam sie anstandslos zurück.

*Werke:* «Inschriften des alten Judenfriedhofes in Wien» (1912–1917); «Die Grabinschriften des alten Judenfriedhofs in Eisenstadt» (1922); «Zur Bibliographie der Gedächtnis- und Trauerreden in der hebräischen Literatur» (1922).

*Literatur:* EJ (D) / JL / Wininger / mündliche Mitteilungen von Frau Dr. Sonia Wachstein, New York

**WEINER, RUDOLF** *geboren* 11. 3. 1893 Trentschin *gestorben* 16. 6. 1930 Wien *begraben* 18. 6. 1930 *Beruf* Musikschriftsteller *Grabstelle* 16-15-78

**WEISSE, ADOLF** *geboren* 4. 8. 1857 Lugos *gestorben* 17. 7. 1933 Wien *begraben* 17. 7. 1933 *Beruf* Schauspieler, Direktor des VOLKSTHEATERS *Grabstelle* 9A-2-6 – Ehrengrab

1905–1916 Direktor des DEUTSCHEN VOLKSTHEATERS. Unter seiner Direktion wurde OSCAR WILDE erstmals aufgeführt sowie die an der HOFOPER mit Verbot belegte «Salome» von RICHARD STRAUSS.

*Literatur:* Kosel / Ögg

**Gedenkstätten, Mahnmale, Massengräber bekannter und unbekannter Opfer des Nationalsozialismus**

1.) Kantoren der IKG-Wien – ermordet in den Jahren 1942–1945 in verschiedenen Konzentrationslagern

MATHIAS MATJAS
LEO FUNKE
MARKUS BALABAN
MORITZ HARENDORF

*Gedenkstätte* 2-4-16

2.) Opfer der «Förstergasse 9», die kurz vor der Befreiung am 12. April 1945 ermordet wurden

NELLY BLUM
ARTHUR HOLZER
ARTHUR KLEIN
ERNA KLUGER-LANGER
GRETA KLUGER-LANGER
MARIE MOROGOLIN
KURT MEZEI
EMIL PFEIFFER
GENIA SCHAIER

*Gedenkstätte* (Architekt: Karl Schneider/1955) 8A

3.) Wiederbeerdigte des Jahres 1941 vom Währinger Israelitischen Friedhof
*Sammelgrab* 22

4.) Zum Christentum Konvertierte, die nach einem von den Nazis erlasssenen Gesetz ab 1941 nicht mehr auf Friedhöfen der Stadt Wien beerdigt werden durften
*Bestattungsgruppe* 23

5.) Namenlos – 11 Männer / 17 Frauen
*begraben* 2. 6. 1944 *Grabstelle* gemeinsames Grab – Gruppe 22
*Herkunft* Ungar. Transport / Gänserndorf Block 12
Namenlos – 2 Männer / 1 Frau
*begraben* 5. 6. 1944 *Grabstelle* gemeinsames Grab – Gruppe 22
*Herkunft* Ungar. Transport / Gänserndorf
Namenlos – 13 Männer / 42 Frauen / 1 Kind (6 Monate)
*begraben* unbekannt *Grabstelle* gemeinsames Grab – Gruppe 22-66
*Herkunft* Ungar. Transport / Lager Straßhof
Namenlos – 11 Männer / 14 Frauen

*begraben* 5. 7. 1944 *Grabstelle* gemeinsames Grab – Gruppe 22-66
*Herkunft* Ungar. Transport / Lager Straßhof Block 14
Namenlos – 4 Frauen
*begraben* 6. 7. 1944 *Grabstelle* gemeinsames Grab – Gruppe 22-66
*Herkunft* Ungar. Transport / Lager Straßhof Block 14
Namenlos – 3 Frauen
*gestorben* 7. 7. 1944 *begraben* 10. 7. 1944 *Grabstelle* gemeinsames Grab Gruppe 22-66
*Herkunft* Ungar. Transport / Lager Straßhof Block 15
Namenlos – 1 Mann / 1 Frau
*begraben* 10. 7. 1944 *Grabstelle* gemeinsames Grab – Gruppe 22-66
*Herkunft* Ungar. Transport / Lager Straßhof Block 15
Namenlos – Ungar. Arbeiter
*gestorben* 21. 12. 1944 *begraben* 31. 12. 1944 *Grabstelle* Sammelgrab – 22-49-32
*Herkunft* Bahnhof Ottakring – Ungar. Judentransport
Namenlos – 14 Leichen / 1 Kind
*begraben* 22. 12. 1947 *Grabstelle* 22-49-13 bis 19
enterdigt am Tennberg bei Altmark/Bez. Pottenstein

6.) 200 am 11. 12. 1941 von den Nazis in Brcko/Jugoslawien Ermordete
*Sammelgrab* 21

7.) Grabsteine vom jüdischen Friedhof Deutschkreuz, der von den Nazis verwüstet wurde

SHALOM FRIED, Präsident des WELTVERBANDS DER BURGENLÄNDISCHEN JUDEN und ATHRA-KADISCHA-Repräsentant für Mitteleuropa, erwirkte die Rückstellung der Steine nach Deutschkreuz (durchgeführt 1992/93 und finanziert aus Mitteln der burgenländischen Landesregierung).
*Sammelplatz* Gruppe 15

8.) Feld für in der Nazi-Zeit geschändete Torarollen sowie für nicht mehr verwendbare liturgische Bücher
*Grabstelle* beim Eingang gleich links

9.) Gräber für 28 Schädel in einem Konzentrationslager ermordeter Juden, die 1943 vom Naturhistorischen Museum angekauft worden waren

Im Jahr 1943 kaufte das Naturhistorische Museum von der Universität Posen die hier begrabenen 28 Schädel vermutlich in einem KZ ermordeter Juden. Den Schädeln waren jeweils die Totenmasken beigegeben, die mit Sicherheit sekundär nachmodelliert oder überhaupt eigenständig modelliert worden waren. Es waren Karikaturen, wie sie in der NS-Propaganda, etwa im STÜRMER, verwendet wurden.

Im Zuge der Arbeiten zum Währinger Israelitischen Friedhof wurden diese Schädel auf dem Dachboden des Naturhistorischen Museums entdeckt. Die Beerdigung fand im Dezember 1991 statt. Die Totenmasken befinden sich nun im Jüdischen Museum der Stadt Wien und sind für die Öffentlichkeit nicht zugänglich.

10.) Urnengräber Ermordeter der NS-Zeit (aus den Jahren 1941–1945)

11.) Exhumierte vom Währinger Israelitischen Friedhof
*Grabstelle* Gruppe 14A

*Grabstellenabfolge Reihe 13*

1. **MAX LETTERIS** *geboren* 18. 9. 1800 Zolkiew *gestorben* 19. 5. 1871 *Beruf* Schriftsteller, Lektor verschiedener Verlage in Wien, Prag und Preßburg, Redakteur der Wiener Mitteilungen *wiederbeigesetzt* 27. 6. 1941

Wurde als Kind Nachmal Krochmal vorgestellt, den er als sein Vorbild betrachtete. Sein Werk zeigt die Haskala in Galizien und spiegelt ihre Leitfiguren lebendig wider. Seine hervorragende Reputation innerhalb jüdischer Kreise zerstörte er jedoch mit der Herausgabe des «Tenakh» für die Londoner British and Foreign Bible Society (1852).
*Werke:* «Divrei Schir» (1822); «Ha-Zefirah» (1824); «Andachtsbuch für israelitische Frauenzimmer» (1845); «Sagen aus dem Orient» (1847); «Afrot Zahav» (1852); «Hebräische Sprachlehre» (1853).
*Literatur:* Bericht Moses / EJ (E) / JL

2. **MAX EMANUEL STERN** *geboren* 1811 *gestorben* 11. 2. 1873 Wien *Beruf* Lektor, Schriftsteller, Herausgeber *wiederbeigesetzt* 27. 6. 1941

Zunächst Lektor verschiedener Verlage. Dann Schriftsteller, Herausgeber der hebräischsprachigen Zeitschrift Kochwe Jitchaq (36 Bde. 1845–1869), Übersetzer. Ab 1833 in Wien.
*Literatur:* Bericht Moses / EJ (E)

3. **SALOMON NETTER** *wiederbeigesetzt* 27. 6. 1941

4. **SALOMON RITTER VON MOSENTHAL** *geboren* 13./14. 1. 1821 Kassel *gestorben* 17. 2. 1877 Wien *Beruf* k.k. Regierungsrat, Vorstand der Bibliothek für Kultus und Unterricht, Dichter, Librettist *wiederbeigesetzt* 18. 7. 1941

Absolvierte das Polytechnikum in Karlsruhe, wandte sich bald der Schriftstellerei zu. 1841/1842 Übersiedlung nach Wien, Hauslehrer und Erzieher. 1850/1851 Eintritt ins Ministerium für Unterricht, Bibliothekar im österreichischen Unterrichtsministerium. 1864 Vorstand der dortigen Bibliothek. 1873 Regierungsrat. Erfolgreicher Lyriker und Verfasser zahlreicher Dramen, Novellen, Erzählungen, die an LEOPOLD KOMPERT erinnern. Schrieb u. a. das Libretto für KARL GOLDMARKS «Königin von Saba» und IGNAZ BRÜLLS «Goldenes Kreuz».

*Werke:* «Deborah» (1850); «Der Sonnwendhof» (1857); «Gesammelte Gedichte» (1866).

5. **JOSEF SZANTO** *geboren* 12. 5. 1816 *gestorben* 29. 4. 1873 *Beruf* Redakteur, Herausgeber der NEUZEIT, Gründer eines Mädcheninstituts. Wurde 1866 zum ersten Feldrabbiner ernannt *wiederbeigesetzt* 18. 7. 1941

*Literatur:* Bericht Moses

6. **HEINRICH RITTER VON SICHROVSKY** *geboren* 12. 6. 1794 *gestorben* 10. 7. 1866 *Beruf* Mitbegründer und Direktor der KAISER-FERDINAND-NORDBAHN, Mitglied des Kultusvorstands der ISRAELITISCHEN KULTUSGEMEINDE WIEN, korrespondierendes Mitglied der geologischen Reichsanstalten *wiederbeigesetzt* 25. 7. 1941

Begeisterte sich auf einer Weltreise für die englischen Eisenbahnen. Nach seiner Rückkehr erwirkte er von SALOMON ROTHSCHILD, daß dieser die Nordbahn mitfinanzierte. Zeitweise aktives Mitglied der Wiener CHEWRA KADISCHA und Vorstandsmitglied der Wiener jüdischen Gemeinde in den Jahren 1844–1858.

*Literatur:* Bericht Moses / EJ (E) / JL / Sichrovski / Wurzbach

7. **RABBI ZWI AUS KUTTOW** (nach Grabtafel: Hirsch Landesmann) *geboren* unbekannt *gestorben* unbekannt *Beruf* Rabbiner *wiederbeigesetzt* 25. 7. 1941

Er verfügte, daß ihm nach seinem Tod ein kleiner Sandstein aufgestellt werden sollte. Seine Anhänger errichteten ihm jedoch einen «Prunkstein» aus Granit. Am Tag nach der Steinsetzung war der Granitstein in kleinste Teile zersplittert, worauf ihm seine Anhängerschaft nach seinem Willen einen kleinen Sandstein setzte.

*Literatur:* Bericht Moses

8. **CHAIM KLEIN** *wiederbeigesetzt* 6. 8. 1941

9. **OSKAR FLECKLES** *wiederbeigesetzt* 18. 8. 1941

10. **MORIZ KARPELES** *wiederbeigesetzt* 18. 8. 1941

11. **ADOLF KOLINSKY** *geboren* unbekannt *gestorben* 6. 10. 1848 – 27 Jahre *Beruf* Rabbinatskandidat *wiederbeigesetzt* 2. 12. 1941

Fiel in den Kämpfen des Revolutionsjahres 1848 «in der Renngasse vor dem Zeughaus».

*Literatur:* Bericht Moses

12. **LEOPOLD BREUER** *geboren* 8. 11. 1791 *gestorben* 24. 8. 1872 *Beruf* Religionslehrer *wiederbeigesetzt* 1. 12. 1941

Mitbegründer des VEREINS ZUR BEFÖRDERUNG DER HANDWERKE UNTER DEN ISRAELITEN, Vorsteher des WAISENHAUSUNTERSTÜTZUNGSVEREINS. Verfasser von Lehrbüchern. Stellvertreter ISAK NOA MANNHEIMERS.

*Literatur:* Bericht Moses

13. **MEIER POPPER-ALMAŠ** *geboren* 1767 *gestorben* 26. 11. 1841 *Beruf* Rabbiner *wiederbeigesetzt* 1. 12. 1941

Zuletzt Rabbiner in Mattersburg/Burgenland, wo er das Ansehen eines Wunderrabbiners genoß. Exhumierung vom Währinger Israelitischen Friedhof auf Ersuchen ehemaliger Bewohner Mattersburgs.

*Literatur:* Bericht Moses

14. **SALOMON BREUER** *geboren* unbekannt *gestorben* 1857 *Beruf* unbekannt *wiederbeigesetzt* 1. 12. 1941

*Literatur:* Bericht Moses

15. **ISRAEL ISAK ASCHKENASI** *wiederbeigesetzt* 27. 11. 1941

16. **MORITZ HARTMANN** *geboren* 1821 Duschnik/Böhmen *gestorben* 13. 6. 1872 Wien-Oberdöbling *Beruf* Schriftsteller, politischer Journalist *wiederbeigesetzt* 27. 11. 1941

Gymnasialjahre in Prag und Jungbunzlau. Ab 1838 Medizinstudium in Prag. 1840 Übersiedlung nach Wien. Befreundet u. a. mit LENAU, BAUERNFELD, GRÜN, GOETHE. 1845 Übersiedlung nach Berlin, dann nach Leipzig, wo mit großem Aufsehen seine Gedichtsammlung «Kelch und Schwert» erschien. Mitarbeiter der Zeitschrift OST UND WEST. 1848 Rückkehr nach Österreich, wurde von seinem Wahlkreis Leitmeritz in die Frankfurter Nationalversammlung delegiert. Nachdem er das Frankfurter Rumpfparlament unterstützt hatte und mit diesem nach Stuttgart gegangen war, mußte er nach der Niederschlagung des badischen Aufstands Deutschland verlassen. Übersiedlung in die Schweiz. Reisen nach England, Holland, Belgien, Italien sowie zu Schauplätzen des Krimkriegs. 1876 endgültige Rückkehr nach Wien, Feuilletonredakteur der NEUEN FREIEN PRESSE. Meistgelesener Schriftsteller seiner Zeit. *Werke:* L. Bamberger, W. Vollmer (Hgg.): Hartmanns gesammelte Werke, 10 Bde. (1873 ff.).

*Literatur:* ADB / Bericht Moses / Brümmer / EJ (D) / EJ (E) / Grünfeld / NDB / ÖBL / Wurzbach

17. **LEOPOLD RITTER VON LÄMEL** *geboren* 18. 9. 1790 Prag *gestorben* 19. 8. 1867 Prag – nach Wien überführt und auf dem Währinger Friedhof beigesetzt am 20. 10. 1867 *Beruf* Großhändler, Stadtrat von Prag *wiederbeigesetzt* 25. 11. 1941

Einer der bedeutendsten Finanziers der Habsburgermonarchie. Gemeinsam mit MORITZ KÖNIGSWARTER und anderen begründete er die BÖHMISCHE WESTBAHN. Ebenso Mitbegründer der Wiener CREDITANSTALT und des TEPLITZER ISRAELITISCHEN SPITALS. Korrespondierte mit GOETHE.

*Literatur:* Bericht Moses / EJ (E) / Steines (1990) / Vielmetti (1974) / Wurzbach

18. **ISRAEL HÖNIG VON HÖNIGSBERG** *geboren* 24. 10. 1724 Kuttenplan *gestorben* 19. 1. 1808 Wien *wiederbeigesetzt* 25. 11. 1941

Erster österreichischer Jude, der den Erbadel erwarb (2. 9. 1789). K.k. Regierungsrat, «Tabak- und Ziegelgefällsdirektor». Erster jüdischer Beamter im österreichischen Verwaltungsdienst.

*Literatur:* Bericht Moses / EJ (D) / EJ (E) / JL / Wachstein (1926)

19. **JEHUDA LEB BEN SEEW** *geboren* unbekannt *gestorben* 17. 2. 1811 – 47 Jahre *Beruf* hebräischsprachiger Schriftsteller *wiederbeigesetzt* 25. 11. 1941

Verfasser von Einleitungen zu einzelnen Büchern der Bibel (Tenakh). Autor von hebräischen Lehrbüchern.

*Literatur:* Bericht Moses

20. **BENJAMIN LANDESMANN** *geboren* 1764 Eisgrub/Mähren *gestorben* 7. 9. 1831 Wien *Beruf* Schriftsteller und erster Aktuar der Wiener jüdischen Gemeinde *wiederbeigesetzt* 25. 11. 1941

1795 Erlangung der Toleranz. Nachweislich 1796 erster Aktuar der Wiener Judenschaft. Neben diversen karitativen Tätigkeiten Mitglied der CHEWRA KADISCHA und Bethausvorsteher.

*Werke:* «Mah Joscher» (1821).

*Literatur:* Bericht Moses / Wachstein (1926) / Wolf (1876) / Wolf (1879)

21. **DAVID WERTHEIM** *geboren* unbekannt *gestorben* 24. 8. 1817 – 78 Jahre *Beruf* Begründer der Wiener CHEWRA KADISCHA *Familie* Enkel des Hoffaktors Samson Wertheimer *wiederbeigesetzt* 21. 11. 1941

*Literatur:* Bericht Moses

22. **JOSEPH VEITH** *geboren* unbekannt *gestorben* 10. 10. 1833 – 52 Jahre *Beruf* Religionslehrer, Sekretär der Kultusgemeinde *wiederbeigesetzt* 21. 11. 1941

Zum Andenken an Anni (gest. 1985) und Heinrich Sussmann (gest. 1986) vergibt die Sussmann-Stiftung jährlich Förderungsstipendien an österreichische Künstler. Grabstelle 7A-9-13

Wie viele andere kam Max Rosenberg (gest. 1926) aus dem Osten und wurde einer der angesehensten Wiener Journalisten. Grabstelle 9-23-24

Ansicht der ehemaligen provisorischen Zeremonienhalle, die heute die Firma Brüder Schreiber, den einzigen jüdischen Steinmetzbetrieb Wiens, beherbergt

*Gedenkstätte für die in den Jahren 1942–1945 ermordeten Kantoren der Wiener Kultusgemeinde. Gedenkstätte 2-4-16*

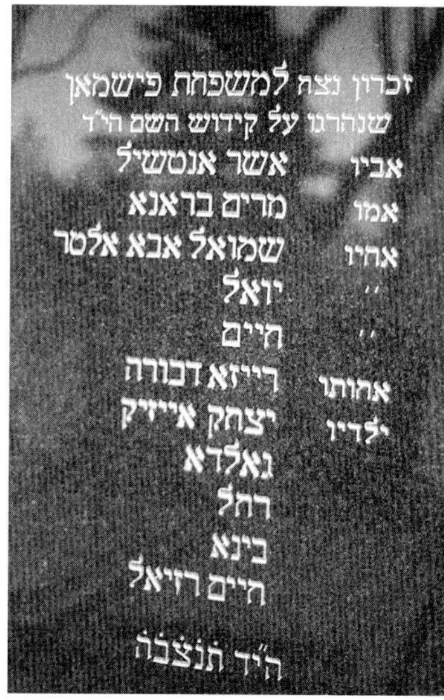


*An der Rückseite eines Grabsteins: Gedenken an die in der Shoa Ermordeten (Vater, Mutter, Bruder, Schwester, Kinder)*

*Weitab von den anderen Gräbern liegt das Urnenfeld. Hier wurde die von Konzentrationslagern an Familien zurückgeschickte Asche Ermordeter beigesetzt. Gruppe 3*

*Die Wiener Chewra Kadischa übernimmt nicht nur Kosten für die Beisetzung armer Verstorbener, sondern kümmert sich auch um Massengräber Ermordeter (Sammelgrab, Gruppe 21)*

*Im Winter 1992/93 wurden die 38 Grabsteine des Deutschkreuzer jüdischen Friedhofs, die die IKG nach 1945 noch retten hatte können, durch die Initiative von Shalom Fried, Mitteleuropa-Repräsentant von «Athra Kadischa» und Präsident des «Weltverbands der burgenländischen Juden», an ihren ursprünglichen Standort zurückgebracht*

*Die Gedenkstätte der Opfer der Förstergasse (ermordet am 17. 4. 1945) wurde vom Architekten Karl Schneider 1955 geschaffen. Gruppe 8A*

*Ansicht der Neuen Zeremonienhalle des Neuen Israelitischen Friedhofs, Tor IV*

23. **ARON LEIDESDORF** *geboren* unbekannt *gestorben* 19. 2. 1814 – 68 Jahre *Beruf* Vorsteher des Israelitischen Krankenhauses *wiederbeigesetzt* 21. 11. 1941

24. **SALOMON EDLER VON HERZ** *geboren* 8. 11. 1743 Mattersdorf *gestorben* 5. 3. 1825 Wien *Beruf* Großhändler, Vertreter der Wiener Tolerierten *wiederbeigesetzt* 21. 11. 1941

*Literatur:* Bericht Moses

25/26/27/28/29/30 – Belegung nicht mehr eruierbar.

*Grabstellenabfolge Reihe 14*

1. **MAESTRE CHAIM BARUCH** *geboren* unbekannt *gestorben* 3. 11. 1817 *Beruf* Rabbiner aus Hebron *wiederbeigesetzt* 2. 12. 1941

*Literatur:* Bericht Moses

2. **JOHANN POPE** *geboren* 1773 *gestorben* 18. 9. 1851 *Beruf* Talmudgelehrter *wiederbeigesetzt* 2. 12. 1941

*Literatur:* Bericht Moses

3. **JONAS FREIHERR VON KÖNIGSWARTER** *geboren* 10. 8. 1807 Fürth/Bayern *gestorben* 23. 12. 1871 Wien *Beruf* k.k. priv. Großhändler, Bankier, Ritter des Ordens der Eisernen Krone *wiederbeigesetzt* 8. 12. 1941

War entscheidend an der Gründung und Finanzierung des BLINDENINSTITUTS AUF DER HOHEN WARTE beteiligt.

*Literatur:* Bericht Moses / Grünfeld / JL / Lohrmann

4. **SIMON RITTER VON LÄMEL** *geboren* 28. 8. 1767 Prag *gestorben* 18. 4. 1845 Wien *Beruf* Großhändler, Vorstandsmitglied der Prager Chewra Kadischa *wiederbeigesetzt* 8. 12. 1941

1787 Gründung einer Großhandelsfirma in Prag. Förderte im Rahmen seiner Handelsgeschäfte Schafzucht und Wollproduktion in Böhmen und Mähren. Heeresgeschäfte zu Beginn der napoleonischen Kriege und seine freiwillige Meldung zum Militärdienst waren die Grundlage für seine Nobilitierung im Jahr 1811. 1812 machten er und seine Gattin Babette (Brachah) in Karlsbad die Bekanntschaft Goethes. Während des Wiener Kongresses forderte er 1815 gemeinsam mit Adam Nathan Arnstein, Lazar Auspitz, Bernhard Eskeles und Leopold Herz in einer Petition die Emanzipation.

5. **MOSES LEB KANITZ** *geboren* unbekannt *gestorben* 22. 2. 1876 – 90 Jahre *Beruf* Mitbegründer des Israelitischen Taubstummeninstituts *wiederbeigesetzt* 9. 12. 1941

*Literatur:* Bericht Moses

6. **MARKUS HIRSCH WEIKERSHEIM** *geboren* unbekannt Weikersheim/Württemberg *gestorben* 6. 1. 1863 *Beruf* Großhändler *wiederbeigesetzt* 9. 12. 1941

Seit 1819 nachweislich in Wien, k.k. privilegierter Großhändler, Vorsteher der Chewra Kadischa, Vertreter der Wiener Juden 1848–1859. 1850 Bürger von Wien.

*Literatur:* Bericht Moses / Wachstein (1926)

7. **HERMANN TODESCO** *geboren* 2. 11. 1791 Wien *gestorben* 23. 11. 1844 *wiederbeigesetzt* 16. 12. 1941

Sein Vater Ahron Hirschl, der infolge seiner häufigen Reisen nach Italien den Namen «Todesco» erhielt, war ein Vetter Heinrich Heines. Erbte den väterlichen Seiden- und Garnhandel, belieferte später das Militär. Errichtete eine Baumwollspinnerei in Marienthal. 1835 Kauf des Staatsguts Legnaro bei Padua und Anlegen von Maulbeerbaumpflanzungen. Später Direktor der von ihm mitfinanzierten Gloggnitzer Eisenbahn. Begründer von Wohlfahrtseinrichtungen in Wien, Baden und Preßburg.

*Literatur:* Bericht Moses / Grünfeld / Wachstein (1926) / Wurzbach

8. **ADAM NATHAN FREIHERR VON ARNSTEIN** *geboren* 30. 3. 1748 *gestorben* 6. 9. 1838 *Beruf* k.k. priv. Großhändler, Bankier, königlich-schwedischer Konsul, Ritter des Wasa-Ordens *Familie* Sohn von ADAM ISAAK ARNSTEIN *wiederbeigesetzt* 16. 12. 1941

1797 Toleranz im Bankgeschäft. Geschäftliche Verflechtung mit BERNHARD ESKELES. Expansion seines Geschäftes während der napoleonischen Kriege. Während des Wiener Kongresses forderte er 1815 gemeinsam mit SIMON RITTER VON LÄMEL, LAZAR AUSPITZ, BERNHARD ESKELES und LEOPOLD HERZ in einer Petition die Emanzipation der österreichischen Juden. In der Arnsteingasse im 15. Wiener Gemeindebezirk stand sein Sommerpalais. Seine Gattin FRANZISKA/FANNY (Vögelche) Arnstein, geb. Itzig (1757 Berlin – 1841 Wien-Hietzing), ist mit großer Wahrscheinlichkeit im Grab Gruppe 14 A – Reihe 2 beigesetzt.

*Literatur:* EJ (D) / JE (E) / JL / Lohrmann / Wurzbach

9. **MARKUS RITTER VON NEUWALL** *geboren* unbekannt Preßburg *gestorben* 26. 1. 1838 – 84 Jahre *wiederbeigesetzt* 16. 12. 1941

1768 Übersiedlung nach Wien. Großhändler, Vorsteher des Israelitischen Spitals. 1812 Vertreter der Israeliten. 1817 Nobilitierung: Edler von Neuwall; 1825 Erhebung in den Ritterstand.

*Literatur:* Bericht Moses / Wachstein (1926)

**JUDITHA VON NEUWALL** *geboren* unbekannt *gestorben* 1. 3. 1884 – 70 Jahre *wiederbeigesetzt* 16. 12. 1941

10. **ELISE HERZ**, geb. von Lämel *geboren* 20. 12. 1788 Prag *gestorben* 25. 7. 1868 Wien-Hietzing *wiederbeigesetzt* 19. 12. 1941

Begründete 1855 anläßlich des 25. Geburtstags von Kaiser Franz Joseph I. mit einem Stiftungsbrief zum Andenken an ihren Vater SIMON EDLER VON LÄMEL die SIMON EDLER VON LÄMELSCHE STIFTUNG und eine sogenannte KINDERBEWAHR- UND UNTERRICHTSANSTALT in der Jerusalemer Altstadt. Der damalige Sekretär der Wiener Kultusgemeinde, LUDWIG AUGUST FRANKL RITTER VON HOCHWART, reiste 1856 nach Jerusalem, richtete die Schule ein und eröffnete sie. 1904 wurde unter Mithilfe des DEUTSCHEN SCHULVEREINS der heute noch existierende Neubau in der Jeschajahu-Straße (unweit Geula) erbaut. Heute befindet sich im Gebäude eine Talmud-

Tora-Schule der Chassidim von Ruzshin und Boian (Familie FRIEDMANN), die bis in die dreißiger Jahre unseres Jahrhunderts ihren Hof in Wien hatten.

*Literatur:* Bericht Moses / Steines (1990) / Vielmetti (1974)

11. **FANNY JEITELES**, geb. Bachrach *geboren* unbekannt *gestorben* 21. 5. 1854 – 57 Jahre *wiederbeigesetzt* 19. 12. 1941

Richtete Stiftungen für ein Armenhaus und für Heiratsausstattungen ein. Hinterließ ihr Vermögen dem Israelitischen Spital.

*Literatur:* Bericht Moses

12. **IGNATZ RITTER VON LIEBENBERG** *geboren* unbekannt *gestorben* 10. 6. 1844 – 72 Jahre *wiederbeigesetzt* 19. 12. 1941

Machte sich um die Schafwollproduktion verdient. Schafwollhändler, verheiratet mit BABETTA, Tochter des AHRON LEIDESDORF, was ihm 1793 die Toleranz in Wien einbrachte. 1808 k.k. privilegierter Großhändler. Vertreter der Wiener Israeliten. Gehörte 1812 und dann 1816–1835 der Leitung der Wiener jüdischen Gemeinde an.

*Literatur:* Bericht Moses / Wachstein (1926)

13. **ISAK HOFMANN VON HOFMANNSTHAL** *geboren* 14. 6. 1761 Prostibor/Böhmen *gestorben* 2. 12. 1849 *Beruf* k.k. priv. Großhändler, Funktionär der Wiener jüdischen Gemeinde *Familie* Großvater des Dichters HUGO VON HOFMANNSTHAL *wiederbeigesetzt* 5. 1. 1942

Erzieher im Haus des JOEL BARUCH in Königswart. Danach im Geschäftshaus des JOEL BARUCH Sekretär und in dieser Funktion mit dem Geschäftshaus Übersiedlung nach Wien. 1788 heiratete er die Enkelin des JOEL BARUCH, die Tochter des WOLF BEN BEER SCHEFTEL aus Prag. 1789 erhielt er die Toleranz, 1791 wurde ihm diese auf unbestimmte Zeit gewährt. 1798 Beginn der manufakturellen Seidenproduktion. Anfang des 19. Jahrhunderts erlangte er das Patent eines k.k. privilegierten Großhändlers. Seit 1806 aktiv im Gemeindeleben der Wiener jüdischen Gemeinde. Neben diversen karitativen Tätigkeiten waren seine Verdienste für die Wiener Juden und deren Gemeindeleben enorm. Bekleidete u. a. die Funktion eines Armenbezirksdirektors.

*Literatur:* EJ (D) / EJ (E) / JL / Lohrmann / Mannheimer / Wachstein (1926) / Wolf (1861) / Wolf (1876) / Wurzbach / Allgemeine Zeitung des Judentums 1839, S. 105

14. **MAXIMILIAN ENGEL** *geboren* 28. 10. 1807 *gestorben* 18. 10. 1876 *Beruf* Arzt im Spital der Kultusgemeinde *wiederbeigesetzt* 5. 1. 1942

Vorstandsmitglied der Wiener Kultusgemeinde. Redakteur der Wiener Abendpost. Wurde von Marie Ebner Eschenbach rühmend als sich aufopfernder Arzt hervorgehoben.

*Literatur:* Bericht Moses

**LUISE ENGEL** *geboren* unbekannt *gestorben* 24. 3. 1873 – 52 Jahre *wiederbeigesetzt* 5. 1. 1942

15. **EDMUND SCHWARZ** *geboren* 13. 9. 1831 *gestorben* 22. 9. 1862 *Beruf* Arzt und Korvettenkapitän der österreichischen Kriegsmarine *wiederbeigesetzt* 5. 1. 1942

Umsegelte die Welt mit der Fregatte «Novara», Verfasser medizinischer Schriften.

*Literatur:* Bericht Moses

16. **RABBINER BARUCH RUBEN** *geboren* unbekannt *gestorben* 7. 5. 1875 *Beruf* Rabbiner der türkischen Gemeinde und Rabbinatsbeisitzer der Israelitischen Kultusgemeinde *wiederbeigesetzt* 5. 1. 1942

*Literatur:* Bericht Moses

17. 8 Mitglieder der Familie **GRANICHSTÄTTEN**, *gestorben* in den Jahren 1842 – 1877
18. 6 Mitglieder der Familie **GEIRINGER**
19. 5 Mitglieder der Familie **HOFFMANN**, *gestorben in den Jahren* 1800 – 1877

***Reihe 2***

Massengräber von in den Jahren 1941/1942 zu NS-Pseudovermessungszwecken Exhumierten, die bis 1947 im Wiener Naturhistorischen Museum/Anthropologieabteilung lagerten.

In mit dem 17. 2. 1943 datierten Akten des Naturhistorischen Museums, die freundlicherweise von Dr. Herbert Kritscher/Anthropologie-Abt. zur Verfügung gestellt wurden, heißt es:

«In der anthropologischen Abteilung des Naturhistorischen Museums sind folgende unaufschiebbare sowohl wissenschaftlich-museale als auch bevölkerungspolitisch wichtige Arbeiten durchzuführen:

(...) 3. Präparation und wissenschaftliche Bearbeitung der Skelettausgrabungen, die auf dem aufzulassenden Judenfriedhof in Döbling durchgeführt wurden; (...) Das vielfach im Familienverband (bis zu 5 Generationen) erfaßte Skelettmaterial von Juden wurde bisher nirgends in fachmännischer Weise gehoben und stellt eine wertvolle Bereicherung der Museumsbestände dar. (...) Skelette von Familienmitgliedern, besonders solche von Juden, liegen bisher überhaupt nirgends vor. Gerade ein derartiges Material bildet aber die wertvollste Grundlage für die Durchführung erbbiologischer Studien, und in Anbetracht der Bedeutung für die neuzeitliche rassenbiologische Richtung ist eine dringende Bearbeitung des derzeit bereits nahezu 200 Skelette umfassenden Materials, das sich weiters vermehrt, notwendig.»

Auf Betreiben des IKG-Präsidenten Ernst Feldsberg wurden 220 Skelette 1947 in Familiengräbern wieder der Erde zurückgegeben. In einem Nachlaßmanuskript von Ernst Feldsberg findet sich zudem jene Ungeheuerlichkeit, die die NS-Behörden den Wissenschaftlern im Naturhistorischen Museum als «Ergebnis» der Pseudovermessungen vorgegeben hatten: Das Skelett jüdischer Menschen werde von Generation zu Generation dünner, sodaß der «jüdische Mensch nicht lebensfähig» sei.

1. 28 Mitglieder der Familie **LEIDESDORF**, *gestorben* in den Jahren 1789 – 1869
2. 19 Mitglieder der Familie **BENIVISTI**, *gestorben* in den Jahren 1799 – 1877
3. 23 Mitglieder der Familie **WERTHEIM**, *gestorben* in den Jahren 1778 – 1876
4. 9 Mitglieder der Familie **RUSSO**, *gestorben* in den Jahren 1809 – 1871
5. 11 Mitglieder der Familie **DE MAJO**, *gestorben* in den Jahren 1788 – 1877
6. 8 Mitglieder der Familie **GOLDSCHMIDT**, *gestorben* in den Jahren 1818 – 1853
7. 14 Mitglieder der Familie **FEIN**, *gestorben* in den Jahren 1825 – 1877
8. 16 Mitglieder der Familie **VON WERTHEIM**, *gestorben* in den Jahren 1811 – 1869
9. 6 Mitglieder der Familie **LANG**, *gestorben* in den Jahren 1825 – 1870
10. 10 Mitglieder der Familie **EINÖHRL**, *gestorben* in den Jahren 1827 – 1875
11. 8 Mitglieder der Familie **ARNSTEIN**, *gestorben* in den Jahren 1785 – 1857, und

**SAMSON JOSEF WERTHEIM** Mit größter Sicherheit ist anzunehmen, daß sich in diesem Sammelgrab die sterblichen Überreste von **FANNY ARNSTEIN** befinden.

12. **FRANZISKA ABELES**, *gestorben* 26. 3. 1869, und **JOHANNA ABELES**
13. 13 Mitglieder der Familie **BIEDERMANN**, *gestorben* in den Jahren 1816 – 1875
14. **ROSA TREBITSCH**, geb. Leidesdorf, *gestorben* 25. 6. 1855 – 75 Jahre
    Seit 1804 Frau des Großhändlers Maximilian Trebitsch. Tochter von Abraham Leidesdorf
15. 10 Mitglieder der Familie **HÖNIGSBERG**, *gestorben* in den Jahren 1790 – 1875
16. **ESTHER NISSIM**, geb. de Majo, *gestorben* 4. 4. 1788
17. 4 Mitglieder der Familie **EPPINGER**, *gestorben* in den Jahren 1823– 1868
18. **ANNA OFFENHEIM**, geb. Leidesdorf, *gestorben* 2. 4. 1800
19. 6 Mitglieder der Familie **ADUTT**, *gestorben* in den Jahren 1812 – 1878
20. **FANNY KÖNIGSWARTER**, geb. Wertheim, *gestorben* 30. 4. 1811 – 29 Jahre.
    Gattin von Jonas Königswarter

21. **MINI POLLAK VON RUDIN**, geb. Friedmann, *gestorben* 18. 4. 1866, und **SIGMUND KORITSCHONER**, *gestorben* 18. 7. 1883
22. Grabbelegung ist nicht mehr eruierbar.

*Max Fleischer: Entwürfe für (nicht zu eruierende) Grabmäler bei Tor I (Foto: Sammlung Max Berger).*

*Der jüdische Architekt und Kultusvorstand Max Fleischer (1841– 1905) war neben seinem Kollegen, dem jüdischen Architekten und Kultusvorstand Wilhelm Stiassny (1842–1910), der meistbeschäftigte Architekt für Grabmäler jüdischer Familien.*

*Entwurf für ein (nicht zu eruierendes) Grabmal bei Tor I/Israelitische Abteilung (Foto: Bildersammlung des alten Jüdischen Museums in der Malzgasse, derzeit Kartensammlung der ÖNB).*

*Gräber von Cohanim (Priestern, Nachfahren Aarons) zeigen die zum Birkat Cohanim (Priestersegen Num 6, 24–26) gespreizten Hände*

*Kanne/Krug mit oder ohne Wasch- bzw. Auffangschüssel in verschiedensten Variationen bezeichnen Gräber von Lewiim (Leviten) zur Erinnerung an ihre Funktion zu Zeiten des Bestehens des Tempels, den Cohanim (Priestern) die Hände vor dem Darbringen von Opfern und vor dem Sprechen von Segenssprüchen die Hände zu übergießen.*

*Besonders seit dem 19. Jahrhundert findet man oft den Davidstern, der die Grabstellen der Kinder Israels allgemein bezeichnet.*

*Allgemein übliche Namenssymbole: Der Vorname «Hirsch» wird auf einem Grabstein bei Tor I mit einem Keramik-Hirsch symbolisiert*

*Der Nachname «Rappaport» findet sich bei Tor IV mit einem Raben angezeigt*

*Der Stein der Familie «Segel» zeigt dieses Segelschiff (Tor IV)*

*Diverse jüdische Familien zeigen bei Tor I ihre Familienwappen und Leitsprüche. Hier das Wappen des berühmten Verlegers und Hofbuchlieferanten Moritz Perles*

*Mehrfach bezeichnet eine Palette (mit Pinsel) Gräber von Malern und Künstlern bei Tor IV*

*Die Lyra bezeichnet Musiker, Komponisten und Kantoren (Tor I und IV)*

*Eine Hand mit Dirigentenstab bezeichnet das Grab eines Kapellmeisters und Dirigenten (Tor IV)*

*Das gängige Symbol für Juwelen und Juweliere zeigt Edelsteinhändler bzw. Juweliere an*

*Schlange und Kelch symbolisieren den medizinischen Stand (Tor I und Tor IV)*

*Ein querliegender Äskulapstab symbolisiert einen Arzt (Tor I)*

*Ein Fabriksbesitzer zeigt bei Tor IV sein Fabriksareal*

*Zugehörigkeit zu Freimaurer- sonstigen Logen wird auch auf jüdischen Gräbern dargestellt*

*Gelehrsamkeit wird bei Tor I mehrfach durch Eulen angezeigt*

*Bäume mit üppigen Kronen und ohne Verletzung sind als Zeichen der Toraliebe und als «Ez Chajim» (Lebensbaum) zu verstehen*

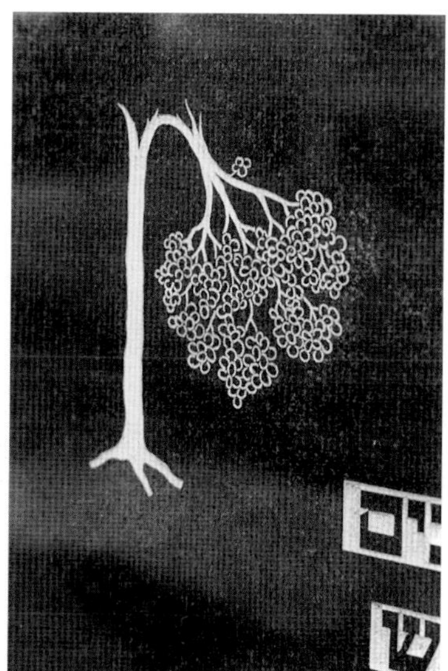

*Eine abgebrochene Säule und ein abgebrochener Baum bezeichnen zumeist Gräber von Männern, die mitten im Leben verstorben sind*

*Zwei Hirsche, die an einer Palme knabbern (zwei Bäume im Hintergrund sind schon umgehauen), zeigen an, daß der Gerechte und Gelehrte wie eine Palme weit über die anderen Bäume ragt. Wie die Palme aber langsam wächst, so ist auch ein Gerechter und Gelehrter schwerlich zu ersetzen.*

*Blumen in einem Blumentopf oder in einer Schale leiten sich recht kompliziert aus dem Motiv des abgebrochenen Baumes ab und sind ursprünglich in der Bedeutung von «mitten im Leben verstorben» zu sehen. Tatsächlich bezeichnet das Motiv bei Tor I und Tor IV zumeist Familiengräber*

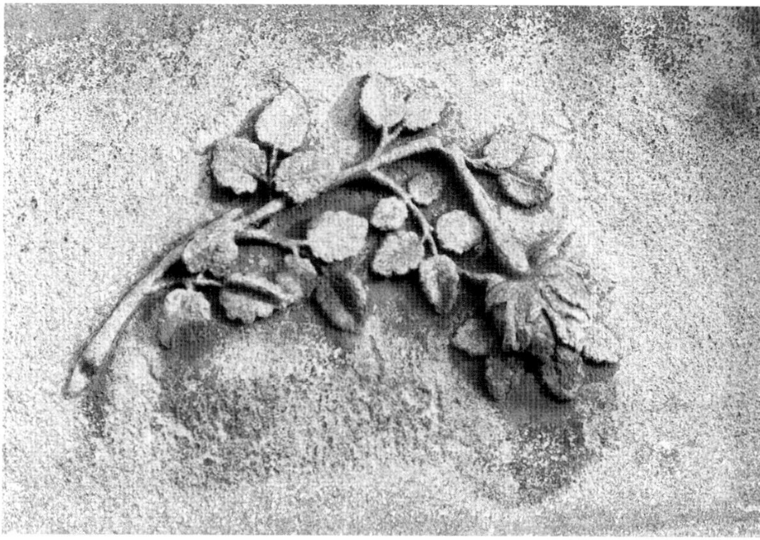

*Ein geknicktes Blümchen steht bei Tor I und Tor IV für verstorbene Mädchen*

*Sinnbild eines früh verstorbenen Kindes (zumeist Mädchen) ist ein von einem Vögelchen abgerissener Zweig (Im allgemeinen versinnbildlichen zwei Vögelchen oder Täubchen inniges und gutes Familienleben)*

*An Grabsteinen guter Mütter und aufopfernder Ehefrauen brachte man in ganz Mittel- und Osteuropa seit dem 19. Jahrhundert immer wieder Pelikandarstellungen an. Der Legende nach reißt sich der Pelikan in Notzeiten entlang des Brustbeins auf und verfüttert sein Fleisch an seine Jungen.*

*In Süddeutschland und Osteuropa war der Brauch sehr verbreitet, den Zeitpunkt des Todeseintritts durch ein Zifferblatt mit Zeitangabe darzustellen. Auch bei Tor IV findet sich solch eine Darstellung.*

*Brennende, geknickte oder verloschene Leuchter mit Armen in verschiedener Zahl sind in Mittel- und Osteuropa oftmals auf Frauengräbern angebracht und bezeichnen Gräber guter Hausfrauen, die allsabbatlich die Kerzen anzündeten. Frauengrabstein bei Tor I (orthodoxe Abt.).*

*Auch Schlafmohndarstellungen in verschiedenen Varianten gelangen über die nichtjüdische Umwelt im 19. Jahrhundert ins Judentum*

*Dies gilt auch für Urnendarstellungen in diversen Varianten, obwohl der jüdische Begrabene meist nicht kremiert war (obwohl besonders in den zwanziger Jahren auch Urnenbeisetzungen gestattet waren)*

*Im 19. Jahrhundert gelangt über die nichtjüdische Umwelt das Symbol nach unten gerichteter oder gekreuzter verlöschender Fackeln ins Judentum. Auch der Kranz in der Bedeutung des «Siegerkranzes über den Tod» ist verstärkt nachweisbar.*

*Ebenso sieht man ab dem 19. Jahrhundert auf jüdischen Gräbern allgemein die ägyptische Ewigkeitsschlange, die man aber rein traditionsbezogen als «dünngewordener Lewiathan» betrachten kann. Ewigkeitsschlange und Pfeil gibt es auch auf nichtjüdischen Gräbern. Für das Judentum ist aber darauf zu verweisen, daß auf sephardischen Grabsteinen in Nordafrika oftmals Pfeil und Bogen angebracht wurden, um zu symbolisieren, daß die «Nefesch» (Seele) wie ein Pfeil ins Paradies fliegt.*

*Nicht vergessen werden sollen aber auch jene, die in der Shoa ermordet wurden und kein Grab mehr fanden. Für sie sind bei Tor I/Israelitische Abteilung und Tor IV viele Erinnerungstafeln und Erinnerungsinschriften angebracht. Auch im Vorraum der Neuen Zeremonienhalle bei Tor IV.*

GOLDMARK
שלום
MEYER/92

## ZUR GESCHICHTE DER «JÜDISCHEN NAMEN»

**Karl Albrecht-Weinberger**

Seit dem 15. Jahrhundert war in Europa die heutige Namensstruktur – bestehend aus einem individuellen Vornamen und einem der ganzen Familie zugeordneten Geschlechtsnamen – allgemein verbreitet. Ausgenommen davon waren bis zum Ende des 18. Jahrhunderts nur einige «Randgrupppen» – so zum Beispiel die in geographischer Randlage lebenden Friesen oder die wie noch im Mittelalter außerhalb der Ständegesellschaft lebenden Juden. Sie wohnten in Gemeinden nach eigenem Recht und bedurften des besonderen – ihnen allerdings nur zu oft entzogenen – Schutzes des jeweiligen Landesherrn. Die Juden führten in ihrer gesellschaftlichen Abgeschlossenheit oft auch weiterhin nur einen Rufnamen, dem bestenfalls der des Vaters zugeordnet wurde, wie z. B. Joseph (ben) Nathan. Die alten hebräischen Namen wurden in der Diaspora teilweise durch griechisch-römische (Philippos, Andreas, Marcus, Lucas, Nicodemus, Stephanos, Alexandros, Aquila, Priscilla) ersetzt oder diesen angeglichen. Ähnlich war es im Mittelalter im deutschen und romanischen Sprachraum.

*«Ein wesentlicher Unterschied zwischen den Namen der Deutschen und denen, die die Juden im Mittelalter angenommen haben, ist dabei nicht festzustellen. Da finden wir z. B. Anschelm, Berchtold, Bischof, Fritzel, Gumprecht, Isenlieb, Leblang, Vrestleve (friste dein Leben), Männchen (vielleicht zu Emanuel), Suezkint, Meisterlein, Pfefferkorn, Stenzel, Weiß, Wolf, neben denen allerdings den Knaben bei der Beschneidung noch ein besonderer Synagogenname gegeben wurde. Das ist auch heute noch üblich, so daß z. B. ein Jude mit dem bürgerlichen Namen Mordko Klein, in der Gemeinde dagegen Ben Zion heißt. Die Frauennamen weichen stärker von den deutschen ab. Da haben wir neben Himmeltrud, Jutta, Klar und Methild auch Freude, Goldchen, Gutchen, Süßchen, Töstel Näglin (d.h. Nelke) und Veilchen.»*[1]

Besonders privilegierte Juden paßten sich ihrer Umwelt etwas früher an und führten schon im 17. Jahrhundert festwerdende Familiennamen, sie nannten sich etwa nach Orten (Oppenheimer, Wertheimer) oder nach alten Haus(schild)namen (Rothschild aus Frankfurt).

Die Zeit der Aufklärung mit ihrem neuen Menschenbild und der Propagierung der allgemeinen Menschenrechte sollte auch zu einer Emanzipierung der Juden führen. Der religiösen Duldung (1782) wollte man auch eine rechtliche Gleichstellung folgen lassen. Dieser «Zeitgeist» sollte augenscheinlich keine Sonderheiten mehr dulden, nicht im Aussehen und schon gar nicht im Namen. Da das Bewußtsein und der Assimilierungswille größerer Teile der betroffenen Bevölkerungsgruppe den in Hektik durchgeführten Staatsreformen nicht immer folgen konnten, führte dies zu Maßnahmen, deren Spuren bis heute kenntlich sind.

Das josephinische Österreich preschte dem napoleonischen Frankreich um Jahre und den von dort beeinflußten liberaleren deutschen Staaten um drei Jahrzehnte voraus. Im Patent vom 23. Juli 1787 verfügte der Kaiser:

*«Wir Joseph der Zweyte etc. etc.*

*Zu Vermeidung aller Unordnungen, die bei einer Klasse Menschen im politischen und gerichtlichen Verfahren und in ihrem Privatleben entstehen müssen, wenn die Familien keinen bestimmten Geschlechtsnamen und die einzelne Person keinen sonst bekannten Vornamen haben, wird für die gesamten Erbländer allgemein verordnet:*

*§ 1. Die Judenschaft in allen Provinzen zu verhalten, daß ein jeder Hausvater für seine Familie, der Vormund für seine Waisen und eine jede ledige weder in der väterlichen Gewalt noch unter einer Vormundschaft oder Kuratel stehenden Mannsperson vom 1. Jäner 1788 einen bestimmten Geschlechtsnamen führen, das weibliche Geschlecht im ledigen Stande den Geschlechtsnamen ihres Vaters, verheurathet jenen ihres Mannes annehmen, jede einzelne Person aber ohne Ausnahm einen teutschen Vornamen sich beilegen und solch zeitlebens nicht abändern soll.*

*§ 2. Alle bisher in jüdischer Sprache oder nach dem Orte, wo sich einer entweder für beständig oder auch nur auf Zeit aufgehalten, z. B. Schaulem Töplitz, Jochem Kollin etc. üblich geweste Benennung haben gänzlich aufzuhören.*

*§ 3. Jeder Hausvater wird den für seine ganze Familie und jede einzelne Person den für sich angenommenen bestimmten Vor- und Geschlechtsnamen längstens bis letzten November 1787 an den Ortsmagistrat oder an die Ortsobrigkeit, wo er zu wohnen oder sich aufzuhalten befugt ist, in teutscher Sprache schriftlich anzuzeigen und diese Anzeige mit einem gemeinschaftlich von den Kreisdeputierten und dem Kreis- oder Oberrabiner unterfertigten, jedoch ungestempelten Zeugniszeddel zu erproben haben, daß er dermal auf beständig den Familiennamen N. mit den für eine jede Person bestimmten besonderen teutschen Vornamen angenommen, jedoch von dem Geschlecht N. herstamme und zuvor den Namen N.N. geführt habe.*

*§ 4. Mit 1.ten Jäner 1788 müssen die Beschneidungs- und Geburtsbücher ohne Ausnahm in teutscher Sprache geführet, dann alle Gebohrne, Gestorbene und Getraute eben nicht anderst als mit den teutschen Vor- und ihren auf immer bestimmt angenommenen Geschlechtsnamen eingetragen werden.*

*§ 5. Die im 3.ten § anbefohlene Zeugniszeddel müssen von den Ortsobrigkeiten oder ihren Beamten wohl aufbewahrt, bei der nächsten Konskripzionsrevision dem Revisionsoffizier vorgelegt und von demselben für das Jahr 1788 zum ersten Mal beide Namen, nämlich derjenige, den ein jeder bisher geführet hat und sodann auch der auf beständig angenommene bestimmmte Vor- und Geschlechtsnamen in teutscher Sprache eingetragen werden. In den Konskripzionsbüchern für die nachfolgenden Jahre aber werden nur die neu angenommenen Namen ohne den vorhin gebräuchlich gewesten zu erscheinen haben.»*[2]

Da es aber gleich zu Schwierigkeiten bei der Umsetzung der hebräischen Rufnamen kam, erschien in josephinischer Konsequenz ein:

*«Alphabetisches Verzeichnis derjenigen Männer- und Weibernamen, welche zum Gebrauch der jüdischen Nazion vom 1. Jenner 1788 nur blos nach der deutschen oder christlichen Aussprache zu führen gestattet sind:*

*Abadias, Abdiel, Abdon, Abdenago, Absalon, Abias, Abiram, Abadon, Abraham, Achosias, Achitophel, Aron, Alexander, Amminadab, Ananias, Arnon, Angelus, Ariel, Bernard, Bartholomäus, Balthasar, Barnabas, Benedict, Benesch, Beer, Beerman, Benjamin, Joachim, Henoch, Havakuk, Ezechias, Hebron, Darius, Damian, Dan, Daniel, David, Elias, Elisäus, Eliacim, Elesar, Enos, Ephraim, Fridman, Gabriel, Gedeon, Gottlieb, Josue, Jacob, Japhet, Ezechiel, Judas, Isaias, Israel, Isak, Job, Ismael, Emanuel, Joannes, Jonas, Jonathan, Joram, Joseph, Josaphat, Jason, Juda, Jeremias, Kabriel, Koppelman, Laser, Levi, Lazar, Lukas, Mathias, Mathes, Mathusalem, Michael, Marcus, Moyses, Nephtali, Nehemias, Nathanael, Nabuchodonosor, Nikanor, Noe, Osias, Adam, Philippus, Paul, Raphael, Zachäus, Sem, Seth, Simeon, Samson, Salomon, Samuel, Zacharias, Seligman, Sorobadel, Thaddäus, Tobias, Thomas, Wolf.*

*Weibernamen:*

*Abigail, Amalia, Barbara, Anna, Eva, Demuth, Dorothea, Elisabeth, Esther, Aspasia, Agnes, Iphigenia, Julia, Joanna, Judith, Cäcilia, Libuscha, Lucia, Martha, Maria, Magdalena, Nicolaia, Athalia, Paula, Reginna, Rachel, Rebecca, Rahab, Rosel, Rosa, Rosalia, Sara, Susanna, Semiramith, Agatha, Sybilla.*»[3]

Jeder Jude sollte seinen angenommenen Vor- und Geschlechtsnamen auf einem vom Kreis- oder Oberrabbiner gefertigten Zettel dem zuständigen Magistrat mitteilen. Da es aber in Wien keinen solchen Rabbiner gab, wurden zwei Mitglieder der in Wien ansässigen jüdischen Familien Wertheimer und Leidesdorfer zur Fertigung der Namenszeugniszettel ermächtigt. So konnte 1787 eine für Wien geltende «Familienliste»[4] der tolerierten Juden ohne behördliche Schikane und in Anknüpfung an bereits verwendete deutsche, aber auch hebräische Namen erstellt werden:

«*Abraham, Phillip. Arnstein, Nathan D. Arnsteiner, David Isak. Acher, Nachem, Dentiste. Baruch, Blümele. Baruch, Joachim Wolf. Breuerin, Malke. Devidels, Samuel. Eppinger, Josef v. J. 1760. Eskeles, Bernard, Landrabiner von Mähren. Gadisch, Liebmann, Brantweiner. Gerstl, Lazar Kohn. Götzl, Löw. Götzl, Samuel. Herz, Salomon L. Joske, Löbl. Jacob, Beer, Krankenwarter und Weinschenk. Kuh-Herzl, Judita. Kuh-Herzl, Joachim. Kuh, David. Kopplin, Golda. Kohnin, Sprinzl. Leidesdorfer, Löw Isak. Leidesdorfer, Joachim Löb. Leidesdorfer, Josef. Leidesdorfer, Aron. Lehmann, Lazarus. Lehmann, Markus. Levit, Josef. Löwy, Abraham. Löwy, Joachim Michael, Weinschenk zur Kugel. Mannheimer, Moises. Mandl, David. Drach, Elias Koppl. David, Josef. Mayerin, Golda. Moises, Emanuel, Trakteur. Nassau, Israel Wolf. Neustadtl, David Löb. Oettinger, Simon. Oppenheim, Samuel Be(e)r, Dr. d. Medizin aus Nymwegen, Spitalsarzt. Oppenheimer, Jacob. Pollak, Juda, Fleischer. Pollak, Wolf. Pope, Bendedikt. Simon, Josef. Simon, Isak. Schlesinger, Jacob. Selkes, Jacob. Salomon, Michael Phillip. Sinzheimer, Bella. Susmann, Löw. Trebitsch, Josef. Uffenheimer, Abraham Götz, Bankier. Wertheim, Cerf. Wertheimber, Lazarus. Wertheimer, David Mandl. Wertheimer, Josef Samuel. Wertheimer, Samson Löw. Wertheimer, Samuel.*»

In den östlichen Landesteilen mit der dichtesten jüdischen Bevölkerung, die zugleich zu den rückständigsten Gebieten der Monarchie zählten, konnte aber offensichtlich die behördliche Willkür – vermutlich handelte es sich um Militärkommissionen[5] – gegen das scheinbare Desinteresse an den neuen deutschen Namen triumphieren. Während Ostgalizien schon seit der ersten Teilung Polens im Jahre 1772 unter österreichischer Verwaltung stand und daher schon 1787 unter den Vollzug des Namenspatentes fiel, kam Westgalizien erst 1795 durch die dritte Teilung Polens[6] zu Österreich. Hier wurde nun am 21. Februar 1805[7] das Namenspatent in leicht abgeänderter Form, die aber der Behördenwillkür Tür und Tor öffnete, durchgeführt: Die betroffenen Juden konnten ihren Namen nicht selbst wählen, sondern er wurde von einem «bestellten Commissär» bestimmt. Offensichtlich bestand nun die Möglichkeit, sich für viel Geld einen «guten» Namen einzukaufen, als «armer Schlucker» in dieser Region konnte man aber sehr leicht einen «lächerlichen Namen» zugeteilt bekommen.

*«Die seltsamsten Namen aber enthält jene Gruppe, die wir wenigstens in der Hauptmasse wohl auf die oben erwähnten Verordnungen Josefs II. zurückführen dürfen. Die Behörden hatten die Anweisung, möglichst ungewöhnliche Namen zu wählen, und diesen Grundsatz haben sie auch festgehalten. Manche Namensgruppen lassen aber noch jetzt erkennen, in wie mechanischer Weise gelegentlich verfahren wurde, wenn den Beamten die Phantasie ausging. So finden wir: Weinstein, Steinwein, Rothstein, Steinroth, Grünstein, Steingrün, Eichengrün, Reingold, Faingold, Schaingold, Blaustein, Blauzwirn, Blaufarb, Lichtblau, Himmelblau, Berlinerblau, Rebenwurzel, Rebenlaub, Rebenblum, Rebenblüt, Weißblum, Gelbblum, Dunkelblum, Schönblum, Rosenblum, Schlüsselblum, Käfer, Kleinkäfer, Weinkäfer, Rosenkäfer, Nachtkäfer. Hierher mögen auch manche «prächtigen» Namen gehören, wie etwa: Gold-farb, feder, finger, staub, strich, strom; Stern-glanz, hell, licht, schein, schuß, reich; Rosen-bund, dorf, farb, finger, haupt, mark, rauch, saft, stein; Löwen-ton, fisch, stengel. Durch die schematische Bildungsweise ergaben sich eben vielfach ganz unsinnige Zusammensetzungen, die sicher nicht frei gewählt sind.*

*Ab und zu verraten die Namen auch noch militärische Herkunft, wie Ladstockschwinger, Pulverbestandteil, Quartiermeister, Sturmlauf, Wallach(?), Ulanperl und Ördynanz. Satznamen sind: Machmerplatz, Singmirwas, Küssemich, Stillschweif und Borgenicht. Besonders kränkend waren gewiß Taufstein und Saumagen. Sonst nenne ich noch: Geldschrank, Geldzähler, Gewinner, Schacherl, Wucherer, Pumpian, Wechselmann, Waldlieferant, Netto, Courant, Neugröschl, Reichsthaler, Max d'or, Notleider, Hungerleider, Bettelarm, Lump, Taschengreifer, Galgenvogel, Galgenstrick, Fresser, Trinker, Säufer, Schnapser, Hündling, Mist, Waldteufel, Wahrsager, Sommergluth, Schattenfroh, Blitz, Donnerkeil, Temperaturwechsel, Winzigstern, Streisand, Dintenfaß, Haarpuder, Puderbeutel, Pomade, Schuhwichse, Stiefelzieher, Bruchband, Schabbesdeckel, Lederfeind, Maschinendraht, Spiegelglas, Fensterlappen, Marschaum, Wachskerz, Wachspreß, Nußknacker, Kwecksilber, Schwefelduft, Grünspan, Süßleim, Fadenhecht, Tuchverderber, Baumöhl, Eierweiß, Süßapfel, Apfelschnitt, Schampanjer, Lakritzensaft, Karfiol, Tabak, Weizenblüt, Eisenkraft, Hamlet, Schaingesicht, Leichtentritt, Maulthier, Nashorn, Turteltaub, Kanarienvogel, Salamander, Wanzenknicker, Nathanblut, Affenkraut, Kuhschwanz, Gardinengeruch, Achselgeruch,*

*Kanalgeruch, Kanalgitterbestandteil, Nierenstein, Morgenschweiß, Armschweiß, Schweißloch, Leibspritz, Leiser Bauchgedanke (Leiser: Vorname=Eliser), Hintergedanke, Hinterviertel, Feingedärm, Urinsohn und Gefäßgezwitscher, ein Name, der neuerdings freilich mit dem unverdächtigen Namen Hohenfels vertauscht worden ist.»*[8]

Mit dem jüdischen Zuzug aus dem Osten in die österreichischen Städte des späten 19. Jahrhunderts fand der aufkommende Antisemitismus des sich nun wirtschaftlich bedroht fühlenden Kleinbürgertums seine leichteste Handhabe im «Lächerlichen» dieser «jüdischen Namen».

Dieser Bereich der «jüdischen Ekelnamen» ist allerdings noch immer auf Mutmaßungen und literarische Werke[9] angewiesen und ist mit größter Vorsicht zu behandeln, da das Vorurteil hier leicht mitspricht. So mußte Max Gottschald seiner «Deutschen Namenskunde» im Jahre 1932 gleich die «Berichtigung» hinzufügen: «Der Name Morgenschweiß ist nicht (...) jüdisch, sondern kommt schon 1238 als christlicher Name (Richolf Morgenschweys) in Köln vor.»[10]

So kommt zum Beispiel der «unanständige Name» Niedergesäß auch bei Deutschen vor. Insgesamt schätzt man die Zahl der Ekelnamen für Deutschland auf 150 bis 200:

*«Diesen historischen Befunden gegenüber ist als Wichtigstes festzuhalten, daß in der Welt der (anti-)jüdischen Witze gerade diese Ekelnamen und ihre Entstehung eine wichtige Rolle spielen, nicht zuletzt wohl deshalb, weil selbst der Einfältigste ‹Namen› dieser Art zu generieren in der Lage war.»*[11]

Ein Beleg für diese – auch noch in späterer Zeit vorhandene – Mischung aus einfältigster Bösartigkeit und charakteristischer «Witzigkeit» altösterreichischer Behördenwillkür ist die «Verleihung» des Vornamens für den Bruder des bekannten Wiener Architekten (Gabor Steiners «Venedig in Wien» im Prater!) Oskar Marmorek:[12] Der 1880 in Wien geborene Knabe war aufgrund der Schiller-Verehrung des Vaters, des Militärarztes Alexander Marmorek, ein begabter Klassikerrezitator, was dem Kind den Spitznamen Schillerchen eintrug. Es ist nun überliefert, daß die Kinder bei der Rückkehr des Vaters von einem Einsatzort am Balkan neue Pässe benötigten und der zuständige Beamte den Spitznamen amtlich im Paß verzeichnete. Der so poetisch geehrte Schiller Marmorek hatte in seinem bis 1943 (in New York) währenden Schriftsteller- und Journalistenleben den anspruchsvollen Namen gelegentlich unter dem Pseudonym Roberts Peter zu verstecken.

Im Gegensatz zu den Familiennamen, die gerade bei der jüdischen Bevölkerung als «Fremdbezeichnung», oftmals sogar als eine aufgezwungene Etikettierung für eine wenig geschätzte Minderheit fungieren, können die Vornamen eher – oder deren geänderte Verwendung – als Ausdruck geistigen und kulturellen Selbstbewußtseins der Träger bzw. deren Eltern aufgefaßt werden.

Für das biedermeierliche **Wien um 1820**[13] ergibt sich folgende interessante Aufgliederung der Vornamenstypen männlicher Juden:

30,2% traditionelle Namen: Das sind die alttestamentarischen Namen wie David, Salomon, Samuel – die ja häufig auch bei den deutschen Protestanten als Flucht vor den katholischen Heiligennamen in der Reformationszeit Verwendung fanden! Bei Juden scheinen ebenso deutsche Übersetzungen auf, etwa bei Tiernamen: Bär (Issachar), Hirsch (Naftali), Löw (Juda) und Selig (Baruch). Vor 1820 machte diese Namensgruppe in Wien mehr als 50% aus.

10,9% macht der Übergang von den traditionellen zu den Angleichungsnamen aus: Diese Namen sind sowohl traditionell jüdisch als auch christlich, das sind Josef und Jakob, wobei Jakob in Wien jedoch als typischer Judenname galt und bei Christen eher im ländlichen Raum stark verbreitet war.

6% Angleichungsnamen: Es handelt sich um Übernahmen typisch christlicher Namen, wie Michael, Franz, Anton und Georg – die aber im Gegensatz zu Josef und Jakob bei Juden unbedeutend bleiben.

12,2% adelige Angleichungsnamen: Es sind dies die häufigsten Adelsvornamen wie Karl, Wilhelm, Ludwig, Julius; aber auch Moritz und Max. Sie wurden von jüdischen Eltern ihren Kindern als Ausdruck gehobenen Sozialprestiges immer häufiger gegeben.

16% Bildungsnamen: Dazu gehört vor allem der Name Adolf, der groteskerweise als typischer Judenname gilt und immerhin von 3,5% der jüdischen Männer, aber nur von 0,7% der christlichen getragen wurde. Zu dieser Namensgruppe zählen auch Ignaz und Isidor, deren Verwendung sich in Wien nach 1820 verdoppelte. Historische Namen dieses Typus sind Alexander, Cäsar und August; der Literatur entstammt Siegfried, und als sprechende Namen gelten Benedikt sowie Liber. Philon ist der einzige männliche Vorname aus der jüdischen Geschichte, der Verwendung findet.

17,3% sogenannte Hüllnamen: Außer den traditionellen Namen handelt es sich bei allen bisher angeführten Namensgruppen um christliche Namen für assimilierte Juden. Die Hüllnamen entstammen ebenfalls dem christlichen Namensgut, sie ähneln aber jüdischen Namen oder bilden eine diesen ähnliche Koseform. Ignaz steht zum Beispiel als Hülle für Isaak, ebenso der später als sehr «kompromittierend» geltende Name Isidor für Isaak oder Israel. Leopold gilt für Löw oder Levi, Bernhard für Bär, Moritz für Moses, wofür auch Max über seine Koseform Maxi steht. Diese «Hüllnamen» verdecken, gelegentlich bis heute, die «Synagogennamen», mit dem die Gläubigen in der Synagoge aufgerufen werden.

7,4% der männlichen Vornamen von Juden lassen sich nicht zuordnen.

Die Vornamen der Wiener Jüdinnen um **1820** ergeben folgende Verteilung:

7% traditionelle Namen: Die altjüdischen Frauennamen spielten auch schon in früheren Zeiten kaum eine Rolle, da die Frauen ja auch meistens Hebräisch nicht beherrschten! Man kann hier allerdings die Namen mit dem Wort Rose zuordnen (Rösel, Rosa, Rosalia). Channa wurde meist irrtümlich als Form von Johanna aufgefaßt, Hanni und Fanni verwechselte man oft mit Stephanie.

27% Angleichungsnamen: Die christlichen Namen Theresia, Marie, Anna, Katharina sind auch bei den Jüdinnen stark verbreitet.

20,8% adelige Angleichungsnamen: Davon sind aber 14,1% männliche Namensformen mit hinzugefügter weiblicher Endung – eine typische Adelssitte, die zuerst vom jüdischen Bürgertum übernommen wurde: Johanna, Josefa, Franziska bis hin zu Xaveriera, Adolfine und Karoline.

13,8% machen die weiblichen Bildungsnamen aus, es sind dies meist sprechende Namen, in der Art der altjüdischen Vornamen gebildet. Meist sind es Blumennamen wie Flora, Malvine, Camilla, Geralie, aber auch Regine. Als einziger gebildeter Frauenname hat Silonia einen echt jüdischen Bezug. Schillers Amalie zählt zu den bedeutendsten literarischen Namen.

16,1% Hüllnamen bestehen nur aus den schon angeführten Rosa/Rosalia und Johanna für Channa.

6,8% der weiblichen Vornamen bestehen allerdings aus eigenständigen Kosenamen – wie Betti, Leni, Jetti, Lotte, Nanette und Minna –, deren Beliebtheit nach 1820 noch weiter stark ansteigt.

Auf das jüdische Sozialgefüge umgelegt, ist der Anteil der traditionellen Namen bei den jüdischen Untermietern und den Bewohnern der inneren Leopoldstadt etwas höher, während er im Herrengassenviertel niedriger ist. Umgekehrt ist hier der Anteil an modernen Bildungsnamen und adeligen Angleichungsnamen auch höher. Das jüdische Bürgertum Wiens um 1820 greift also über den Grad der lokalen Assimilierung an seine christliche Umwelt neuere Tendenzen auf, die dann von Christen nachvollzogen werden.

Generell wurde das Namensrecht, ergänzend zum Patent Kaiser Josephs II. von 1787, durch ein Hofkanzleidekret vom 5.6.1826 geregelt. Änderungen des Familiennamens bedurften in Österreich nach eher strengen Kriterien der Zustimmung des Kaisers bzw. seines Innenministers, sie wurden außer bei Übertritten zur christlichen Religion und bei Adelsverleihungen nur «in besonders rücksichtswürdigen Fällen»[14] genehmigt. Daß es vor allem durch den zunehmenden antisemitischen Druck zu einer gewissen «Flucht» aus den als eindeutig als «jüdisch» qualifizierten Namen bis in die dreißiger Jahre auch in Österreich gekommen ist, liegt auf der Hand. Am ärgsten wurde man mit dem Familiennamen «Kohn» oder «Cohn» (vom hebräischen «Kohen», der Bezeichnung des Priesters) als assimilierter Jude gebrandmarkt – so wurde der Chef der Berliner Polizei, Albert Grzesinski, von den Antisemiten bezeichnet. Für Wiener Verhältnisse gibt es noch keine ausführliche namenskundliche Untersuchungen in dieser Hinsicht, ähnliches läßt sich aber durch einige Beispiele erläutern:

So läßt sich zum Beispiel Ignaz Kohn[15], geboren im mährischen Proßnitz, 1883 in Ignaz Konta umbenennen. Er war bisher – offensichtlich erfolgreich – bei verschiedenen Privatbahnen tätig und trat 1884 in den Staatseisenbahndienst ein, was ihm seine Namensänderung sicherlich erleichterte. Er arrivierte bald als Hofrat und Leiter des «Österreichischen Eisenbahnmuseums».

Der Großvater mütterlicherseits des bekannten Wiener Malers und Mitglieds des «Hagenbundes», Gerhard Frankl [16], hieß Max Kohn, 1903 ließ er sich in Max Kerner umbenennen.

Für Deutschland hat Dietz Bering wegweisende Studien vorgelegt, und seine Schlußfolgerung für deutsche Verhältnisse kann vielleich auch für Wien und Österreich gelten:

*«Nach den amtlichen Statistiken waren ja zwischen 1812 und 1932 von über 50 000 Änderungen nur 3239 auf ‹sogenannte jüdische Namen› entfallen (eingerechnet die nichtjüdischen Träger). Wie die überwältigende Mehrheit zum Judentum hielt – viele zur Religion, andere bloß noch zur angestammten Gruppe –, so stand sie auch fest zu ihren Namen.»*[17]

Der Sprachwissenschaftler Max Gottschald stellt in seiner «Deutschen Namenskunde» auch für die extremsten Fälle von lächerlichem Namensgut fest:

*«Niemand kann für seinen Namen, so wenig wie er an ererbten Gebrechen die Schuld trägt, und wer jemanden wegen seines Namens verspottet, der tut ihm ebenso unrecht wie der, der körperliche Fehler verspottet.»* [18]

Und im Hinblick auf die jahrhundertealte Entstehung von Namen meint er unter Anführung des Faust-Zitates «Name ist Schall und Rauch» im Jahre 1932 fast prophezeiend:

*«Da die ursprüngliche Bedeutung des Namens wenigstens im öffentlichen Leben heute kaum noch eine Rolle spielt, so täte eine Nummer schließlich dieselben Dienste wie ein Name. Und wirklich hat 1928 eine so angesehene Zeitschrift wie Petermanns Mitteilungen einen Plan veröffentlicht, wonach jeder Mensch auf Erden eine bestimmte Nummer bekäme, die sich dann für den Fernsprechanschluß und das Girokonto bequem verwenden ließe. Warum auch nicht? Denken wir einmal an unsere Straßennamen.*

*(...) Wenn man einst die Zuchthäusler nur mit Nummern bezeichnete, so ging man weiter, als jemals Sklavenhalter gegangen sind; man strich sie gewissermaßen aus der Liste der Menschen. Die Namen aber ganz zu beseitigen ist völlig unmöglich, denn ein Name ist eben etwas anders als eine Nummer, selbst wenn er nicht mehr das Wesen bezeichnet.»*[19]

Unter diesem Gesichtspunkt muß man nun die Methode der nationalsozialistischen Propaganda sehen: Jahrelang wurden – in Anknüpfung an ältere Traditionen – «jüdische Namen» verhöhnt und in ihrer manchmal durchaus gegebenen Lächerlichkeit noch verstärkt. Bei assimilierten Juden wurde die «Flucht aus dem jüdischen Namen», die Namensänderung, angeprangert – man belegte Personen durch einen aufgepfropften Namen mit einem Stigma: So attackierte Joseph Goebbels – nach Thomas Mann das «klumpfüßige Höllenmaul» – im Berlin der zwanziger Jahre den sehr schlagkräftigen Polizeivizepräsidenten Bernhard Weiß mit dem ihm zugeschobenen Vornamen Isidor, dem Prototyp eines antisemitischen Schimpfnamens zu dieser Zeit. Isidor (griechisch «Geschenk der Isis») war in Anlehnung an den hl. Isidor von Madrid im katholischen Polen ein sehr beliebter Vorname unter der ländlichen Bevölkerung.

Mitte des 19. Jahrhunderts wurde dieser Name, im Versuch, sich der «deutschen» Umwelt anzupassen, von Juden in Deutschland gerne angenommen. Der Gleichklang zum jüdischen «Israel», «Isaak», «Itzig» blieb ebenso wie die polnisch-ostjüdische Herkunft haften.

Nachdem die Nationalsozialisten im März 1933 an die Macht gekommen waren, konnten sie die Methode ihrer antisemitischen Propaganda zum Gesetz erheben. Aus dem «Mords»-Spaß wurde «Tod»-Ernst für die jüdische Bevölkerung, die Maßnahmen ließen nicht lange auf sich warten:

*1933 Pläne des Reichsministeriums des Inneren für die Rückgängigmachung sämtlicher jüdischer Namensänderungen.*

*1934 Runderlaß des Preußischen Innenministeriums öffnet nichtjüdischen Bürgern die Flucht aus jüdischen Namen und verschärft gleichzeitig die Bedingungen für den Wechsel für Juden (25.6.).*

*1938 Sämtliche Namensänderungen von Juden – ob lebende, ob schon verstorbene – werden von Amts wegen rückgängig gemacht, wenn sie «nicht als erwünscht anzusehen» sind (5.1.).*

*1939 Jeder Jude ohne – in einer eigenen Liste vorgegebenen – typisch jüdischen Vornamen muß zwangsweise den Vornamen «Israel» oder «Sara» annehmen (1.1.).*

*1941 Die Juden werden gezwungen, einen gelben Stern zu tragen (15.1.). In den Konzentrationslagern werden den Juden zur Identifizierung Nummern in die Haut gebrannt.*[20]

Auch heute wird noch oft von typisch «jüdischen Namen» gesprochen, und man meint eben nicht die wenigen noch heute in Österreich lebenden jüdischen Mitbürger, die aufgrund historischer, ursprünglich als Fortschritt verstandener Vorgänge zu ihren Namen kamen, sondern verknüpft gelegentlich damit noch immer die diesen Namensträgern von antisemitischer Seite zugeschriebenen Charaktereigenschaften.

Wie dumm und unehrlich diese «Ideologie» gerade bei der Trennung in typisch deutsche («arische») und «jüdische» Namen ist, konnte die Sprachwissenschaft schon immer – wenn sie dies auch wollte – beweisen. Wie unsicher die nationalsozialistischen Machthaber in ihrem Umgang mit «jüdischen» Namen waren, zeigt das folgende Beispiel: 1938 beeilte man sich im Wiener Rathaus musterschülerhaft, neben vielen anderen den Schlesingerplatz im 8. Wiener Gemeindebezirk in Conrad-von-Hötzendorf-Platz umzubenennen. Dabei nahm man allerdings dem «reinrassigen» Professor mit «jüdischem» Namen an der Hochschule für Bodenkultur seinen Platz.

Bis 1. Juli 1988 war in Österreich noch das am 1. Mai 1938 in Kraft gesetzte strenge Namensänderungsgesetz des Deutschen Reiches gültig, das in seiner bewußt restriktiven Handhabung Namensänderungen nur bei Vorliegen eines «wichtigen Grundes» – ein sehr unbestimmter Rechtsbegriff – oder bei «lächerlichen Namen» zuließ. Mit dem neuen österreichischen Namensrecht[21] können heute nicht nur «lächerliche» oder «anstößige» Familiennamen geändert werden, sondern auch solche, die «schwer auszusprechen oder zu schreiben» sind, sowie Familiennamen, die glaubhaft einer Person «unzumutbare Nachteile in wirtschaftlicher Hinsicht oder in ihren sozialen Beziehungen» bringen. Bei Vornamen gelten auch die Änderung der Religionszugehörigkeit und des Geschlechts als «wichtige» Gründe. Was bis 1988 auch in Österreich – durch Weiterbestehen eines Gesetzes aus der Nazizeit – nur unter schwierigen Bedingungen fast nur durch einen «Gnadenakt» der Verwaltung möglich war, ist jetzt wenigstens in manchen Fällen ein Recht des Staatsbürgers oder des hier Ansässigen.

### *Literatur*

DIETZ BERING: Das Stigma des jüdischen Namens. Bericht über Entstehung und Durchführung eines Forschungsprojektes im Grenzgebiet von Sprache und Geschichte. In: Institut für Deutsche Sprache, Sprachreport Nr. 2. Mannheim 1987.

DERS.: Der Name als Stigma. Antisemitismus im deutschen Alltag 1812–1933. Stuttgart 1987.

DERS.: Kampf um Namen. Bernhard Weiß gegen Joseph Goebbels. Stuttgart 1991.

ERWIN MANUEL DREIFUß: Die Familiennamen der Juden unter besonderer Berücksichtigung der Verhältnisse in Baden zu Anfang des 19. Jahrhunderts. Ein Beitrag zur Geschichte der Emanzipation. Frankfurt/Main 1927.

KARL EMIL FRANZOS: Namensstudien (1880, 1897). In: Karl Emil Franzos: Halb-Asien. Land und Leute des östlichen Europa, Bd. 6: Aus der großen Ebene II. Stuttgart und Berlin o.J.

MAX GOTTSCHALD: Deutsche Namenskunde. Unsere Familiennamen nach ihrer Entstehung und Bedeutung. München 1932.

FRANZ JOSEPH GROBAUER: Feuer auf den Tempeldächern (Reichskristallnacht 1938). Wien 1978.

ERNST LEWY: Ein jüdisches Namenslexikon . Berlin um 1934.

DOROTHEA MCEWAN: Jüdisches Leben im mährischen Ghetto. In: Mitteilungen des Institutes für Österreichische Geschichtsforschung 99. Wien 1991.

A. F. PRIBRAM (Hg.): Urkunden und Akten zur Geschichte der Juden in Wien, Bd. 1. Wien und Leipzig 1918.

PETER SCHMIDTBAUER: Zur sozialen Situation der Wiener Juden im Jahre 1857. In: Studia Judaica Austriaca Bd. VI: Der Wiener Stadttempel 1826 – 1976. Eisenstadt 1978, S. 57–89, zu den Vornamen S. 82 ff.

WALTER ZEYRINGER (Hg.): Das neue Namensänderungsgesetz mit Erläuterungen, Namensänderungsverordnung und Richtlinien. Wien 1988.

#### *Anmerkungen*

[1] Gottschald, S. 89.

[2] Pribram, Bd.1, Nr. 245.

[3] Ebd., Nr. 585. Ein Vergleich zur Situation in Mähren bei McEwan, S. 106 ff.

[4] Ebd., Nr. 256.

[5] Vgl. oben § 5 des josephinischen Namenspatentes. Gegen diese Auffassung von Karl Emil Franzos wendet sich Dreifuss, S. 16 ff., was aber letztendlich noch nicht erforscht ist!

[6] Bering, Name als Stigma, S. 53 und Anm. 45.

[7] Ders., Kampf um Namen, S. 150: «Es ist nun bezeichnend, daß nicht diese liberale Verfahrensweise im historischen Gedächtnis haftete, sondern jener ganz marginale, aber Spott abwerfende Fall Westgaliziens. Dort hatten die Juden im Jahr 1802 (sic!) ihre Namen in Empfang zu nehmen (...). Es ist durchaus glaubhaft, daß da die Verteilungspraktiken Anlaß zu jenen Witzen gaben, die früher in aller Munde waren: Der neue Herr Blumenthal muß für seinen schönen Namen tief in die Tasche greifen.»

[8] Gottschald, S. 95 ganz offensichtlich nach Karl Emil Franzos, Namensstudien, S. 4 ff.

[9] Franzos, Namensstudien.

[10] Eingehefteter Korrekturzettel bei Gottschald.

[11] Bering, Name als Stigma, S. 419.

[12] Vgl. sub voce im Namensverzeichnis zum Zentralfriedhof Tor I. Die folgende Geschichte wurde mehrfach berichtet.

[13] Das Folgende nach Schmidtbauer, S. 82 ff.

[14] Zeyringer, S. IV.

[15] Sub voce im Teil Zentralfriedhof Tor I.

[16] Laut Matrikelamt der Israelitischen Kultusgemeinde Wien und künftighin bei Heinz Schöny: Die Wiener Maler des Expressionismus. Genealogische Studien (Manuskript, Druck in Vorbereitung).

[17] Bering, Name als Stigma, S. 378.

[18] Gottschald, S. 3.

[19] Ebd., S. 1 f.

[20] Bering, Name als Stigma, S. 541.

[21] Zeyringer, S. 3 f.

# BIBLIOGRAPHIE


MANFRED ACKERMANN: Erziehung zum Menschenbewußtsein. Wien – Zürich 1988.

RICHARD HARRY ALLEN: An annoted Arthur Schnitzler Bibliography. Chapel Hill 1966.

JACOB ALLERHAND: Das Judentum in der Aufklärung. Stuttgart 1980.

Allgemeine Deutsche Biographie (ADB), 56 Bde. Leipzig 1875–1912.

Almanach der Akademie der Wissenschaften 1974. Wien 1975.

GERHARD WINFRIED APPELTAUER: Humor und Ironie in der jüdisch-liberalen Presse, untersucht an Alexander Landesbergs Publikationen in der «Wiener Sonn- und Montagszeitung» (Diss. ungedr.). Wien 1906.

Das Armenwesen. Die öffentliche Armenpflege in Wien und deren geschichtliche Entwicklung. Für die Jubiläums-Ausstellung, Wien 1898. Nach amtlichen Quellen verfaßt über Auftrag des Gemeinderats der k.k. Reichshaupt- und Residenzstadt Wien vom Armen-Departement des Wiener Magistrats. Wien 1898.

JOACHIM AUBERT: Handbuch der Grabstätten berühmter Deutscher, Österreicher und Schweizer. München – Berlin $^{2}$1975.

MAXIMILIAN BACH: Geschichte der Wiener Revolution im Jahre 1848. Wien 1898.

RICHARD BAMBERGER, FRANZ MAIER-BRUCK (Hgg.): Österreich-Lexikon, 2 Bde. Wien – München 1965–1967.

LUDWIG BATO: Die Juden im alten Wien. Wien 1928.

WERNER T. BAUER: Wiener Friedhofsführer. Genaue Beschreibung sämtlicher Begräbnisstätten nebst einer Geschichte des Wiener Bestattungswesens. Wien 1988.

STEVEN BELLER: Vienna and the Jews 1867–1838. A Cultural History. Cambridge 1989.

JOSEF BERGAUER: Auf den Spuren berühmter Menschen in Wien. Wien 1949.

DERS.: Das klingende Wien. Erinnerungsstätten berühmter Tondichter. Wien 1946.

GÜNTHER BERGER: Sieben erhaltene Konkurrenzprojekte zur Anlage des Wiener Zentralfriedhofs (1870–1871). In: Jahrbuch des Vereins für Geschichte der Stadt Wien. Wien 1982, S. 82–138.

MAX BERGER, WOLFGANG HÄUSLER, ERICH LESSING: Judaica. Die Sammlung Berger. Kult und Kultur des europäischen Judentums. Wien 1978.

Bericht Leopold Moses (BM) = Biographisches Material und Material über Exhumierungen auf dem Währinger Israelitischen Friedhof 1941/42 (Zentralarchiv für die Geschichte des Jüdischen Volkes/Jerusalem, A/W 1515).

HEINRICH BERL: Das Judentum in der Musik. Stuttgart 1926.

WOLFGANG BIEDERMANN: Friedhofskultur in Wien im 19. Jahrhundert. Das Bestattungswesen vom Josefinismus bis zur Gründerzeit (Diss. ungedr.). Wien 1978.

WOLFDIETER BIHL: Bibliographie der österreichischen Hochschulschriften über Judentum und jüdische Persönlichkeiten, die 1872–1962 an österreichischen Hochschulen approbiert wurden. Wien 1965.

DERS.: Bibliographie der österreichischen Hochschulschriften über Judentum und jüdische Persönlichkeiten 1962–1974. Wien 1976.

HANS BISANZ: Carl Wollek – Grabmal für eine Frühverstorbene. In: Robert Waissenberger (Hg.): Wiener Schriften. Studien 78/80 aus dem Historischen Museum der Stadt Wien. Wien – München – Zürich 1980, S. 259–274.

S. G. Blogg: Sefer Hachajim. Israelitisches Gebets- und Erbauungsbuch. Gebet bei Krankheiten, in einem Sterbehause und bei dem Besuche der Gräber von Verwandten. Frankfurt 1905 (Repr. Basel o.J.).

Kopel Blum: Aufklärung und Reform bei den Wiener Juden (Diss. ungedr.). Wien 1935.

Karl Bosl, Günther Franz, Hanns Hubert Hofmann: Biographisches Wörterbuch zur deutschen Geschichte, 3 Bde. München ²1973–1975.

Wilhelm Brauneder: Juristen in Österreich 1200–1980. Wien 1987.

E. Brixel: Die Ära W. Karczag im Theater an der Wien (Diss. ungedr.). Wien 1967.

Franz Brümmer: Lexikon der deutschen Dichter und Prosaisten von Beginn des 19. Jahrhunderts bis zur Gegenwart, 8 Bde. o. O. ⁶1913.

Margarete Bucek: Geschichte der Seidenfabrikanten Wiens im 18. Jahrhundert (1710–1792). Eine wirtschafts-, kulturhistorische als auch soziologische Untersuchung. Wien 1874.

John Bunzl: Klassenkampf in der Diaspora. Zur Geschichte der jüdischen Arbeiterbewegung (Schriftenreihe des Ludwig-Boltzmann-Instituts für Geschichte der Arbeiterbewegung V). Wien 1975.

David Casaretto: Personalbibliographien von Professoren und Dozenten der 2. Universitäts-Hautklinik in Wien im ungefähren Zeitraum von 1849–1969. Mit kurzen biographischen Angaben und Überblick über die Sachgebiete (Diss. ungedr.). Erlangen – Nürnberg 1972.

Harry Cohen, Jitzhak J. Carmin (Hgg.): Jews in the World of Science. A Biographical Dictionary of Jews eminent in the Natural and Social Science. New York 1956.

Schmeril Czaczkes-Tissenboim: Der Anteil der Juden an der Wiener Revolution von 1848. Wien 1926.

Felix Czeike: Das große Groner Wien Lexikon. Wien – München – Zürich 1974.

Avigdor Dagan: The Jews of Czechoslovakia. Historical Studies and Surveys, 3 Bde. New York 1968.

Lyman Darryl: Great Jews in Music. New York 1986.

Hermann August Degener (Hg.): Wer ist wer? Das deutsche Who's who. Berlin ¹²1955.

Dehio-Handbuch. Die Kunstdenkmäler Österreichs. Wien – München ⁶1974.

Erich Deimer (Hg.): Chronik der Allgemeinen Poliklinik in Wien im Spiegel der Medizin- und Sozialgeschichte. Wien 1990.

Rudolf Dettelmaier: Salomon Frankfurter. In: Biblos V (1956) S. 157–161.

Deutsches Bühnenjahrbuch 1915.

Paul Diamant: Sphragistik und Heraldik bei den Juden. Wien 1929.

Ders.: Zur Geschichte der Wiener Juden. Führer durch Wien zum 14. Zionisten-Kongreß. Wien 1925.

Dictionary of Scientific Biography, 14 Bde. New York 1970.

Dokumentationsarchiv des österreichischen Widerstandes: Bedeutung, Entwicklung, Tätigkeit. Wien 1982.

I. Donner: Das Feuilleton des «Neuen Wiener Tagblatts». Zwischen den beiden Weltkriegen (Diss. ungedr.). Wien 1951.

Anna Drabek, Wolfgang Häusler, Kurt Schubert, Karl Stuhlpfarrer, Nikolaus Vielmetti: Das österreichische Judentum. Voraussetzungen und Geschichte. Wien – München ³1982.

Rahel Edelstein-Friedmann: Die Inschriften des alten Judenfriedhofs in Wien. In: Ost–West, 14. Jg. (1914), S. 490–502.

Frank Ehlert: Personalbiographien von Professoren und Dozenten der Neurologie an der Medizinischen Fakultät der Universität Wien im ungefähren Zeitraum von 1925–1945 (Diss. ungedr.). Erlangen 1972.

A. EHRLICH: Berühmte Klavierspieler der Vergangenheit und Gegenwart. Wien 1893.

S. EHRLICH: Journalisten und Schriftsteller-Verband «Concordia» 1859–1909. Wien 1909.

A. EHRENZWEIG: In memoriam F. P. In: Zeitschrift für Notariat und freiwillige Gerichtsbarkeit in Österreich. 1905.

R. EINHORN: Vertreter der Mathematik und Geometrie an den Wiener Hochschulen 1900–1940, 2 Bde. Wien 1985 (mit umfassendem Werkverzeichnis).

LUDWIG EISENBERG: Künstler- und Schriftsteller-Lexikon, 6 Bde. Wien 1889–1893.

CHRISTIAN RITTER VON D'ELVERT: Zur Geschichte der Juden in Mähren und Österreich-Schlesien, mit Rücksicht auf Österreich-Ungarn überhaupt und die Nachbarländer. Brünn 1895.

ELISABETH EMSENHUBER: Die Wiener Juden in der zweiten Hälfte des 19. Jahrhunderts. Soziale und familiäre Aspekte (Diss. ungedr.). Wien 1982.

Encyclopedia ha-Ivrith. Tel Aviv 1956 ff.

Encyclopaedia Judaica (EJ (D)). Berlin 1929–1928, Bd. 1–10.

Encyclopedia Judaica (EJ (E)). Jerusalem 1971, Bd. 1–16.

BERND EVERS: Mausoleen des 17. – 19. Jahrhunderts. Typologische Studien zum Grab- und Memorialbau (Diss. ungedr.). Tübingen, 1983.

HERBERT EXENBERGER: Familie Kauders (unveröffentlichtes Manuskript, 1989).

ERNST FELDSBERG: Getreu den Sitten der Väter. In: Wiener Stadtwerke (Hg.): Der Weg in die Stille. Wien – München 1967, S. 50–52.

BRIGITTE FIALA: Der Wiener Gemeinderat in den Jahren 1879 bis 1883 mit besonderer Berücksichtigung der in diesen Jahren neu eingetretenen Gemeinderäte (Diss. ungedr.). Wien 1974.

ISIDOR FISCHER: Biographisches Lexikon der hervorragenden Ärzte der letzten fünfzig Jahre, 2 Bde. Berlin – Wien 1932–1933.

PETER FISCHER: Gräber von jüdischen Kriegstoten aus dem 1. Weltkrieg und Gräber jüdischer Naziopfer. In: David 1. Jg./Heft (2. Sept. 1989), S. 22–25 (Vorabdruck eines Referats, gehalten am 16. 4. 1989 – Symposium II «Synagogen und Jüdische Friedhöfe» / Kath. Bildungshaus Lainz).

MAX FLEISCHER: Mausoleum am Central-Friedhof in Wien. In: Der Bautechniker, 14. 10. 1892.

DERS.: Mausoleum der Familie Wilhelm Ritter von Gutmann am Wiener Centralfriedhofe. In: Der Bautechniker, 21. 7. 1893.

DERS.: Zwei Grabdenkmale auf dem Centralfriedhofe zu Wien. In: Der Bautechniker, 9. 11. 1900.

DERS.: Grabdenkmale auf dem Wiener Centralfriedhofe. In: Der Bautechniker, 4. 10. 1901.

JOSEF FRAENKEL (Hg.): The Jews of Austria. Essays on their Life, History and Destruction. London 1967.

LUDWIG AUGUST FRANKL RITTER VON HOCHWART: Zur Geschichte der Juden in Wien. Wien 1847.

DERS.: Inschriften des alten jüdischen Freithofes in Wien. Wien 1855.

ADOLPH FRANKL-GRÜN: Geschichte der Juden in Ungarisch-Brod. Wien 1905.

HEINRICH FRAUBERGER: Biographisches Lexikon der Wiener Weltausstellung. Wien 1873.

ERNST FREUD u. a. (Hgg.): Sigmund Freud. Sein Leben in Bildern und Texten. München 1976.

HEINRICH FRIEDJUNG: Österreich von 1848 bis 1860, 2 Bde. Stuttgart – Berlin [3]1908.

M(ORDKHAY) HIRSCH FRIEDLÄNDER: Das Leben und Wirken der Juden in Österreich in vormärzlichen Zeiten. Wien 1911.

Moritz Frühling: Biographisches Handbuch der in der österreichisch-ungarischen Armee [...] aktiv gedienter Offiziere jüdischen Stammes. Wien o. J.

Jutta Fuierer: Personalbibliographien von Professoren und Dozenten an der medizinischen Fakultät der Universität Wien im ungefähren Zeitraum von 1861–1910. Mit biographischen Angaben und Überblicken über die Hauptarbeitsgebiete (Diss. ungedr.). Erlangen – Nürnberg 1972.

Adolf Gaisbauer: Zionismus und jüdischer Nationalismus in Zisleithanien (1882–1918) (Diss. ungedr.). Wien 1981.

Ders.: Davidstern und Doppeladler. Zionismus und jüdischer Nationalismus in Österreich (1882–1918). Wien 1988.

Isaak Gastfreund: Wiener Rabbiner. Wien 1879.

Karl Markus Gauss: Selbstmord im März. Porträt des Schriftstellers Kurt Sonnenfeld. In: Wiener Zeitung, 18. 3. 1988.

Gemeinderat der Stadt Wien (Hg.): Wien 1848 – 1888. Denkschrift zum 2. Dez. 1888, 2 Bde. Wien 1888.

Gesamtverzeichnis des deutschsprachigen Schrifttums 1911–1965. München 1976.

Hans Giebisch, Gustav Gugitz: Bio-Bibliographisches Literaturlexikon Österreichs. Von den Anfängen bis zur Gegenwart. Wien 1964.

Hugo Glaser: Wiens große Ärzte (Volksbuchreihe «Wien» Bd. 2). Wien 1947.

Herbert O. Glattauer: Menschen hinter großen Namen. Berühmte Österreicher, die Sie kennen sollten. Salzburg 1977.

Karl Glossy: Theatergeschichtliche Ausstellung der Stadt Wien 1892. Wien 1892.

Elvira Glück: Das Projekt «Sanierungsarbeiten am I. Tor Zentralfriedhof, Israelitische Abteilung. In: David 1. Jg./Heft 3 (Dez. 1989), S. 28 f. (Vorabdruck eines Referats, gehalten am 16. 4. 1989 – Symposium II «Synagogen und Jüdische Friedhöfe» / Kath. Bildungshaus Lainz).

Astrid Gmeiner, Gottfried Pirhofer: Der österreichische Werkbund. Alternative zur klassischen Moderne in Architektur, Raum- und Produktgestaltung. Salzburg – Wien 1985.

Hugo Gold (Hg.): Die Juden und Judengemeinden Mährens in Vergangenheit und Gegenwart. Ein Sammelwerk. Brünn 1929.

Ders. (Hg.): Die Juden und Judengemeinden Böhmens in Vergangenheit und Gegenwart. o. O. 1934.

Ders.: Geschichte der Juden in der Bukowina. Tel Aviv 1958.

Ders.: Geschichte der Juden in Wien. Tel Aviv 1966.

Ders.: Gedenkbuch der untergegangenen Judengemeinde des Burgenlandes. o. O. 1970.

Ders.: Österreichische Juden in der Welt. Ein bio-bibliographisches Lexikon. Tel Aviv 1971.

Ders.: Geschichte der Juden in Österreich. Ein Gedenkbuch. Tel Aviv 1971.

P. Goldberg: Dr. J. E. Pollak, eine biographische Skizze. o. O. 1856.

Leo Goldhammer: Die Juden Wiens. Eine statistische Studie. Wien – Leipzig 1927.

Walter Grab, Julius H. Schoeps (Hgg.): Juden im Vormärz und in der Revolution von 1848. Stuttgart – Bonn 1983.

Grabdenkmäler verfertigt von der Firma Hauser. Ein Bildband. Wien 1917.

Das moderne Grabdenkmal. Originalentwürfe für künstlerische Grabsteine und Grabdenkmäler. Ein Bildband. Wien 1908.

R. GRANICHSTÄDTEN-CERVA, J. MENTSCHL, G. OTRUBA: Altösterreichische Unternehmer. 110 Lebensbilder (Österreich-Reihe Bd. 365/367). Wien 1969.

BERNHARD GROIS: Das Allgemeine Krankenhaus in Wien und seine Geschichte. Wien 1965.

RICHARD GRONER (Hgg.): Das geistige Wien. Mittheilungen über die in Wien lebenden Architekten, Bildhauer, Bühnenkünstler (etc.), Bd. 1–6. Wien 1886–1893.

Die Großindustrie Österreichs. Festgabe zum fünfzigjährigen Regierungs-Jubiläum S. M. des Kaisers Franz Joseph I. Dargebracht von den Industriellen Österreichs, 6 Bde. Wien 1898.

MIMI GROSSBERG: Österreichische Autoren in Amerika. Geschick und Leistung der österreichischen Emigration ab 1938 in den Vereinigten Staaten. Bio-bibliographische Notizen [...]. Eine Ausstellung, veranstaltet vom Amerika-Haus Wien in Zusammenarbeit mit der Dokumentationsstelle für neuere österreichische Literatur. Wien 1970.

CARL SIGMUND GRÜNFELD: Berühmte Männer und Frauen. Ein illustrierter Protest gegen den Antisemitismus. Wien 1886.

MAX GRUNWALD: Geschichte der Juden in Wien von 1625 bis 1740 (Geschichte der Stadt Wien V). Wien 1913.

DERS.: Samuel Oppenheimer und sein Kreis. Ein Kapitel aus der Finanzgeschichte Österreichs (Quellen und Forschungen zur Geschichte der Juden in Deutsch-Österreich V). Wien 1913.

DERS.: Zur jüdischen Kulturgeschichte im österreichischen Vormärz. In: Mitteilungen zur jüdischen Volkskunde 1913.

DERS.: Geschichte der Wiener Juden bis 1914. Der Schuljugend erzählt von Max Grunwald. Wien 1926.

DERS.: Geschichte der Wiener Juden bis 1914. Wien 1926.

ISRAEL GUTMAN: Encyclopedia of the Holocaust, 4 Bde. London 1990.

MARIA HABACHER: Österreichische Erfinder. Werk und Schicksal (Österreich-Reihe Bd. 224/228). Wien 1964.

W. HABERLING, F. HÜBOTTER, H. VIERORDT: Biographisches Lexikon der hervorragenden Ärzte aller Zeiten und Länder. Berlin – Wien 1929.

FRANZ HADAMOVSKY: Wien – Theatergeschichte. Von den Anfängen bis zum Ende des Ersten Weltkriegs (Geschichte der Stadt Wien Bd. 3). Wien – München 1988.

GERTRUD MARIA HAHNKAMPER: Der Wiener Gemeinderat zwischen 1861 und 1864 (Diss. ungedr.). Wien 1973.

HANS HEINZ HAHNL: Vergessene Literaten: 50 österreichische Lebensschicksale. Wien 1984.

E. HALESCH: «Neues Wiener Journal» (Diss. ungedr.). Wien 1953.

MURRAY GORDON HALL: Österreichische Verlagsgeschichte 1918–1938, 2 Bde. Wien – Köln – Graz 1985.

MAX HASENEDER: Personalbibliographien von Professoren und Dozenten der Inneren Medizin an der Medizinischen Fakultät der Universität Wien im ungefähren Zeitraum von 1890–1940. Mit biographischen Angaben und Überblicken über die Hauptarbeitsgebiete (Diss. ungedr.). Erlangen – Nürnberg 1971.

BARBARA HAUBOLD: Die Grabdenkmäler des Wiener Zentralfriedhofs von 1874 bis 1918 (Kunstgeschichte, Bd. 30). Münster 1990.

HANS HAUENSTEIN: Chronik des Wienerliedes. Klosterneuburg – Wien 1976.

WOLFGANG HÄUSLER: Der Weg des Judentums von der Toleranz zur Emanzipation. In: Jahrbuch des Vereins für Geschichte der Stadt Wien 30/31 (1974/75).

DERS. u. a. (Hgg.): Das Judentum im Revolutionsjahr 1848 (Studia Judaica Austriaca I). Wien – München 1974.

Ders.: Das österreichische Judentum des bürgerlichen Zeitalters. In: Das österreichische Judentum. Voraussetzung und Geschichte. Wien – München $^{3}$1988.

Ders.: Ein Rundgang zu den Gedenkstätten auf dem Wiener Zentralfriedhof. In: Simmeringer Museumsblätter, Heft 11 (März 1982), S. 3–22.

Eduard Hausner: Die Tätigkeit des Wiener Gemeinderates in den Jahren 1884 – 1888 (Diss. ungedr.). Wien 1974.

Hans Havelka: Zentralfriedhof. Wien 1985.

Ders.: Hazur tomim – Die Israelitische Zeremonienhalle am Wiener Zentralfriedhof. In: Simmeringer Museumsblätter, Heft 29/30 (Sept. 1988), S. 168–170.

Alexander Hecht: Der Bund B'nai Brith und seine Bedeutung für das österreichische Judentum. Wien 1914.

Dieter Heid: Personalbibliographien der Professoren und Dozenten der Augenheilkunde an der Medizinischen Fakultät der Universität Wien im ungefähren Zeitraum von 1814–1884 (Diss. ungedr.). Erlangen – Nürnberg 1972.

Heilige Gemeinde Wien. Juden in Wien – Die Sammlung Berger. Ausstellungskatalog des Historischen Museums. Wien 1988.

Erwin Heinzel: Lexikon historischer Ereignisse und Personen in Kunst, Literatur und Musik. Wien 1962.

Friedrich Hergeth: Aus der Werkstatt der Freimaurer und Juden im Österreich der Nachkriegsjahre. Graz 1927.

Moritz Hermann, Franz Evenbach: Die neuen Väter der Großkommune Wien. Wien 1861.

Cl. Hermann (Hg.): Deutsch-Österreichisches Künstler- und Schriftsteller-Lexikon o. O. o. J.

Peter Herz: Die jüdischen Theaterdirektoren Wiens. In: Illustrierte Neue Welt, März 1981.

Ders.: Stammtische – Stammgäste. In: Die Gemeinde, Juni 1983, S. 26.

Ders.: Klänge aus der jüdischen Leopoldstadt. In: Die Gemeinde, 12. 2. 1987.

Renate Heuer: Bibliographia Judaica. Verzeichnis jüdischer Autoren deutscher Sprache, 3 Bde. Frankfurt/Main – New York 1982–1988.

Adolf Hinrichsen: Das literarische Deutschland. Berlin $^{2}$1891.

August Hirsch (Hg.): Biographisches Lexikon der hervorragenden Ärzte aller Zeiten und Völker, 6 Bde. Berlin – Wien $^{2}$1929–1935.

L. Hirsch: Der österreichische Franz-Joseph-Orden. o. O. o. J.

Otto Hochreiter, Timm Starl (Hgg.): Geschichte der Fotografie in Österreich. Ischl 1983.

Mascha Hoff: Johann Kremenetzky, der Gründer des KKL. Wien 1987.

Franz Hügel: Das Friedhofswesen vom Standpunkte der Friedhofspolizei nebst einer kritischen Beleuchtung der von der Commune beabsichtigten Errichtung eines Zentralfriedhofes in Wien. Wien 1868.

Sigmund Husserl: Gründungsgeschichte des Stadttempels der Israelitischen Kultusgemeinde Wien (1826). Wien 1906.

Ders.: Maschinenschriftliches Manuskript A/W 756 – Zentralarchiv für Geschichte des Jüdischen Volkes/Jerusalem.

Wilma Iggers (Hg.): Die Juden in Böhmen und Mähren. München 1986.

Hanns Jäger-Sunstenau: Die geadelten Judenfamilien im vormärzlichen Wien (Diss. ungedr.). Wien 1950.

Friedrich Jaksch: Lexikon sudetendeutscher Schriftsteller und ihrer Werke für die Jahre 1900–1929. Reichenberg 1929.

Alfred Janata: Österreicher im Jemen. Personen und Aktionen. In: Alfred Janata u. a. (Hgg.): Jemen. Im Land der Königin von Saba. Ausstellungskatalog des Museums für Völkerkunde. Wien 1989, S. 21–47, bes. S. 33 f.

F. Jansa: Deutsche bildende Künstler in Wort und Bild. o. O. 1912.

Friedrich Javorsky: Lexikon der Wiener Straßennamen. Wien 1964.

Israel Jeiteles: Die Kultusgemeinde der Israeliten in Wien, mit Benützung des statistischen Volkszählungsapparates vom Jahr 1869. Wien 1873.

The Jewish Encyclopedia (JE). New York 1902–1906, Bd. 1–12.

Jubiläumsausstellung «100 Jahre Wiener Oper am Ring». Katalog. Wien 1969.

Jüdischer Plutarch. Oder biographisches Lexicon der markantesten Männer und Frauen jüdischer Abkunft, aller Stände, Zeiten und Länder mit besonderer Rücksicht auf das österreichische Kaiserthum, 2 Bde. Wien 1848.

Jüdisches Lexikon (JL). Berlin 1927–1930, Bd. 1–4/2.

Richard H. Kastner: Die Geschichte der Technischen Hochschule in Wien. Wien – Munchen 1965.

Meyer Kayserling: Gedenkblätter. Hervorragende jüdische Persönlichkeiten des neunzehnten Jahrhunderts. Leipzig 1892.

Alois Kehl: Der Wiener Zentralfriedhof und die Zierde der österreichischen Industrie. Wien 1876.

Verena Keil-Budischowsky: Die Theater Wiens, 6 Bde. Wien 1894–1909.

Adolf Kessler: Die Juden in Österreich unter Kaiser Josef II. (Diss. ungedr.). Wien 1932.

Franz Killmeyer: Friedhöfe in Wien. Wien 1986.

Guido Kisch: Judaistische Bibliographie der in Deutschland und der Schweiz von 1956–1970 erschienenen Dissertationen und Habilitationsschriften. Basel – Stuttgart 1972.

Werner Kitlischka: Grabkult und Grabskulptur in Wien und Niederösterreich. St. Pölten 1987.

Marcel Klang (Hg.): Die geistige Elite Österreichs. Ein Handbuch der Führenden in Kultur und Wirtschaft. Wien 1936.

P. Klein: Der Antisemitismus in der Wiener Presse von 1848 bis 1873 (Diss. ungedr.). Wien 1948.

Walter Kleindel, Hans Veigl (Hgg.): Das große Buch der Österreicher. 4500 Personendarstellungen in Wort und Bild. Namen, Daten, Fakten. Wien o. J.

Fritz Knoll: Österreichische Naturforscher, Ärzte und Techniker. Wien 1957.

Adolf Kohut: Berühmte israelitische Männer und Frauen in der Kulturgeschichte der Menschheit. Lebens- und Charakterbilder aus der Gegenwart. Ein Handbuch für Haus und Familie, 2 Bde. Leipzig o. J.

Gabriele Koller, Gloria Witthalm (Hgg.): Die Vertreibung der Geistigen aus Österreich. Ausstellungskatalog. Wien 1985.

Josef Koller: Das Wiener Volkssängertum in alter und neuer Zeit. Nacherzähltes und Selbsterlebtes. Wien 1931.

Elisabeth Koller-Glück: Das Wunder von der Seegasse. In: Das Jüdische Echo 1986.

Dies.: Der alte Judenfriedhof in der Seegasse. Mit besonderer Berücksichtigung seines Schicksals während und nach der Zeit des Nationalsozialismus. In: Wiener Geschichtsblätter 2/1992.

Paul Kortz: Wien am Anfang des XX. Jahrhunderts, 2 Bde. Wien 1905/1906.

Wilhelm Kosch: Deutsches Literatur-Lexikon. Biographisches und bibliographisches Handbuch, 4 Bde. ²1947–1958.

Ders.: Deutsches Theater-Lexikon. Biographisches und bibliographisches Handbuch. Klagenfurt – Wien 1951.

Hermann Clemens Kosel: Deutsch-österreichisches Künstler- und Schriftsteller-Lexikon. Wien 1902–1906.

Karl Heinz Kossdorff: Die Wiener liberale Lokalpresse im 19. Jahrhundert. Von der Gründung des ersten Volksblattes bis zur Aufhebung des Zeitungsstempels (1850–1900) (Diss. ungedr.). Wien 1969.

Franz Kostjak: Heinrich Salomon Mosenthal als Dramatiker (Diss. ungedr.). Wien 1928.

Margarete Kowall: Die 1938 von der Universität verwiesenen Mitglieder des akademischen Lehrkörpers der Philosophischen Fakultät der Universität Wien. Wien 1983.

S(amuel) Krauss: Geschichte der jüdischen Ärzte vom frühesten Mittelalter bis zur Gleichberechtigung (Veröffentlichung der A.-S.-Bettelheim-Stiftung Wien IV). Wien 1930.

Jonas Kreppel: Juden und Judentum heute. Zürich – Wien 1925.

Kult und Kultur des österreichischen Judentums. Katalog der gleichnamigen Ausstellung mit Objekten der Sammlung Berger im Kulturzentrum ehemalige Synagoge St. Pölten. St. Pölten 1984.

Kürschners deutscher Gelehrtenkalender. Berlin 1925 ff.

Der Kyffhäuser. Geadelte Jüdische Familien. Sonderabdruck aus der deutschnationalen Wochenschrift Der Kyffhäuser. Salzburg 1889–1891.

H. J. Landau: Stammbuchblätter. o. O. 1875.

Richard Landau: Geschichte der jüdischen Ärzte. Berlin 1895.

Lebendige Stadt und Literarischer Almanach. Wien 1963.

Andreas Lehne: Wiener Warenhäuser 1865–1914. Wien 1990.

Eugen Lennhofer, Oskar Posner: Internationales Freimaurer-Lexikon o. O. 1932.

Norbert Leser: Theodor Herzl und das Wiener Fin de siècle. Wien – Köln – Graz 1987.

Erna Lesky: Die Wiener medizinische Schule im 19. Jahrhundert (Studien zur Geschichte der Universität Wien VI). Graz – Köln 1965.

Johann Lettner: Aspekte der österreichisch-jüdischen Emigration in England 1936–1945 (Diss. ungedr.). Salzburg 1972.

Albert Lewkowitz: Das Judentum und die geistigen Strömungen des 19. Jahrhunderts. Breslau 1935.

Lexikon der Frauen, 2 Bde. Zürich 1962.

Liga der Freunde des Judentums (Liga) (Hg.): Österreich-jüdisches Geistes- und Kulturleben, 3 Bde. Wien 1988 ff.

Klaus Lohrmann (Hg.): 1000 Jahre österreichisches Judentum. Ausstellungskatalog. Eisenstadt 1982.

Brigitte Lorenzson: Personalbiographien von Professoren und Dozenten der I. und II. Universitätsfrauenklinik in Wien (Diss. ungedr.). Erlangen – Nürnberg 1973.

A. Löw: Die soziale Zusammensetzung der Wiener Juden nach den Trauungs- und Geburtsmatrikeln 1784–1848 (Diss. ungedr.). Wien 1951.

J. Löwenbach: Jindrich Kafka. o. O. 1938.

Siegmund Löwy: Altwiener Familien. Wien 1925.

Wilhelm Löwy: Die öffentliche Armenpflege und die private Wohltätigkeit in Wien in den Jahren 1848–1898. In: Österreichische Wohlfahrts-Einrichtungen 1848–1898, Bd. 1: Armenpflege und Wohltätigkeit in Österreich. Wien 1899.

H. Loyklicky: Zur Geschichte der Augenheilkunde in Wien. Wien 1984.

Silvia Maderegger: Die Juden im österreichischen Ständestaat 1934–1938. Wien – Salzburg 1973.

Isak Noa Mannheimer: Rede am Grab des Herrn Isak Löw Hofmann Edlen zu Hofmannsthal, gehalten am 4. Dezember 1849. Wien 1849.

Isabella Marboe: Recherchen über die Zeremonienhallen Tor I und Tor IV des Wiener Zentralfriedhofs (Referat, gehalten am 15. 4. 1989 – Symposium II «Synagogen und Jüdische Friedhöfe»/Kath. Bildungshaus Lainz).

Hans Markl: Die Gedenktafeln Wiens. Wien 1948.

Ders.: Kennst Du die Gedenkstätten Wiens? Wien – München – Zürich 1959.

Ders.: Kennst Du die berühmten letzten Ruhestätten auf den Wiener Friedhöfen? Bd. 1: Zentralfriedhof und Krematorium (Urnenhain). Wien 1961.

Carl Ferdinand Mautner von Markhof, Eugen Guglia: Die Wiener Stiftungen. Wien 1885.

A. Mayer: Wiens Buchdrucker-Geschichte (1482–1882), 2 Bde. Wien 1887.

Sigmund Mayer: Das Wiener Judentum. Kommerz, Kultur und Politik 1700–1900. Wien – Berlin [2]1918.

Ders.: Handwerk und Großindustrie in Wien 1700–1850. In: Wiener Communal Kalender, 17. Jg. Wien 1889.

Ders.: Ein jüdischer Kaufmann in Wien. Leipzig 1911.

Josef Mayerhöfer u. a.: Lexikon der Naturwissenschaften. Biographien, Sachwörter und Bibliographien. Wien 1969–1970.

O. Jr. William McCagg: A History of the Habsburg Jews 1670–1918. Bloomington – Indianapolis 1918.

Annemarie Meixner: Der Wiener Gemeinderat in den Jahren 1864 bis 1868 (Diss. ungedr.). Wien 1975.

P. A. Memmesheimer: Das klassizistische Grabmal. Eine Typologie (Diss. ungedr.). Bonn 1969.

Maria Menczigar: Julius Epstein. Sein Leben und Wirken unter besonderer Erforschung seiner Beziehung zu Johannes Brahms. 1957.

Josef Mentschl: Österreichische Wirtschaftspioniere. Wien 1959.

Ders., Gustav Otruba: Österreichische Industrielle und Bankiers (Österreich-Reihe Bd. 279/281). Wien 1965.

Judith Merinsky: Die Auswirkungen der Annexion Österreichs durch das Deutsche Reich auf die medizinische Fakultät der Universität Wien im Jahre 1938. Biographien entlassener Professoren und Dozenten (Diss. ungedr.). Wien 1981.

Mitteilungsblatt des Verbandes jüdischer Techniker und Ingenieure (Jg. 1935–1937).

Heinrich Moeller: Personalbiographien von Professoren und Dozenten der Chirurgie an der Medizinischen Fakultät der Universität Wien im ungefähren Zeitraum 1790-1878. Mit kurzen biographischen Angaben und Überblick über die Sachgebiete (Diss. ungedr.). Erlangen – Nürnberg 1972.

Mirjam Morad: Als Forscher fast verhungert. Späte Würdigung und Rehabilitierung des österreichischen Gelehrten, Satirikers und Autors F. S. Krauss. In: Wiener Zeitung, 6. 1. 1989.

Dies.: Friedrich Salomo Krauss: ein biographischer Entwurf (Diplomarbeit am Institut für Volkskunde der Universität Wien). Wien 1987.

Jonny Moser: Die Judenverfolgung in Österreich 1938–1945 (Monographien zur Zeitgeschichte. Schriftenreihe des DÖW). Wien – Frankfurt – Zürich 1966.

Leopold Moses: Nachlaß mit unveröffentlichten Manuskripten und Dokumenten im Wiener Stadt- und Landesarchiv (MA 8).

Kurt Mühlberger: Dokumentation «Vertriebene Intelligenz 1938». Der Verlust geistiger und menschlicher Potenz an der Universität Wien 1938–1945. Wien 1990.

Munzinger-Archiv, Materialsammlungen zu einzelnen Personen.

Max Neuburger: Die ersten an der Wiener medizinischen Fakultät promovierten Ärzte jüdischen Stammes. In: MGWJ 62. Jg., Januar/März 1918, S. 219–222.

Der Neue Israelitische Friedhof in Wien und seine Bauten. Denkschrift der Israelitischen Kultusgemeinde Wien. Wien 1928.

Neue Deutsche Biographie (NDB), z. Zt. 16 Bde., Berlin 1953 ff.

Neue Österreichische Biographie (NÖB) ab 1815, Bd. I (1923 ff.) (Bde. X–XIV unter dem Titel: «Große Österreicher», ab Bd. XVIII unter dem Titel «Heimat bist du großer Söhne»). Wien – München 1923 ff.

Herta Obrovski: Das Wiener Vereinswesen im Vormärz (Diss. ungedr.). Wien 1970.

Franz Ögg: Personenregister zur Fackel. In: Karl Kraus (Hg.): Die Fackel, Bd. XII, München 1968–1976.

Österreichische Akademie der Wissenschaften (Hg.): Almanach (bis 1914: Almanach der k. Akademie der Wissenschaften; bis 1917: K. Almanach der Wissenschaften in Wien; bis 1946: Akademie der Wissenschaften. Almanach). Wien 1851 ff.

Österreichische Akademie der Wissenschaften (Hg.): Österreichische Naturforscher, Ärzte und Techniker. Wien 1950.

Österreichische Akademie der Wissenschaften (Hg.): Österreichisch-Biographisches Lexikon (ÖBL), 1815–1950. Graz – Köln 1957–1990.

Ivar Oxaal, Michael Pollak, Gerhard Botz: Antisemitism and Culture in Vienna. London – New York 1987.

Julius Leopold Pagel (Hg.): Biographisches Lexikon hervorragender Ärzte des neunzehnten Jahrhunderts. Berlin – Wien 1901.

Brigitte Pakes: Beiträge zur Geschichte des Lehrkörpers der juridischen Fakultät der Universität Wien zwischen 1918 und 1938 (Diss. ungedr.). Wien 1981.

K. Paupié: Handbuch der österreichischen Pressegeschichte 1848–1959, 2 Bde. Wien 1960.

Ders.: Moritz Szeps. Werk, Persönlichkeit und Beziehungen zum Kaiserhaus (Diss. ungedr.). Wien 1949.

H. Pemmer: Der Wiener Zentralfriedhof. Seine Geschichte und seine Denkmäler. Wien 1924.

Ders., Franz Englisch: Landstraßer Häuserchronik (Typoskript). Wien 1959.

Ders., Ninni Lackner: Der Wiener Prater einst und jetzt. Leipzig – Wien 1935.

Ders., Ninni Lackner: Die Währinger Straße. Ein Spaziergang von der Votivkirche zur Volksoper (Beiträge zur Heimatkunde des 9. Wiener Gemeindebezirks, Bd. 3). Wien 1968.

Helfried Petry: Personalbiographien von Professoren und Dozenten der Inneren Medizin an der medizinischen Fakultät der Universität Wien im ungefähren Zeitraum von 1850–1925. Mit kurzen biographischen Angaben und Überblick über die Sachgebiete (Diss. ungedr.). Erlangen – Nürnberg 1972.

JOSEF PICK: Jüdisch-geschichtliche Stätten in Wien und in österreichischen Bundesländern. Wien 1935.

FRANZ PLANER (Hg.): Das Jahrbuch der Wiener Gesellschaft. Biographische Beiträge zur Wiener Zeitgeschichte. Wien 1929.

S. J. PLASCHKE: Die ersten jüdischen Ärzte der Wiener Universität und ihre Schicksale. In: Bulletin des Leo-Baeck-Institutes 5 (1962), Nr. 12.

INGE PODBRECKY, MARKUS KRISTAN: Menschen – Schicksale – Monumente. Wien 1990.

JOHANN C. POGGENDORF: Biographisch-literarisches Handwörterbuch zur Geschichte der exakten Wissenschaften, 7 Bde. Leipzig 1863–1953.

A. POLITZER: Geschichte der Ohrenheilkunde. Wien 1913.

A. J. PRIBRAM: Urkunden und Akten zur Geschichte der Juden in Wien, 2 Bde. Wien 1918.

HEINRICH RESCHAUER: Geschichte des Kampfes der Handwerkszünfte und der Kaufmannsgremien mit der österreichischen Bureaukratie. Vom Ende des 17. Jahrhunderts bis zum Jahre 1860. Wien 1882.

DERS., MORITZ SMETS: Das Jahr 1848. Geschichte der Wiener Revolution, 2 Bde. Wien 1872.

HUGO RIEMANN: Riemann Musiklexikon. Berlin [11]1929.

HERWIG RISCHBIETER: Theater-Lexikon. Zürich 1983.

KARL RÖDER, HERBERT A. STRAUSS: Biographisches Handbuch der deutschsprachigen Emigration nach 1933, 3 Bde. München – New York – London 1980–1983.

M. ROSEMANN: Dr. Adolf Jellinek, sein Leben und Schaffen. Wien 1931.

MARSHA L. ROSENBLIT: Die Juden Wiens 1867–1914. Assimilation und Identität (Forschungen zur Geschichte des Donauraumes Bd. 11). Wien – Köln – Graz 1988.

HERBERT ROSENKRANZ: «Reichskristallnacht», 9. November 1938 in Österreich. Wien – Frankfurt – Zürich 1968.

DERS.: Verfolgung und Selbstbehauptung. Die Juden in Österreich 1938–1945. Wien – München 1978.

SÁNDOR ROTH: Juden im ungarischen Kulturleben in der zweiten Hälfte des 19. Jahrhunderts. Die ersten bedeutenden jüdischen Dichter in der ungarischen Literatur. Berlin 1934.

HANS ROTTER, ADOLF SCHMIEGER: Das Ghetto in der Wiener Leopoldstadt. Wien 1926.

IMMANUEL RUBIN: Die Anteilnahme der Juden am geistigen Leben Wiens am Vorabend der Revolution 1848 (Diss. ungedr.). Wien 1931.

HANS SAFRIAN, HANS WITTEK: «Und keiner war dabei». Dokumente des alltäglichen Antisemitismus in Wien 1938. Wien 1988.

RÜDIGER SCHIFERER: Interesse an jüdischen Friedhöfen. Gedanken aus der Sicht eines Bibliothekars der Österreichischen Nationalbibliothek. In: David 1. Jg./Heft 2. (Sept. 1989), S. 22–25 (Vorabdruck eines Referats, gehalten am 14. 4. 1989 – Symposium II «Synagogen und Jüdische Friedhöfe» / Kath. Bildungshaus Lainz).

MORCHE SCHLEICHER: Geschichte der spaniolischen Juden in Wien (Diss. ungedr.). Wien 1931.

HERBERT SCHMEISZER: Gerson Wolf (Diss. ungedr.). Wien 1955.

Friedrich Freiherr von Schmidt (1825–1891). Ein gotischer Rationalist. 148. Sonderausstellung des Historischen Museums der Stadt Wien. Wien 1991.

RUDOLF SCHMIDT: Das Wiener Künstlerhaus. Eine Chronik 1861–1951. Wien 1951.

DERS.: Österreichisches Künstler-Lexikon. Von den Anfängen bis zur Gegenwart. Wien 1977 ff.

Harry Schneidermann, Itzchaq Jakob Carmin: Who is who in World Jewry. A Bibliographical Dictionary of Outstanding Jews, 2 Bde. New York 1959–1965.

Leopold Schönbauer: Das medizinische Wien. Geschichte, Werden, Würdigung. Wien 1947.

Harold C. Schonberg: Die großen Pianisten. Bern – München – Wien 1970.

Heinz Schwarz: Personalbiographien von Professoren und Dozenten des Pathologisch-Anatomischen Instituts der Universität Wien im ungefähren Zeitraum von 1880–1936. Mit kurzen biographischen Angaben und Überblick über die Sachgebiete (Diss. ungedr.). Erlangen – Nürnberg 1972.

Hermine Schwarz: Ignaz Brüll und sein Freundeskreis. Wien 1922.

Ignaz Schwarz: Geschichte der Juden Wiens bis 1675. In: Geschichte der Stadt Wien Bd. 5. Wien 1913.

Ders.: Das Wiener Ghetto, seine Häuser und seine Bewohner (Quellen und Forschungen zur Geschichte der Juden in Deutsch-Österreich II). Wien 1909.

Karl Schwarz: Jewish Artists of the 19th and 20th Centuries. Freeport, N.Y. 1970.

Kurt Schubert: Der Einfluß des Josefinismus auf das Judentum in Österreich. In: Kairos 14 (1972).

Ders. (Hg.): Studia Judaica (SJ) I – Das Judentum im Revolutionsjahr 1848. Eisenstadt 1974.

Ders. (Hg.): Studia Judaica (SJ) XII – Die österreichischen Hofjuden und ihre Zeit.

Gabriele Schulte-Kettner: Der Wiener Zentralfriedhof als historische Quelle (Diss. ungedr.). Wien 1979.

Harry Sichrovsky: Mein Urahn – der Bahnbrecher. Heinrich Sichrovsky und seine Zeit. Wien 1988.

Norbert Siegl: Personalbiographien von Professoren und Dozenten der 1. Wiener Hautklinik im ungefähren Zeitraum von 1845–1969. Mit biographischen Angaben und Überblicken über die Hauptarbeitsgebiete (Diss. ungedr.). Erlangen – Nürnberg 1971.

Isidor Singer: Presse und Judentum. Wien 1882.

Ferdinand Smekal u. a. (Hgg.): Österreichs Nobelpreisträger. Wien 1961.

Friedrich Stadler (Hg.): Vertriebene Vernunft. Emigration und Exil österreichischer Wissenschaft 1930–1940, 2 Bde. Wien – München 1988.

Statuten des Vereins Chewra Kadischa. Verein für fromme und wohlthätige Werke, gegründet 1764. Wien 1903.

Martha Steffal: Die Tätigkeit des Wiener Gemeinderates von 1889–1892 (Diss. ungedr.). Wien 1974.

Patricia Steines: Jüdisches Brauchtum um Sterben, Tod und Begräbnis. In: Hansjakob Becker u. a. (Hgg.): Im Angesicht des Todes III (Pietas Liturgica III). St. Ottilien 1986, S. 134–154 (mit ausführlicher Literaturliste).

Dies.: Jüdisches Trauerbrauchtum (IDCIV-Heft 15). Wien 1987.

Dies.: Bibliographie zu jüdischen Friedhöfen. Beilage zum Doppelsymposium «Synagogen und Jüdische Friedhöfe» (Kath. Bildungshaus Lainz). Wien 1989.

Dies.: Reges Leben auf jüdischen Friedhöfen. In: Wiener Zeitung, 6. 1. 1989.

Dies.: Symbolik auf jüdischen Grabsteinen. Ein kaum beachtetes Thema der Jüdischen Volkskunde. In: David, 2. Jg., Nr. 4 (April 1990), S. 22–30.

Dies.: Der Währinger Israelitische Friedhof. In: Die Gemeinde, Mai 1990.

Dies.: Elise Herz und die Lämelschule. Ein Stück vergessenes Österreich in Jerusalem. In: David, 2. Jg., Heft 7 (Dez. 1990), S. 8–10.

Dies.: Hunderttausend Steine II. Der Währinger Israelitische Friedhof (abgeschlossene Foto-Dokumentation und zum Druck vorgesehenes Manuskript, Wiener Stadt- und Landesarchiv, Topographische Sammlung). Wien 1991.

DIES.: Mit den Trauernden um Zion und Jerusalem. Tod und Begräbnis im Judentum. In: Triumph des Todes? Ausstellungskatalog. Eisenstadt 1992, S. 140–155.

DIES.: Totenkultur als Wegweiser. In: Club Niederösterreich (Hg.): Mahnmale. Jüdische Friedhöfe in Wien, Niederösterreich und Burgenland. Wien 1992, S. 14–27.

DIES.: Zwischen Tradition und Assimilation. In: Club Niederösterreich (Hg.): Mahnmale. Jüdische Friedhöfe in Wien, Niederösterreich und Burgenland. Wien 1992, S. 48–72.

DIES.: Die Wiener geadelten jüdischen Familien und ihre Wappen (zum Druck vorgesehenes Manuskript). Wien 1992.

DIES.: Ehrung und Gedenken in Metall. Gedenkmedaillen und -plaketten berühmter Wiener Persönlichkeiten jüdischer Herkunft. In: Wiener Geschichtsblätter IV. Wien 1992.

JULIUS STERN: Werden und Walten der «Concordia» (Journalisten und Schriftsteller-Verein Concordia 1859–1909). Eine Festschrift. Wien 1909.

KARL F. STOCK, RUDOLF HEILINGER, MARYLÈNE STOCK (Hgg.): Personalbiographien österreichischer Dichter und Schriftsteller. Von den Anfängen bis zur Gegenwart. Pullach b. München 1972.

JOCHEN STUMPF: Personalbiographien von Professoren und Dozenten der Inneren Medizin an der Medizinischen Fakultät der Universität Wien im ungefähren Zeitraum von 1885–1935. Mit biographischen Angaben und Überblick über die Hauptarbeitsgebiete (Diss. ungedr.). Erlangen – Nürnberg 1972.

HERIBERT STURM (Hg.): Biographisches Lexikon zur Geschichte der Böhmischen Länder (BLBL). München – Wien – Oldenburg 1974 ff.

HEINRICH SUSSMANN: Künstlerhaus. Katalog.Wien 1977.

J. TAGLICHT: Nachlässe der Wiener Juden im 17. und 18. Jahrhundert (Quellen und Forschungen zur Geschichte der Juden in Deutsch-Österreich VII). Wien – Leipzig 1917.

ROBERT TEICHL (Hg.): Österreicher der Gegenwart. Lexikon schöpferischer und schaffender Zeitgenossen. Wien 1951.

WALTER TETZLAFF: 2000 Kurzbiographien bedeutender deutscher Juden des 20. Jahrhunderts. Lindhorst 1982.

ULRICH THIEME, FELIX BECKER (Begründer), HANS VOLLMER (Hg.): Allgemeines Lexikon der bildenden Künstler von der Antike bis zur Gegenwart, 37 Bde. Leipzig 1907– 1950.

HANS TIETZE: Die Juden Wiens. Geschichte – Wirtschaft – Kultur. Wien – Leipzig 1933 (Repr. Wien 1987).

JACOB TOURY: Die jüdische Presse im österreichischen Kaiserreich. Ein Beitrag zur Problematik der Akkulturation 1802–1918 (Schriftenreihe wissenschaftlicher Abhandlungen des Leo-Baeck-Instituts 41). Tübingen 1983.

Unsere Heimat. Monatsblatt des Vereins für Landeskunde von Niederösterreich und Wien. 1969.

FRIEDRICH UNTERREITER: Die Revolution in Wien von Oktober bis zum Ende 1848. Mit allen ihren Ursachen und Wirkungen fortlaufend bis auf die nächsten Tage auf das freisinnigste nach eigener Anschauung und den besten Quellen dargestellt, 8 Bde. Wien 1848.

Verzeichnis jüdischer Autoren. Vorläufige Zusammenstellung der Reichsstelle zur Förderung des Deutschen Schrifttums, 7 Bde. Berlin 1938/1939.

Verzeichnis jüdischer und nichtjüdischer Komponisten vom Gaupropagandaamt Steiermark. Graz 1938.

Nikolaus Vielmetti: Das österreichische Judentum. In: Institut für Österreichkunde (Hg.): Religion und Kirche in Österreich. Wien 1972, S. 83–110.

Hans Vollmer (Hg.): Allgemeines Lexikon der bildenden Künstler des 20. Jahrhunderts, 6 Bde. Leipzig 1953–1962.

Ders.: Der Wiener jüdische Publizist Ludwig August Frankl und die Begründung der Lämelschule in Jerusalem 1856. In: Jahrbuch des Instituts für Deutsche Geschichte (Univ. Tel Aviv) IV (1974), S. 167–204.

Bernhard Wachstein: Die Gründung der Chewra Kadischa im Jahre 1763: In: Mittheilungen zur jüdischen Volkskunde (1910), Hefte 32 und 33.

Ders., I. Taglicht, A. Kristianopoler: Die hebräische Publizistik in Wien, 3 Bde. Wien 1930.

Ders.: Die Inschriften des alten Judenfriedhofes in Wien (Quellen und Forschungen zur Geschichte der Juden in Deutsch-Österreich IV). Wien 1912.

Ders. (Hg.): Die ersten Statuten des Bethauses der Inneren Stadt. Aus Anlaß der Jahrhundertfeier (2. Nissan 5686/17. März 1926). Wien 1926.

Renate Wagner: In der Zauberwelt der Vergessenen. In: Parnass 6/1984, S. 64–69.

Dies.: Die Mutter Courage. In: Volksblatt (Magazin), 3. 11. 1989, S. 2/3.

Renate Wagner-Rieger: Die Wiener Ringstraße. Bilder einer Epoche. Wiesbaden 1969 ff.

Joseph Walk: Kurzbiographien zur Geschichte der Juden 1918–1943 (hg. v. Leo-Baeck-Institute – Jerusalem). Jerusalem 1988.

Ingrid Walter: Moritz Benedikt und die «Neue Freie Presse» (Diss. ungedr.). Wien 1950.

Adam Wandruszka: Geschichte einer Zeitung. Das Schicksal der «Presse» und der «Neuen Freien Presse» von 1848 zur 2. Republik. Wien 1958.

Josef Weichenfeld: Die gesetzliche Stellung der Juden Galiziens von der Märzrevolution bis zum Verfassungsjahr 1867 (Diss. ungedr.). Wien 1936.

Helmut Weihsmann: Das rote Wien. Wien 1985.

Weimarer Historisch-Genealogisches Taschenbuch des gesamten Adels judaischen Ursprungs. 1913.

Dorothea Weiss: Der publizistische Kampf der Wiener Juden um ihre Emanzipation in den Flugschriften und Zeitungen des Jahres 1848. Wien 1971.

Karl Weiss: Geschichte der öffentlichen Anstalten, Fonds und Stiftungen für die Armenfürsorge in Wien. Wien 1867.

Rudolf Weys: Literatur am Naschmarkt: Kulturgeschichte der Wiener Kleinkunst in Kostproben. Wien 1947.

«Wer ist Wer». Lexikon österreichischer Zeitgenossen. Wien 1937.

Wien aktuell, Heft 10/1989, S. 27–29.

Wiener Theater-Almanach 1901–1903.

Wiener Stadtwerke (Hg.): Der Weg in die Stille. Wien – München 1967.

Friedericke Wilder-Okladek: The Return-Movement of Jews to Austria after the Second World War. With Special Consideration of the Return from Israel. Den Haag 1969.

Salomon Wininger: Große jüdische National-Biographie mit mehr als 8000 Lebensbeschreibungen namhafter jüdischer Männer und Frauen aller Zeiten und Länder. Ein Nachschlagewerk für das jüdische Volk und dessen Freunde, 7 Bde. Czernowitz 1925–1936.

Robert S. Wistrich: The Jews of Vienna in the Age of Franz Joseph. Oxford 1989.

G(erson) Wolf: Vom ersten zum zweiten Tempel. Geschichte der Israelitischen Kultusgemeinde in Wien (1820–1860). Wien 1861.

Ders.: Das 100jährige Jubiläum der israelitischen Gemeinde in Wien im Jahre 1864. Wien 1864.

Ders.: Die Juden in der Leopoldstadt. Wien 1864.

Ders.: Geschichte der Juden in Wien (1156–1867). Wien 1876.

Ders.: Die jüdischen Friedhöfe und die Chewra Kadischa (fromme Bruderschaft) in Wien. Wien 1879.

Gotthart Wunberg, Johannes J. Braakenburg: Die Wiener Moderne. Literatur, Kunst und Musik zwischen 1890 und 1910. Stuttgart 1981.

Constant von Wurzbach: Biographisches Lexikon des Kaiserthums Österreich, 60 Bde. Wien 1858–1891.

Helmut Wyklicky: Zur Geschichte der Augenheilkunde in Wien. 100 Jahre II. Universitäts-Augenklinik. Eine Bilddokumentation. Wien 1984.

Margarete Zelfel: Geschichte der Seidenfabrikanten Wiens im 18. Jahrhundert (1710–1792). Wien 1974.

Zirkel und Winkelmaß. 200 Jahre große Landesloge der Freimaurer. 86. Sonderausstellung des Historischen Museums der Stadt Wien (8. 3.–27. 5. 1984). Katalog. Wien 1984.

Harry Zohn: Wiener Juden in der deutschen Literatur. Essays. Tel Aviv 1964.

Ders.: Österreichische Juden in der Literatur. Ein bio-bibliographisches Lexikon (Schriftenreihe des Zwi-Peres-Chajes-Inst. 1). Tel Aviv 1969.

Ders.: «... ich bin ein Sohn deutscher Sprache nur ...». Jüdisches Erbe in der österreichischen Literatur. Darstellung und Dokumentation. Wien – München 1986.

*Folgende Archive und Sammlungen wurden benutzt:*
Adler, Genealogisch-heraldische Vereinigung/Wien
Aktion gegen den Antisemitismus in Österreich/Wien–St. Pölten
Alfred Adler Memorial Archives – Privatsammlung Rüdiger Schiferer/Wien
Arbeiterkammer Wien (AK) – Wiener Tagblatt-Archiv/Wien
Bezirksmuseum Simmering/Wien
Chewra Kadischa/Wien
Dokumentationsarchiv des Österreichischen Widerstands (DÖW)/Wien
Historisches Museum der Stadt Wien/Wien
Institut für Geschichte der Medizin der Universität Wien/Wien
Institut für Wissenschaft und Kunst, Projekt Hiob – Wissenschaftsemigration/Wien
Israelitische Kultusgemeinde Wien (IKG), Friedhofsverwaltung/Wien
Israelitische Kultusgemeinde Wien (IKG), Matrikelamt/Wien
Israelitische Kultusgemeinde Wien (IKG), Technische Abteilung/Wien
Jewish National Library, Schwadron Collection/Jerusalem
Jüdische Frauen in/aus Wien – Biographische Sammlung [1580 bis heute] – Privatsammlung Patricia Steines und Dorit Weinstein/Wien
Jüdische Journalisten – Privatsammlung Theo Venus/Wien
Jüdisches Museum der Stadt Wien/Wien
Kadischa – Verein zur Erhaltung jüdischer heiliger Stätten in Österreich/Wien
Kunsthistorisches Museum, Münzkabinett/Wien
Magistrat der Stadt Wien (MA 8), Wiener Stadt- und Landesarchiv/Wien
Magistrat der Stadt Wien (MA 8), Wiener Stadt- und Landesarchiv – Biographische Sammlung/Wien
Magistrat der Stadt Wien (MA 37), Baupolizei Simmering/Wien
Magistrat der Stadt Wien (MA 43), Friedhofsverwaltung/Wien
Museum der Mechitaristen/Wien
Naturhistorisches Museum, Anthropologie-Abteilung/Wien
Niederösterreichisches Landesarchiv/Wien
Österreichische Akademie der Wissenschaften, Österreichisch-Biographisches Lexikon (ÖBL) – Biographische Sammlung und ungedrucktes biographisches Material/Wien
Österreichische Nationalbibliothek – Bild- und Portraitarchiv/Wien
Österreichische Nationalbibliothek, Kartensammlung/Wien
Österreichische Nationalbibliothek, Wissenschaftsabteilung – Projekt Jüdische Autoren und Autoren jüdischer Herkunft seit 1848/Wien
Österreichisches Staatsarchiv/Wien
Österreichisches Staatsarchiv, Kriegsarchiv/Wien
Österreichisches Theatermuseum/Wien
Sammlung Max Berger/Wien
Stadt-Archiv/Jerusalem

Tifereth Israel Jeschiwa der Chassidim von Ruzshin und Boian/Jerusalem
Tower of David Museum/Jerusalem
Universitätsarchiv/Wien
Wiener Stadtwerke, Bestattungsmuseum und -archiv/Wien
Zentralarchiv für die Geschichte des Jüdischen Volkes/Jerusalem
Zionisten-Archiv/Jerusalem
Jüdische Familien in Wien, den USA, Kanada, Großbritannien und Israel stellten zudem freundlicherweise Material bereit.

Sammlung Max Berger: Seite 121

Historisches Museum der Stadt Wien: Seite 23, 56

Bildarchiv der Österreichischen Nationalbibliothek: Seite 47, 49, 50, 52, 53, 57, 61, 64, 75, 76, 86, 87 oben, 93, 94 oben, 97, 99 oben, 106 unten, 110, 111, 117, 123, 137, 145, 151, 152, 154 unten, 155, 160, 164, 165, 166, 170, 174, 178, 180, 187 unten, 189, 192, 195, 196, 197, 198, 203, 204 unten, 205, 209 unten, 210, 211, 213 oben, 216, 270, 271 oben, 273, 277 oben, 280 Mitte und unten, 282, 283, 287 oben, 289, 290 unten, 291, 292, 294, 301, 316

Alle übrigen Fotos sind aus dem Privatarchiv der Autorin.

Planmaterial aus folgenden Archiven: MA 8, MA 37, Jüdisches Museum der Stadt Wien, Zentralarchiv für die Geschichte des Jüdischen Volkes / Jerusalem

Die Zeichnungen auf Seite 7, 45 und 335 stammen aus dem Zyklus «Mazzewoth» von John Meyer (John Meyer wurde 1925 in Borken bei Kassel geboren, studierte Naturwissenschaften in Cambridge, London und Toronto. Er war Geologe in Kanada, den USA und Europa und lebt seit 1976 ständig in Wien. Seine künstlerische Ausbildung hat er am Ontario College of Art sowie in Washington und Wien genossen).

Dina Weinstein / Fotografin: Umschlagfoto